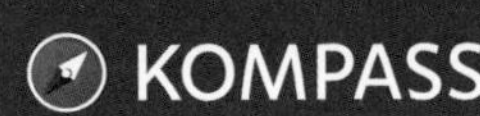

RAD VERGNÜGEN

RUND UM

STUTTGART

21 1/2 TAGESTOUREN
FEIERABEND-RIDES
WOCHENEND-BIKEAWAYS

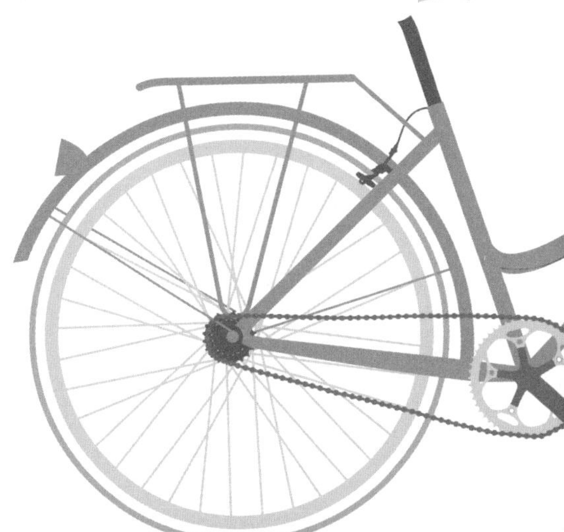

EINFACH RAUS!

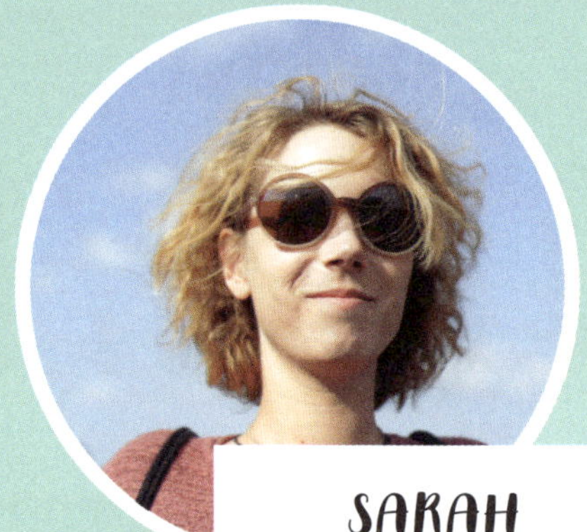

SARAH BIOLY

Gleich zu Beginn ein Geständnis: Als Kind hasste ich Radfahren. In meinem Heimatdorf im Allgäu gab es kaum Radwege, es war steil und alles weit weg. Meine Begeisterung für das Rad entdeckte ich erst in München. Dann aber mit voller Wucht. Ich radelte zur Uni, zur Isar, zur Kletterhalle. Jetzt bin ich leidenschaftliche Radfahrerin. Für mich der perfekte Ausgleich zu meiner Arbeit als Journalistin, mittlerweile in Tübingen.

LIEBE LESERIN, LIEBER LESER,

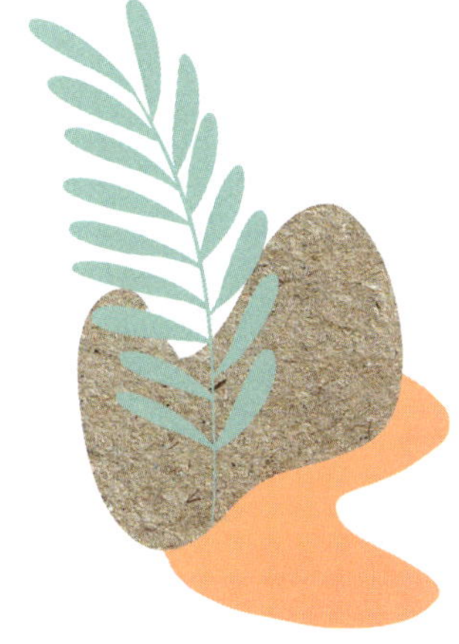

In Stuttgart Fahrrad fahren? Geht das überhaupt? Die Stadt ist eher bekannt als Autostadt, gefühlt ist jedes zweite Auto hier ein SUV. Auf die Frage kann man deshalb nur eine Antwort geben: Ja – denn so lernt ihr Stuttgart und seine Umgebung von einer ganz anderen Seite kennen. Entlang an glitzernden Flüssen geht es zu traumhaften Märchenschlössern, zu verwunschenen Orten und exotischen Tieren. Außerdem hat sich Stuttgart das Ziel gesetzt, fahrradfreundlicher zu werden. Das heißt: mehr Radschnellwege, mehr getrennte Spuren für Fahrradfahrer, die Minimierung des Durchgangsverkehrs auf Nebenstraßen.

Probiert daher eine der 21 ½ Radtouren aus, die ich für euch zusammengestellt habe. Ob ein kurzer Feierabend-Ride, eine Tagestour, ein zweitägiger Wochenend-Bikeaway – immer gibt es ein ganz besonderes Highlight. Eine Wochenendtour lässt sich sogar zu einem Drei-Tages-Trip verlängern. Dabei fährst du vom Schwarzwald über Stuttgart bis zur schwäbischen Alb. Vom Abenteuer bis zur Genusstour – für jeden ist etwas dabei. Es wird reichlich geschlemmt – von kreativen Gerichten bis hin zum traditionellen schwäbischen Vesper – der schwäbischen Brotzeit – werden keine Wünsche offengelassen. Also schwingt euch aufs Rad und los geht's.

INHALT

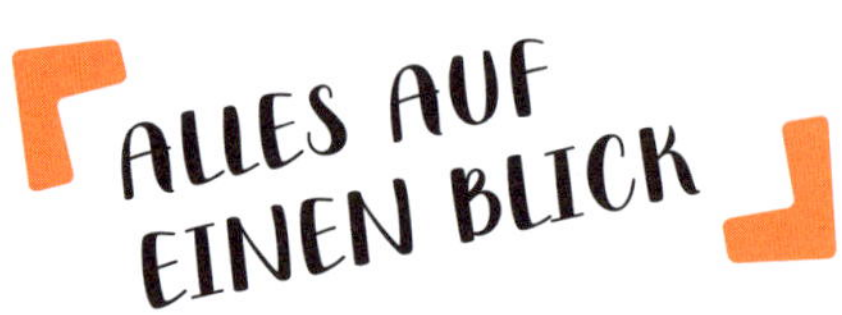

TOUREN

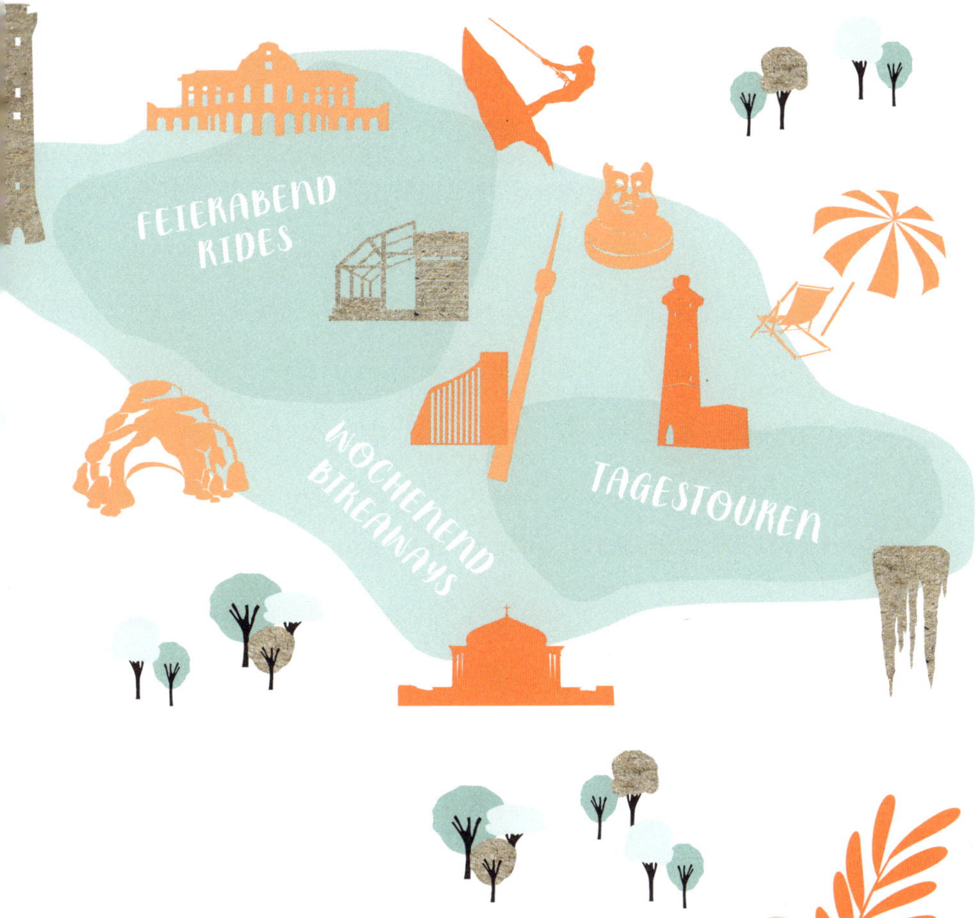

FEIERABEND RIDES

WOCHENEND BIKEAWAYS

TAGESTOUREN

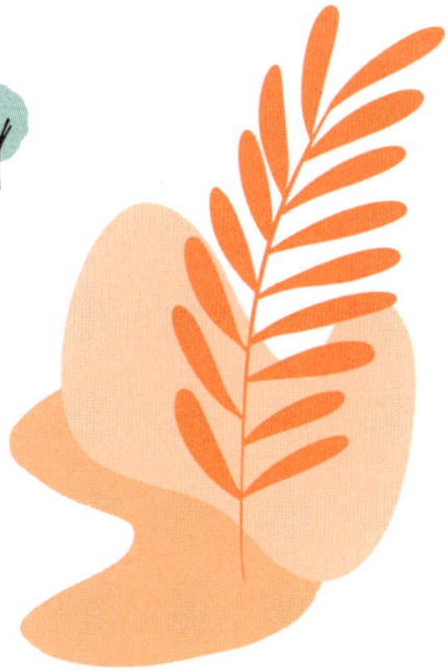

DEINE ORIENTIERUNG

APP & GPX-DOWNLOAD

Alle 21 ½ Touren in der KOMPASS App: Dort findest du Livetracking, GPS-Ortung, Offline-Karten und -Touren, Navigation zum Start und viele weitere nützliche Features. Einfach QR-Code scannen und Tour starten. Los geht's!

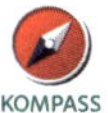

GPX-Tracks zum Download: www.kompass.de/gpx
Für das Navigationsgerät deiner Wahl haben wir alle Touren auch als GPX-Track auf unserer Homepage.

FEIERABEND-RIDES

RAUF AUFS RAD ZUM RUNTERKOMMEN

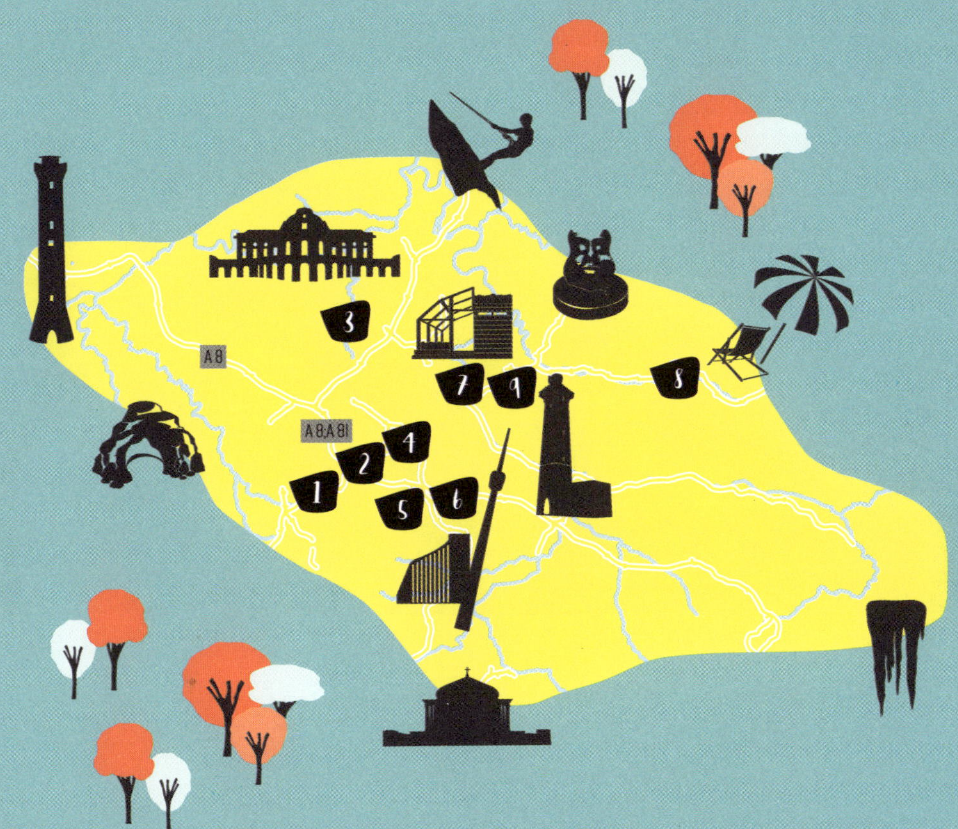

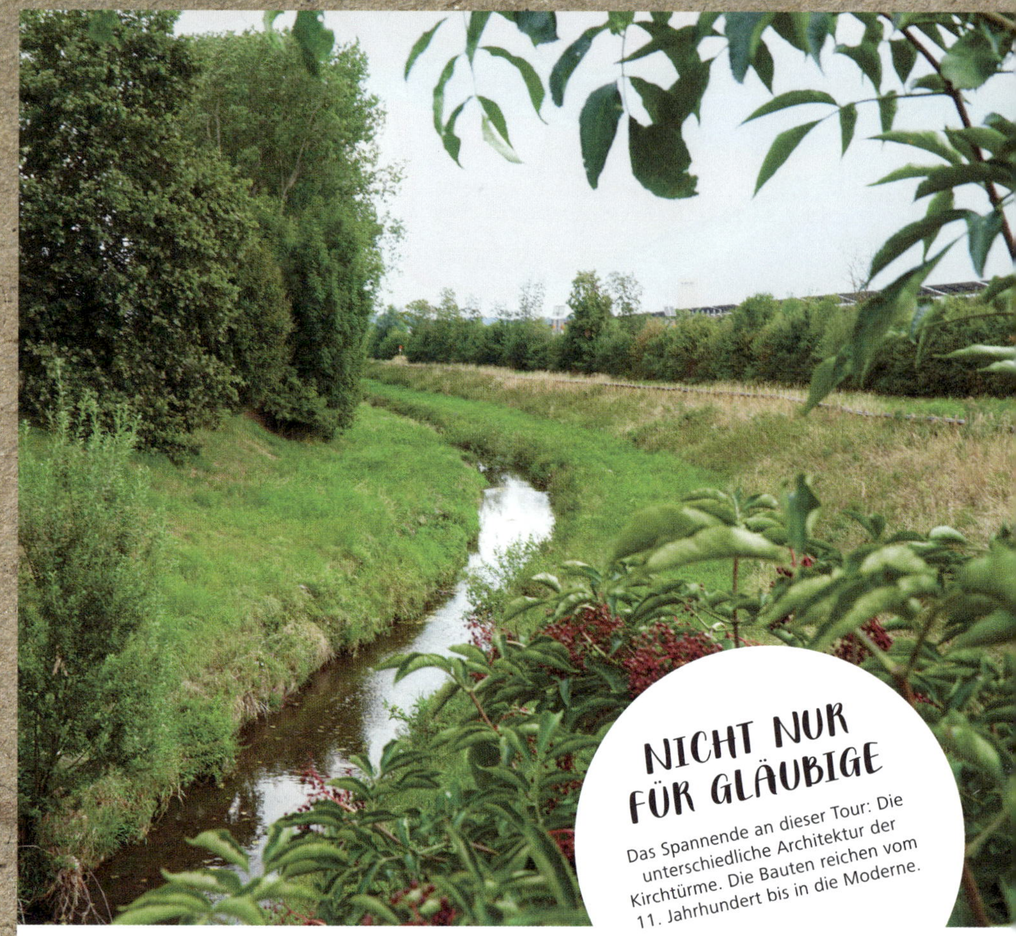

Nicht nur für Gläubige

Das Spannende an dieser Tour: Die unterschiedliche Architektur der Kirchtürme. Die Bauten reichen vom 11. Jahrhundert bis in die Moderne.

> **1 /** An der Bushaltestelle Sindelfingen Gottlieb-Daimler-Schule düsen wir los

> **2 /** Sich von der Agathenkirche in ihrer ganzen Schlichtheit bezaubern lassen

> **3 /** Kannst du die beeindruckenden Glocken der Pelagiuskirche von weitem hören?

> **4 /** Die Architektur der Johanneskirche bewundern

> **5 /** Am Klostersee entspannen

> **6 /** In der Martinskirche einen Ort der Ruhe finden

> **7 /** Kaffee und Kuchen in der Holanka-Bar genießen

600 m
575 m
550 m
525 m
500 m
475 m
450 m
425 m
400 m
375 m
350 m

0 km | 2,5 km | 5 km | 7,5 km | 10 km | 12,5 km | 15 km | 17,5 km | 19,5 km

DER KIRCHTURMTRIP

Vom Hören, Sehen und Spüren

Auf diesem erholsamen Rundradelweg kannst du in den Kirchen die Ruhe förmlich spüren. Vorbei ist es allerdings mit dieser, wenn die Glocken läuten. Neben den Kirchen findest du aber auch immer wieder in der Natur stille Plätze zum Durchatmen.

20 Kilometer
160 Höhenmeter
160 Höhenmeter
1:30 Stunden
Rundtour

Raus aus der Stadt

Wir schwingen uns an der 1 / Bushaltestelle Sindelfingen Gottlieb-Daimler-Schule aufs Rad. Von hier düsen wir – die Gottlieb-Daimler-Schule im Rücken – die Böblinger Straße entlang. Der Fahrradweg führt zuerst an der Straße entlang, dann verschwindet er zwischen Bäumen. Fast scheint es, als wäre man in der Natur, während rechts und links von dir die Autos hörbar vorbeirauschen. Bald schon bist du es aber tatsächlich, wenn du nach der Kläranlage Böblingen-Sindelfingen über die Brücke zu den Feldern abbiegst. Du fährst am Fluss Schwippe entlang, an dessen Ufer saftig grüne Büsche wachsen. Nach ungefähr fünf Kilometern erreichst du den Ort Dagersheim. Ein quadratischer weißer Turm ragt über den

CHARAKTER
Sportlich ●●○○○
Abkühlung ●●○○○
Schlemmen ●●○○○
Panorama ●●○○○

TOURENINFO / Durchgehend auf asphaltierten Straßen, meist getrennt vom Verkehr. Moderate Steigung.

< links / Rasten am Fluss Schwippe

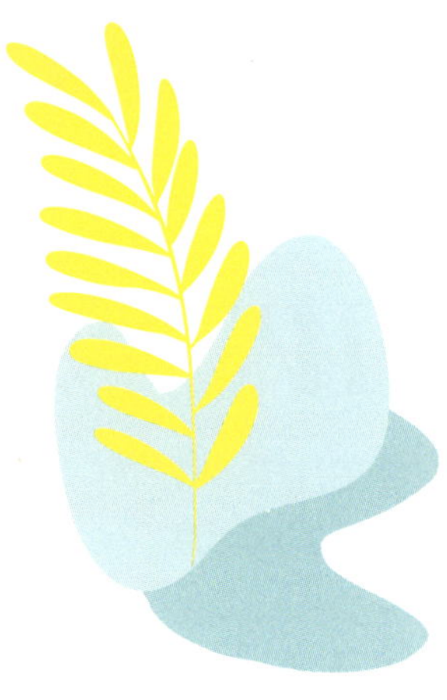

Dächern empor. Schlicht sieht die 2 / Agathenkirche (Kirchgasse 11, 71034 Böblingen) aus. Doch sie ist erst der Anfang einer kirchlichen Reise, bei der die Kirchtürme immer ausgefallener werden.

Unsichtbar

An Dagersheim schließt der Ort Darmsheim an. Bevor du ihn aber erreichst, fährst du ein Stück an Feldern und einem alten Steinbruch vorbei und überquerst ein weiteres Mal die Schwippe. Jetzt bist du in Darmsheim. Fast versteckt steht hier hinter einer Kirchenmauer die 3 / Pelagiuskirche (Widdumstraße 3, 70169 Sindelfingen). Unscheinbar, einfach – doch in ihrem Turm befindet sich ein Glockenstuhl, der mit seinem aufwendig abgestimmten Rahmengerüst einzigartig für die Region ist. Von außen sieht man das allerdings nicht, nur hören kann man es. Von der Pelagiuskirche folgst du grünen Pfeilen weiter in Richtung Maichingen. Sie führen dich hinauf zu den Feldern. Grün erstreckt sich die Landschaft, soweit das Auge reicht. Du erreichst einen Steinbruch, der von einem Zaun umschlossen wird. Ihn umrundest du links. Im Zickzack führen dich die grünen Pfeile nach Maichingen. Du fährst über eine Brücke, überquerst die Darmsheimer Straße und gelangst auf den Radel-Rund-Weg, auf dem du den Ort durchquerst.

EIN PLATZ FÜR DIE BROTZEIT

Entlang des Flusses „Schwippe" gibt es immer wieder wunderschöne Rastmöglichkeiten, an denen sich ein frühzeitiges Vesper genießen lässt.

Eine Kirche der besonderen Art

Als du die Stadt gerade hinter dir lassen willst, kreuzt ein Fahrradweg deinen Weg. Statt dem Radel-Rundweg nach links zu folgen, fährst du zuerst rechts in Richtung Böblingen, danach aber gleich scharf links. Immer mehr Herrchen mit Hunden tauchen auf. Die Straße ist Teil einer willkommenen Gassirunde, wenn man davor auf dem Hundeübungsplatz war, der kurz darauf zu

---

➤ rechts oben / Den Enten zuschauen am Klostersee ➤ rechts Mitte / Ein Ort der Ruhe: Die Pelagiuskirche

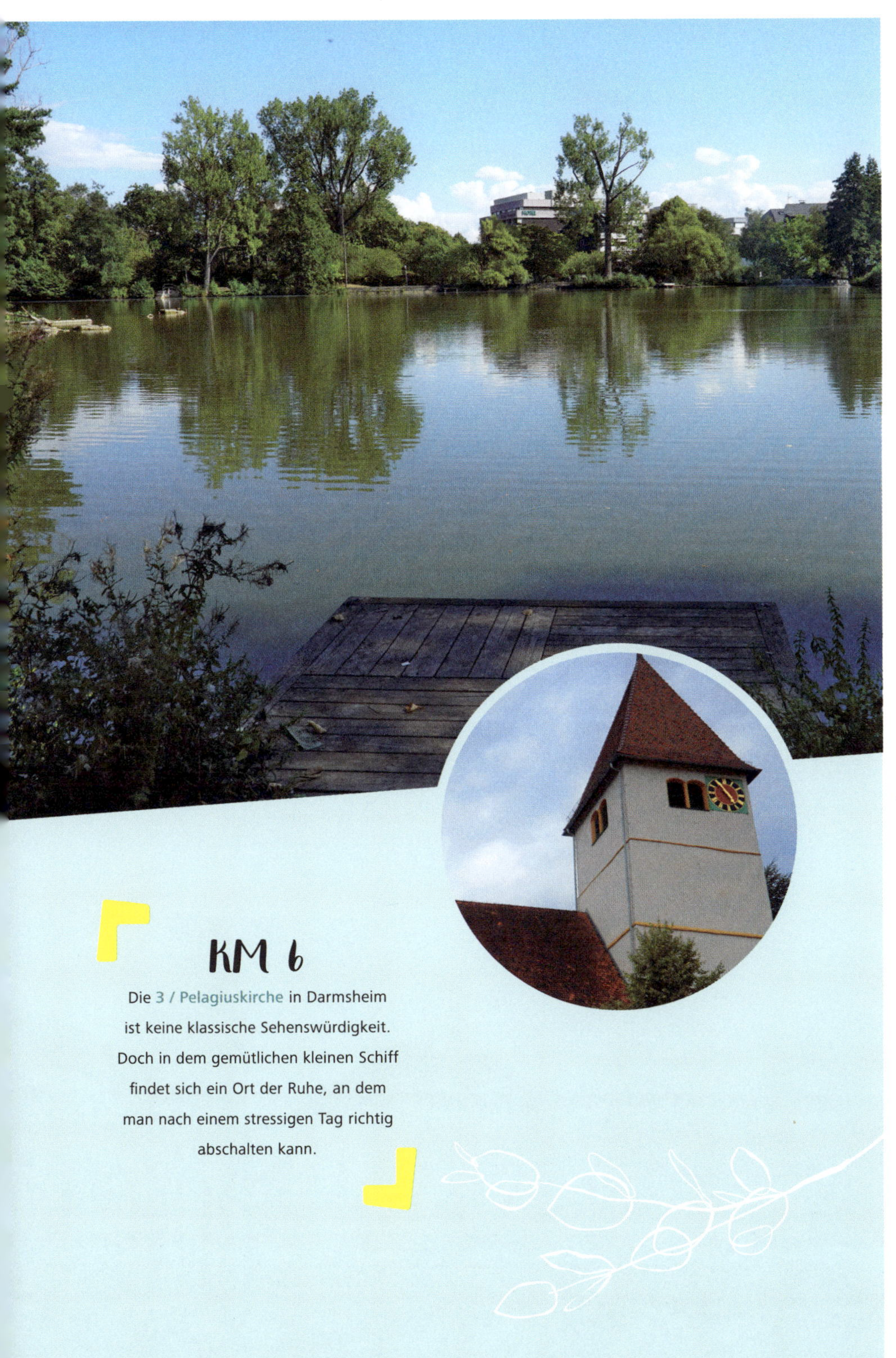

KM 6

Die 3 / Pelagiuskirche in Darmsheim ist keine klassische Sehenswürdigkeit. Doch in dem gemütlichen kleinen Schiff findet sich ein Ort der Ruhe, an dem man nach einem stressigen Tag richtig abschalten kann.

DIE NAHT ZWISCHEN STADT UND NATUR

An der Uferpromenade des 5 /Klostersees kannst du entspannen, während um dich herum die Menschen hektisch zu ihren Terminen eilen.

deiner Linken auftaucht. Als Nächstes erreichst du den Rand von Sindelfingen. Dein Weg endet hier an der Pfarrwiesenallee. Du überquerst sie und folgst ihr dann nach links, bis vor dir wie ein spitzer Zwergenhut mit Schuppen der Turm der 4 / Johanneskirche (Rechbergstraße 1, 71063 Sindelfingen) auftaucht. Die Kirche ist deutlich neuer als die beiden Ortskirchen in Dagersheim und Darmsheim. Sie wurde 1963 erbaut und ist dem Heiligen Johannes gewidmet.

MAL IN EINER ECHTEN DAMPFLOK FAHREN

Dampflok und Klostersee

Als du den Kirchturm hinter dir lässt, überquerst du die Sommerhofenstraße und erreichst kurz darauf die Grünfläche „Sommerhofen". Hier biegst du rechts ab und folgst den grünen Fahrradpfeilen, vorbei an Spielplätzen und dem Verein Dampfbahnfreunde Sindelfingen mit ihrem Miniaturbahnhof. Über einen Kilometer erstrecken sich die Gleise, auf denen echte

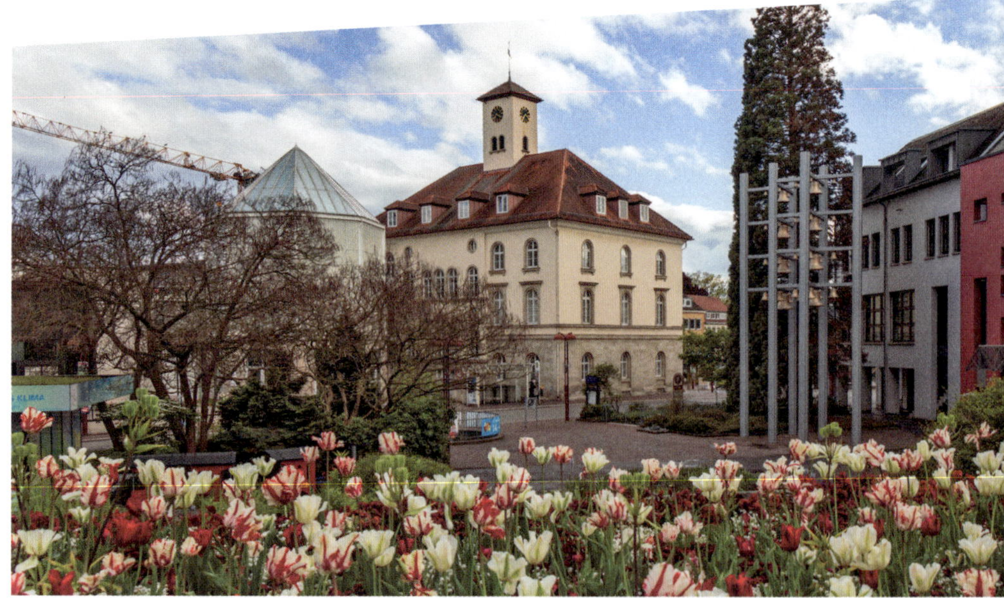

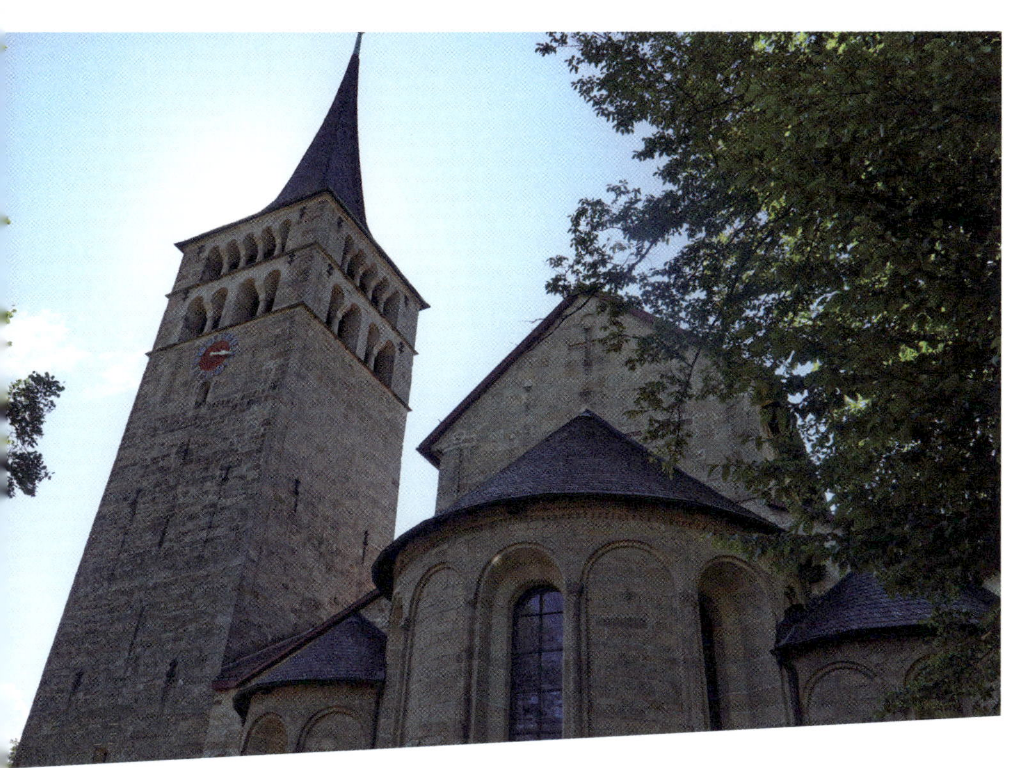

Dampflokomotiven fahren, die in den Personenwaggons neben Kindern auch Erwachsene ziehen. Und jedes Jahr findet hier am letzten Augustwochenende das Dampflokfest statt. Fährst du nun ein paar Hundert Meter weiter, taucht vor dir der 5 / Klostersee (Wilhelm-Hörmann-Straße 3, 71063 Sindelfingen) auf. Seeroseninseln schwimmen auf dem Wasser. Wenn sie im Sommer blühen, verzaubern sie den See in ein Feenland. Über eine Brücke kommst du auf die andere Seite. Ministege laden dort dazu ein, die Füße im Wasser baumeln zu lassen und mal so richtig zu chillen. Spürst du schon, wie du entspannst? Nachdem du dich am See erholt hast, geht es über die Seestraße in die Innenstadt.

1083

war die Kirchenweihe der 6 / Martinskirche. Die evangelische Kirche zählt zu einer der ältesten in Baden-Württemberg und ihre Christusglocke zu einer der klangvollsten Glocken im Bundesland. Nachts wird die Kirche beleuchtet. Das Licht taucht die Mauern in Gold.

Eine der ältesten Kirchen Baden-Württembergs

Kurz darauf erreichst du sie: die 6 / Martinskirche (Stiftstraße 3, 71063 Sindelfingen), eine der ältesten Kirchen in Baden-Württemberg. Im Jahr 1083 war die Kirchweihe, im Jahr 1132 wurde sie fertiggestellt. Der romanische Turm ragt rund 40 Meter in die

---

< links / Blütenpracht im Frühling vor der Stadtgalerie auf dem Rathausplatz von Sindelfingen ^ oben / Die Martinskirche ist eine der ältesten in Baden-Württemberg

WOCHEN-MÄRKTE

Auf dem Marktplatz in Sindelfingen finden regelmäßig Märkte statt. Dabei gibt es immer etwas Neues zu entdecken.

Höhe. In ihm schlummert vor den Augen, nicht aber von den Ohren verborgen, die Christusglocke. Sie wiegt fast 5.000 Kilogramm und zählt zu den größten und klangvollsten Glocken in Baden-Württemberg. Wirf ruhig einen Blick in die dreischiffige romanische Basilika, bevor du nach der Kirche nach links in die Ziegelstraße fährst und zum Marktplatz kommst. Die Tannenholzdecke ist fast eintausend Jahre alt, die Tür im Westportal ziert ein Löwenkopf-Türring und die Orgel sieht mit ihren Engelsflügeln aus wie der Beschützer der Kirche. Im 20. Jahrhundert wurde hier sogar ein alter Münzschatz gefunden. Gleich nebenan befindet sich übrigens das Webereimuseum (Corbeil-Essonnes-Platz 4, 71063 Sindelfingen). Als sich mit der industriellen Revolution die Arbeitsbedingungen der Sindelfinger Weber verschlechterten, startete die Stadt eine Bildungsoffensive und gründete eine Webschule.

HUNGER? KUCHEN!

Kaffee und Kuchen

Kurz darauf erreichst du den Marktplatz. Hier gibt es mehrere Cafés, in denen du einen Espresso schlürfen kannst. Direkt neben dem Brunnen findest du zum Beispiel die 7 / Holanka-Bar (Marktplatz 15, 71063 Sindelfingen), in der Menschen mit Handicap Arbeit finden. Hier gibt es neben der Standard-Kaffee-Palette auch Kuchenstücke, um deinen Hunger zu stillen. Wenn dir danach ist, dann kannst du nach der Stärkung auch noch ein wenig durch die Stadt bummeln. Dreimal wöchentlich gibt es auf dem Wochenmarkt die Möglichkeit, frisches Gemüse für das Abendessen zu kaufen. Immer dienstags, donnerstags und samstags bieten um die 40 Stände ihre Waren an. Doch selbst wenn gerade kein Markt ist, hat die Innenstadt ein paar nette Geschäfte zu bieten. Egal was du einkaufst, lange musst du es auch nicht mehr transportieren. In eineinhalb Kilometern bist du wieder an der 1 / Bushaltestelle Sindelfingen Gottlieb-Daimler-Schule.

KM 19

In der 7 / Holanka-Bar finden Menschen mit Handicap Arbeit. So wird das Café am Marktplatz in Sindelfingen zu einem Ort der Begegnung. Und dabei kannst du auch noch das beste Walnusseis in der Umgebung schlemmen.

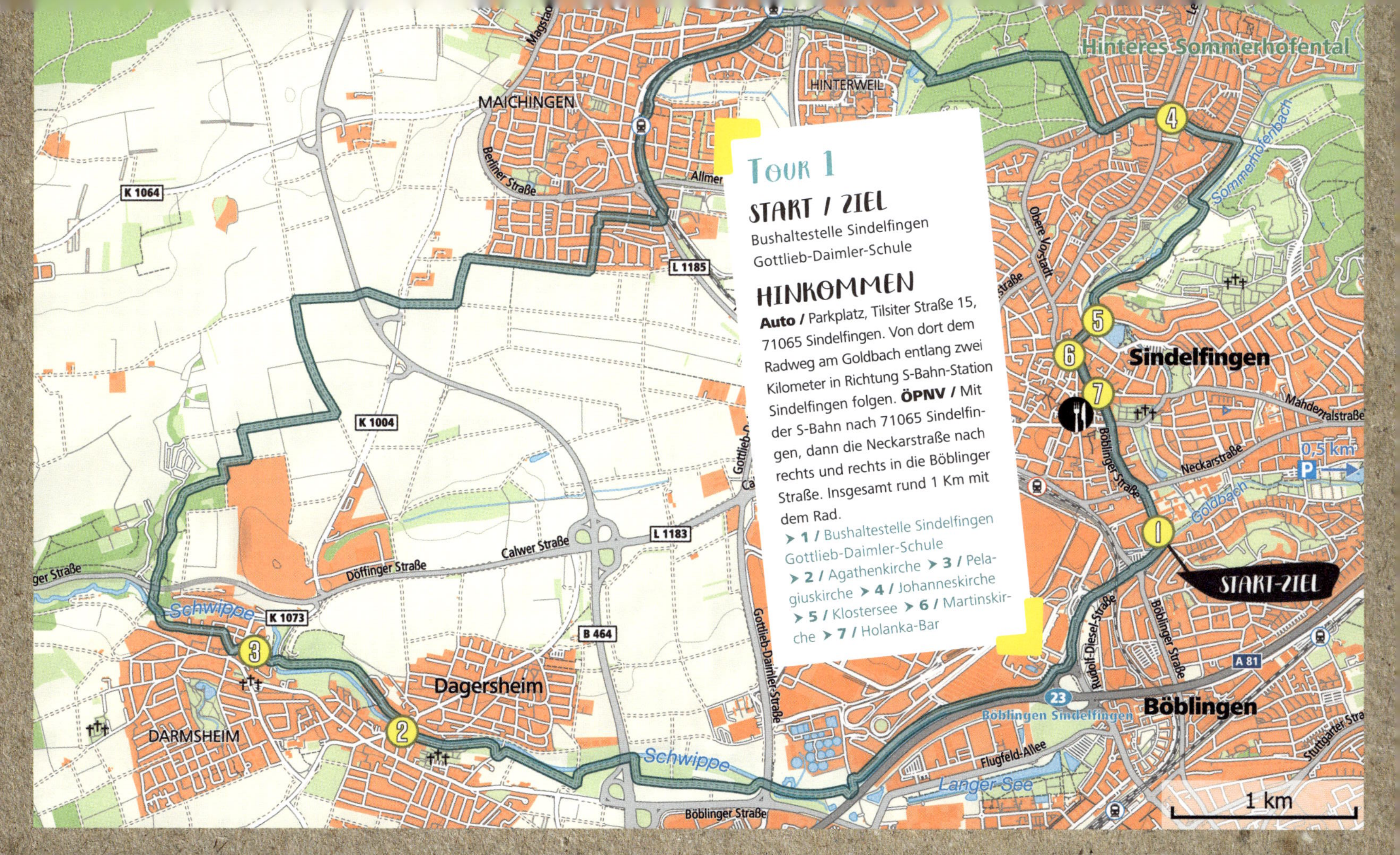

Tour 1

START / ZIEL

Bushaltestelle Sindelfingen Gottlieb-Daimler-Schule

HINKOMMEN

Auto / Parkplatz, Tilsiter Straße 15, 71065 Sindelfingen. Von dort dem Radweg am Goldbach entlang zwei Kilometer in Richtung S-Bahn-Station Sindelfingen folgen. **ÖPNV /** Mit der S-Bahn nach 71065 Sindelfingen, dann die Neckarstraße nach rechts und rechts in die Böblinger Straße. Insgesamt rund 1 Km mit dem Rad.

➤ **1 /** Bushaltestelle Sindelfingen Gottlieb-Daimler-Schule ➤ **2 /** Agathenkirche ➤ **3 /** Pelagiuskirche ➤ **4 /** Johanneskirche ➤ **5 /** Klostersee ➤ **6 /** Martinskirche ➤ **7 /** Holanka-Bar

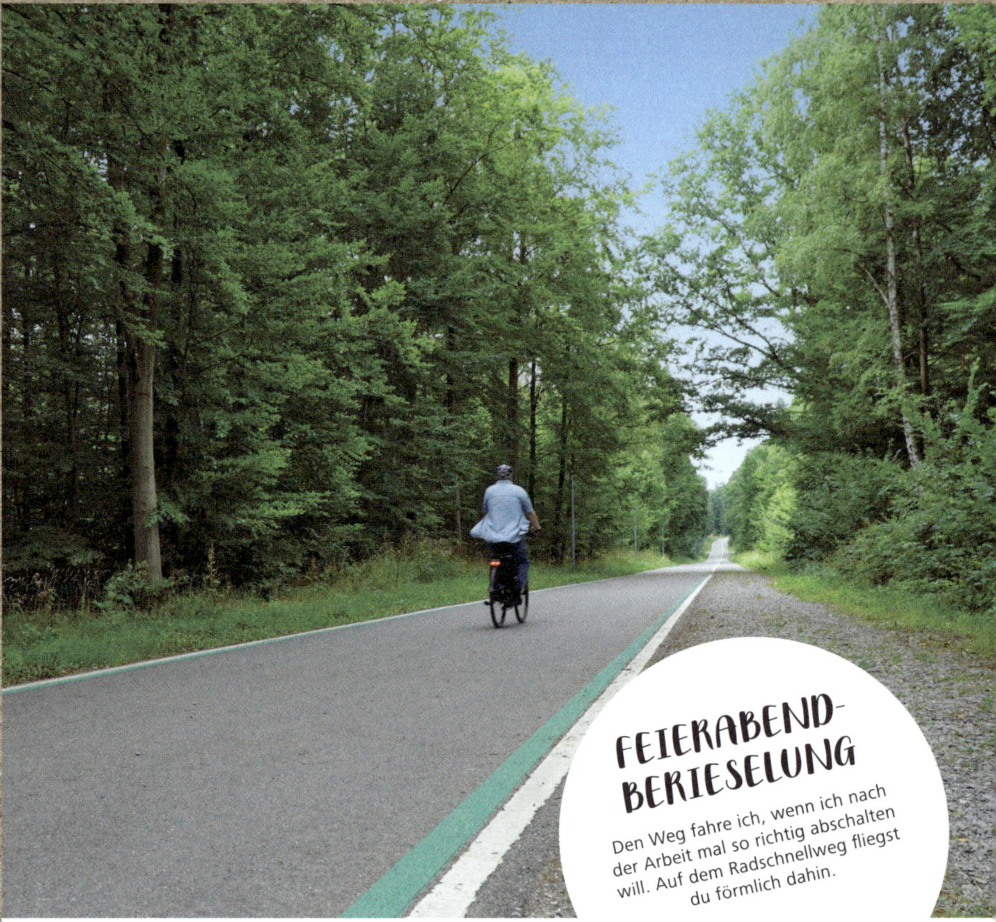

FEIERABEND-BERIESELUNG

Den Weg fahre ich, wenn ich nach der Arbeit mal so richtig abschalten will. Auf dem Radschnellweg fliegst du förmlich dahin.

> **1 /** Am Wanderparkplatz Bernhartshöhe radeln wir los

> **2 /** Holprig wirds an der Alten Panzerstraße

> **3 /** Am Radzähler siehst du, wie viele es schon vor dir gab

> **4 /** Ab geht die Abfahrt auf dem Radschnellweg

> **5 /** Am Goldbachsee Pfifferlingskreationen in der Gaststätte schlemmen

> **6 /** Über unseren Wald lernst du alles beim Baumlehrpfad

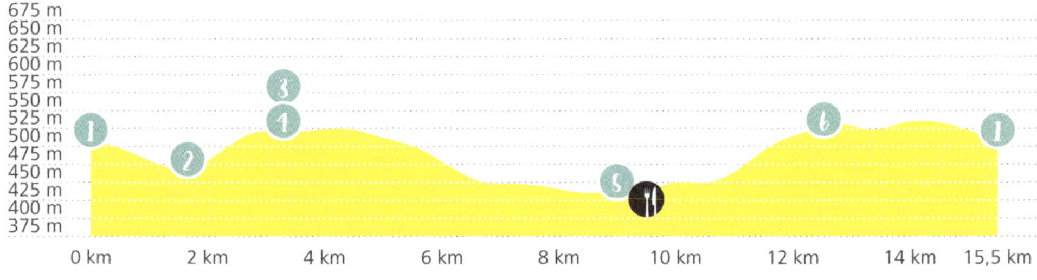

SCHNELLER AUF DEM RADSCHNELLWEG

Radelst du noch oder fliegst du schon von
Vaihingen nach Sindelfingen

Der Radschnellweg führt durch kühle Wälder. Gerade an heißen Tagen ist das sehr erfrischend. Und gerade nach stressigen Arbeitstagen ist das sehr erholsam. Denn hier kann man bei den gut ausgeschilderten Fahrradstraßen so richtig abschalten.

16 Kilometer
190 Höhenmeter
190 Höhenmeter
1 Stunde
Rundtour

Kurz rüttelt das Kopfsteinpflaster

Wir starten am 1 / Wanderparkplatz Bernhartshöhe. Von hier geht es nach links. Bald schon tauchen die ersten Schilder auf. Du folgst ihnen in Richtung Vaihingen-S-Bahnstation. Sie führen dich zum BMW Standort. Dort beginnt hinter der Unterführung die 2 / Alte Panzerstraße (Rosentalstraße, 70563 Stuttgart). Es wird holprig, denn die Straße besteht aus Kopfsteinpflaster. Früher verband sie die beiden Kasernen in Vaihingen und Böblingen, man brauchte also einen Untergrund, der den Panzerketten standhielt. Sogar an einen dunkleren Mittelstreifen dachten die Konstrukteure damals. Heute sind es Fahrradfahrer und Fußgänger, welche die

CHARAKTER

Sportlich ●●●○○
Abkühlung ●●●○○
Schlemmen ●●●○○
Panorama ●●●○○

TOURENINFO / Schattiger Radweg, fast durchgehend im Wald. Teilweise steil, dafür mit schöner Abfahrt. Bei kalten Ohren Stirnband mitnehmen.

◂ **links / Freie Fahrt auf dem Radschnellweg**

Strecke als Verbindung nutzen. Lange wurde darüber debattiert, ob die unter Denkmalschutz stehende Straße deshalb asphaltiert werden soll. 2019 entstand hier schließlich der erste Radschnellweg in Baden-Württemberg. Das heißt: Nachdem du den holprigen Anstieg geschafft hast, wirst du mit einer gleitenden Abfahrt belohnt. Den Wendepunkt von Kopfsteinpflaster zu Asphalt markiert ein 3 / Radzähler, an dem Radwege in alle Himmelsrichtungen abzweigen. Wie viele Radfahrer haben heute schon die Strecke genommen? Wie viele im Jahr? Vielleicht bist du der Letzte an diesem Tag, dafür der Hunderttausendste im Jahr?

Ab gehts auf dem Radschnellweg

Beim Radzähler musst du nun über die Autobahnbrücke über die A8. Sie führt dich auf die Römerstraße. Jetzt bist du auf dem 4 / Radschnellweg (Römerstraße, 71065 Sindelfingen) und die Abfahrt beginnt. Schön kühl bläst dir der Fahrtwind im Wald ins Gesicht, sodass du selbst an sonnigen Tagen leicht fröstelst. Du düst vorbei an kunstvoll geschnitzten Sitzgelegenheiten. Hier kannst du es dir gemütlich machen und dein Vesper verzehren. Es gibt Stuhlreihen mit Tischchen, die an Kinosessel erinnern. Es gibt Bänke, auf denen du ein Nickerchen im Schatten machen kannst. Und einen Thron, um sich einmal wie ein König zu fühlen. Vielleicht hast du ja auch noch Lust auf eine Wanderung? Überall zweigen Wege nach rechts und links ab, auf denen du den Wald erkunden kannst. Da der Mensch hier stellenweise nicht mehr eingreift, gibt es hohle Bäume, moosige Bäume, Bäume mit ungewöhnlicher Wuchsform. Nach rund

AB GEHT DIE FAHRT

Für den 4 / Radschnellweg tauschte die Stadt Stuttgart den Belag der Alten Panzerstraße: Kopfsteinpflaster gegen Asphalt.

➤ rechts oben / Am Rand des Radschnellwegs gibt es kunstvoll gestaltete Sitzgelegenheiten ➤ rechts Mitte / Einmal durchgeschüttelt: Auf der Alten Panzerstraße wird es kurz holprig

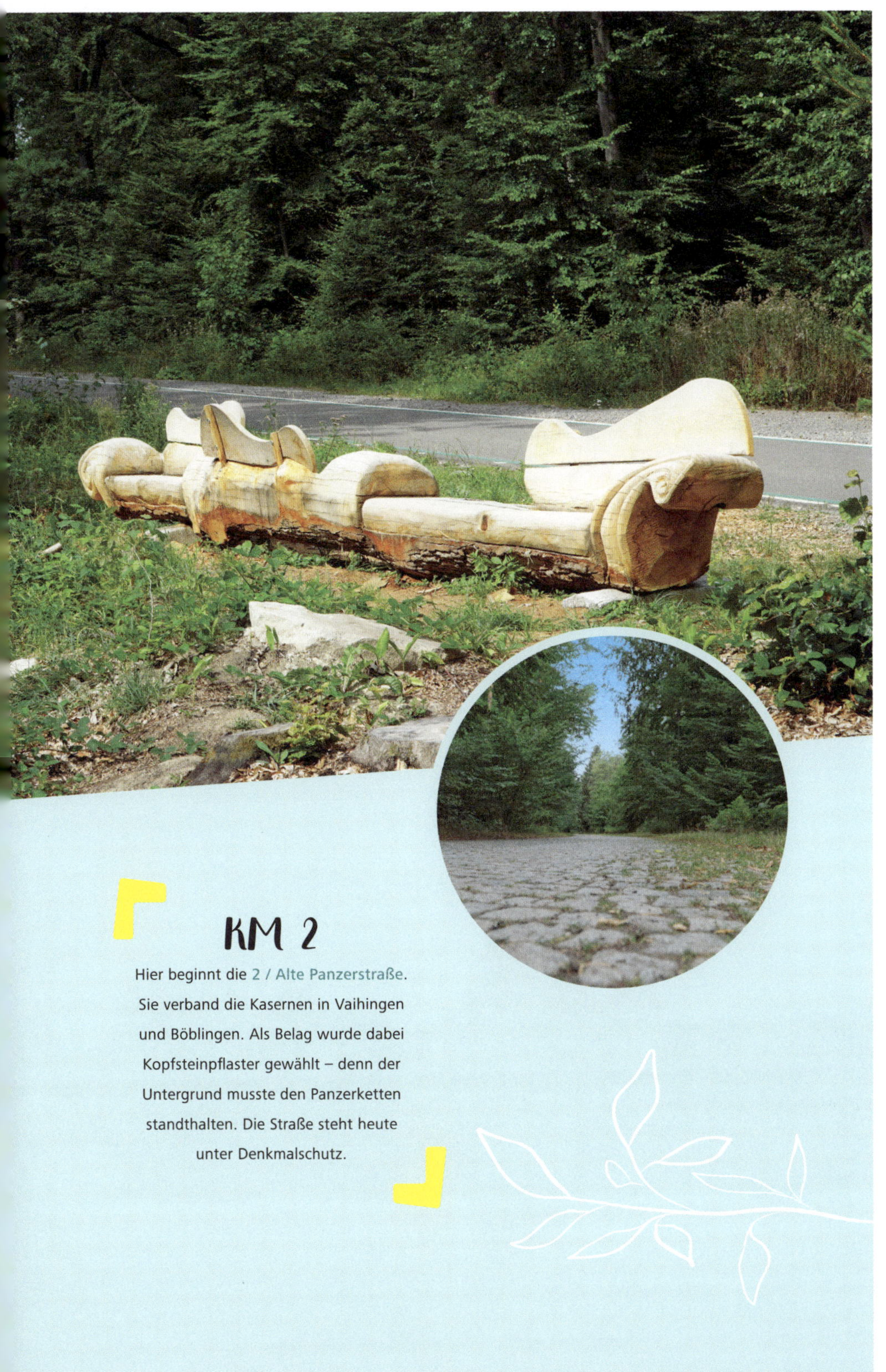

KM 2

Hier beginnt die 2 / Alte Panzerstraße. Sie verband die Kasernen in Vaihingen und Böblingen. Als Belag wurde dabei Kopfsteinpflaster gewählt – denn der Untergrund musste den Panzerketten standhalten. Die Straße steht heute unter Denkmalschutz.

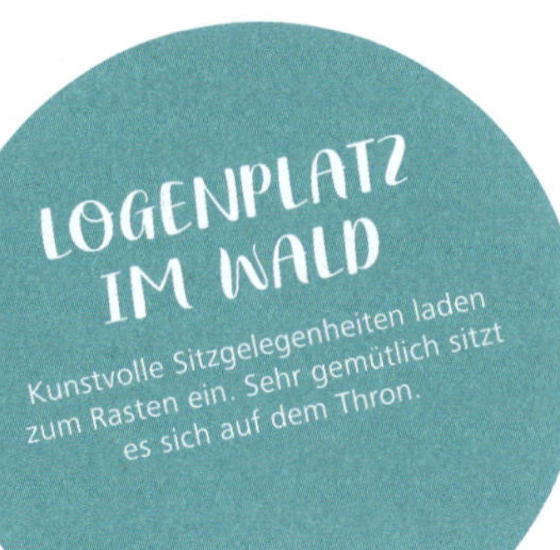

3,5 Kilometern zweigt der Radschnellweg nach rechts in Richtung Sindelfingen ab. Das ist deine Ausfahrt. Weitere 1,5 Kilometer später erreichst du das Schützenhaus und kurz darauf die von Autos befahrene Leibnizstraße. Nachdem du sie überquert hast, führt dich der Radweg nach Sindelfingen hinein. Jetzt machen wir einen Abstecher.

MIT SCHWUNG NACH SINDELFINGEN

Eine Oase in Sindelfingen

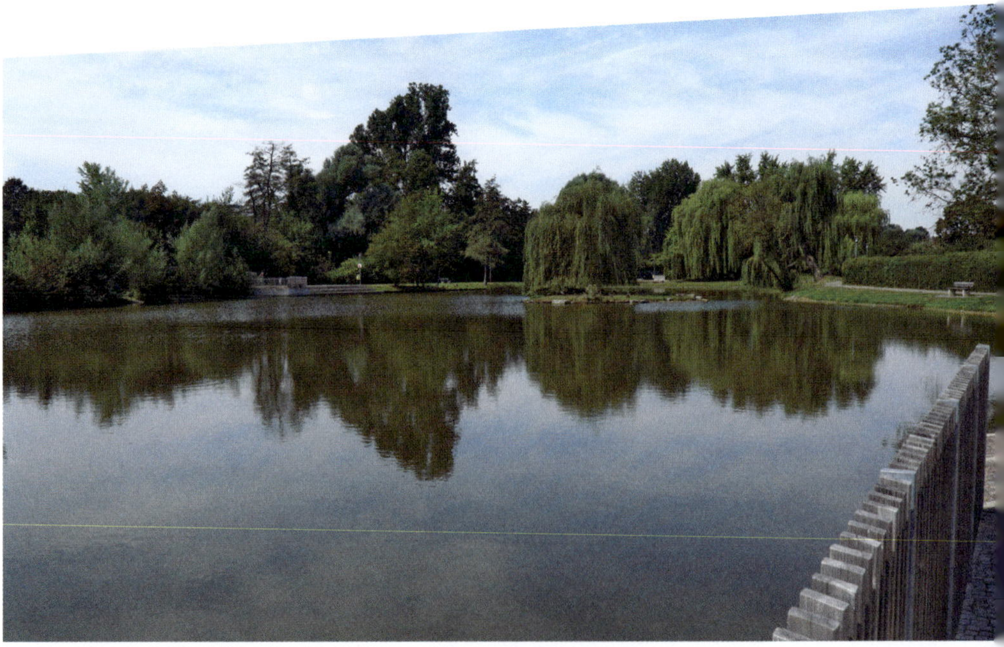

Dafür musst du – kurz nachdem du die Leibnizstraße überquert hast und unter der Unterführung der A8 durch bist – auf den Radweg links abbiegen, der dich am Goldbach entlangführt. Geradeaus gelangst du auf die Schwertstraße, die du nach der vierten Abzweigung in die Tilsiter Straße verlässt, um dann gleich wieder rechts auf den Fahrradweg abzubiegen. Auf diesem überquerst du die Brücke und fährst nun – den Goldbach

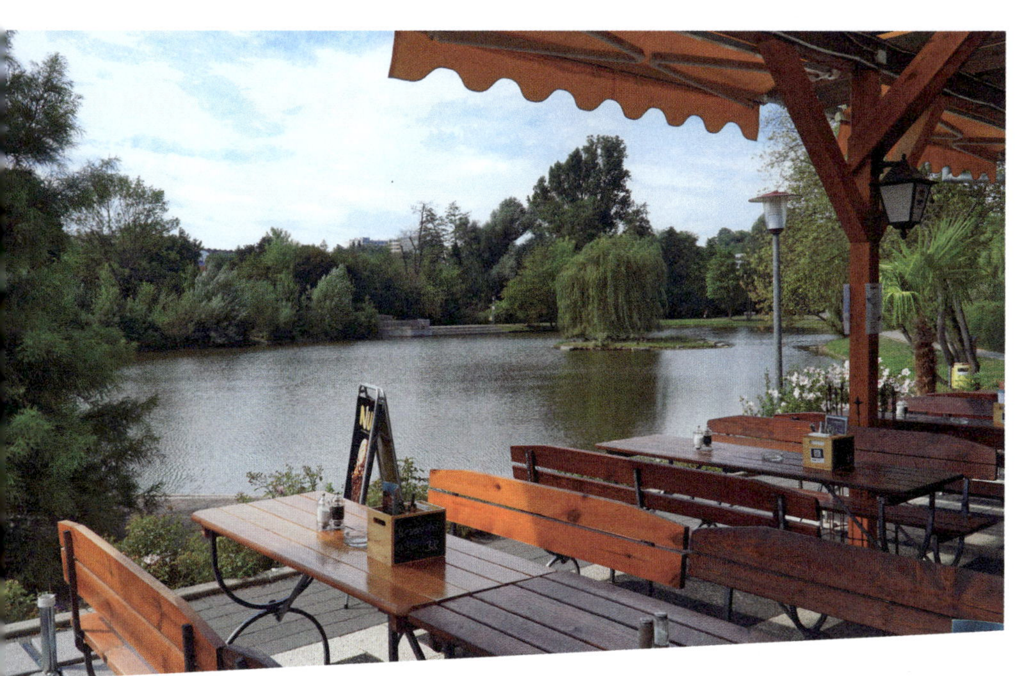

zu deiner Rechten – bis zum 5 / Goldbachsee (Schneidemühler Weg, 71065 Sindelfingen). Hört sich komplizierter an, als es ist. Eigentlich musst du immer nur dem Goldbach entlang. Während du so entlang radelst, kommst du immer wieder an gepflegten Kleingärten vorbei. Hier kannst du dir auch die eine oder andere Anregung für dein eigenes kleines Paradies zuhause abholen. So geht es weiter, bis du die Geflügel- und Vogelzuchtanlage erreichst. Hier kannst du Wellensittiche, Kanarienvögel und viele Arten von Hühnern bewundern. Vielleicht hast du Glück und siehst auch, wie der Pfau sein Rad schlägt. Hast du es dann zum See geschafft, lässt es sich am See dafür so richtig entspannen. Enten putzen ihr Gefieder, Vögel zwitschern, überall laden Bänke zum Verweilen ein. Eine Oase mitten zwischen Asphalt, Baustellen und dem Lärm der Autos. Du kannst die Füße im See abkühlen, die Kinder auf dem Spielplatz toben lassen und deinen Hunger im Restaurant Gaststätte Goldbachsee (Schwertstraße 16, 71065 Sindelfingen) stillen. Die Küche bietet eine ganze Liste mit Pfifferling-Kreationen an. Kann gut sein, dass du danach erst einmal einen Verdauungsspaziergang um den See machen musst. Besonders beliebt sind bei den Kindern an heißen Sommertagen die Wasserpumpen, die eine erfrischende

KM 10

An der Gaststätte Goldbachsee kommen nachts romantische Urlaubsgefühle auf. Das Restaurant wird beleuchtet, so dass der Goldbachsee auch in ein goldenes Licht getaucht wird. Da macht sich der Name des Sees und der Gaststätte alle Ehre.

‹ links / Eine städtische Oase: der Goldbachsee ˄ oben / Mit Blick auf den See kann man es sich gut gehen lassen

VÖGLEIN, VÖGLEIN

Der Natur besonders nah fühlt man sich im Vogelbeobachtungshaus. Immer wieder flattert ein Vöglein auf der Suche nach Futter in das Häuschen gegenüber.

Abkühlung bieten. Und auf den großen Wiesen am See bieten sich Ballspiele aller Art an.

RUHE IM WALD TANKEN

Mit neuer Kraft zurück

Zurück geht es dann direkt von der Gaststätte auf der Schwertstraße, der du bei der Weggabelung nach rechts folgst, um daraufhin gleich wieder links abzubiegen, bis du kurz darauf die stark befahrene Mahdentalstraße erreichst. Am besten überquerst du sie, indem du die Brücke nutzt. Auf der anderen Seite geht es auf dem Fahrradweg nach rechts weiter. Du fährst vorbei an Plattenbauten und der Unterführung, die du genommen hättest, wenn du nicht vom Weg abgezweigt wärst. Jetzt befindest du dich auf dem Rad-Rundweg, dessen Schildern du vorbei am Naturfreundehaus und einem Spielplatz mit einem riesigen Mann aus Holz folgst. Hier musst du ein kurzes Stück auf einem Schotterweg fahren, bis du am Ende des Weges den Schildern rechts die Steige hinauf folgst. Auch hier gibt es noch einmal Schotter. Sobald du den Anstieg bezwungen hast, rollst du aber wieder gemütlich vorbei an einem Vogelbeobachtungshaus und einem 6 / Baumlehrpfad. Lerne etwas über die Lärche, die Roteiche, die Wildpflaume, den Bergahorn oder die Wildbirne. Zu jedem Baum gibt es eine Infotafel. Du kannst sogar die Rinde von einigen Bäumen in einer Schautafel betasten. Fühlt sie sich bucklig und rau an oder stoppelig und noppig? Im Wald gibt es zudem ein Vogelhaus und einen Picknickplatz. Hier kannst du noch einmal die Ruhe genießen, denn unsere Runde neigt sich langsam dem Ende zu. Rund 1,5 Kilometer später hörst du bereits wieder die Autobahn, die A8, ganz deutlich. Hier teilt sich der Weg. Der Rad-Rundweg geht nach links, du musst aber nach rechts über die Autobahnbrücke – und nachdem du sie überquert hast – nach rechts Richtung Vaihingen-S-Bahnstation bis zum 1 / Wanderparkplatz Bernhartshöhe.

2,5

Kilometer lang ist der Baum- und Strauchlehrpfad, auf dem du eingies über die Flora und Fauna um Stuttgart herum lernen kannst. Es gibt Rinden zum Betasten, ein Vogelbeobachtungshaus und jede Menge Infotafeln. Wusstest du, dass die Wildbirne auch Holzbirne genannt wird?

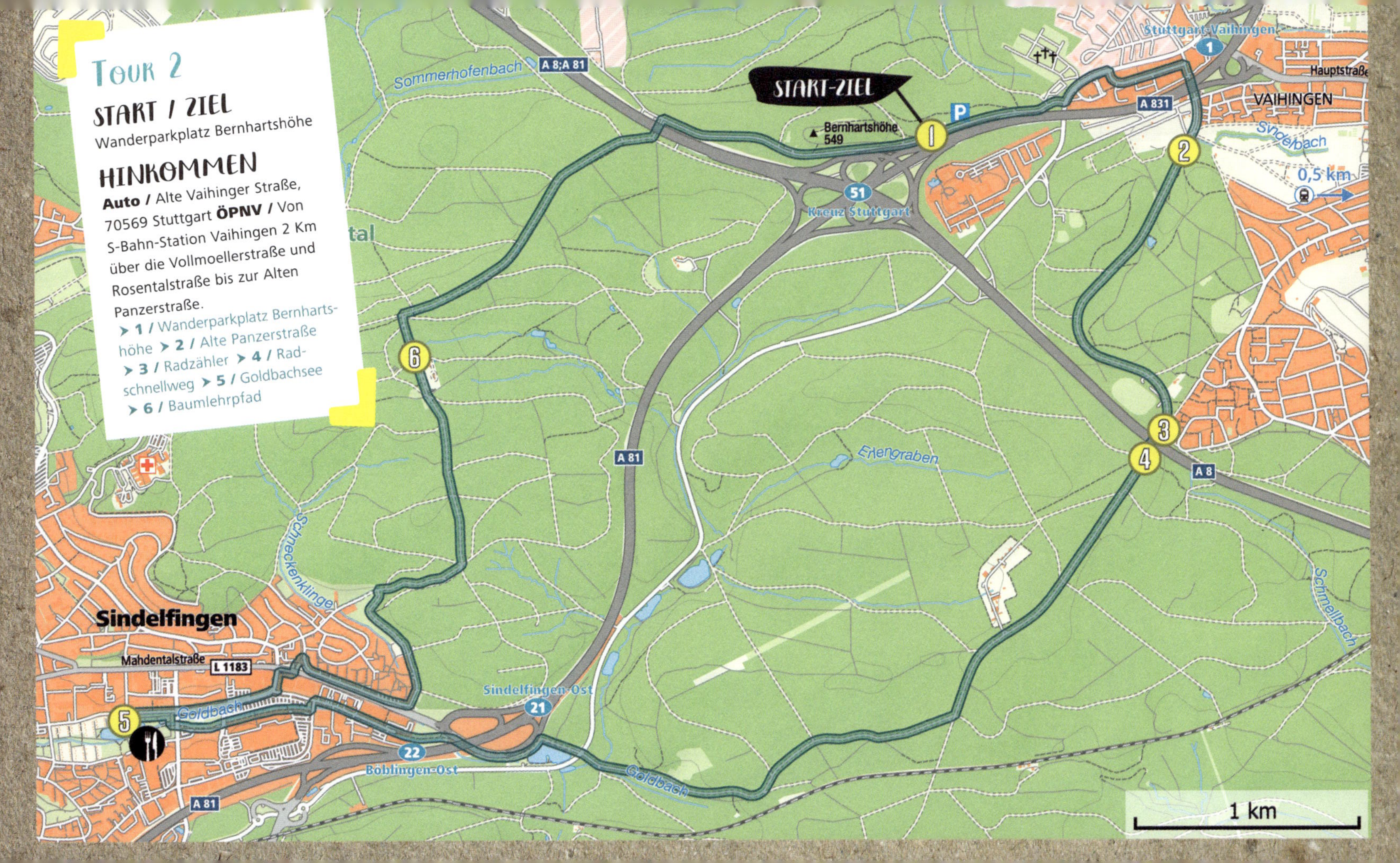

Tour 2

Start / Ziel

Wanderparkplatz Bernhartshöhe

Hinkommen

Auto / Alte Vaihinger Straße, 70569 Stuttgart **ÖPNV /** Von S-Bahn-Station Vaihingen 2 Km über die Vollmoellerstraße und Rosentalstraße bis zur Alten Panzerstraße.

➤ **1 /** Wanderparkplatz Bernhartshöhe ➤ **2 /** Alte Panzerstraße ➤ **3 /** Radzähler ➤ **4 /** Radschnellweg ➤ **5 /** Goldbachsee ➤ **6 /** Baumlehrpfad

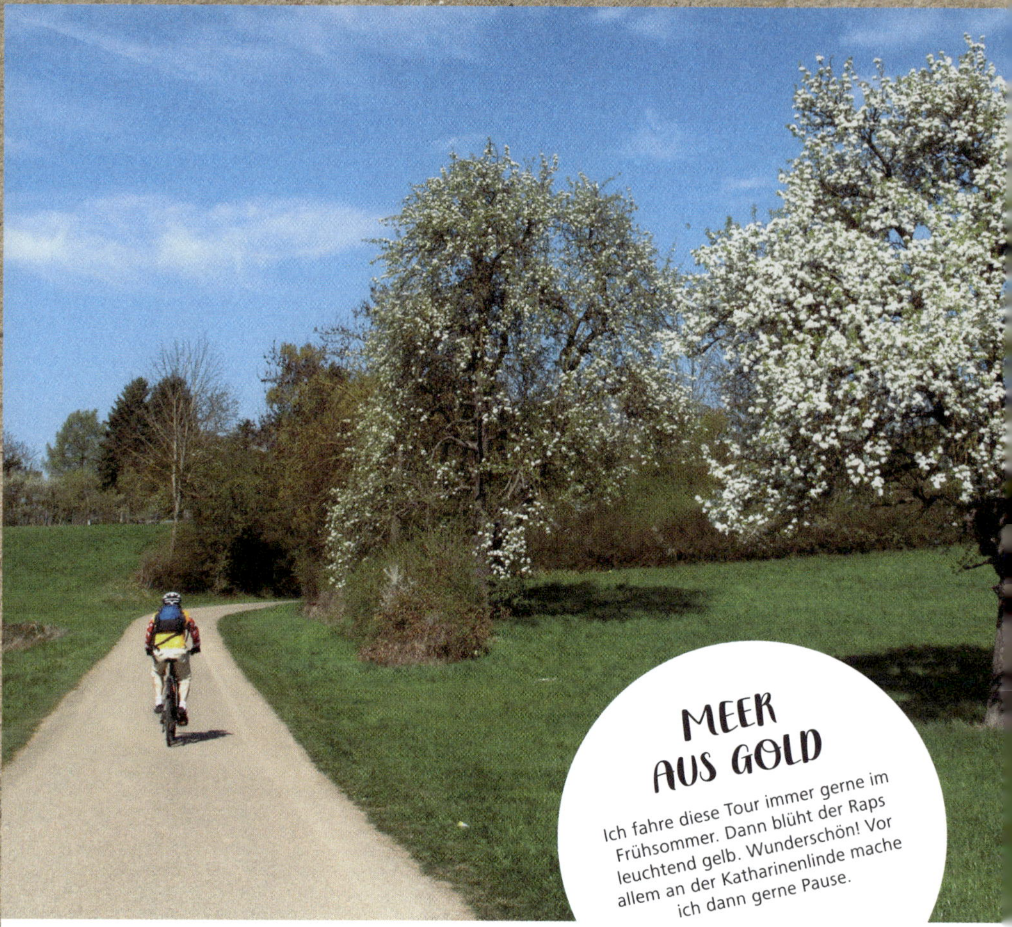

MEER AUS GOLD

Ich fahre diese Tour immer gerne im Frühsommer. Dann blüht der Raps leuchtend gelb. Wunderschön! Vor allem an der Katharinenlinde mache ich dann gerne Pause.

> **1 /** Am Schloss Ditzingen treten wir in die Pedale

> **2 /** Den Sommer spüren an der Katharinenlinde

> **3 /** Gut bürgerliches Essen gibt es in der Gaststätte Schönbühlhof

> **4 /** Außer Atem sein auf dem Hügel des keltischen Fürstengrabs

> **5 /** Im Keltenmuseum die Funde der Archäologen bestaunen

> **6 /** Einen Abstecher zum Schloss Hochdorf machen

> **7 /** In der Nähe von Schloss Schöckingen wurde ein weiteres Keltengrab gefunden

> **8 /** Den Krieger von Hirschlanden treffen

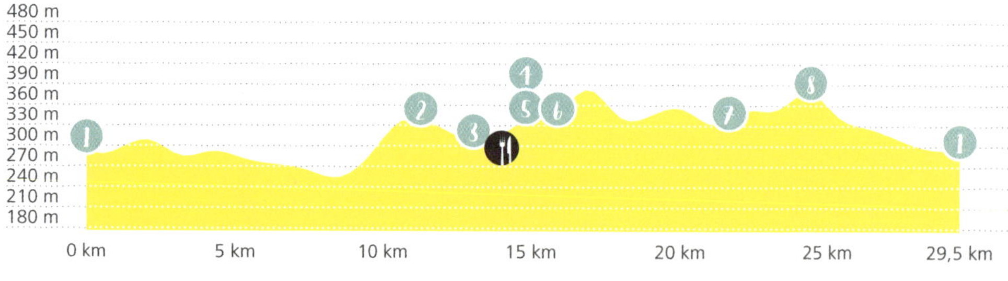

AUF DEN SPUREN DER KELTEN

Skelette, Gräber, Schätze auf dem Weg nach Hochdorf

Vor rund 2500 Jahren lebten in Württemberg die Kelten. Heute gibt es nur noch wenige Überreste, die von deren Leben erzählen. Auf dieser Tour erfährst du ihre Geschichte, die auch Europa entscheidend prägte.

30 Kilometer
380 Höhenmeter
380 Höhenmeter
2 Stunden
Rundtour

Geschichtsstunde

Am 1 / Schloss Ditzingen begeben wir uns auf die Spuren der Kelten – die erste historisch erwähnte Kulturgruppe nördlich der Alpen. Was uns erwartet? Ein tiefer Einblick in das 7. und 6. Jahrhundert vor Christus, als sich zwischen Burgund und Württemberg die keltischen Kulturen bildeten. Vom Schloss Ditzingen geht es in Richtung Schwieberdingen. Du fährst vorbei am Schulzentrum in der Glemsau. Fast bekommst du gar nicht mit, wie du Ditzingen verlässt – so grün ist es schon im Ort mit den Wiesen und Parks. Am Ortsrand kommst du an eine Weggabelung. Nimm die linke Ausfahrt, die weg vom Ort führt, und folge sieben Kilometer lang den grünen Pfeilen im Zickzack. Zwei Kilometer davon fährst du auf Schot-

CHARAKTER

Sportlich ●●●○○
Abkühlung ●○○○○
Schlemmen ●○○○○
Panorama ●●●○○

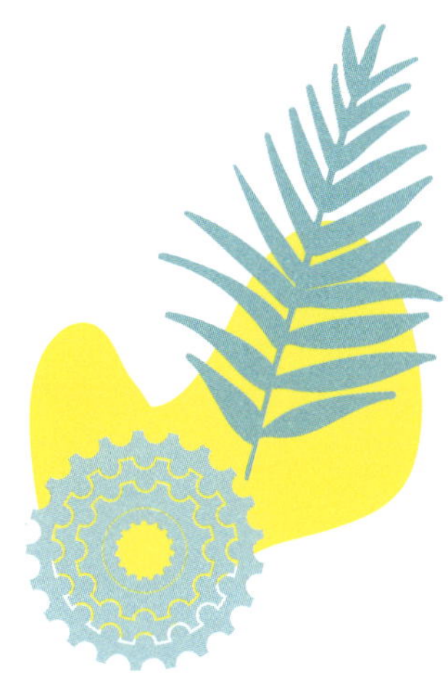

TOURENINFO / Fast ausschließlich auf asphaltierten Radwegen und getrennt vom Verkehr. Gut geeignet für Familien. Auch auf eine kurze Tagestour ausdehnbar.

‹ links / Idyllischer Radweg bei Ditzingen

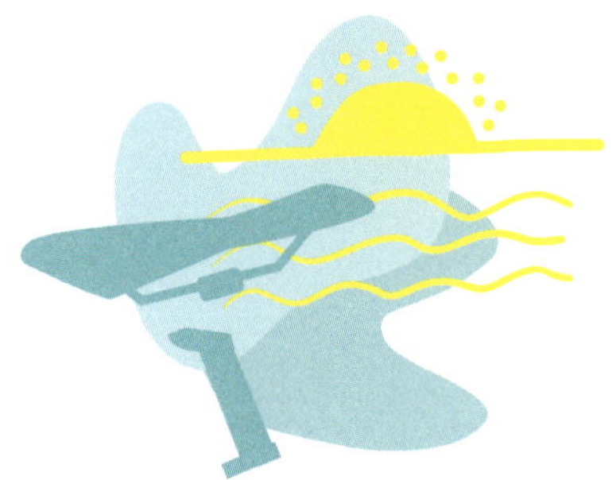

ter, die restlichen auf Asphalt. In Schwieberdingen geht es für dich über den Marktplatz, der sich zu deiner Linken öffnet und anschließend auf der Vaihinger Straße nach links weiter. An der markanten Haltestelle Glemstal folgst du dann dem Fahrradweg zum Schönbühlhof. Felder ziehen an dir vorbei. Ein Meer aus Gold – so stark leuchtet der Raps in der Sonne. Nachdem du rund zwei Kilometer so gefahren bist, taucht zu deiner Linken eine Bank unter einer Linde auf. Es ist die 2 / Katharinenlinde. Die Stelle sieht nicht besonders aus, aber hier wurde im 20. Jahrhundert ein Frauenskelett gefunden. Die Forschenden gehen davon aus, dass sie im 5. oder 4. Jahrhundert vor Christus hier bestattet wurde. Bei ihr fand man Bronze- und Eisenfibeln ähnlich wie Broschen. Heute können Reisende an der Bank rasten und den Blick in alle vier Himmelsrichtungen schweifen lassen.

WIE BEI OMA

In der 3 / Gaststätte Schönbühlhof fühlt man sich wie zu Besuch bei einer schwäbischen Großmutter. Gutes Essen in uriger Umgebung.

Zwischen Feldern hindurch nach Hochdorf

Weiter geht es immer dem Fahrradweg nach, bis zwei Kilometer später zu deiner Rechten die 3 / Gaststätte Schönbühlhof (Pforzheimer Str. 32, 71706 Markgröningen) auftaucht. Nicht ohne Grund schwärmen die Gäste vom Rostbraten, aber auch die selbstgemachten Spätzle sind ein Genuss. Die urige Umgebung rundet deinen Aufenthalt ab. Nachdem du dich gestärkt hast, kommst du kurz nach der Gaststätte an eine Kreuzung. Für dich geht es leicht schräg links weiter auf der Pforzheimer Straße, die kurz darauf durch eine Unterführung führt. Rund zwei Kilometer später taucht zu deiner Rechten das nächste Grab auf. Pompös liegt das 4 / keltische Fürstengrab (Sickentaler Hof 3, 71735 Eberdingen) in Form eines Hügels vor dir und auf ihm steht ein riesiger Grabstein. Hier fanden Archäologen den Keltenfürsten von Hochdorf. Er war vermutlich 40 bis 50 Jahre alt, als er um

---

➤ rechts oben / Pompös war der Grabhügel zu Ehren des keltischen Fürsten von Hochdorf ➤ rechts Mitte / Die Hütte zeigt, wie die Kelten früher gelebt haben

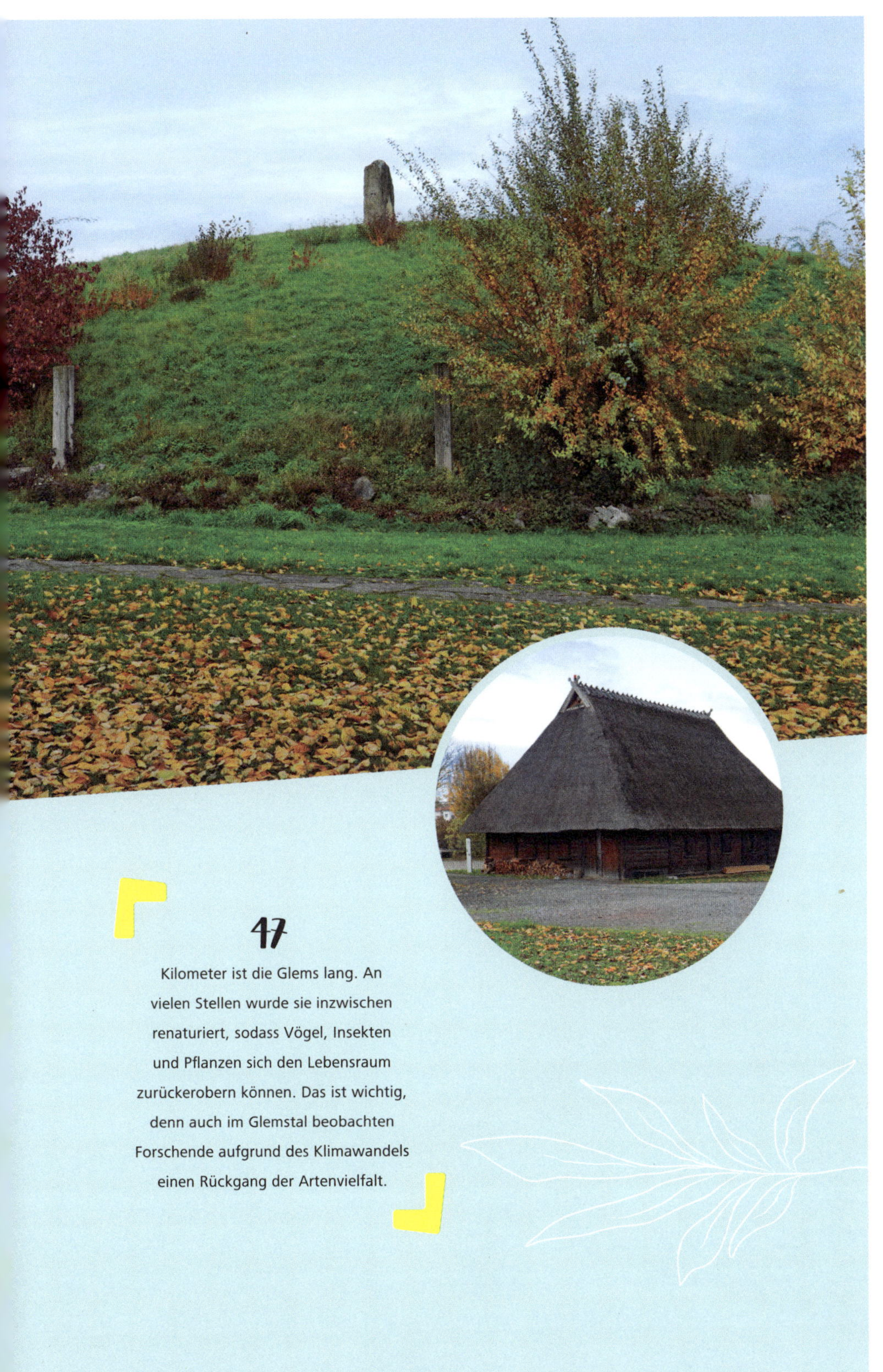

47

Kilometer ist die Glems lang. An vielen Stellen wurde sie inzwischen renaturiert, sodass Vögel, Insekten und Pflanzen sich den Lebensraum zurückerobern können. Das ist wichtig, denn auch im Glemstal beobachten Forschende aufgrund des Klimawandels einen Rückgang der Artenvielfalt.

VERSCHOLLEN

Lange blieb das abgeflachte 4 / keltische Fürstengrab unter einem Acker unendeckt. Erst 1977 fand eine Hobbyarchäologin ortsfremde Steine und somit das Grab.

ca. 550 vor Christus zu Grabe getragen wurde. Über der Grabkammer errichtete man einen sechs Meter hohen und sechzig Meter breiten Hügel. So ruhte der Tote auf einer Bahre, um seinen Hals einen Goldring – das Standesabzeichen – und in seinen Händen einen Dolch, bis Forschende ihn bei Ausgrabungen fanden. Das Besondere: Die Grabkammer war noch keinen Räubern zum Opfer gefallen. Geschmücktes Zaumzeug, goldener Totenschmuck, ein Löwenkessel. Was die Archäologen fanden, kannst du rund einen Kilometer später im 5 / Keltenmuseum (Keltenstraße 2, 71735 Eberdingen) bestaunen. Dort wurde die Grabkammer nachgebaut.

EIN ABSTECHER INS KELTEN-MUSEUM LOHNT SICH

Eine keltische Bestattung

Um zum Keltenmuseum zu kommen, musst du noch ein Stück geradeaus und am Ortsrand von Eberdingen nach rechts. Nur wenige Meter später erkennst du schon das Museum. Ein Metallbogen – sechs Meter hoch und sechzig Meter breit – überspannt das Ge-

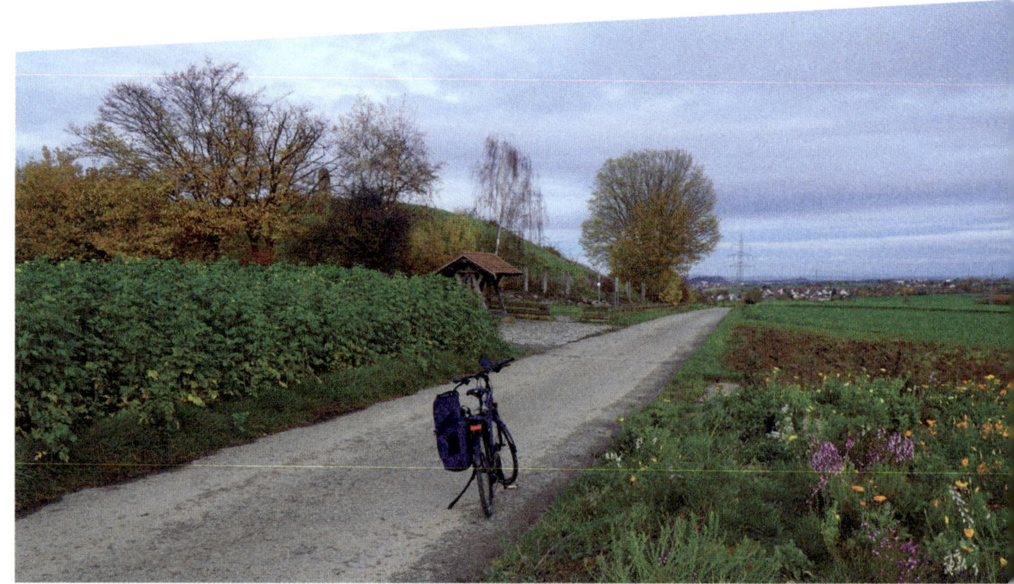

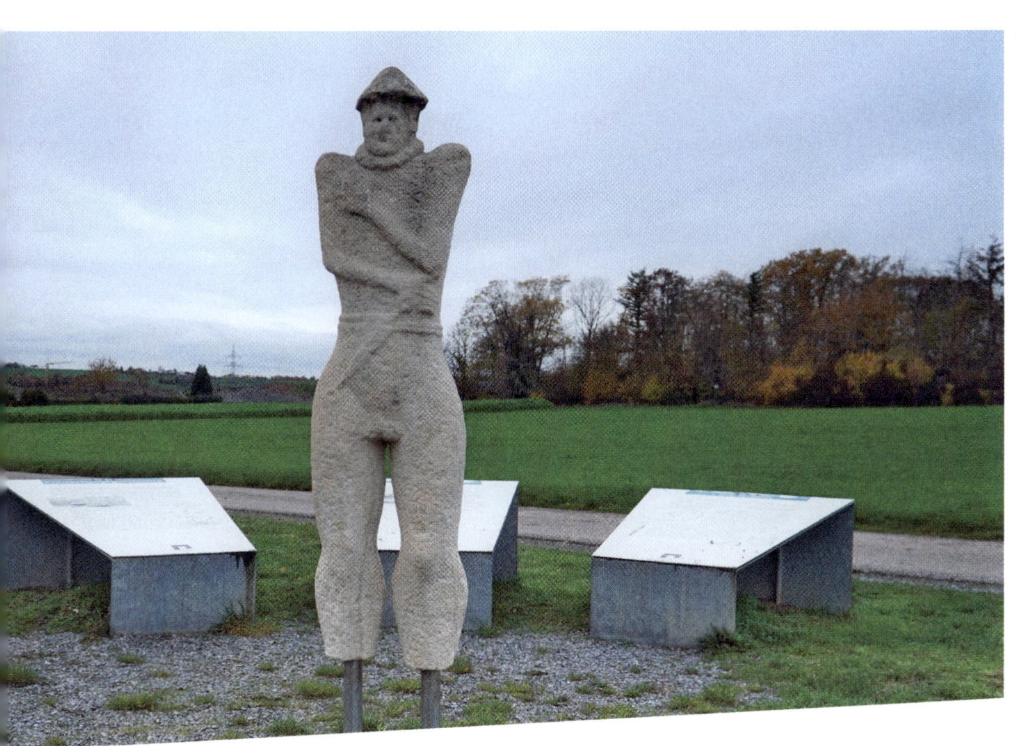

bäude. Im Museum entdeckst du aber nicht nur die nachgebaute Grabstätte des Fürsten, sondern erfährst auch, wie die Menschen in der Eisenzeit gelebt haben und wie ihr Alltag aussah. Ausgestellt ist beispielsweise die älteste Feinwaage, die jemals nördlich der Alpen gefunden wurde. Oder Fragmente von Trinkschalen, die im 5. Jahrhundert vor Christus aus Athen importiert wurden. Nachdem du wieder aufgesattelt hast, biegst du die nächste Gelegenheit links ab und dann rund hundert Meter später wieder links, dieses Mal in eine schmale Gasse. So gelangst du wieder zurück zur Hauptstraße und fährst auf ihr nun in die andere Richtung in den Ort hinein. An der großen Kreuzung hast du die Möglichkeit, dem 6 / Schloss Hochdorf (Hemminger Straße 4, 71735 Eberdingen) noch einen Besuch abzustatten. Von hier ist es nur ein Katzensprung die Hemminger Straße entlang. Das barocke Landschloss scheint wie aus einem Märchen. Entscheidest du dich gegen den Abstecher, geht es einfach geradeaus, den grünen Pfeilen und Schildern nach Schöckingen hinterher. Fünf Kilometer fährst du an Feldern und Wäldern vorbei, einmal auch kurz über Schotter, bis du den Ort erreichst. Auch hier gibt es

ÜBER 150

Fundstellen aus der Zeit der Kelten gibt es im Raum Ludwigsburg. Gefunden wurden Goldschmuck, Skelette, Dolche. Im 5 / Keltenmuseum sind einige Exponate ausgestellt. Anhand von ihnen wurde rekonstruiert, wie die Kelten gelebt und gearbeitet haben.

< links / Herbstgefühle auf dem Weg nach Hochdorf ^ oben / Dünn, nackt, muskulöse Waden – der Krieger von Hirschlanden

FRAUENGRAB IN SCHÖCKINGEN

Genetische Untersuchungen belgen: Die verstorbene Frau war mit dem Keltenfürsten von Hochdorf verwandt.

BAROCKE PRACHT WIE IM MÄRCHEN

ein Schloss. Es heißt schlicht 7 / Schloss Schöckingen (Schloßstraße 1, 71254 Ditzingen). Schlicht ist es allerdings nicht, weshalb es dir nicht schwerfallen wird, es zu erkennen, denn es hebt sich imposant von den restlichen Gebäuden ab. Fast direkt gegenüber wurde im 20. Jahrhundert bei Umbauarbeiten das Grab einer jungen Keltin entdeckt. Anders als der Fürst trug sie aber nur einen Bronzehalsreif. Auch fehlten die für hochstehende Mitglieder typischen Beilagen wie Bronzegeschirr, Wagen und Importgüter. Das deutet darauf hin, dass schon die Kelten ihre Gesellschaft hierarchisch gliederten.

32

Meter maß das Hügelgrab des 8 / Kriegers von Hirschlanden. Damit war es gerade mal halb so groß wie das des Keltenfürsten. Anhand der Gräber und Grabbeigaben leiten Forschende die soziale Stellung und Rangordnung der Toten ab.

Ein Abbild der Kelten

Für dich geht es auf der vom Schloss gegenüberliegenden Ritterstraße weiter nach Heimerdingen. Du lässt Schöckingen hinter dir und kommst einen Kilometer später an die Heimerdinger Straße. Hier geht es für dich auf dem Fahrradweg links weiter. Bei der nächsten Gelegenheit überquerst du die Straße und folgst nun dem Weg bis zum Hügelgrab, vor dem der 8 / Krieger von Hirschlanden (71254 Ditzingen) wacht. Nachdem du bereits einiges über die Kelten erfahren hast und darüber, wie sie beerdigt wurden, müsstest du es auf Anhieb erkennen. Was zudem hilft: Vor dem Grab steht eine Sandsteinstele – ein Mann, nur bekleidet mit einem spitz zulaufenden Hut. Die Stele ist die älteste vollplastische Großskulptur, die nördlich der Alpen gefunden wurde. Neben ihr klären drei Infotafeln über die Gräber, die Entdeckung dieser und den Krieger von Hirschlanden auf. Zudem laden Bänke zum Rasten ein. Es ist der letzte Stopp dieser Tour, bevor du wieder das Schloss in Ditzingen erreichst, also nimm dir ruhig Zeit. Die restlichen fünf Kilometer vergehen wie im Flug. Am Grab biegst du links nach Hirschlanden ab und durchquerst den Ort in Richtung Ditzingen. Bald schon kommen dir die ersten Gebäude wieder bekannt vor. Du erreichst die Weggabelung, an der du Ditzingen nach links verlassen hast. Nun fährst du rechts und wieder vorbei am Schulzentrum. Kurz darauf erreichst du das 1 / Schloss Ditzingen.

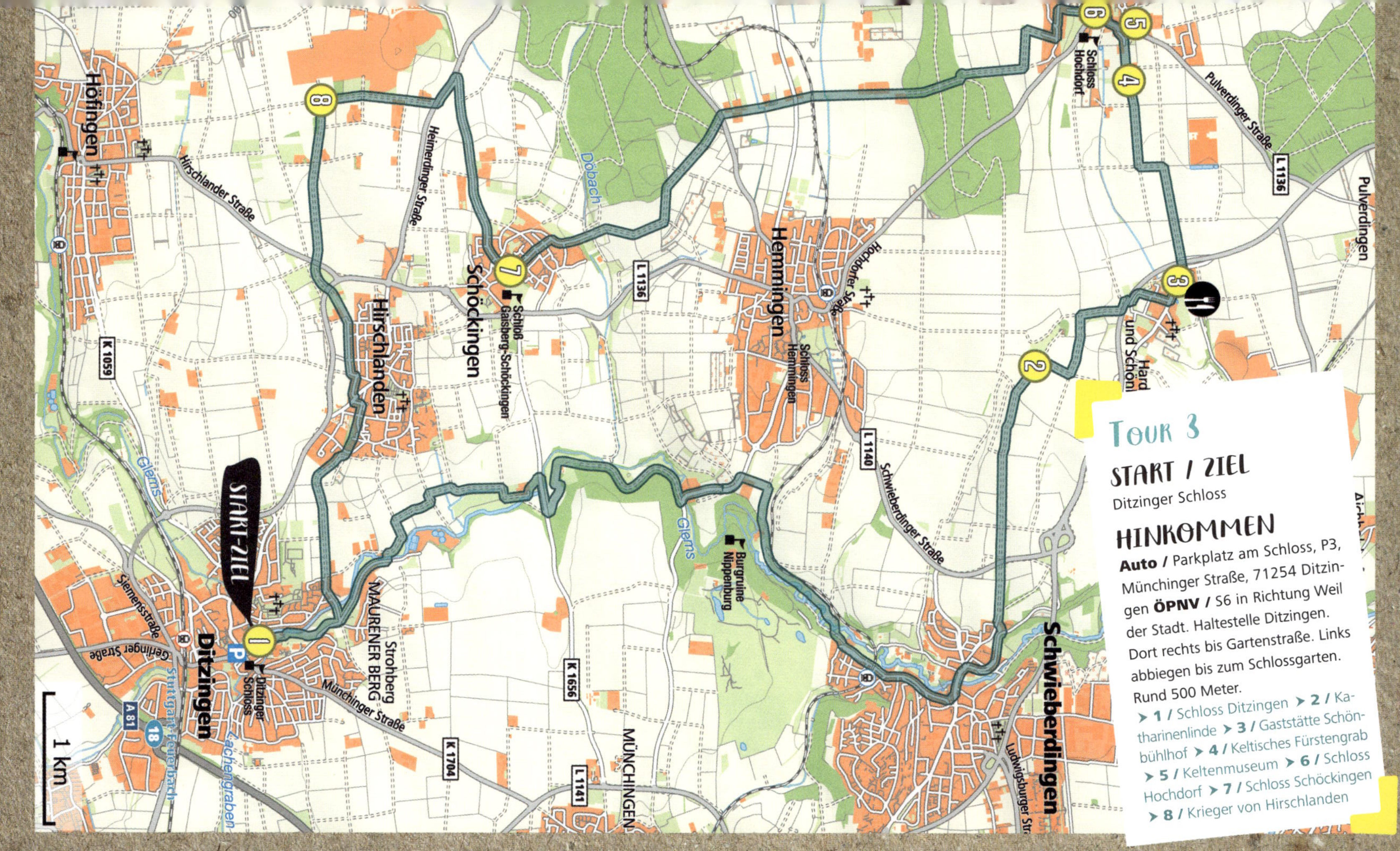

TOUR 3

START / ZIEL

Ditzinger Schloss

HINKOMMEN

Auto / Parkplatz am Schloss, P3, Münchinger Straße, 71254 Ditzingen **ÖPNV /** S6 in Richtung Weil der Stadt. Haltestelle Ditzingen. Dort rechts bis Gartenstraße. Links abbiegen bis zum Schlossgarten. Rund 500 Meter.

➤ **1 /** Schloss Ditzingen ➤ **2 /** Katharinenlinde ➤ **3 /** Gaststätte Schönbühlhof ➤ **4 /** Keltisches Fürstengrab ➤ **5 /** Keltenmuseum ➤ **6 /** Schloss Hochdorf ➤ **7 /** Schloss Schöckingen ➤ **8 /** Krieger von Hirschlanden

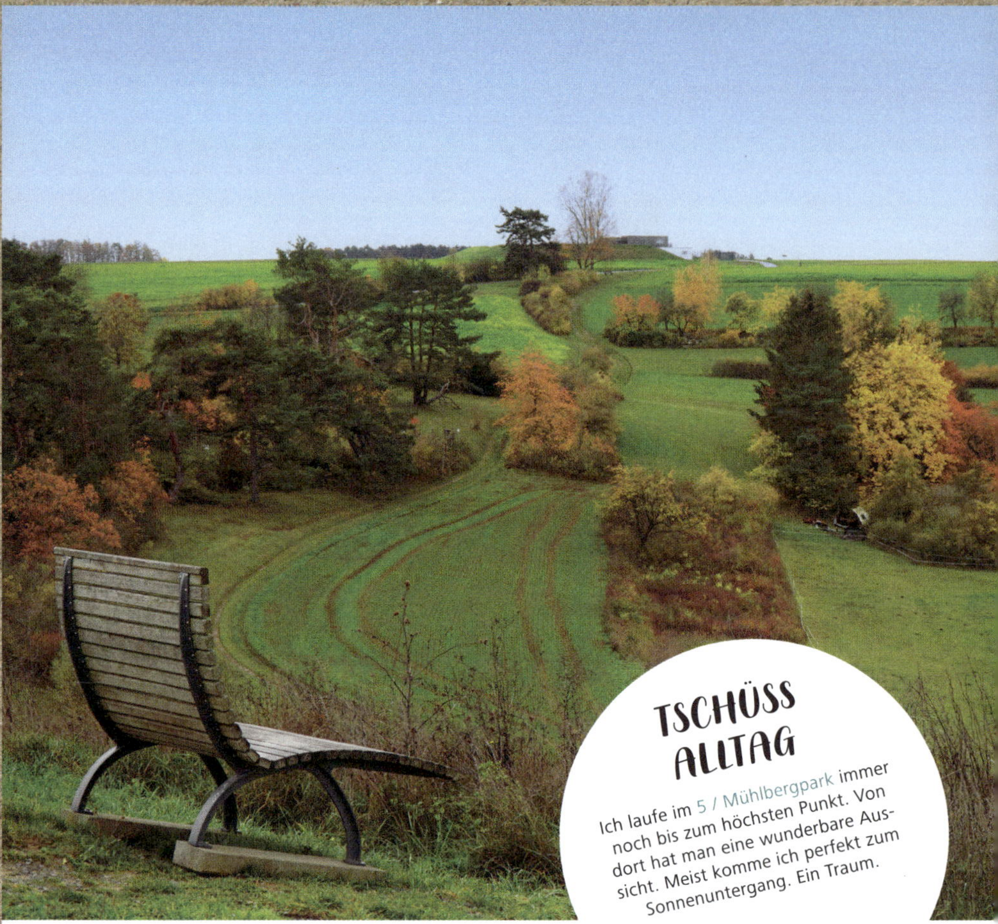

TSCHÜSS ALLTAG

Ich laufe im 5 / Mühlbergpark immer noch bis zum höchsten Punkt. Von dort hat man eine wunderbare Aussicht. Meist komme ich perfekt zum Sonnenuntergang. Ein Traum.

> **1 /** Zurück in die Vergangenheit am Computermuseum der Informatik

> **2 /** In Ruhe dösen am Steinbachsee

> **3 /** Sich wie ein Motorradfahrer fühlen am Biergarten Glemseck

> **4 /** Nicht nur mit Kindern macht das Maislabyrinth Renningen Spaß

> **5 /** Im Mühlbergpark vergisst man den Alltag

> **6 /** Zurück nach Hause an der S-Bahnstation Weil der Stadt

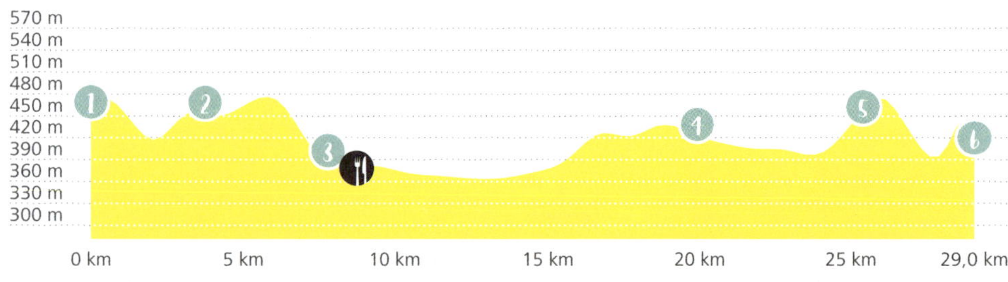

STUDENTENFAHRT

Zum Sonnenuntergang in den Mühlbergpark bei Renningen

Auf dieser Tour kannst du dir den Stress von der Seele strampeln, um anschließend im Mühlbergpark die Ruhe zu genießen. In den Sommerferien eignet sich die Tour perfekt als Tagestour für Familien mit Kindern. Ein Highlight: das Maislabyrinth.

29 Kilometer
315 Höhenmeter
365 Höhenmeter
2 Stunden
Streckentour

Von der Universität zum Max-Planck-Institut

Wie lange ist es her, dass du studiert hast? Fünf, zehn, zwanzig Jahre? Oder hast du vielleicht auch eine Ausbildung gemacht, aber deine Freunde waren an der Uni und du hast sie das eine oder andere Mal am Campus besucht? Diese Tour beginnt in der Vergangenheit.

Statt uns nämlich direkt an der Universität Stuttgart in Vaihingen in den Sattel zu schwingen und loszufahren, statten wir dem 1 / Computermuseum der Informatik (Universitätsstraße 38, 70569 Stuttgart) noch einen Besuch ab. Frühe Minicomputer, die gar nicht so mini sind, noch funktionstüchtige Rechenmaschinen und eine

CHARAKTER

Sportlich ●●●○○
Abkühlung ●●○○○
Schlemmen ●●○○○
Panorama ●○○○○

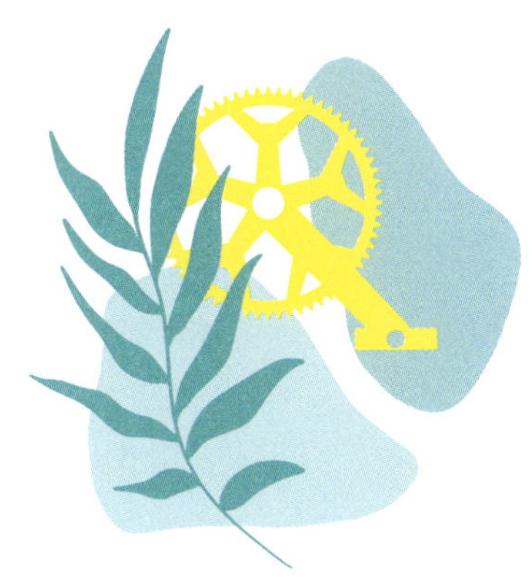

TOURENINFO / Anspruchsvolle Feierabendtour. Teilweise steil, an manchen Stellen Schotter. Die Wege sind aber stehts gut befestigt. Meist abseits von stark befahrenen Straßen. Als Tagestour perfekt für Familien.

◂ links / Entspannen mit Blick über den Mühlbergpark

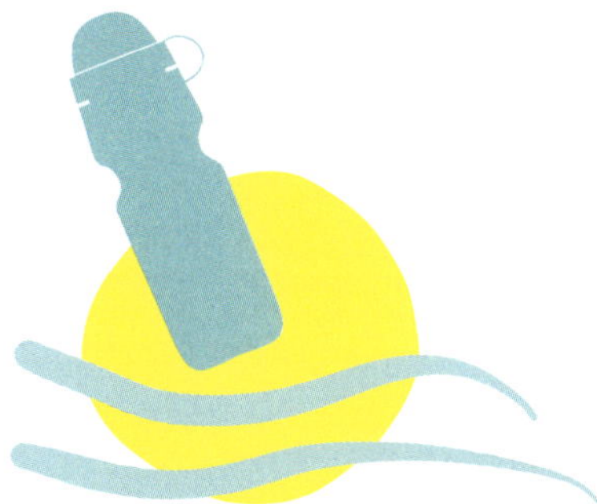

Vielzahl heute vergessener Datenträger erinnern daran, wie es vor zwanzig Jahren war zu studieren – in einer Zeit, in der es noch kein Google gab. Nach dem Start in der Vergangenheit radeln wir wieder ins Hier und Jetzt. Dazu biegen wir beim Computermuseum rechts auf die Universitätsstraße ab und umrunden die Uni, indem wir danach noch einmal rechts in den Pfaffenwaldring fahren. Am Institut für Stahlwerkzeuge geht es links am Parkplatz Pfaffenhof vorbei und in den Wald hinein. An der Gabelung hältst du dich links und biegst die nächste Straße dann rechts ab. Es geht in Richtung „Katzenbacher Hof". Vor dir taucht die Büsnauer Straße auf. Du überquerst sie und fährst am Max-Planck-Institut vorbei und auf dem Schotter weiter in den Wald hinein. Merke: immer den grünen Pfeilen hinterher.

SONNEN UND DÖSEN

Der 2 / Steinbachsee ist deutlich weniger besucht als die größeren Seen in der Umgebung. Einziges Manko: die nahe Straße.

Fahrrad vs. Motorrad

Fünfhundert Meter nach dem Max-Planck-Institut biegst du dann die erste Straße rechts ab und kommst an den 2 / Steinbachsee (70569 Stuttgart). Idyllisch liegt der See eingebettet zwischen Bäumen und Sträuchern. Schildkröten sonnen sich im Sommer auf Baumstämmen, Mandarinenten schwimmen am Ufer entlang. Der Steinbachsee ist einer von fünf künstlich angelegten Seen, die dazu dienten, die umliegenden Mühlen mit Wasser zu versorgen. 1812 wurde er von König Friedrich angelegt. Doch anders als an den nordöstlicheren größeren Seen sind hier kaum Besucher. Du hörst die Vögel zwitschern, den Wind in den Blättern rauschen – nur der Lärm der nahe gelegenen Landstraße stört ein wenig. Nachdem du dich am Wasser erholt hast – Baden ist leider verboten – geht es weiter auf dem Steinbachweg und nach dem See rechts zu der Landstraße, die

---

➤ rechts oben / In den Sommerferien steht am Rand von Renningen das Maislabyrinth ➤ rechts Mitte / Für Motorrad- und Radfahrer gleichermaßen: der Biergarten Glemseck

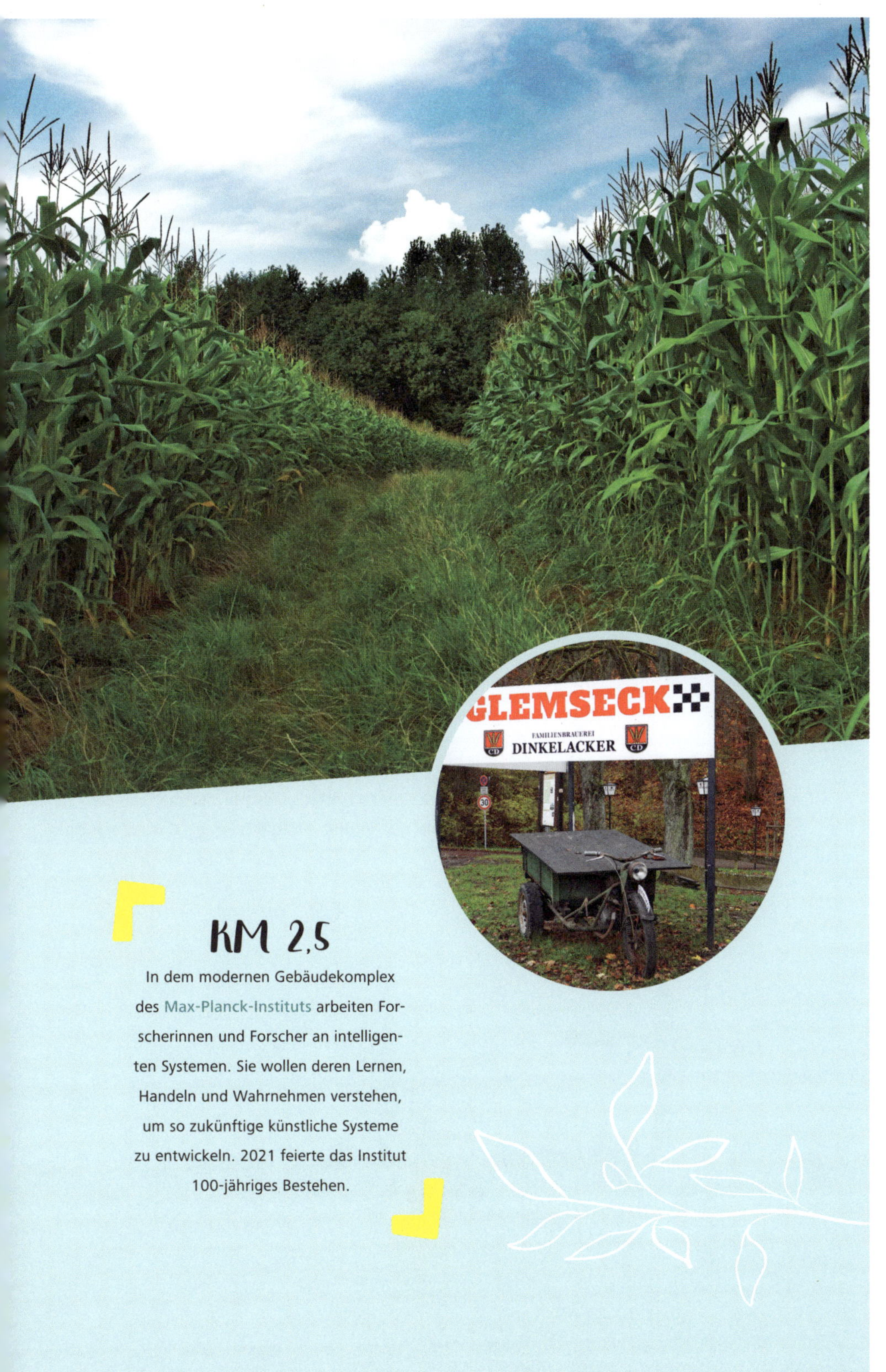

KM 2,5

In dem modernen Gebäudekomplex des Max-Planck-Instituts arbeiten Forscherinnen und Forscher an intelligenten Systemen. Sie wollen deren Lernen, Handeln und Wahrnehmen verstehen, um so zukünftige künstliche Systeme zu entwickeln. 2021 feierte das Institut 100-jähriges Bestehen.

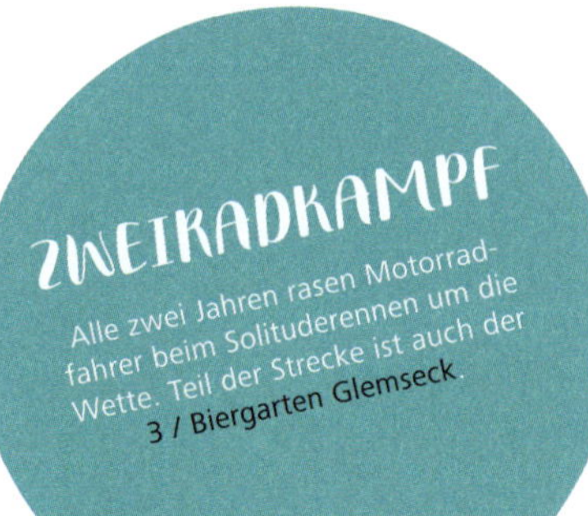

du vorhin schon gehört hast. Du überquerst die Magstadter Straße und fährst weiter auf dem Fahrradweg, der sich drei Kilometer durch den Wald schlängelt. Als Nächstes überquerst du die Glemseckstraße und erreichst kurz darauf den 3 / Biergarten Glemseck (Glemseck 1, 71229 Leonberg). Hier treffen sich die Motorradfahrer und reden über steigende Spritpreise. Als E-Bikefahrer oder sogar als Trekkingradfahrer kannst du nur darüber lächeln und in Ruhe die beste Currywurst mit Pommes im Umkreis genießen. Dabei kann es schon mal voll werden, doch meistens findet sich ein Plätzchen auch ein wenig abseits der Straße.

CURRYWURST UND POMMES LOCKEN

Mal wieder Kind sein

Nach der Stärkung geht es weiter in Richtung Leonberg. Du kommst durch eine Unterführung durch. Nach dieser musst du links und unterhalb von Leonberg drei Kilometer immer auf dem Radweg an dem Fluss Glems entlang, dann über die Brennerstraße und nach links den grünen Pfeilen nach. Es geht aus Leonberg

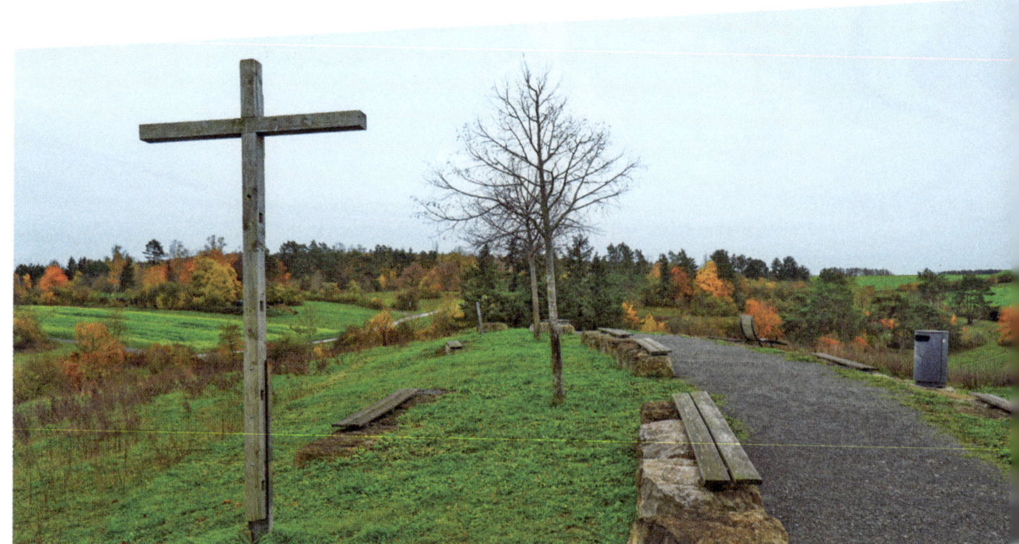

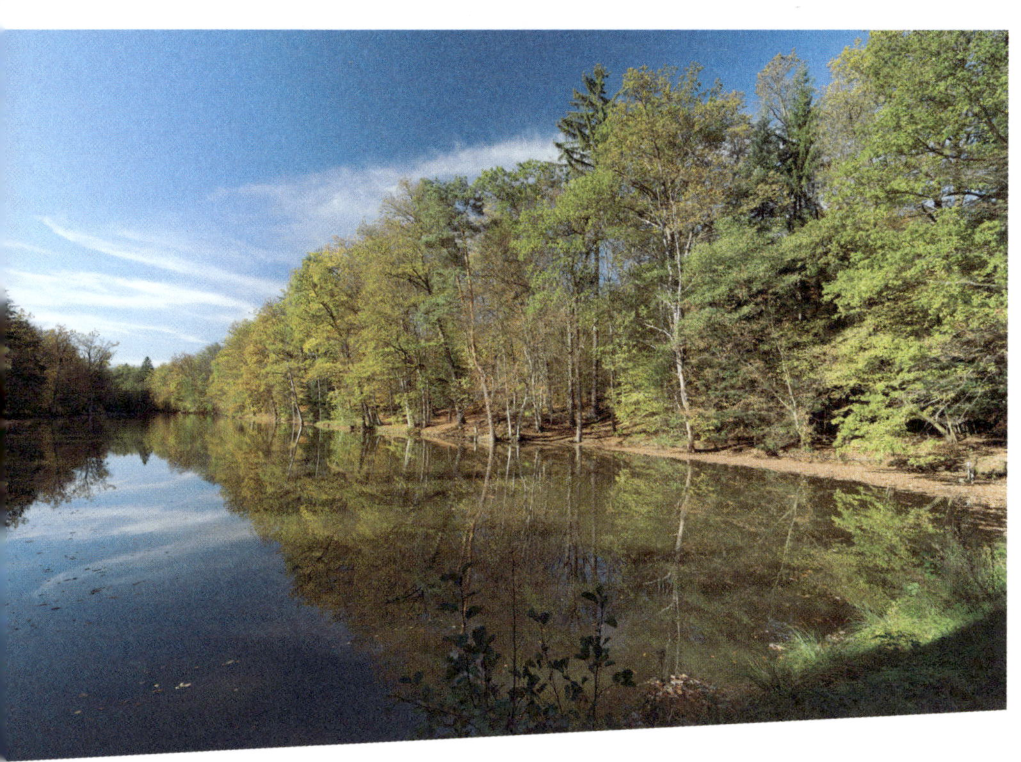

hinaus und nach Rutesheim hinein. Du erreichst die S-Bahnstation, fährst über die Gleise und nun an der Weggabelung nach links in die Silbertorallee. Die Fahrradschilder führen dich nach Renningen. Teilweise geht der Weg über Asphalt, teilweise über Schotter. Kurz vor dem Ort geht es für dich über die Nordrandstraße. Du fährst die Rutesheimer Straße entlang und biegst – wenn gerade Sommerferien sind – direkt die nächste Straße links ab. Zu dieser Zeit hat das 4 / Maislabyrinth Renningen (Rutesheimer Pfad 6, 71272 Renningen) geöffnet. Jedes Jahr zaubern die Veranstalter dabei ein anderes Muster in das Maisfeld. 2021 sah man unter dem Motto „Manege frei!" einen Elefanten und eine Seiltänzerin aus der Luft. Und 2022 unter dem Motto „Schritt für Schritt" Bauern mit Traktoren und Mistgabeln. Das Maislabyrinth ist nicht nur für Kinder ein Geheimtipp, auch mit Freunden lassen sich hier gut ein bis zwei Stunden verbringen, bis man alle Stempel gefunden hat. Und wenn du vom Suchen hungrig bist, dann kannst du dir danach einen leckeren Burger vom Grill holen und ihn dir schmecken lassen.

20.000

Quadratmeter umfasst das 4 / Maislabyrinth Renningen. Da ist es leicht, sich zu verirren. Deswegen kann ein Abstecher dorthin auch ruhig mal zwei Stunden dauern. Dafür gibt es für die Kinder anschließend eine Belohnung.

< links / Gipfelkreuz im Mühlbergpark ^ oben / Versteckt im Wald: der Steinbachsee

STADTBUMMEL

In Renningen gibt es einen Spielplatz, ein Freibad und mehrere Cafés. Das sind lohnende Alternativen für die Zeit, in der das Maislabyrinth geschlossen hat.

AB INS ERHOLUNGSGEBIET (OHNE RAD)

Abschalten vom Alltag

Weiter geht es wieder auf der Rutesheimer Straße, bis rechts von dir die Industriestraße abzweigt. An der S-Bahnstation Renningen geht es unten durch und auf der anderen Seite den Schildern nach Weil der Stadt nach. Drei Kilometer später fährst du links über den Kreisverkehr, nicht unter der Unterführung zur S-Bahn Malmsheim hindurch und biegst dann an der dritten Ausfahrt in den schmalen Mühlbergweg ein, der dich zum 5 / Mühlbergpark (71272 Renningen) lotst. Kurz darauf erreichst du das Natur- und Erholungsgebiet. Noch bis 2013 wurde das Areal als Erddeponie genutzt, seit 2014 wird es aber der Natur zurückgegeben. Seitdem singen wieder mehr Vögel in den Bäumen – und die Natur erobert sich Stück für Stück die Fläche zurück. Magerwiesen, Feldhecken, Streuobstwiesen: eine Oase mitten in der Umgebung von Stuttgart. Wer vom stressigen Alltag Abstand braucht, ist hier richtig. Vielerorts laden Bänke und Holzliegen zum Rasten ein. Willst du das Erholungsgebiet erkunden und zum Aussichtspunkt Malmsheim, dann musst du allerdings dein Rad am Rand abstellen. Die sich im Gebiet befindenden Wege wurden nicht als Radwege gebaut. Es lohnt sich aber, zu Fuß zu gehen, denn von der Plattform aus hast du eine herrliche Aussicht über die hügelige Landschaft und auf Renningen. Schafe grasen friedlich, junge Ziegen balgen sich. Laue Sommerabende lassen sich hier wunderschön ausklingen. Kleiner Tipp: Eine Flasche Rotwein mitnehmen und bei einem Glas Wein auf den Sonnenuntergang warten. Wenn sich die Landschaft rosa färbt, ist jeglicher Stress endgültig vergessen. Neigt sich die Sonne dem Horizont zu, geht es im restlichen Tageslicht weiter auf dem Mühlbergweg. Felder und Wälder wechseln sich ab, bis du nach drei Kilometern die Malmsberger Straße in Weil der Stadt erreichst. Hier rechts, die nächste links und dann die nächste noch einmal rechts bis zum Jugendzentrum. Von hier ist die 6 / S-Bahnstation Weil der Stadt (71263 Weil der Stadt) nur noch ein Katzensprung. Folge einfach den Schildern.

KM 25

Trostlos, tierlos, traurig – vor Jahren wurde im 5 / Mühlbergpark Stein abgebaut. Heute ist der Park ein kleines Paradies. Es gibt viele Sitzgelegenheiten und einige Liegen. Am besten liegt es sich ganz oben. Dort kann man in Ruhe auf den Sonnenuntergang warten.

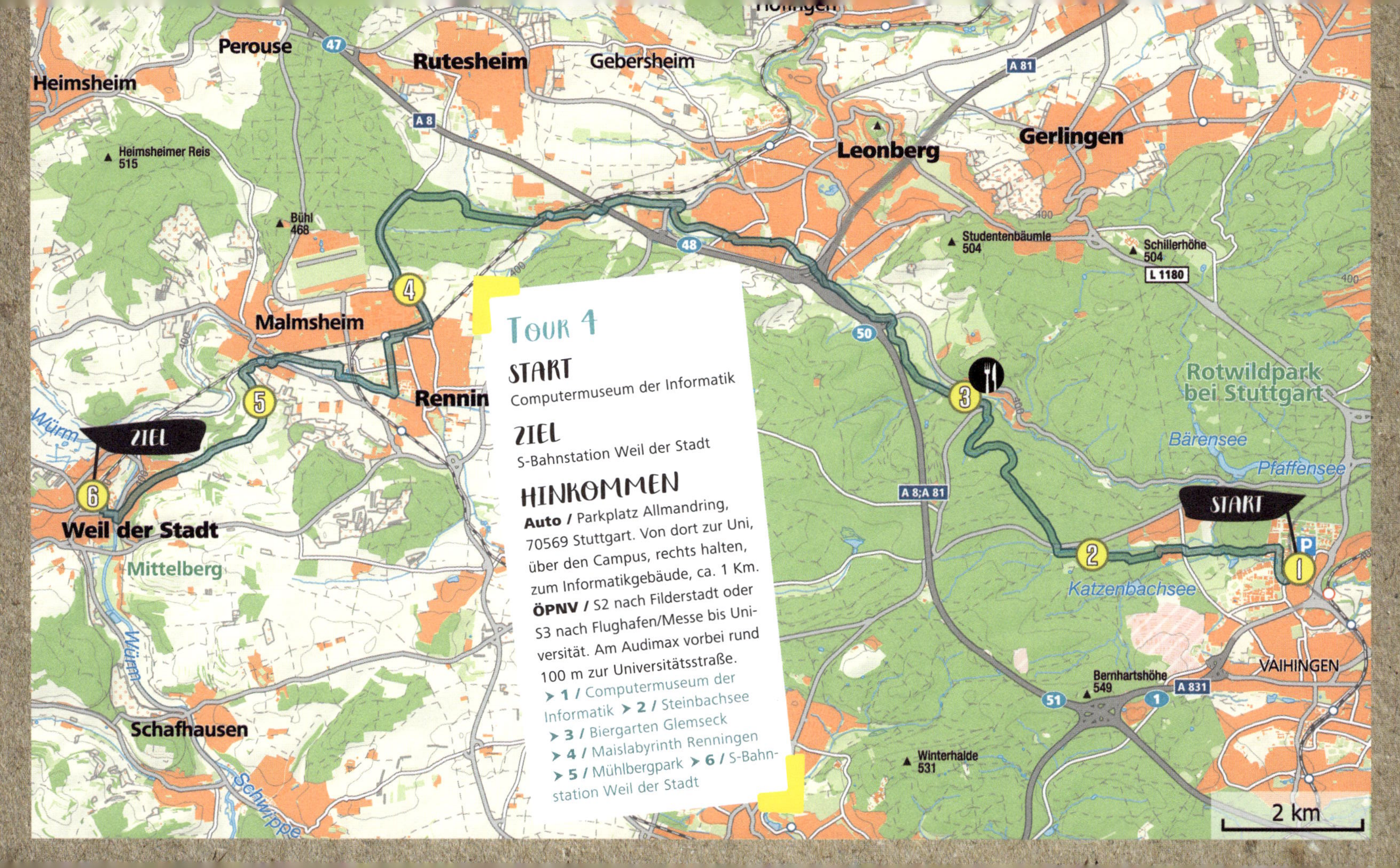

Tour 4

START
Computermuseum der Informatik

ZIEL
S-Bahnstation Weil der Stadt

HINKOMMEN
Auto / Parkplatz Allmandring, 70569 Stuttgart. Von dort zur Uni, über den Campus, rechts halten, zum Informatikgebäude, ca. 1 Km. **ÖPNV /** S2 nach Filderstadt oder S3 nach Flughafen/Messe bis Universität. Am Audimax vorbei rund 100 m zur Universitätsstraße.

➤ **1 /** Computermuseum der Informatik ➤ **2 /** Steinbachsee ➤ **3 /** Biergarten Glemseck ➤ **4 /** Maislabyrinth Renningen ➤ **5 /** Mühlbergpark ➤ **6 /** S-Bahnstation Weil der Stadt

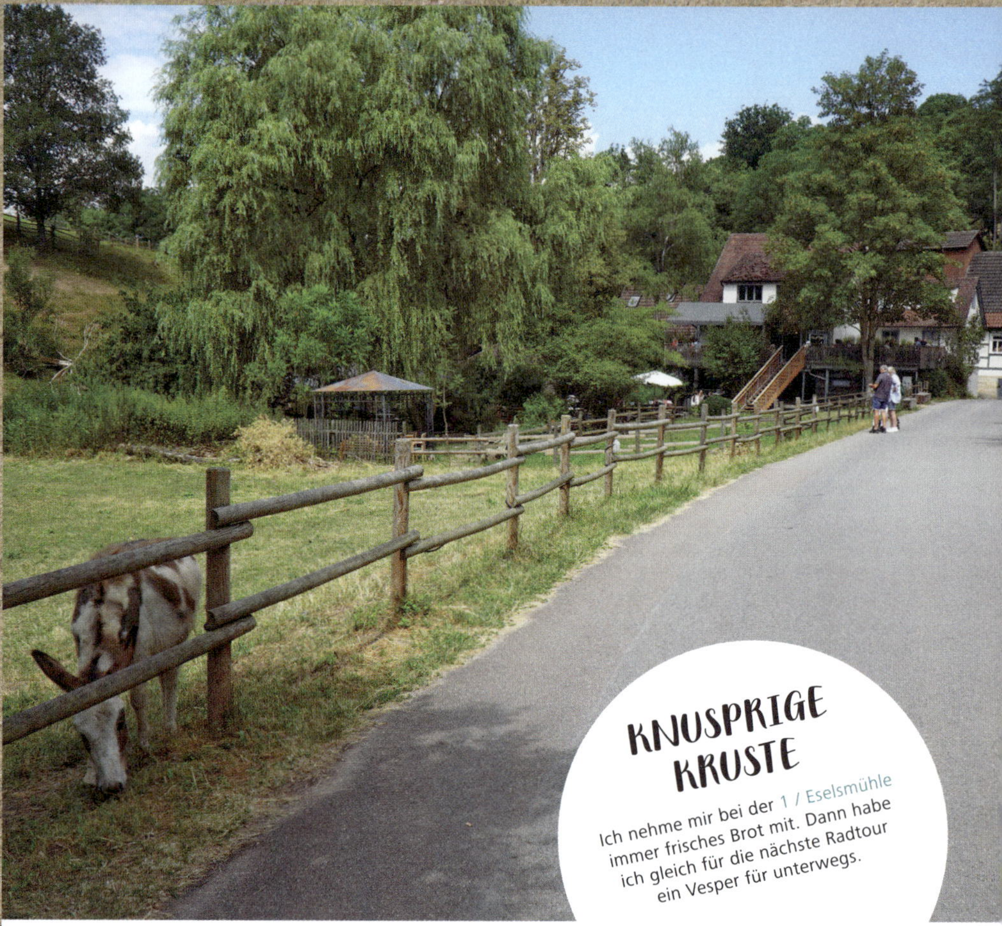

KNUSPRIGE KRUSTE

Ich nehme mir bei der 1 / Eselsmühle immer frisches Brot mit. Dann habe ich gleich für die nächste Radtour ein Vesper für unterwegs.

- **1 /** Das knusprigste Brot gibt es an der Eselsmühle
- **2 /** Karten lesen im Spielkartenmuseum
- **3 /** Ran an den Speck beim Fitnessparcours
- **4 /** Libellen sichten am Bärensee
- **5 /** An der Kochenmühle den schwäbischen Kartoffelsalat genießen
- **6 /** Sich bei der Schlösslesmühle eine Nachspeise gönnen

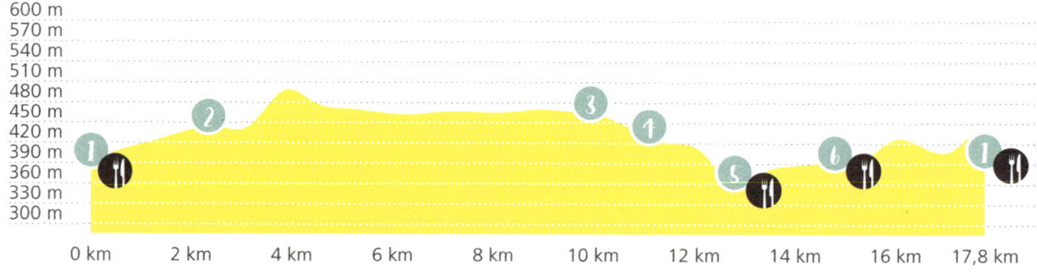

HINTER DEN SIEBENMÜHLEN

Spritztour durch das Mühlental

Auf dem Rundweg durch das Siebenmühlental heißt es: Zuerst trainieren, dann schlemmen. Früher gab es hier eine ganze Reihe an Mühlen, in denen Brot gebacken wurde. Heute sind viele zu Gaststätten umfunktioniert worden.

18 Kilometer
240 Höhenmeter
240 Höhenmeter
1:15 Stunden
Rundtour

Auf Stippvisite in die Stadt

Startpunkt ist der Wanderparkplatz Siebenmühlental an der 1 / Eselsmühle, zu der wir auch wieder zurückkehren werden. Von hier geht es rein in die Stadt. Dazu überquerst du die Filderstraße und folgst einfach den Fahrradschildern, den grünen Pfeilen, die dich sicher durch die Straßen leiten, bis du die Musberger Straße überquerst. Danach geht es erst links in die Kirchstraße, dann rechts in die Schönbuchstraße, bis du nach zwei Kilometern das 2 / Deutsche Spielkartenmuseum (Schönbuchstraße 32, 70771 Leinfelden) erreichst. 20.000 Kartenspiele und mehr als eine Million Spielkarten.

CHARAKTER
Sportlich ●●○○○
Abkühlung ●●○○○
Schlemmen ●●●●●
Panorama ●●●○○

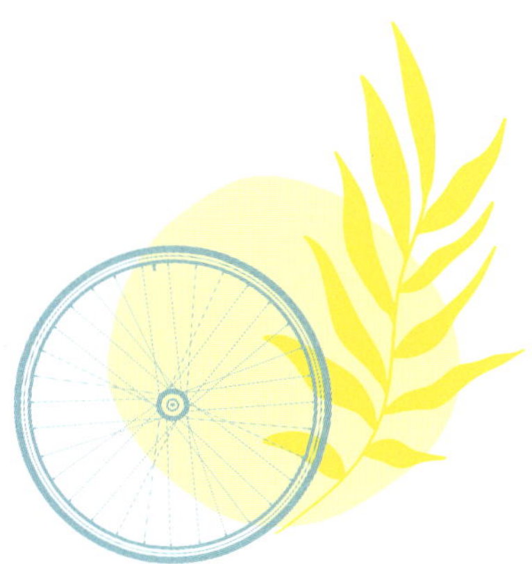

TOURENINFO / Meist flache Tour mit ausreichend Einkehrmöglichkeiten. Zwei kurze steile Strecken zum Schieben. Wenig Verkehr, meist asphaltiert und gut befestigt.

< links / In der Eselsmühle ist das Mühlrad das ganze Jahr in Betrieb

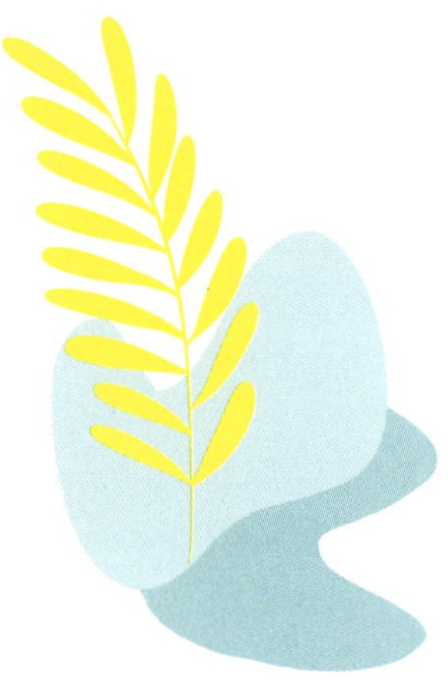

Lehr-, Wahrsager- und asiatisch-indische Spielkarten liegen hinter Glasvitrinen, Spieltische gibt es zu bewundern. Hier werden Spiele-Nerds glücklich. Eine Besichtigung ist nach telefonischer Vereinbarung möglich.

Vorsicht Fratzen

Weiter geht es geradeaus und vorbei am Sport- und Freizeitzentrum Leinfelden. Nach dem Sportplatz biegst du rechts ab, passierst die Landstraße und bist wenig später im Wald. Geschnitzte Fratzen aus Holz beobachten dich vom Wegesrand. Sie erscheinen wie die Wächter des Waldes. Weiter geht es auf dem Fahrradweg, dem du bei der Schutzhütte nach links folgst. Du erreichst einen Parkplatz, der sich plötzlich vor dir auftut wie eine Lichtung im Wald. Hier geht die Alte Poststraße entlang, auf der früher Fürsten, Beamte und Offiziere, aber auch Professoren und Studenten zwischen Stuttgart und Tübingen pendelten. Statt ihr zu folgen, überquerst du sie und befindest dich nun direkt auf dem Weg nach Stetten. Bald schon lösen Wohnhäuser die Bäume ab. Es ist ruhig hier, friedlich. An der Weggabelung, die jetzt auftaucht, fährst du rechts den Fahrradschildern ins Siebenmühlental hinterher, immer geradeaus nach Plattenhardt, bis du zur Grundschule mit Kinderspielplatz kommst. Du bemerkst sie, weil sie die ersten Gebäude zu deiner Rechten sind, nachdem du den Ort schon fast durchquert hast. Hier musst du rechts in die Weilerhaustraße und hinter den Tennisplätzen kurz darauf links. Jetzt wird aus dem Asphalt eine breite Schotterstraße, die dich nach rechts in den Wald führt. Mannshoch wuchern hier im Sommer die Brombeeren. Schon Ende Juli sind die ersten reif und schmecken herrlich süßlich.

NATUROASE

Das Siebenmühlental ist Landschaftschutzgebiet. Hier findest du noch seltene Tierarten wie Bachmuschel, Hirschkäfer und Bachneunauge.

➤ rechts oben / Unter Beobachtung: Fratzen am Wegesrand
➤ rechts Mitte / Beim Fitnessparcours lässt sich der Kuchen von später bereits abtrainieren

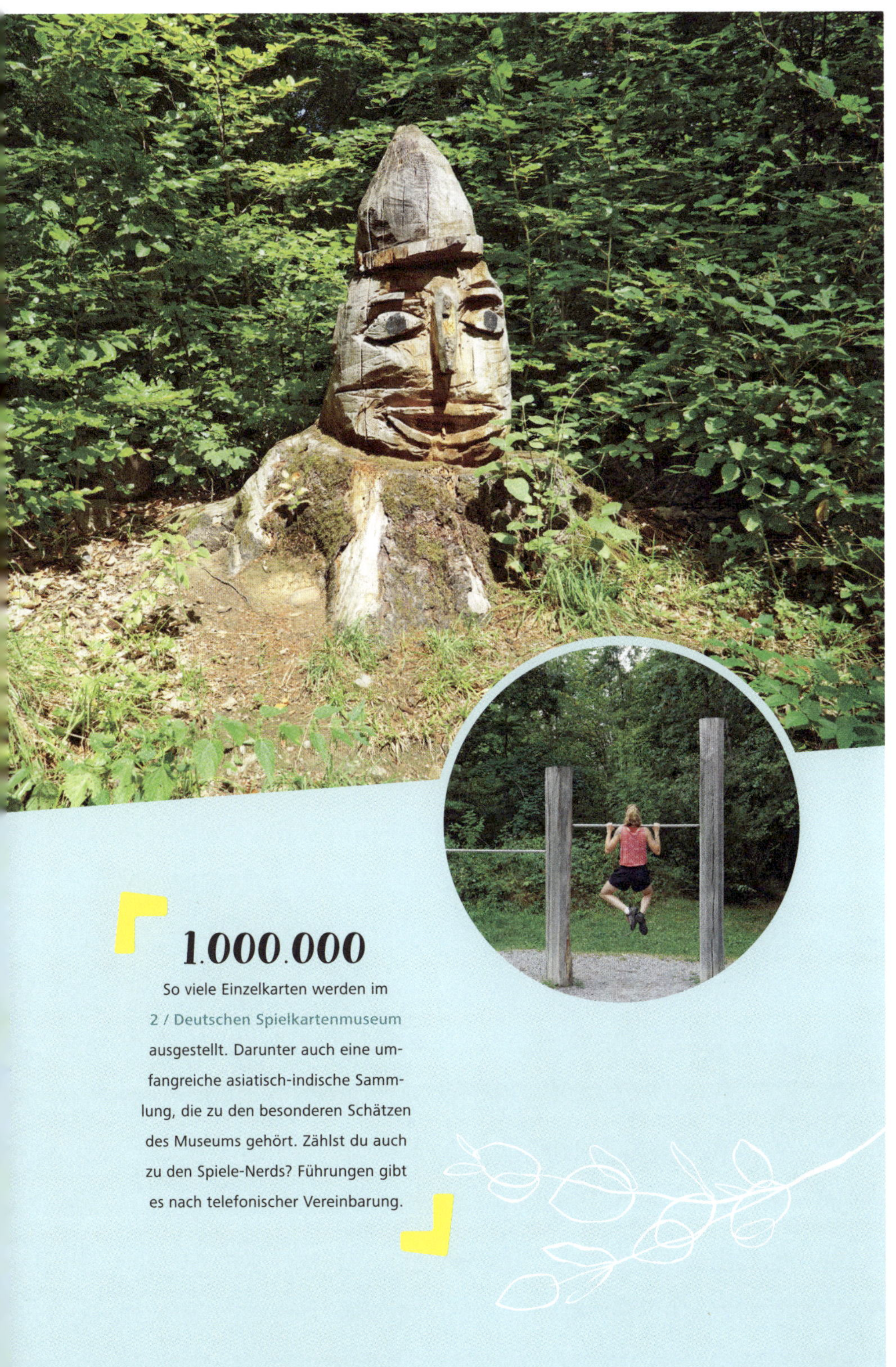

1.000.000

So viele Einzelkarten werden im 2 / Deutschen Spielkartenmuseum ausgestellt. Darunter auch eine umfangreiche asiatisch-indische Sammlung, die zu den besonderen Schätzen des Museums gehört. Zählst du auch zu den Spiele-Nerds? Führungen gibt es nach telefonischer Vereinbarung.

INSEKTEN-PARADIES

Am 4 / Bärensee wimmelt es von Insekten: Libellen, Bienen, Schmetterlinge. Hier finden sie Nahrung, während sie auf Stuttgarts kargen Feldern oft verhungern.

KOSTENLOSES MUCKI-TRAINING

Stemmen statt schlemmen

Du gelangst an einen 3 / Fitnessparcours. Nachdem deine Beine sich bereits abgestrampelt haben, sind jetzt Arme und Rumpf dran. Klimmzüge, Beinheben, Sit-ups. Es wird empfohlen, jede Übung fünf bis zehn Mal zu wiederholen. Wer danach noch Kraft hat, kann das Ganze noch einmal machen. Da schmeckt der Kuchen danach auch gleich doppelt so gut. Und weiter geht es durch den Mischwald, in dem neben Eichen und Buchen auch die Elsbeere wächst. Ihr Holz hat einen rotbraunen Farbton und ist sehr hart und dabei doch elastisch. Musikinstrumente werden daraus gebaut, aber auch Möbel. Da dicke Stämme aber selten sind, ist das Holz sehr teuer. Im Juni kannst du die zarten weißen Blüten bewundern. So gelangst du an eine Weggabelung. Du folgst ihr nach rechts und erreichst kurz darauf den 4 / Bärensee. Er ist kleiner als sein Namensvetter weiter nördlich, aber genauso schön.

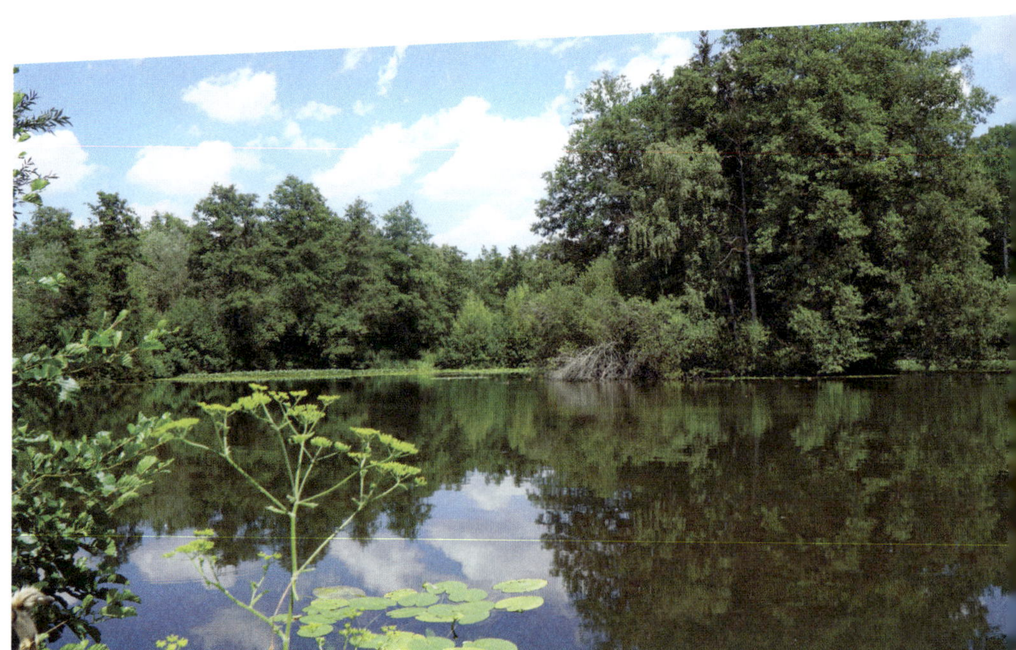

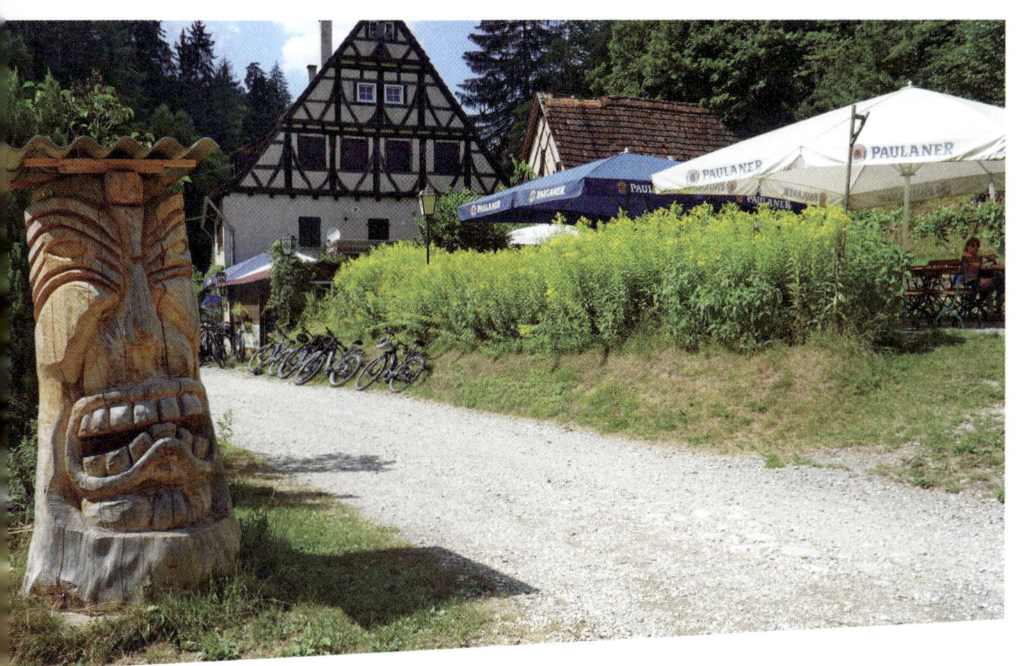

Seerosenblätter treiben auf dem See, Wasserläufer hüpfen über die Oberfläche. Auf Bänken kannst du beobachten, wie Libellen und Schmetterlinge übers Wasser schwirren.

Schlemmen, schlemmen, schlemmen

Nachdem du dich erholt hast, folgst du dem Weg, bis er endet, biegst links ab, umrundest den Solarpark und triffst dann auf den asphaltierten Müllerweg. Vorbei ist die Ruhe. Wanderer, Radfahrer, Autos – es scheint, als wollten sie alle bergab zur 5 / Kochenmühle (Kochenmühle 1, 70771 Leinfelden-Echterdingen), der achten Mühle im Siebenmühlental. Dort angekommen, hält sich der Andrang aber in Grenzen. Normalerweise findest du ein schönes Plätzchen im Biergarten ohne anzustehen. Nun wird es deftig. Bei einem Kartoffel- oder Wurstsalat kannst du dich stärken und im Biergarten die Natur genießen. Die Stärkung tut gut. Denn um auf den Fahrradweg zu kommen, musst du über die Brücke und dann dein Fahrrad kurz steil bergauf schieben. Dafür geht es anschließend gemächlich auf dem asphaltierten Radweg weiter, der dich entlang der Mühlen führt. Die 6 / Schlösslesmühle (Schlößlesmühle 1, 711444 Steinenbronn) lockt am Wegesrand mit einem Schild „Kaffee und Kuchen".

KM 13

Schwäbische Kost geht immer. Und wo lässt sich diese besser genießen als in einer alten, urigen Mühle? Noch dazu, wenn diese Mühle einen Biergarten hat. Immer freitags und samstags wird in der 5 / Kochenmühle Rostbraten serviert.

◄ links / Natur pur: Am Bärensee kannst du entspannen ▲ oben / Die Kochenmühle vereint eine urige Mühle mit einem idyllischen Biergarten

FAHRRAD-HIGHWAY

Über Straßen und Schienen führt der aspahltierte Fahrradweg an den Mühlen des Siebenmühlentals entlang.

Dafür musst du aber noch runter und dann den gleichen Weg wieder hoch. Das kannst du zu Fuß machen, aber auch mit dem Fahrrad – dann musst du allerdings noch einmal schieben. Lohnt sich aber. Der Kuchen ist köstlich. Vollgestopft hast du es nicht mehr weit. Bei den nächsten Mühlen fährst du vorbei. Sie sind meist nicht bewirtschaftet und im privaten Besitz. Erst am Ende wartet noch ein Highlight auf dich.

EINKAUFEN UND ESEL KRAULEN INKLUSIVE

Feierabendeinkauf

Hoch oben im Wald fährst du über Brücken. Unter dir Autos, vielleicht auch mal ein Spaziergänger. Dann taucht ein Schild auf: Eselsmühle. Es zeigt nach links zu einer Treppe mit Rampe. Am besten, du schiebst das Fahrrad wieder, bis du unten bist. Jetzt bist du wieder an deinem Startplatz, aber anstatt gleich ins Auto zu steigen, fährst du noch ein paar Hundert Meter weiter zur idyllisch gelegenen 1 / Eselsmühle (Eselsmühle 1, 70771 Leinfelden-Echterdingen). Wenn du ein Tierfan bist, kannst du hier ein paar Eseln das Kinn kraulen. Unbeeindruckt beobachten sie von der anderen Seite des Zaunes, wie Wanderer und Radfahrer stehen bleiben, Grasbüschel aus der Erde rupfen und damit versuchen sie anzulocken. Und wenn du dich losgerissen hast, dann warten im Bio-Kaufladen allerlei Köstlichkeiten auf dich. Käse, Gemüse, Wein und nicht zu vergessen, das Brot aus der hauseigenen Holzofen-Bäckerei. In der Eselsmühle ist das Mühlrad dauerhaft in Betrieb – das gibt es kein zweites Mal im Tal.

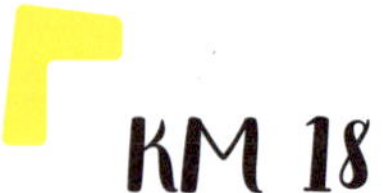

KM 18

Die 1 / Eselsmühle befindet sich am Startpunkt der Tour. Es lohnt sich aber, sie erst am Ende zu besuchen, denn im Bio-Demeter-Laden gibt es reichlich Köstlichkeiten zu kaufen. Besser sie also am Ende einfach nur ins Auto zu laden.

Schön war's

Zurück geht es dann nicht nur vollgestopft, sondern auch vollbepackt ganz einfach die kurze Strecke entlang wieder zum Wanderparkplatz Siebenmühlental. Bist du mit dem Auto da, musst du nur noch deine Einkäufe verstauen. Musst du mit der S-Bahn zurück nach Stuttgart, dann schiebst du dein Fahrrad ein letztes Mal bergauf und fährst weiter bis nach Musberg.

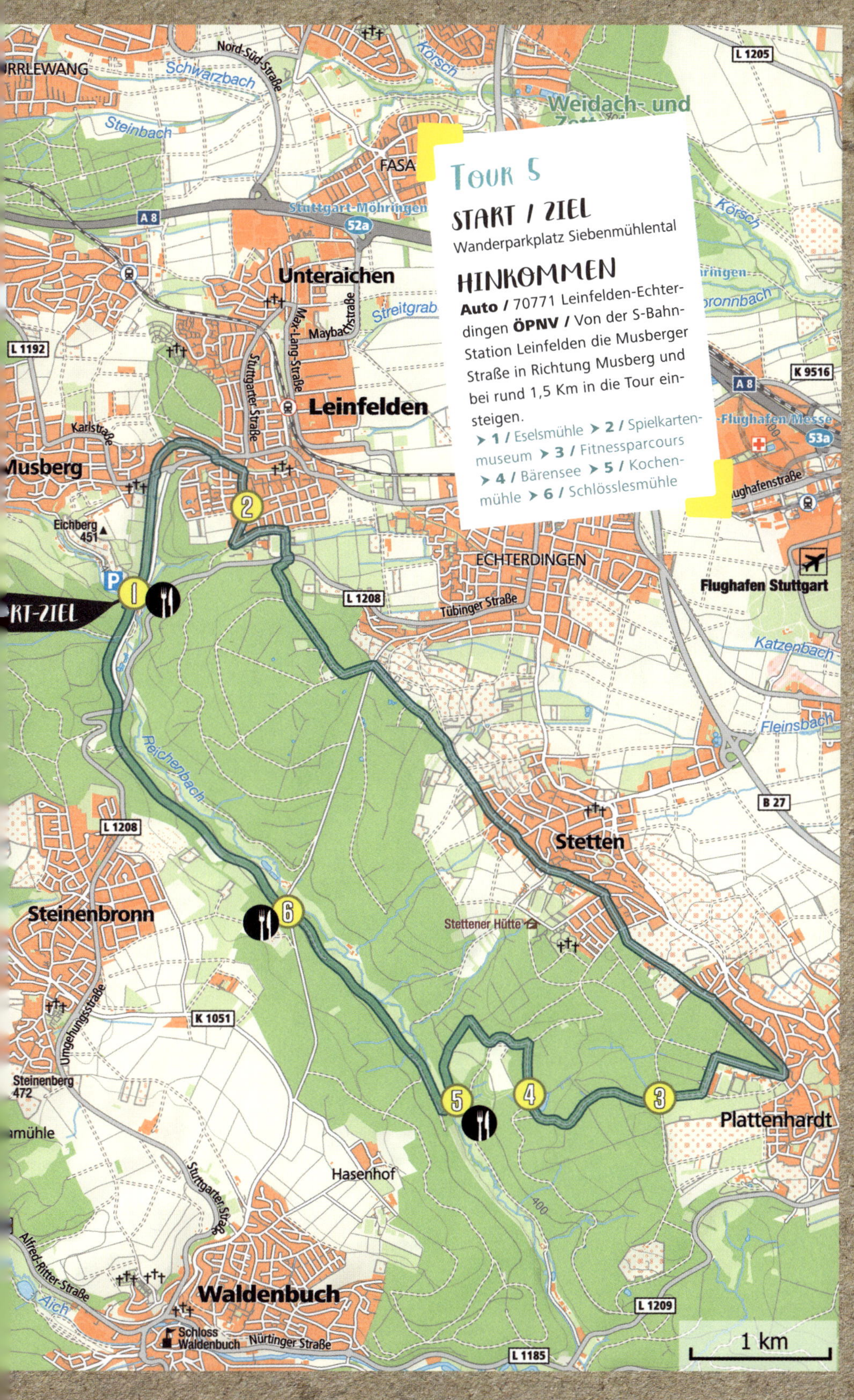

Tour 5
START / ZIEL
Wanderparkplatz Siebenmühlental
HINKOMMEN
Auto / 70771 Leinfelden-Echterdingen ÖPNV / Von der S-Bahn-Station Leinfelden die Musberger Straße in Richtung Musberg und bei rund 1,5 Km in die Tour einsteigen.
➤ 1 / Eselsmühle ➤ 2 / Spielkartenmuseum ➤ 3 / Fitnessparcours ➤ 4 / Bärensee ➤ 5 / Kochenmühle ➤ 6 / Schlösslesmühle
RT-ZIEL
Unteraichen
Leinfelden
Musberg
ECHTERDINGEN
Stetten
Steinenbronn
Plattenhardt
Waldenbuch
Flughafen Stuttgart
Stettener Hütte
Hasenhof
Schloss Waldenbuch
Eichberg 451
Steinenberg 472
Reichenbach
Schwarzbach
Steinbach
Körsch
Katzenbach
Fleinsbach
Aich
Stuttgart-Möhringen
Flughafen/Messe
Nord-Süd-Straße
Stuttgarter Straße
Max-Lang-Straße
Maybachstraße
Karlstraße
Tübinger Straße
Umgehungsstraße
Alfred-Ritter-Straße
Nürtinger Straße
A 8
L 1192
L 1208
L 1205
K 9516
B 27
K 1051
L 1209
L 1185
52a
53a
1 km

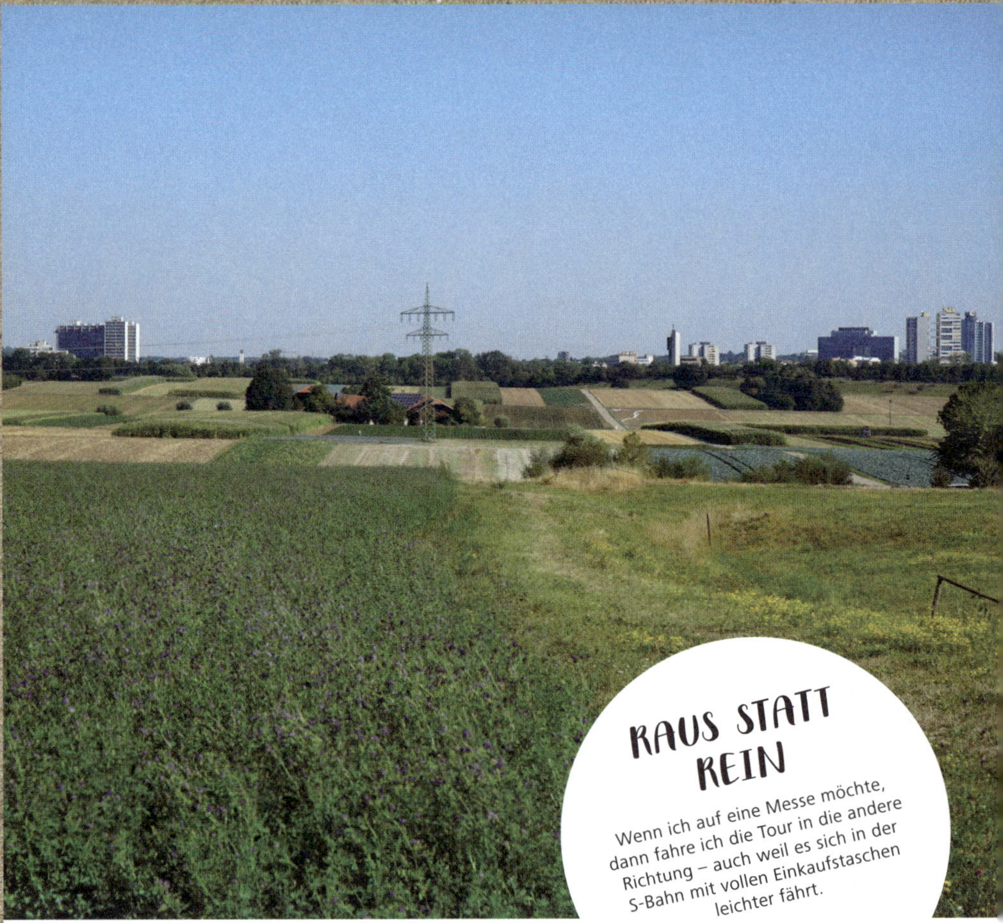

RAUS STATT REIN

Wenn ich auf eine Messe möchte, dann fahre ich die Tour in die andere Richtung – auch weil es sich in der S-Bahn mit vollen Einkaufstaschen leichter fährt.

> **1 /** Los gehts an der S-Bahnstation Stuttgart Flughafen/Messe

> **2 /** Zur Stärkung am Probstsee rasten

> **3 /** Die Ruhe in der Matthäuskirche genießen

> **4 /** Hegels Manuskript beim Escape Room im Hegel-Haus veröffentlichen

> **5 /** Den Gaumen im Plenum verwöhnen

> **6 /** Die Enten am Eckensee beobachten

> **7 /** Am Stuttgarter Hauptbahnhof endet die Tour

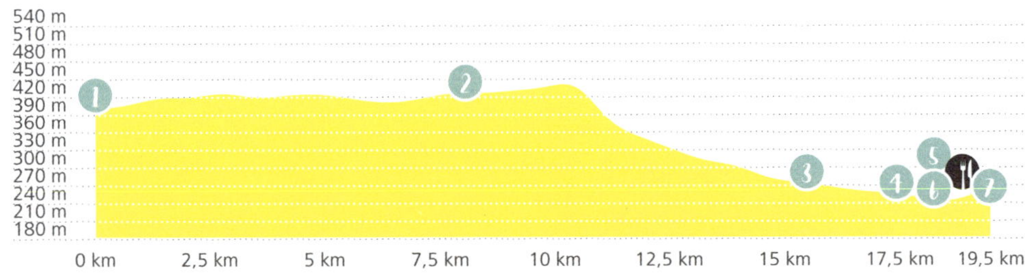

AB IN DEN KESSEL

Vorbei an Feldern und Wäldern nach Stuttgart

Lockere und entspannt zu radelnde Feierabendtour, die nicht zu sehr anstrengt. Es gibt viele schöne Rastgelegenheiten an den Feldern und viele nette Cafés in der Stadt. Die Route lässt sich vor allem gut mit einem Besuch auf der Messe Stuttgart verbinden.

20 Kilometer
110 Höhenmeter
260 Höhenmeter
1:30 Stunden
Streckentour

Bummeln vor Tourstart

Unsere Reise startet zwischen Touristen mit Rollkoffern. Sie sind auf den Weg nach Mallorca oder Italien, zu Stränden oder alten Städten, doch auch in der Heimat gibt es schöne Orte – und zu diesen führt dich diese Route. Statt in den Flughafen hinein schlängelst du dich also an der 1 / S-Bahnstation Stuttgart Flughafen/Messe mit deinem Fahrrad durch die Reisenden hinaus. Wenn du zur Messe möchtest, dann kannst du hier dein Fahrrad abstellen. Regelmäßig füllen die verschiedensten Aussteller die Hallen. Es gibt zum Beispiel die „Home & Garden"-Messe, die „wir heiraten!"-Messe, die KREATIV-Messe oder die Spielemesse. Auch deshalb wurde vor rund zwanzig Jahren die neue

CHARAKTER

Sportlich ●○○○○
Abkühlung ●●○○○
Schlemmen ●●●○○
Panorama ●●●○○

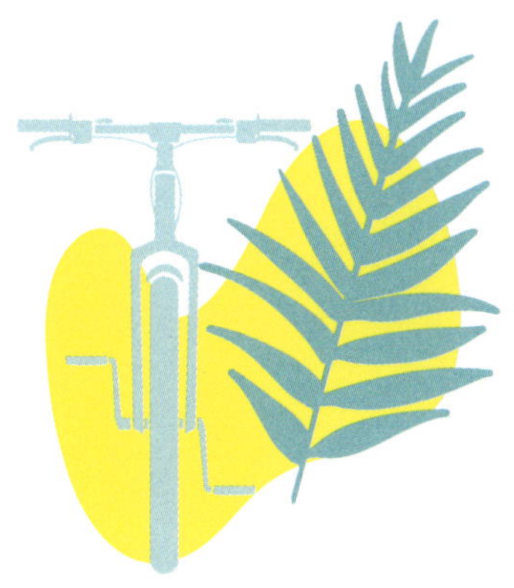

TOURENINFO / Ausschließlich auf asphaltierten Radwegen. Moderate Steigung.

< links / Am Horizont sieht man bereits Stuttgart

Messe gebaut. Damals gab es viele Proteste. Felder und Natur mussten Stahl und Beton weichen.

Vom Flughafen in die Natur

Wenn du vor dem Flughafen stehst, folgst du am besten den Schildern „P0-5". Du radelst an Rollbändern vorbei und gelangst am Ende der Parkhäuser auf den Fahrradweg. Zuerst folgst du hier den gelben Schildern mit dem Fahrrad, dann den grünen Pfeilen nach „Leinfelden-Echterdingen". Je länger du fährst, desto mehr weicht nun der Stahl und Beton wieder den Feldern. Kraut, Gerste, Kartoffeln. Die Felder teilen die Landschaft in Rechtecke. Natur ist hier geordnet. Nur manchmal kommst du an einer Wiese vorbei, auf der die Wildblumen wuchern. Sie bieten bei der Hitze im Sommer eine wichtige Nahrungsquelle für Bienen und Insekten, denn auch in der Stadt sind solche Flächen rar. Am Horizont erkennst du bereits Stuttgart, und sobald du Leinfelden-Echterdingen erreicht hast, leiten dich die Schilder sicher dorthin. Einfach immer den Schildern „S-Zentrum" folgen durch Unteraichen und Möhringen hindurch. In Möhringen machst du bei Kilometer acht an der U-Bahnstation Vaihinger Straße einen kurzen Abstecher zum 2 / Probstsee (70567 Stuttgart-Möhringen). Holzbänke laden dich zum Rasten ein und dazu, die Idylle zu genießen, während der See tiefblau in der Sonne strahlt.

STADT, LAND, FLUSS

Die Tour bietet sowohl für Natur- als auch Architekturfans einiges. Du fährst vorbei an Sonnenblumenfeldern, dem Nesenbach und kunstvollen Bauwerken.

Freie Fahrt!

Nachdem du den See einmal umrundet hast, kommst du wieder auf die Vaihinger Straße. Ihr folgst du, bis dich die Schilder im Zickzack durch die Stadt und am Fanny-Leicht-Park entlangführen. Jetzt geht es wieder raus in die Natur. Neben dir fließt der

---

➤ rechts oben / Entspannen am Probstsee ➤ rechts Mitte / Auf dem Weg gibt es viele Rastplätze

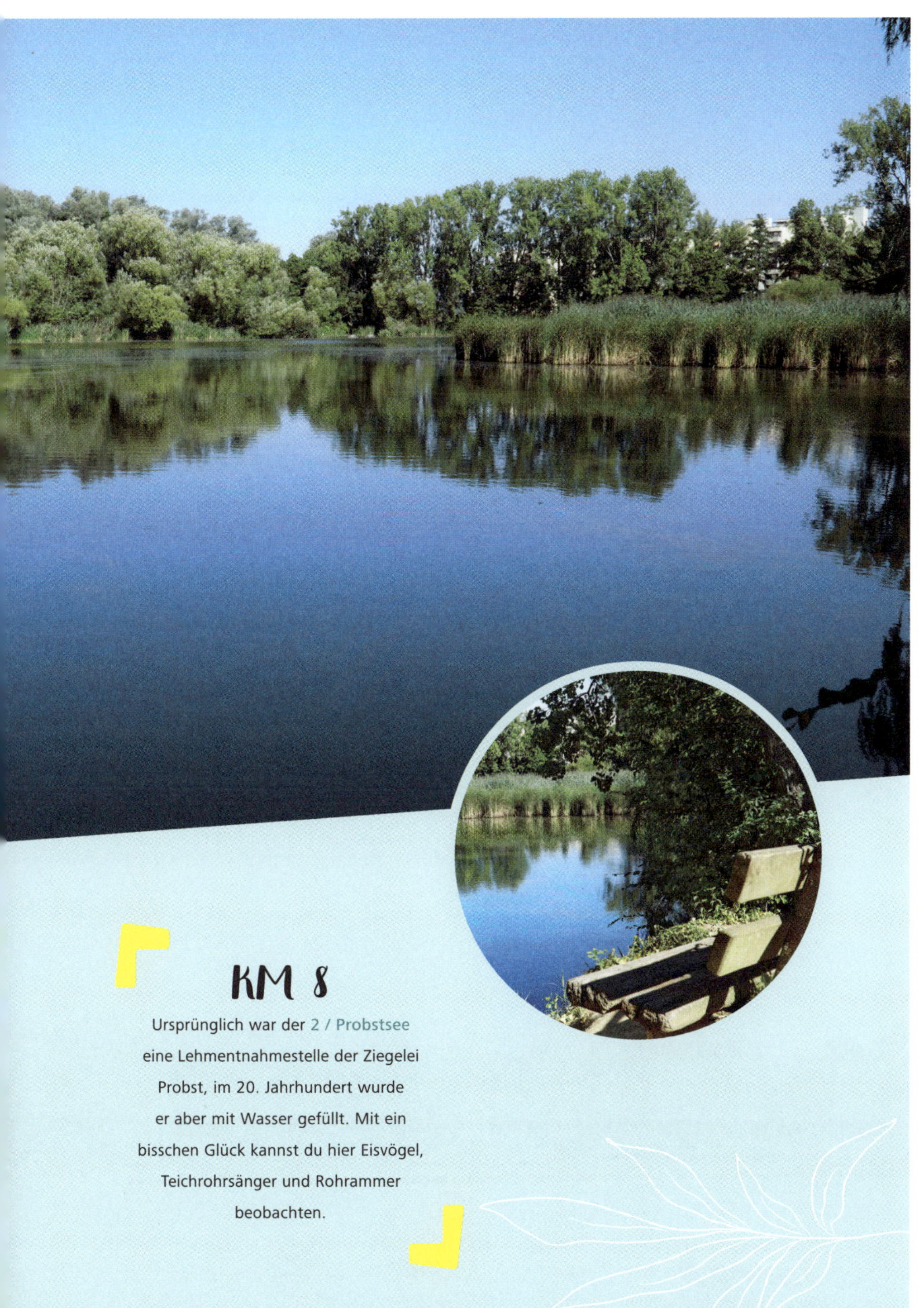

KM 8

Ursprünglich war der 2 / Probstsee eine Lehmentnahmestelle der Ziegelei Probst, im 20. Jahrhundert wurde er aber mit Wasser gefüllt. Mit ein bisschen Glück kannst du hier Eisvögel, Teichrohrsänger und Rohrammer beobachten.

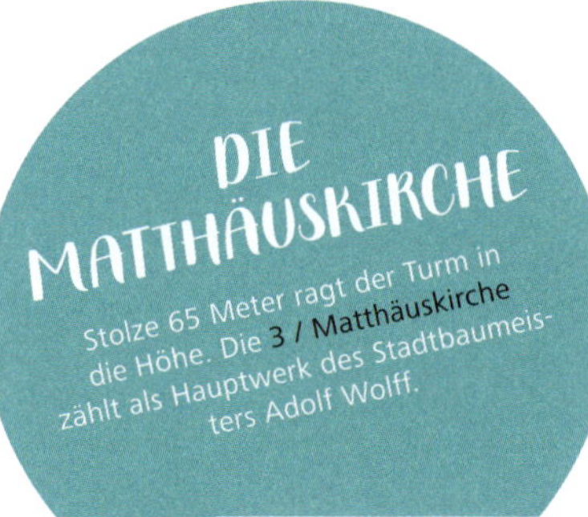

DIE MATTHÄUSKIRCHE

Stolze 65 Meter ragt der Turm in die Höhe. Die 3 / Matthäuskirche zählt als Hauptwerk des Stadtbaumeisters Adolf Wolff.

Nesenbach, ein Nebenfluss des Neckars. Kühl weht dir die Luft von dort entgegen. Ab jetzt rollst du bergab in den Kessel hinein. Das Schöne an Streckentouren: Wenn du den Berg runterfährst, musst du nicht wieder hoch. Also genieße die freie Fahrt. An den Seiten tauchen die ersten Häuser auf – gelb, rot, braun. Dazwischen ein alter Bahnhof aus Backsteinziegeln.

BERGAB HAST DU FREIE FAHRT

Richtung Stadtzentrum

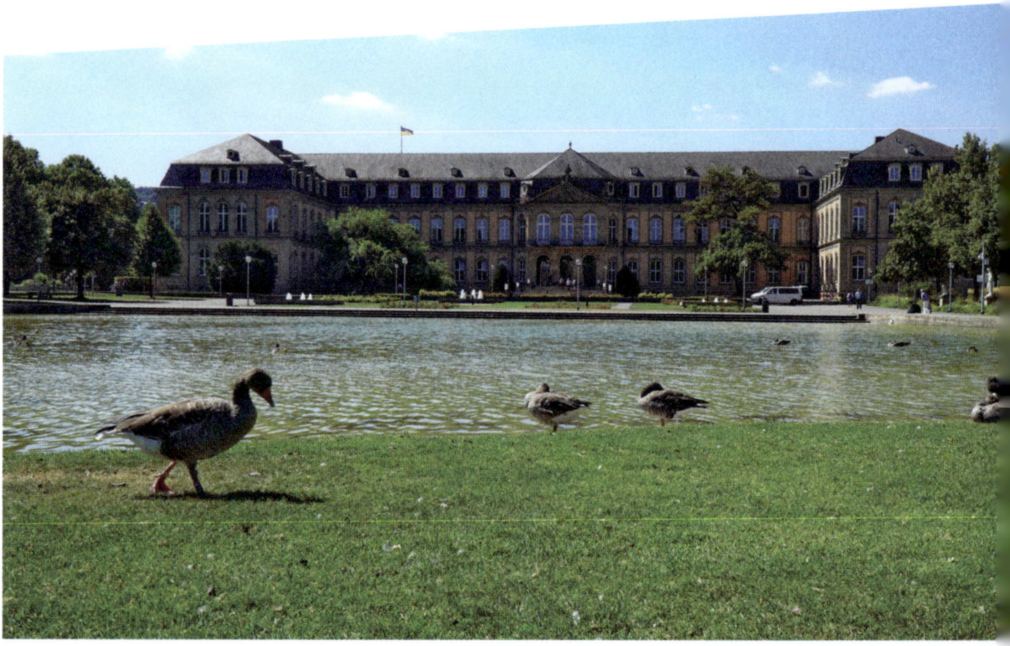

Immer dichter drängen sich die Häuser, immer seltener werden die Bäume zwischen ihnen, bis du dich auf geradem Weg ins Stadtzentrum befindest und vor dir der Turm der 3 / Matthäuskirche (Erwin-Schoettle-Platz, Möhringer Straße 52, 70199 Stuttgart) stolze 65 Meter in den Himmel emporragt. Die Matthäuskirche wurde 1881 erbaut. Ihr Stil ist angelehnt an die Romantik, doch es gibt auch gotische Elemente. Im Zweiten Weltkrieg wurde sie größtenteils zerstört und musste anschließend wieder aufgebaut werden. Heute findest du in ihr einen Ort der Ruhe, an dem du deine Augen schließen und die Stille genießen kannst.

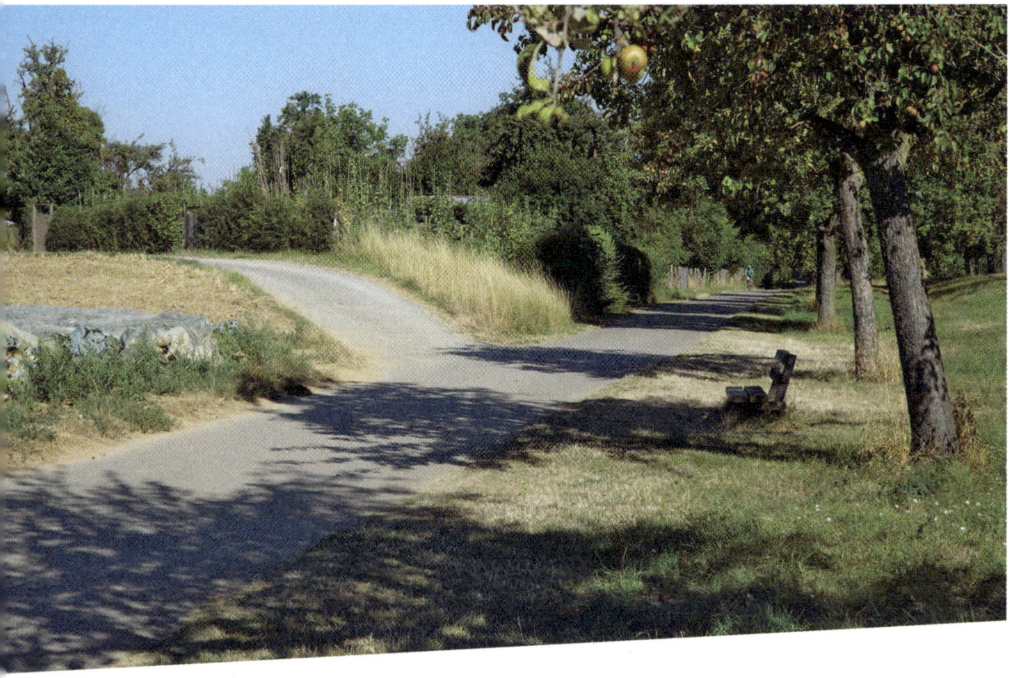

Stuttgarts berühmtester Philosoph

Anschließend geht es weiter Richtung „Stuttgart Zentrum". Du kommst vorbei an Cafés, Restaurants und Bars. Statt einzukehren, geduldest du dich aber noch ein bisschen. Denn in dem Chaos aus Fahrradfahrern, Autos und Fußgängern triffst du bald noch einmal auf einen Ort der Ruhe. Du überquerst die Paulinenstraße und biegst, wenn dein Weg endet, rechts ab. Jetzt kommst du am 4 / Hegel-Haus (Eberhardstraße 53, 70173 Stuttgart) vorbei. Hier wurde der Philosoph Georg Wilhelm Friedrich Hegel geboren. Seine Philosophie beeinflusste Karl Marx, Jean-Paul Sartre und Søren Kierkegaard – denn seine Lehre erhob den Anspruch, die Wirklichkeit systematisch und definitiv zu deuten. Heute ist Hegels Geburtshaus ein Museum. Es gibt eine Dauerausstellung, ein Multimedia-Erlebnis und einen Escape-Room. Selbst Hegel-Anfänger können hier in die Welt des Philosophen eintauchen und einen der berühmtesten Söhne Stuttgarts kennenlernen.

So alt wurde der Philosoph Georg Wilhelm Friedrich Hegel – einer der berühmtesten Söhne Stuttgarts. Im 4 / Hegel-Haus erfährst du zum Beispiel, was der Philosoph über Freiheit und Bildung dachte und warum er aus Stuttgart weggegangen ist.

< links / Nach der Anstrengung kommt die Entspannung: Eckensee in Stuttgart ^ oben / Freie Fahrt! Zwischen Feldern auf dem Weg nach Stuttgart

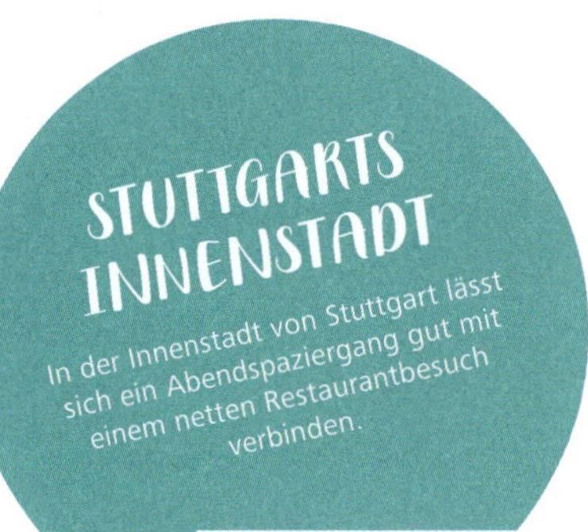

ZUM ABSCHLUSS GAUMENKITZEL

Essen mit Enten

Wieder aufgesattelt geht es weiter Richtung Zentrum. Du erreichst den Charlottenplatz, an dem du – falls du noch ein wenig in der Stadt bummeln möchtest – dein Fahrrad abstellen kannst. Wenn nicht, dann wartet auf dich auf der anderen Seite der B27 der idyllische Akademiegarten, der an den oberen Schlossgarten angrenzt. Nach sechzehn Kilometern freie Fahrt kannst du es dir hier im 5 / Plenum (Konrad-Adenauer-Straße 3, 70173 Stuttgart) mit Blick auf den 6 / Eckensee (70173 Stuttgart) gut gehen lassen. Enten planschen im Wasser, sonnen ihr Gefieder oder picken Brotkrümel vom Boden. Das Plenum ist zwar teurer als eine der Fritten- oder Dönerbuden auf dem Weg, aber dafür wird dein Gaumen neben klassischen Gerichten wie einem Schnitzel auch mit ausgefalleneren Kreationen wie Trüffelpommes verwöhnt. Zudem können sich deine Augen am See und dem Stuttgarter Staatstheater sattsehen. Dort gibt es immer wieder spannende Theaterstücke, die sich als der perfekte Abschluss anbieten. Ob klassische Stücke oder unbekannte Geschichten – im Laufe des Jahres ist für jeden etwas dabei. Wenn du selbst ein Vesper dabei hast, dann mach es dir auf einer der Bänke bequem. Die Enten werden sich danach freuen, wenn du etwas fallen lässt – aber bitte nicht bewusst füttern.

KM 18

Im 5 / Plenum lassen sich die Abendstunden in Stuttgart mit Blick auf den 6 / Eckensee genießen. Versuch also auf jeden Fall, einen Platz auf der Terrasse zu ergattern.

Endspurt

Nachdem du dich vollgegessen hast, ist es nicht mehr weit. Fahr am See vorbei und bieg links in die Stauffenbergstraße ab, sodass du direkt auf den Schlossplatz zufährst. Mitten in der Einkaufsmeile Stuttgart Königsstraße gelegen, ist er ein beliebter Treffpunkt. Auch hier hast du noch einmal die Möglichkeit, dein Fahrrad abzustellen und die Innenstadt bei einem Verdauungsspaziergang zu erkunden. Danach musst du nur noch den Schildern in Richtung Hauptbahnhof folgen, die Schillerstraße überqueren und schon hast du dein Ziel, den 7 / Hauptbahnhof Stuttgart erreicht.

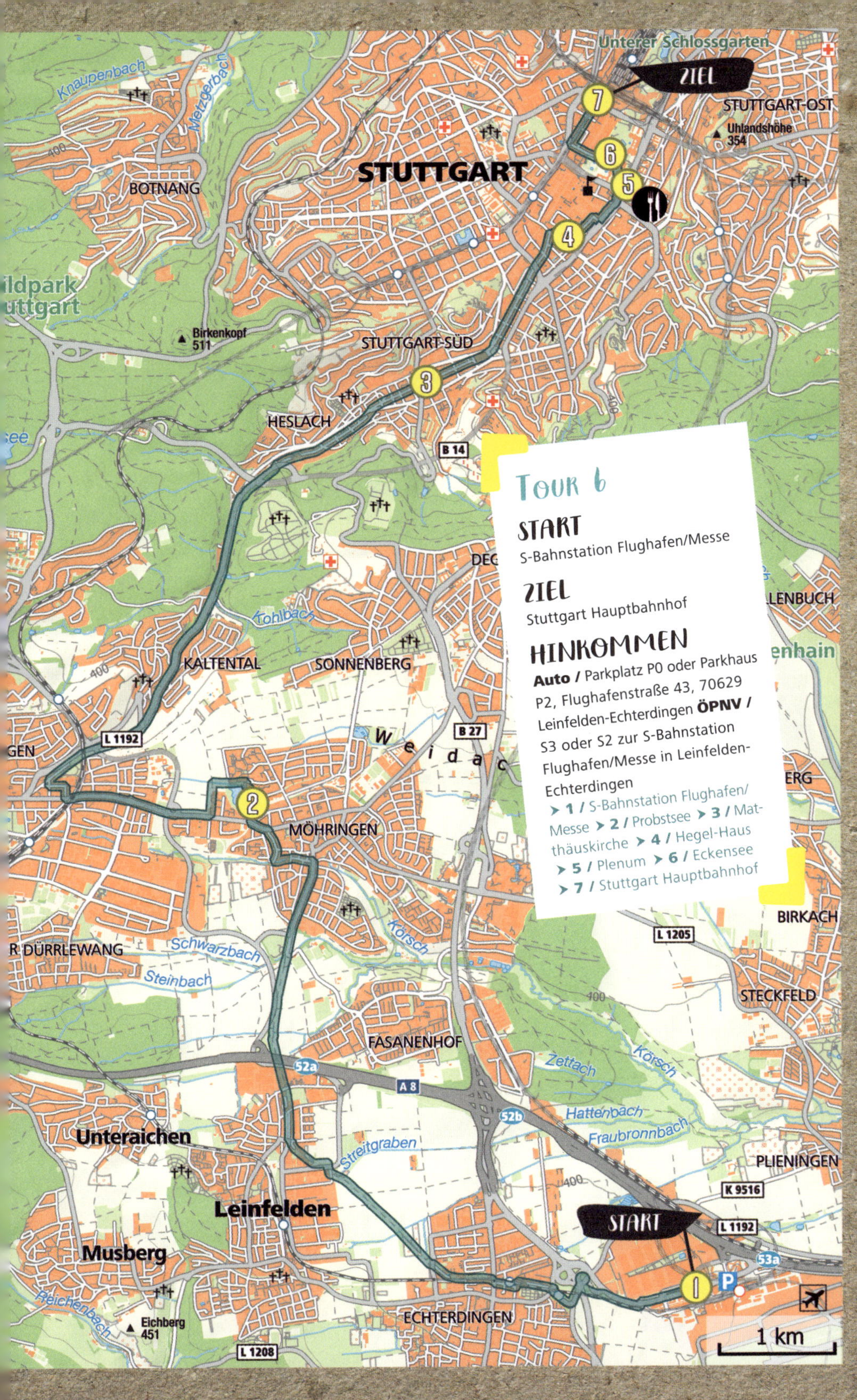
Tour 6
START
S-Bahnstation Flughafen/Messe
ZIEL
Stuttgart Hauptbahnhof
HINKOMMEN
Auto / Parkplatz P0 oder Parkhaus P2, Flughafenstraße 43, 70629 Leinfelden-Echterdingen ÖPNV / S3 oder S2 zur S-Bahnstation Flughafen/Messe in Leinfelden-Echterdingen
➤ 1 / S-Bahnstation Flughafen/Messe ➤ 2 / Probstsee ➤ 3 / Matthäuskirche ➤ 4 / Hegel-Haus ➤ 5 / Plenum ➤ 6 / Eckensee ➤ 7 / Stuttgart Hauptbahnhof
ZIEL
START
STUTTGART
Unterer Schlossgarten
STUTTGART-OST
Uhlandshöhe 354
BOTNANG
Knaupenbach
Metzgerbach
Birkenkopf 511
STUTTGART-SÜD
HESLACH
B 14
KALTENTAL
SONNENBERG
Kohlbach
B 27
L 1192
MÖHRINGEN
Körsch
Schwarzbach
Steinbach
FASANENHOF
52a
A 8
52b
Zettach
Hattenbach
Fraubronnbach
Streitgraben
Unteraichen
Leinfelden
Musberg
Reichenbach
Eichberg 451
L 1208
ECHTERDINGEN
L 1205
BIRKACH
STECKFELD
PLIENINGEN
K 9516
L 1192
53a
1 km

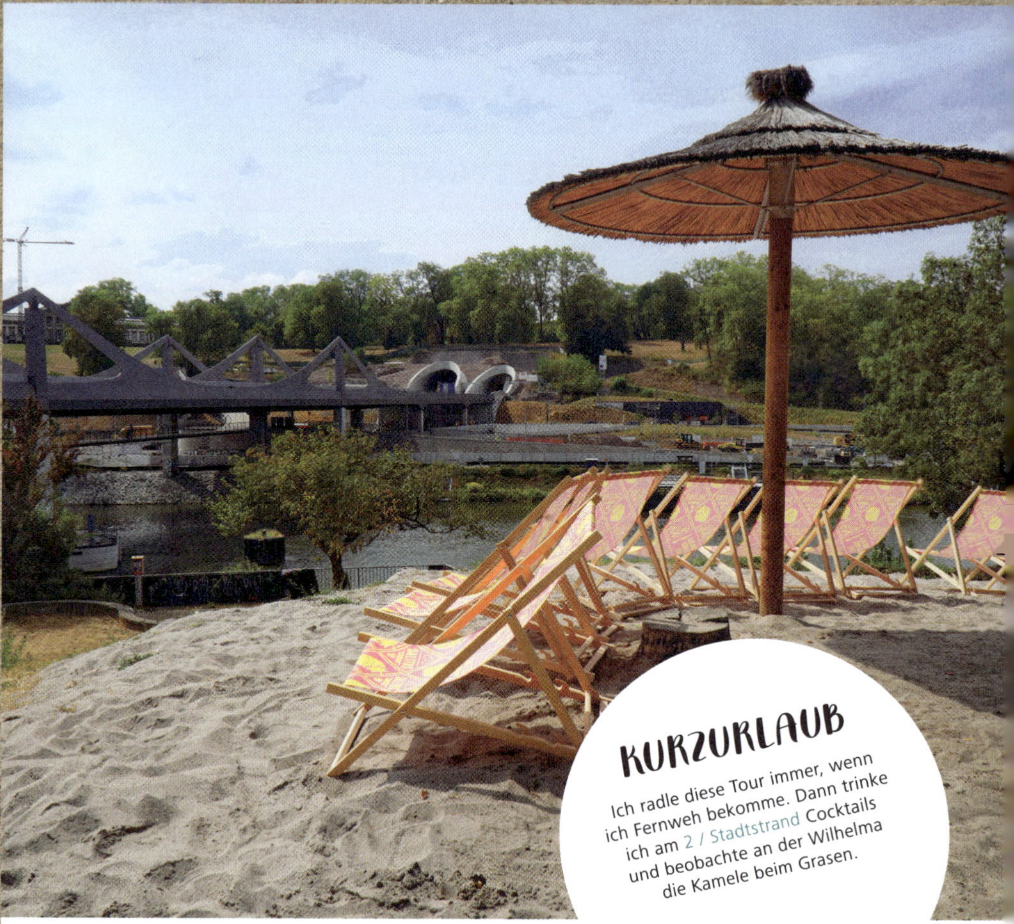

KURZURLAUB

Ich radle diese Tour immer, wenn ich Fernweh bekomme. Dann trinke ich am 2 / Stadtstrand Cocktails und beobachte an der Wilhelma die Kamele beim Grasen.

> **1 /** In die Pedale treten wir ab der U-Bahnstation Bad Cannstatt Wilhelmsplatz

> **2 /** Einen leckeren Cocktail schlürfen bei einer kleinen Pause am Stadtstrand

> **3 /** Einen guten Tropfen mitnehmen beim Weingut Zaißerei

> **4 /** Über die Dächer von Stuttgart blicken von der Bastion Leibfried

> **5 /** Exotische Tiere in der Wilhelma bestaunen

> **6 /** Den Abend im Restaurant Flora & Fauna Stuttgart ausklingen lassen

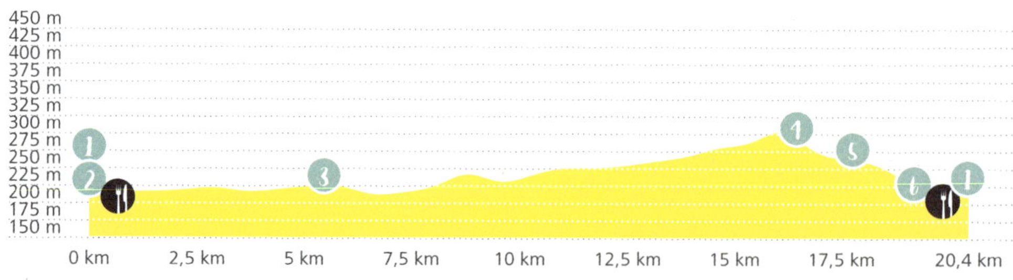

AB IN DEN URLAUB

Strand, exotische Tiere und wunderschöne Aussichten

Die Tour führt dich an den Strand, vorbei an Weinreben hin zu exotischen Tieren wie Kamele und Strauße. Es gibt viele schöne Rastgelegenheiten und eine wunderschöne Aussicht über Stuttgart. Die Route ist perfekt für Kinder und um dem Alltag zu entfliehen.

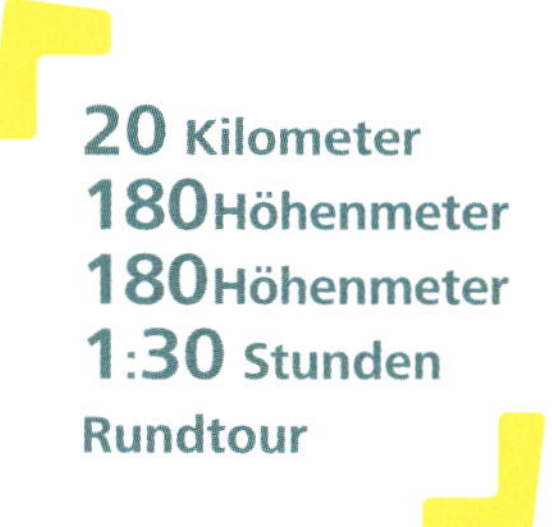

20 Kilometer
180 Höhenmeter
180 Höhenmeter
1:30 Stunden
Rundtour

Ab an den Strand

An der 1 / U-Bahnstation Bad Cannstatt Wilhelmsplatz beginnst du in die Pedale zu treten. Was dich erwartet? Nach einem kurzen Irrweg durch die Stadt wirst du schon bald das Gefühl haben, dich im Urlaub zu befinden. Überquere die König-Karl-Straße und folge den grünen Fahrradpfeilen nach links in die Eisenbahnstraße, bis du an eine Fahrradbrücke gelangst, die sich über die Schönestraße nach oben windet. Auf der anderen Seite warten Sonne, Strand und quasi das Meer auf dich. Beim

CHARAKTER

Sportlich ●●○○○
Abkühlung ●●●○○
Schlemmen ●●●●○
Panorama ●●●●○

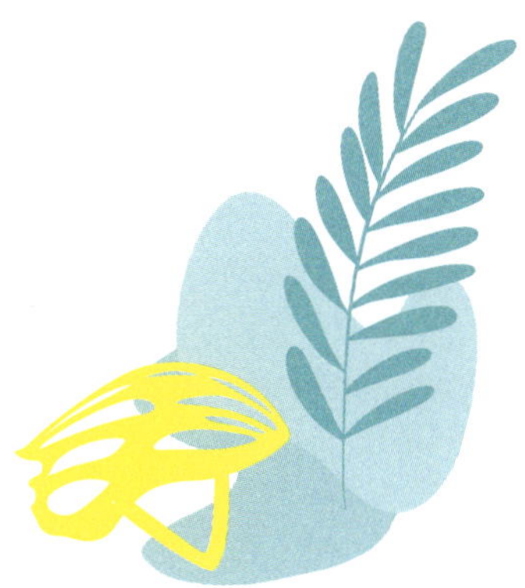

TOURENINFO / Ausschließlich auf Radwegen, meist getrennt vom Verkehr oder mit vorhandenem Gehweg. Gut geeignet für Familien mit diversen Highlights für Kinder. Moderate Steigung.

< links / Stuttgart oder Mallorca: Kurzerholung am Stadtstrand

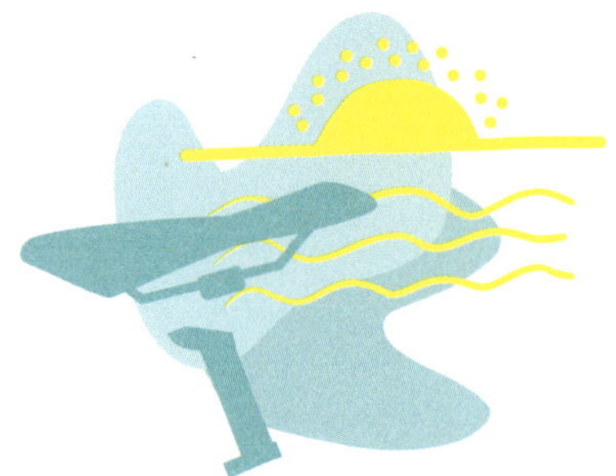

2 / Stadtstrand (Seilerwasen 6, 70372 Stuttgart) wurde Sand zu einer Dünenlandschaft aufgeschüttet. Es gibt einen Spielplatz in der Nähe für die Kinder und Liegestühle und kühles Bier für die Erwachsenen. Vor dir glitzert der Neckar in der Sonne, während dir Sonnenschirme Schatten spenden. Mehr Urlaub in der Stadt geht nicht.

Einen Stuttgarter Tropfen kosten

Vom Stadtstrand fährst du eine Kurve nach unten zum Neckar und dann nach rechts am Wasser entlang. Kurz danach triffst du noch einmal auf die Stadt, wenn du über die Rosensteinbrücke fährst. Ab jetzt wird es aber idyllischer und grüner. Die nächste Brücke nimmst du, denn für dich geht es auf der anderen Seite weiter. Immer wieder führen Steintreppen ans Wasser. Und bald schon tauchen auf der anderen Seite Weinberge auf, deren Reben wie Soldaten in Reih und Glied stehen. Nach rund fünf Kilometern kannst du den Wein dieser Reben direkt genießen. Das 3 / Weingut Zaißerei (Austraße 371, 70376 Stuttgart) bietet regelmäßig Weinproben an – und hat sogar vor seiner Tür einen Weinautomaten. Zudem gibt es hier einen Spielplatz für die Kinder mit Rutsche und Schaukeln zum Toben.

CHILLEN AM FLUSSUFER

Bei der Fahrt entlang des Neckars führen immer wieder Steinstufen ans Ufer. Perfekt, um die Füße ins Wasser zu hängen.

Durch Wald und Wiesen

Auch nach dem Weingut geht es idyllisch weiter, bis sich einen Kilometer später kurz vor Mühlhausen der Weg gabelt. Du folgst dem Weg nach links in Richtung Mühlhausen. Während du durch die ruhige Baltenstraße auf der Straße fährst, können die Kinder den Gehweg daneben nutzen. So kommst du zur Mönchfeldstraße, die du überquerst. Auf der anderen Straßenseite folgst du dem Fahrradweg nach links, der dich raus aus der Stadt führt. Häuser weichen Schrebergärten und Schrebergärten weichen

---

➤ rechts oben / Wo Geschichten wahr werden: Spielplatz am Neckar
➤ rechts Mitte / Die drei Bäume in der Bastion Leibfried ergeben aus der richtigen Perspektive ein Herz

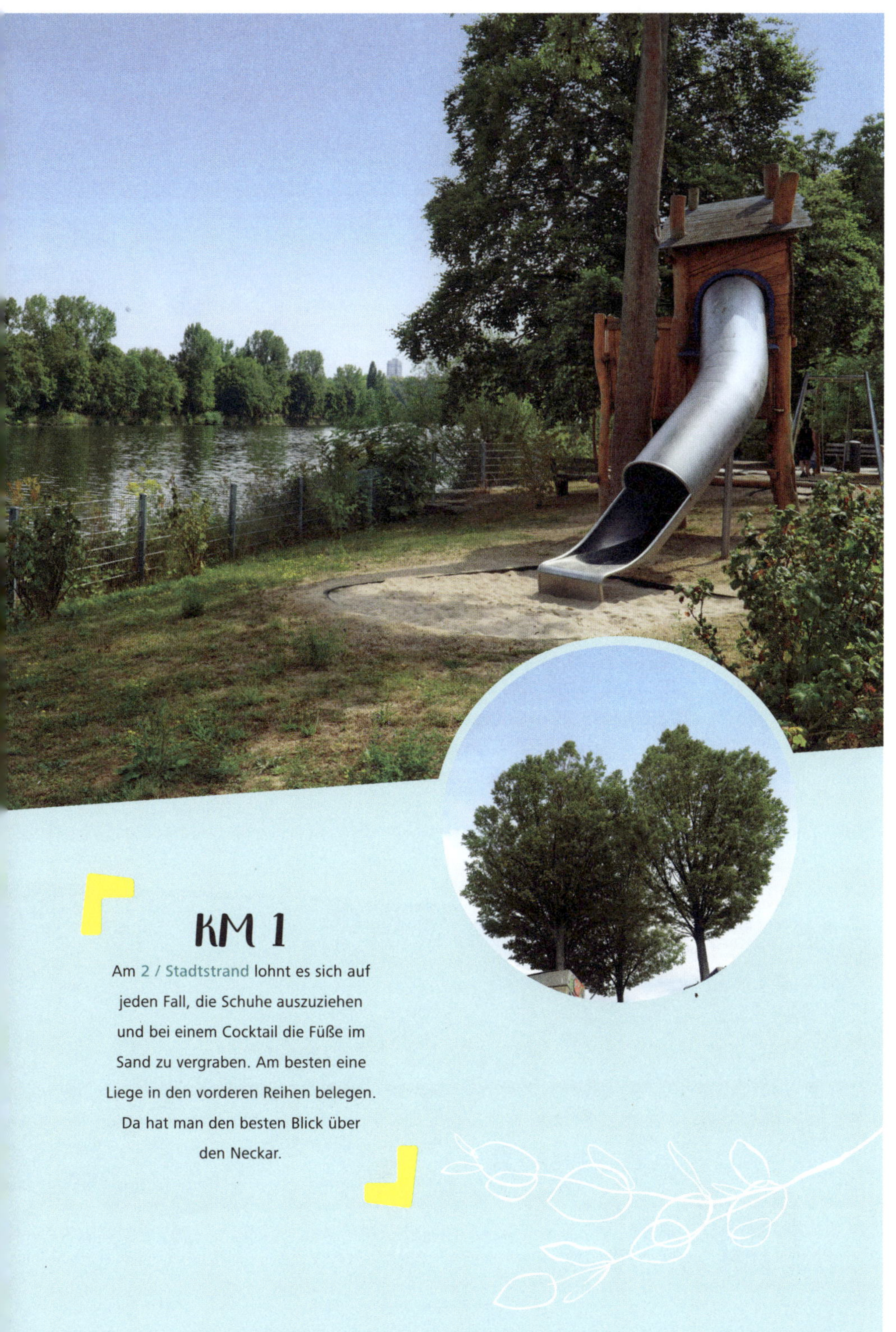

KM 1

Am 2 / Stadtstrand lohnt es sich auf jeden Fall, die Schuhe auszuziehen und bei einem Cocktail die Füße im Sand zu vergraben. Am besten eine Liege in den vorderen Reihen belegen. Da hat man den besten Blick über den Neckar.

HEIMISCHER WEIN

Der Tropfen vom 3 / Weingut Zaißerei kommt direkt aus den Reben, an denen du auf deiner Tour vorbeifährst.

Feldern. Zu deiner Linken taucht der Feuerbach auf. Ihm folgst du weiter auf einer breiten Schotterstraße, die von Wald und Feldern gesäumt wird. Bis in den Stadtteil Zuffenhausen führt dich der Bach, bis dein Weg in der Gänsebergstraße endet. Hier musst du nach rechts und dann gleich wieder nach links in Richtung S-Zentrum.

ORDENTLICH TRETEN, DANN DIE AUSSICHT GENIESSEN

Über den Dächern von Zuffenhausen

Bei Kilometer fünfzehn erreichst du das Audi Zentrum Stuttgart. Statt die Heilbronner Straße schon hier zu überqueren, folgst du ihr nach links. Jetzt wird es anstrengend. Aber immerhin kommst du voran, während neben dir die Autos im Feierabendverkehr stecken. Und wenn du den höchsten Punkt erreicht hast, dann lässt du auch die Straße wieder hinter dir. An der Weggabelung geht dein Weg nach links und über die Brücke in den Leibfriedschen Garten. Vor dir liegt nun die 4 / Bastion Leibfried

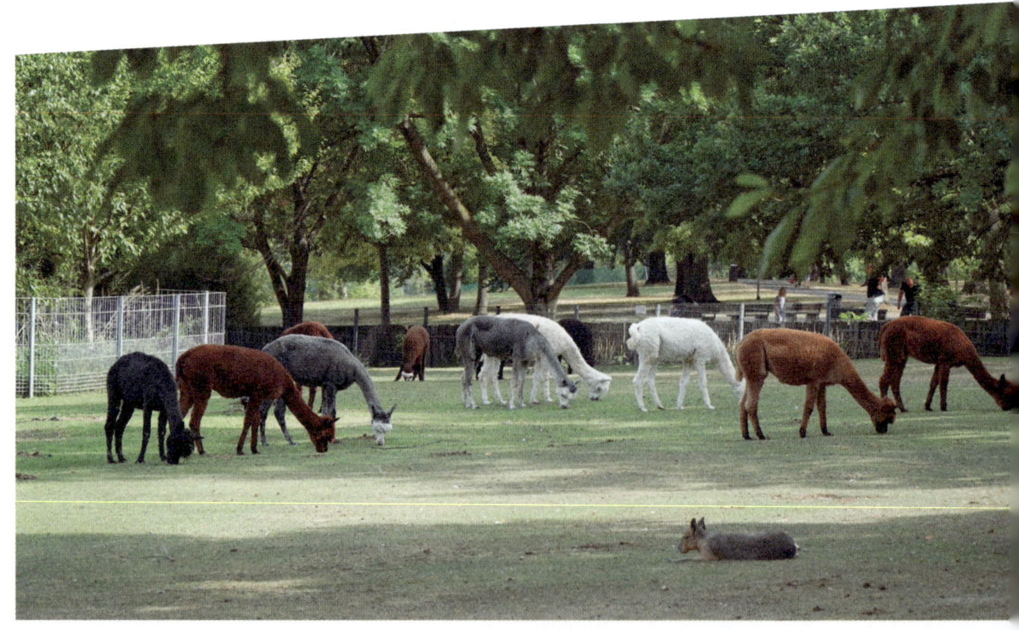

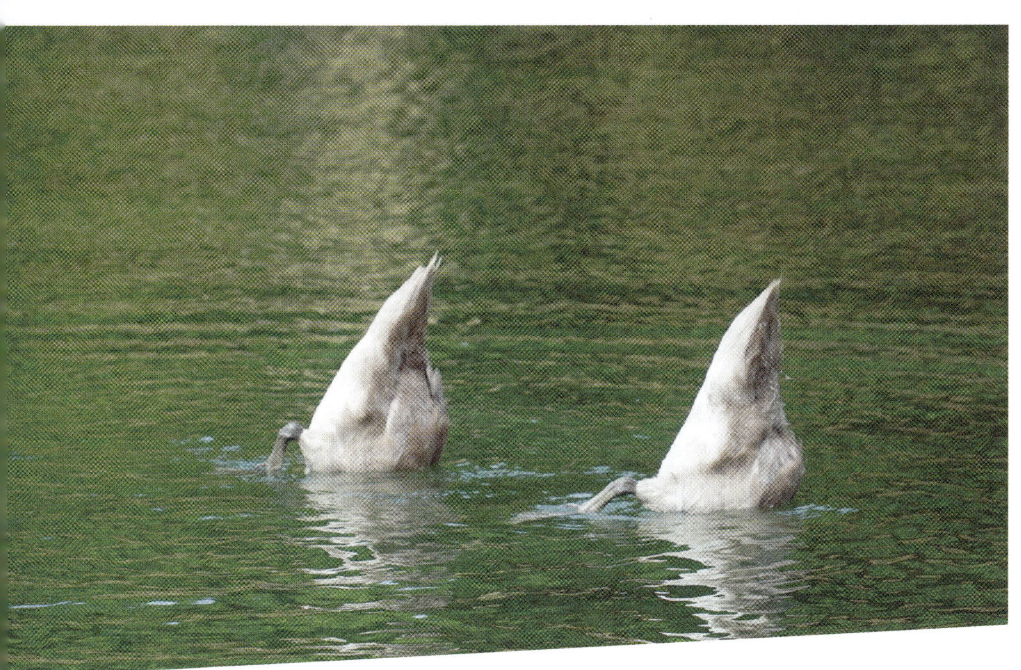

(70191 Stuttgart), ein künstlicher Aussichtshügel, der wie ein Maulwurfshügel aussieht. Immer im Kreis fährst du ihn hinauf bis vor die Steintreppe und nimmst dann die Stufen zur Plattform. Von hier hast du einen atemberaubenden Blick über die Stadt und die Weinberge von Burgholzhof und den Pragsattel von Stuttgart. Kleiner Tipp: Wenn du vor der Steintreppe stehst und nach oben blickst, dann bilden die drei Bäume ein Herz.

1993

wurde die 4 / Bastion Leibfried bei der Internationalen Gartenbauausstellung errichtet. Mit Blick über den Pragsattel soll dem Besucher die alltägliche Realität des Stuttgarter Knotenpunkts bewusst werden. Stau, hupende Autos, Stress.

Tiere und Pflanzen bestaunen

Von der Bastion Leibfried folgst du dem Fahrradweg in Richtung Bad Cannstatt und über die Brücke, deren Stahlseile wie ein Spinnennetz aussehen. Die Brücke verbindet den Leibfriedschen Garten mit dem Rosensteinpark, den du bergab über den Lodzer Steg erreichst. Den Park durchfährst du, indem du den Weg, der dich nach links führt, nimmst. Nicht mal einen Kilometer später erreichst du einen Zaun, auf dessen anderen Seite Schafe grasen. Es riecht nach Stall. Folgst du dem Zaun, erreichst du den Osteingang des Zoos 5 / Wilhelma (Wilhelma 13, 70376 Stuttgart). Auf etwa 30 Hektar leben hier 11.000 Tiere. Fährst du am Zaun entlang, siehst du Kamele, Strauße und Somali-Wildesel. Wich-

< links / In der Wilhelma lassen sich exotische Tiere bestaunen
^ oben / Enten beim Tauchen im Inselsee

ÜBER DEN STRASSEN VON STUTTGART

Hängebrücken verbinden den Leibfriescher Garten mit dem Rosensteinpark. So können Radfahrer schnell von einem Ort zum anderen düsen.

WILDE TIERE AM WEGESRAND

1.200

Arten beheimatet der zoologisch-botanische Garten 5 / Wilhelma in Stuttgart. Neben Geparden und Löwen gibt es auch unscheinbare Arten. Der Somali-Wildesel hat wie ein Zebra gestreifte Beine. Die Unterart des Afrikanischen Esels ist stark bedroht.

tig: Nicht füttern! Kaufst du dir eine Eintrittskarte, kannst du auch Nashörner, Löwen und Giraffen bestaunen und in deinem Kurzurlaub von Afrika bis Amerika reisen. Die Wilhelma ist der zweitartenreichste Zoo Deutschlands. Neben der Vielfalt an Tieren gibt es im botanischen Bereich auch eine Fülle an Pflanzen aus allen Klimazonen der Erde. Schon einmal eine Aasblume gesehen? Sie sieht aus wie ein Seestern – und verströmt einen süßlichen Geruch, um Insekten anzulocken. Sie wird auch Ekelblume genannt. Oder hast du schon einmal ein Katzenschwänzchen bewundert? Die Blüten sehen tatsächlich aus wie ein buschiger Katzenschwanz – nur in leuchtendem Pink. Im botanischen Garten der Wilhelma kommst du aus dem Staunen nicht mehr heraus.

Stärkung, bevor der Kurzurlaub endet

Nach dem Erlebnis im Zoo ist es bis zum Startpunkt nicht mehr weit. Du fährst einfach geradeaus bis zum Schloss Rosenstein und an diesem vorbei zum Inselsee, den du umrundest. Schon von hier siehst du Stühle und Tische, die auf Terrassenstufen um das 6 / Flora & Fauna Stuttgart (Am Schwanenplatz 10, 70190 Stuttgart) stehen. Bevor dein Kurzurlaub endgültig endet, kannst du hier im Biergarten die Natur des Parks noch einmal genießen und den Enten beim Tauchen zuschauen. Neben klassischen Gerichten wie Pommes und Currywurst gibt es auch leckere Flammkuchen und Salate. Und als Nachtisch bietet sich ein frischer Kuchen an, der täglich vom Café Schurr in Heslach geholt wird. Bei schönem Wetter am Wochenende muss man zu den Stoßzeiten allerdings damit rechnen, dass man ein wenig warten muss. Aber es lohnt sich – denn so lässt sich der Kurzurlaub erholsam abschließen. Anschließend geht es über die Bahngleise nach links in Richtung Bad Cannstatt. Das letzte Stück führt dich wieder durch die Stadt unter einem Tunnel durch, bei dem du dir den Weg mit den Fußgängern teilen musst. Danach bist du wieder an der 1 / U-Bahnstation Bad Cannstatt Wilhelmsplatz.

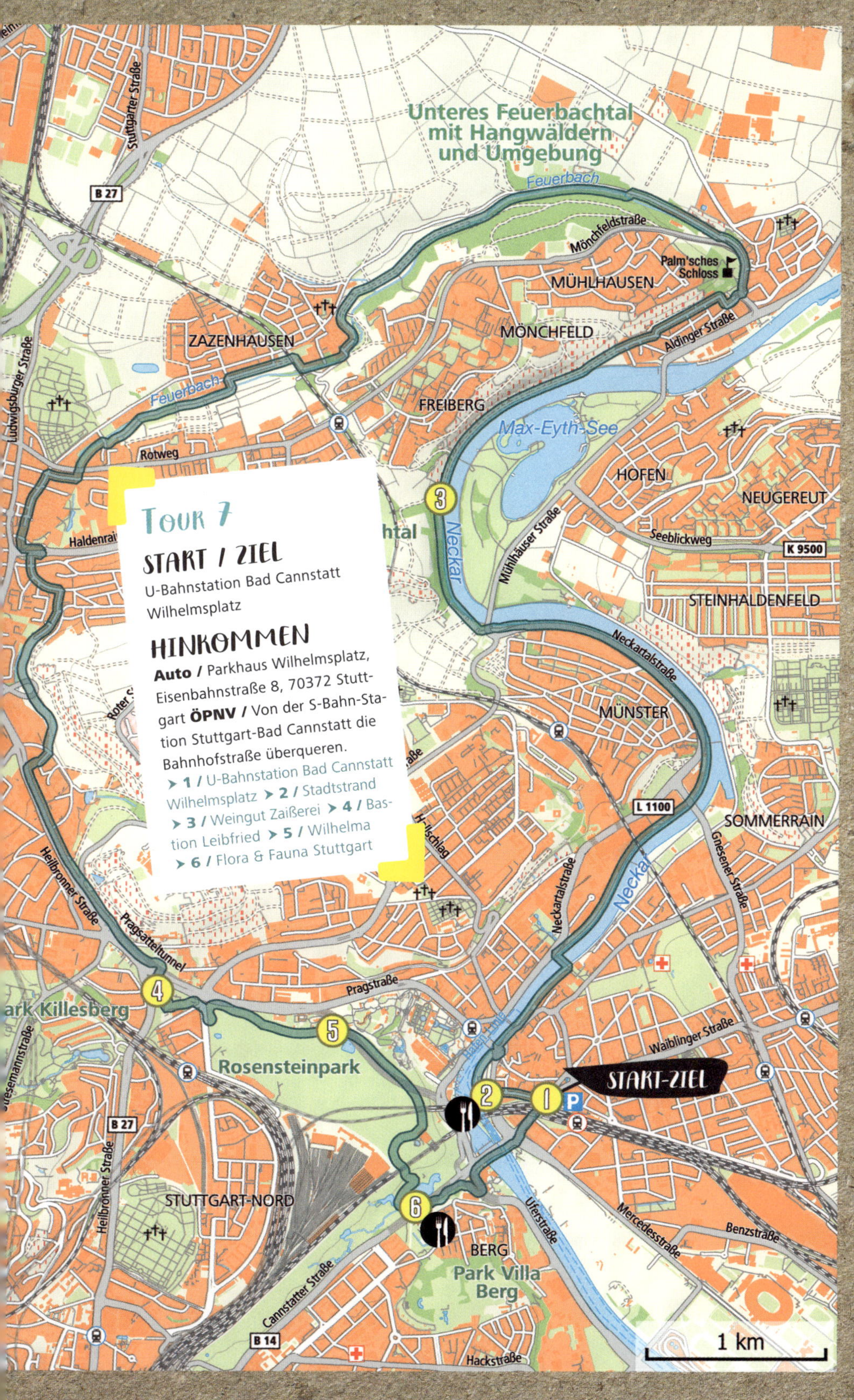

Tour 7
START / ZIEL
U-Bahnstation Bad Cannstatt Wilhelmsplatz
HINKOMMEN
Auto / Parkhaus Wilhelmsplatz, Eisenbahnstraße 8, 70372 Stuttgart ÖPNV / Von der S-Bahn-Station Stuttgart-Bad Cannstatt die Bahnhofstraße überqueren.
➤ 1 / U-Bahnstation Bad Cannstatt Wilhelmsplatz ➤ 2 / Stadtstrand ➤ 3 / Weingut Zaißerei ➤ 4 / Bastion Leibfried ➤ 5 / Wilhelma ➤ 6 / Flora & Fauna Stuttgart
START-ZIEL
Unteres Feuerbachtal mit Hangwäldern und Umgebung
Feuerbach
Mönchfeldstraße
Palm'sches Schloss
MÜHLHAUSEN
MÖNCHFELD
Aldinger Straße
ZAZENHAUSEN
FREIBERG
Max-Eyth-See
HOFEN
NEUGEREUT
Seeblickweg
K 9500
Mühlhäuser Straße
Neckar
STEINHALDENFELD
Neckartalstraße
MÜNSTER
L 1100
SOMMERRAIN
Gnesener Straße
Stuttgarter Straße
B 27
Ludwigsburger Straße
Rotweg
Heilbronner Straße
Pragsatteltunnel
Pragstraße
Waiblinger Straße
Rosensteinpark
STUTTGART-NORD
Cannstatter Straße
B 14
BERG
Park Villa Berg
Uferstraße
Mercedesstraße
Benzstraße
Hackstraße
1 km

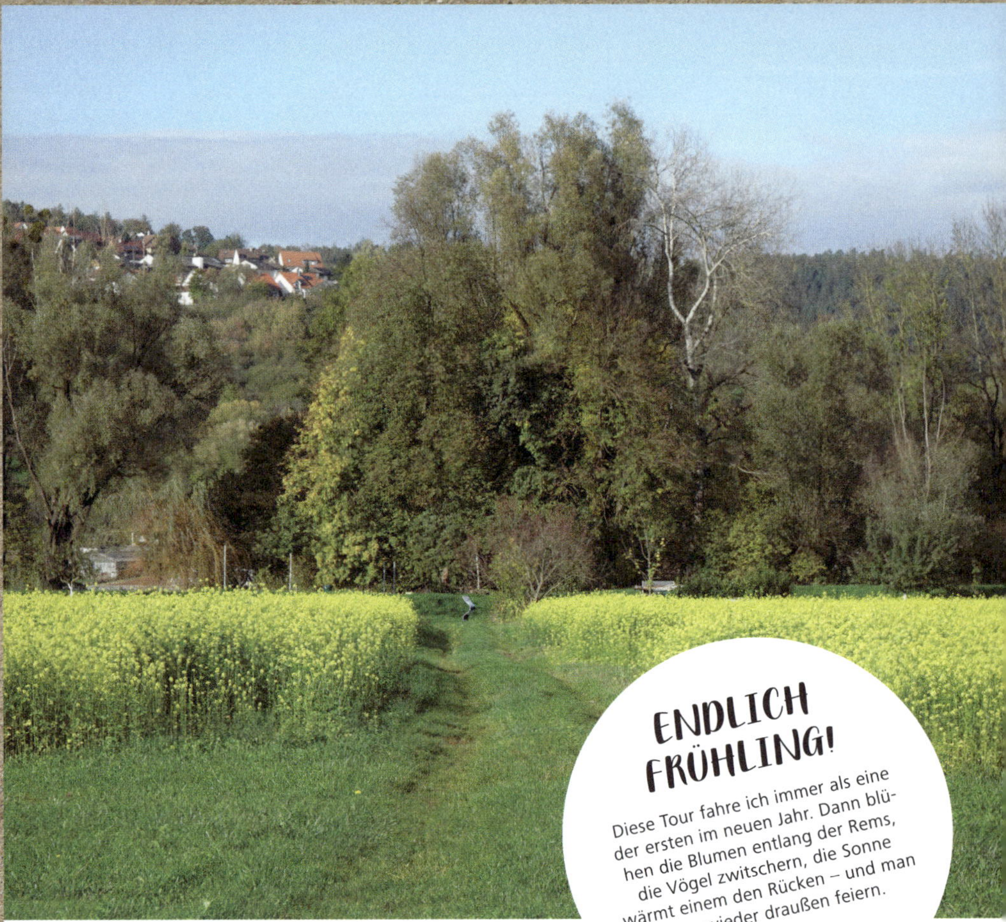

ENDLICH FRÜHLING!

Diese Tour fahre ich immer als eine der ersten im neuen Jahr. Dann blühen die Blumen entlang der Rems, die Vögel zwitschern, die Sonne wärmt einem den Rücken – und man kann wieder draußen feiern.

➤ **1 /** An der S-Bahnstation Schorndorf machen wir uns bereit

➤ **2 /** Den größten Meissner-Porzellanspiegel gibt es im Haus der Kunst

➤ **3 /** Von der Alten Remsbrücke hast du einen herrlichen Blick

➤ **4 /** Italienisch essen im Restaurant Divino

➤ **5 /** Die Show genießen auf dem Theaterschiff Stuttgart

➤ **6 /** Feiern auf den Cannstatter Wasen

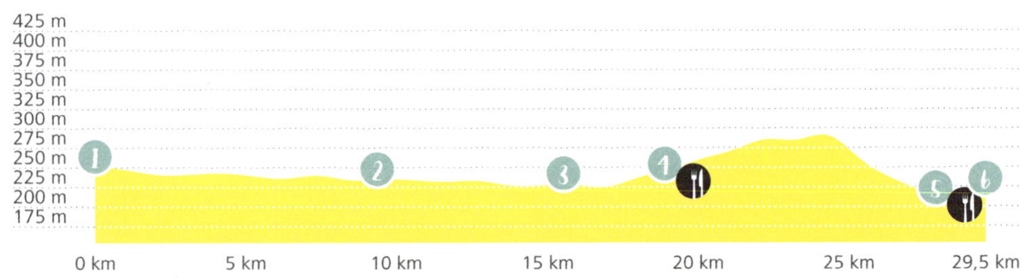

VIVALDIS

Zu jeder Jahreszeit ein neues Event auf den Cannstatter Wasen

Zu jeder Jahreszeit gibt es auf dieser Tour etwas Neues. Das liegt auch daran, dass auf den Cannstatter Wasen jede Jahreszeit anders gefeiert wird. Dich erwarten Feste, Musik und eine Landschaft, die jedes Mal anders aussieht.

30 Kilometer
145 Höhenmeter
175 Höhenmeter
2 Stunden
Streckentour

Von Schondorf an der Rems entlang

Das Beste kommt ja bekanntlich zum Schluss. Das heißt aber nicht, dass der Anfang nicht auch schön sein kann. Sobald wir uns an der 1 / S-Bahnstation Schorndorf aufs Rad geschwungen haben, geht es nämlich an der Rems entlang. Wichtig dabei: Du startest nicht bei der Bahnhofshalle, sondern auf der gegenüberliegenden Seite. Während du dich noch in den Sattel schwingst, siehst du, wie die S-Bahn rumpelnd zwischen Wohnblocks verschwindet und hörst, wie das Quietschen von Schienen im Lärm der nahen Straße untergeht. Schnell wollen wir die Stadt hinter uns lassen und düsen die Grabenstraße in Richtung Waiblingen ent-

CHARAKTER
Sportlich ●●○○○
Abkühlung ●●●○○
Schlemmen ●●●○○
Panorama ●○○○○

TOURENINFO / Ausschließlich auf asphaltierten Wegen mit moderater Steigung. Meist vom Verkehr getrennte Fahrradwege. Gute Verkehrsanbindung.

◂ links / Ein Meer aus Gold: An der Rems blühen die Senffelder.

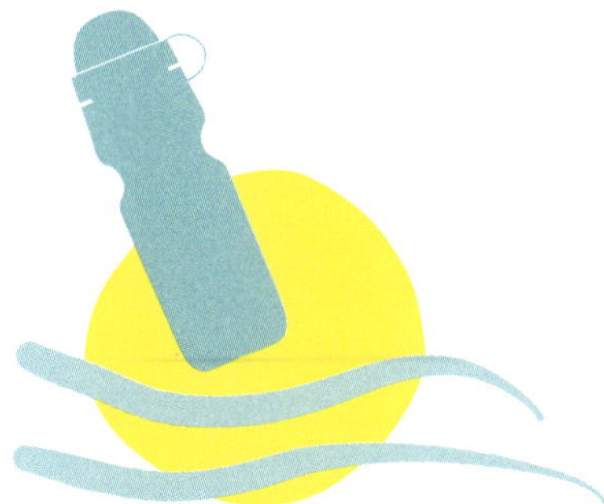

lang. Nach rund einem Kilometer biegst du rechts in Richtung Rems ab. Felder reihen sich an Felder. Immer den Schildern in Richtung Waiblingen folgend durchquerst du Winterbach, während zu deiner Rechten immer noch die Rems fließt. Wunderschöne Rastplätze laden hier zum Verweilen ein. Es gibt sogar eine Grillstelle, dort wo die Rems renaturiert wurde. Leider beschränkt sich der Rückbau aber auf nur einen Kilometer. Doch auch danach gibt es noch schöne Ecken. Drei Kilometer nachdem du Winterbach hinter dir gelassen hast, folgst du dem Fahrradweg über eine Brücke und der Rems auf der anderen Seite weiter nach Waiblingen. So schlängelst du dich zwischen Schnellstraße und Rems durch die Landschaft. Bald darauf taucht zu deiner Linken das 2 / Haus der Kunst (Kanalstraße 10, 73630 Remshalden-Grunbach) auf. In dem Museum wird Meissner Porzellan aus drei Jahrhunderten ausgestellt – darunter auch Unikate wie der größte Meissner-Porzellanspiegel der Welt.

IM PORZELLANLADEN

Rund 600 Exponate werden im 2 / Haus der Kunst in Remshalden ausgestellt. Darunter Dessertteller, Zuckerdosen, Teesets. Kunstliebhaber kommen hier voll auf ihre Kosten.

Über die Alte Remsbrücke

Nach dem Museumsbesuch geht es wieder an der Rems entlang, die schließlich einen Schwenk nach links macht, während du den Schildern weiter geradeaus folgst. Eine Unterführung führt dich unter der Schnellstraße hindurch in Richtung Waiblingen. Auf der anderen Seite gehts es gleich links für dich weiter in das Körbergäßle, sodass du kurze Zeit später wieder auf die Rems triffst. Eine Liegewiese zieht vorbei, auf der du im Sommer die Abende genießen kannst, Spielplätze folgen. Und wieder prägen Felder die Landschaft, bis eineinhalb Kilometer später das Dorfbild von Beinstein die Natur ablöst. An der 3 / Alten Remsbrücke (Endersbacher Straße 61, 71334 Waiblingen) überquerst du abermals den Fluss. Hier lohnt es sich, einen Moment innezuhalten und den bunten Blättern zuzuschauen, wie sie auf dem Wasser trei-

➤ rechts oben / Ein Ort der Ruhe: Die Rems wurde bei Winterbach stückweise renaturiert. ➤ rechts Mitte / Grillstelle an der Rems: So lassen sich Sommerabende genießen

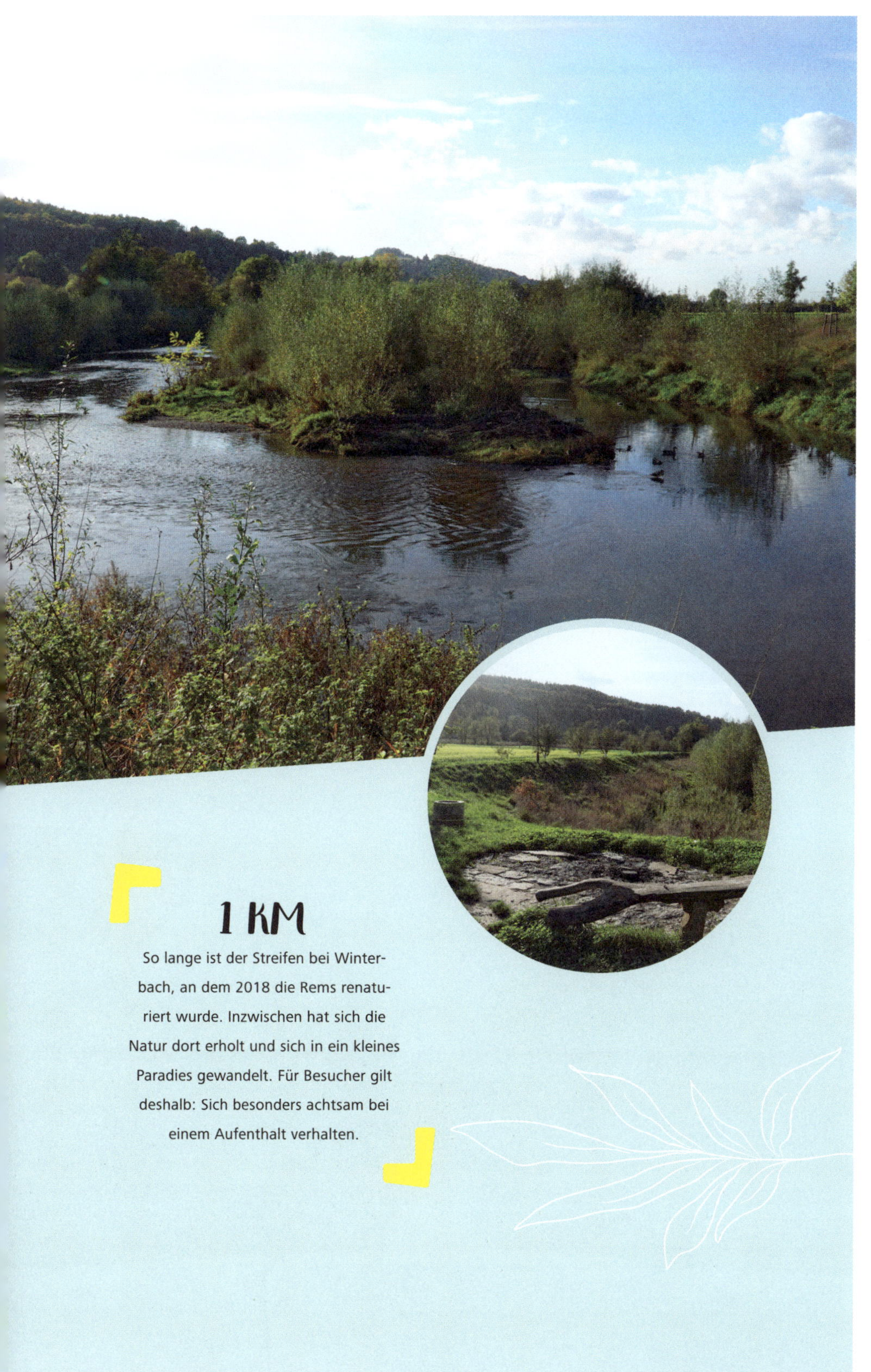

1 KM

So lange ist der Streifen bei Winterbach, an dem 2018 die Rems renaturiert wurde. Inzwischen hat sich die Natur dort erholt und sich in ein kleines Paradies gewandelt. Für Besucher gilt deshalb: Sich besonders achtsam bei einem Aufenthalt verhalten.

ROMANTISCHE WASSERSTRASSE

Die renaturierte Rems ist zwar definitiv schöner, aber der korsettartige Kanal in den Städten erinnert dafür fast ein bisschen an Venedig.

DAS THEATERSCHIFF STUTTGART WARTET

ben – ein Moment der Ruhe. Auf der anderen Seite geht es weiter nach Waiblingen, bis kurz vor dem Ort die Autos auf der B14 über dich hinweg schießen. Nach der Unterführung geht es für dich links am FSV Waiblingen vorbei. Statt der Rems fährst du nun parallel zur B14. Das klingt schlimmer, als es ist. Der Weg schlängelt sich – je nach Jahreszeit – durch saftige Wiesen oder zwischen bunten Laubbäumen hindurch. Nach zwei Kilometern erreichst du das Restaurant 4 / Divino (Neue Rommelshauser Straße 50, 71332 Waiblingen). Wenn du nicht bereits im Theaterschiff reserviert hast, ist es der perfekte Stopp vor der Show. Es gibt traditionelle italienische Gerichte und als Snack werden anfangs Pizzastücke mit Tomatensauce gereicht. Dazu ein Glas Wein, das dich auf den Abend einstimmt. Zehn Kilometer und 65 Höhenmeter sind es noch bis zum 5 / Theaterschiff Stuttgart (Überkinger Straße 13, 70372 Stuttgart). Ein bisschen Zeit musst du also noch einplanen.

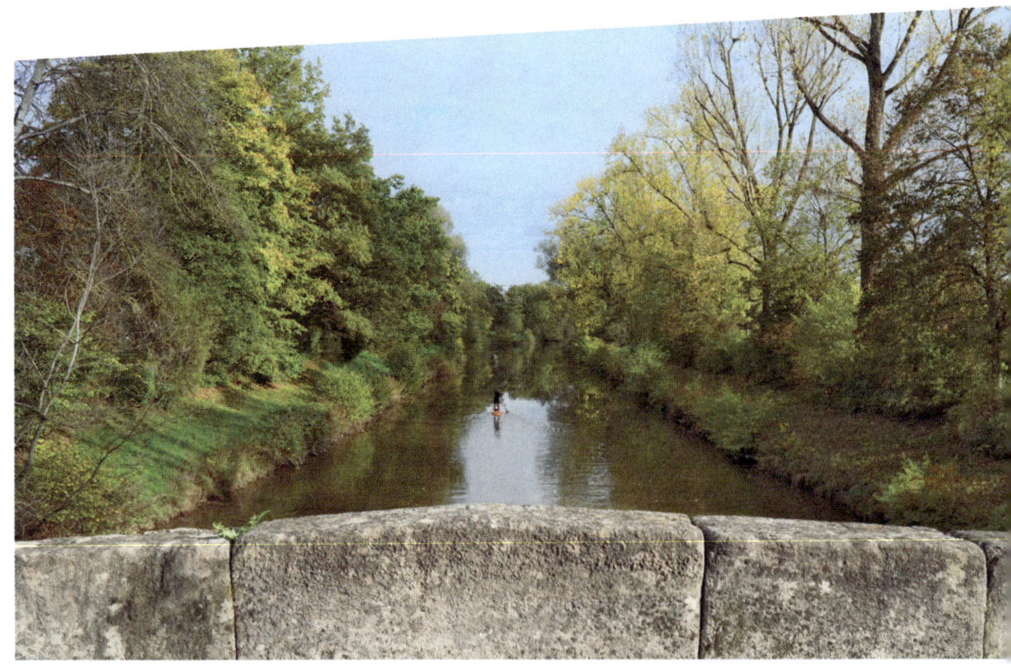

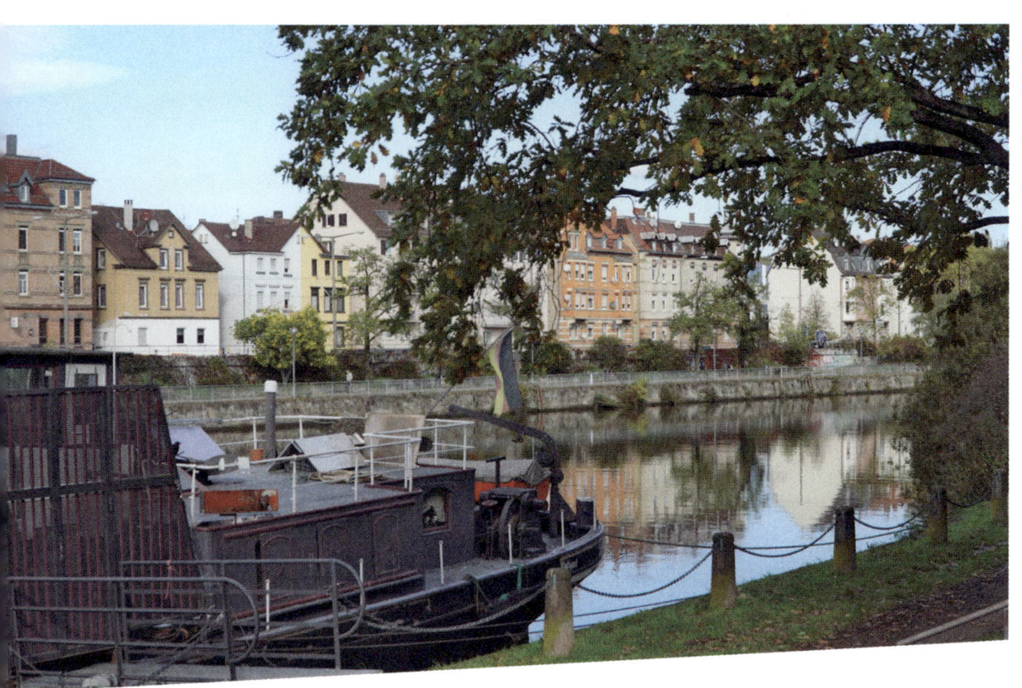

Ein Abend auf dem Neckar

Nach der Stärkung fährst du drei Kilometer, bis du Fellbach am Rand von Stuttgart erreichst. Dein Ziel: Bad Cannstatt. Statt aber auf direktem Weg dorthin zu fahren, nimmst du den Umweg über Stuttgart-Sommerrein. So musst du nicht an der Hauptstraße entlang und kannst die hupenden Autos mit ihren Abgasen umgehen. Du kommst am Maickler Schulzentrum vorbei, umrundest es zur Hälfte und biegst dann kurz danach links in die Auberlenstraße ab. Schrebergärten drängen sich aneinander, während du immer geradeaus fährst. Du kommst an einem Spielplatz vorbei und fährst unter der Unterführung durch, während über dir die S-Bahnen tosend über die Gleise brettern. Kurz vor der Schmidener Straße – du siehst sie schon – biegst du rechts in eine schmale Gasse ab und am Ende dieser links. Nun geht es für dich immer geradeaus den grünen Pfeilen hinterher bis zum Neckar. Jetzt nur noch eineinhalb Kilometer am Neckar entlang, dann kommt der krönende Abschluss dieser Tour. Je nachdem, was du favorisierst, kannst du dafür entweder am Theaterschiff Stuttgart die abendliche Show genießen und im kleinen, aber feinen Restaurant an Bord zum Beispiel auf dem Sonnendeck speisen. Die Auswahl ist zwar nicht groß, aber dafür ausgewählt. Es

1643

war die 3 / Alte Remsbrücke Schauplatz eines Scharmützels im 30-jährigen Krieg. Bayerische und französisch-schwedische Truppen kämpften hier gegeneinander. Heute ist sie eine der ältesten wieder freigelegten Brücken im Rems-Murr-Kreis.

< links / Stand-up-Paddeln auf der Rems. ^ oben / Im Theaterschiff Stuttgart werden vor allem Komödien gespielt.

FROH UND MUNTER

Im **5 / Theaterschiff Stuttgart** tut der Bauch gleich doppelt weh. Einmal vom leckeren Essen und einmal vom Lachen. Meistens werden nämlich Komödien gespielt.

gibt Maultaschen, Knödel oder Käsesalat. Ab Mitte der Woche wird dort im Normalfall regelmäßig gespielt.

ODER DOCH LIEBER PARTY?

Auf den Cannstatter Wasen feiern

Hast du allerdings noch geplant, an deinem Ziel, den 6 / Cannstatter Wasen (Mercedesstraße 40, 70372 Stuttgart) zu feiern, dann hebe dir das Theaterschiff für einen anderen Tag auf. Einen Kilometer später erreichst du den Festplatz. Musik tönt dir entgegen. Menschen schreien, jubeln, feiern. Seit dem Jahr 1818 fand fast jeden Herbst auf den Cannstatter Wasen das Cannstatter Volksfest statt. Damals sollte es ein Zeichen der Hoffnung sein, denn als 1815 der indonesische Vulkan Tambora ausbrach, hatte das auch Auswirkungen auf Deutschland. Gas und Staub in der Atmosphäre sorgten für ein Jahr ohne Sommer, für Missernten und Hungersnöte. Heute ist dieser ernste Hintergrund kaum noch spürbar. Langsam dreht sich das Riesenrad, während es für die Passagiere im Freifallturm ruckartig nach unten geht. Anders als auf dem Oktoberfest wird hier statt Bier viel Wein getrunken. Doch auch im Winter lohnt sich der Besuch der Cannstatter Wasen. Dann öffnet nämlich der Weihnachtszirkus mit der Elite der internationalen Zirkuswelt seine Pforten. Clowns und Akrobaten aus der Mongolei, Italien, Argentinien oder Spanien bieten dir eine atemberaubende Show. So vergeht der Winter gleich schneller. Und im Frühjahr dreht sich wieder langsam das Riesenrad beim Stuttgarter Frühlingsfest, quasi dem kleinen Bruder des Cannstatter Volksfestes. Fehlt noch ein Besuch des Festplatzes im Sommer. Meist wird im Juni neben Konzerten auf den Cannstatter Wasen auch das Kessel-Festival veranstaltet. Tanze zu Techno oder Hip Hop, tausche deine Klamotten bei der Kleidertauschparty oder staune bei der Freestyle Motocross-Show. Kommst du übrigens von außerhalb, dann kannst du dich auch direkt am Campingplatz Cannstatter Wasen Stuttgart einbuchen. Allerdings sind die Plätze bei Veranstaltungen auch schnell ausgebucht, groß ist die Zeltwiese nämlich nicht.

17

Tage lang geht das Cannstatter Volksfest auf den 6 / Cannstatter Wasen. Mehr als drei Millionen Besucher feiern in dieser Zeit. Doch woher kommt das Fest überhaupt? Es wurde als Erntedankfest von König Wilhelm I eingeführt.

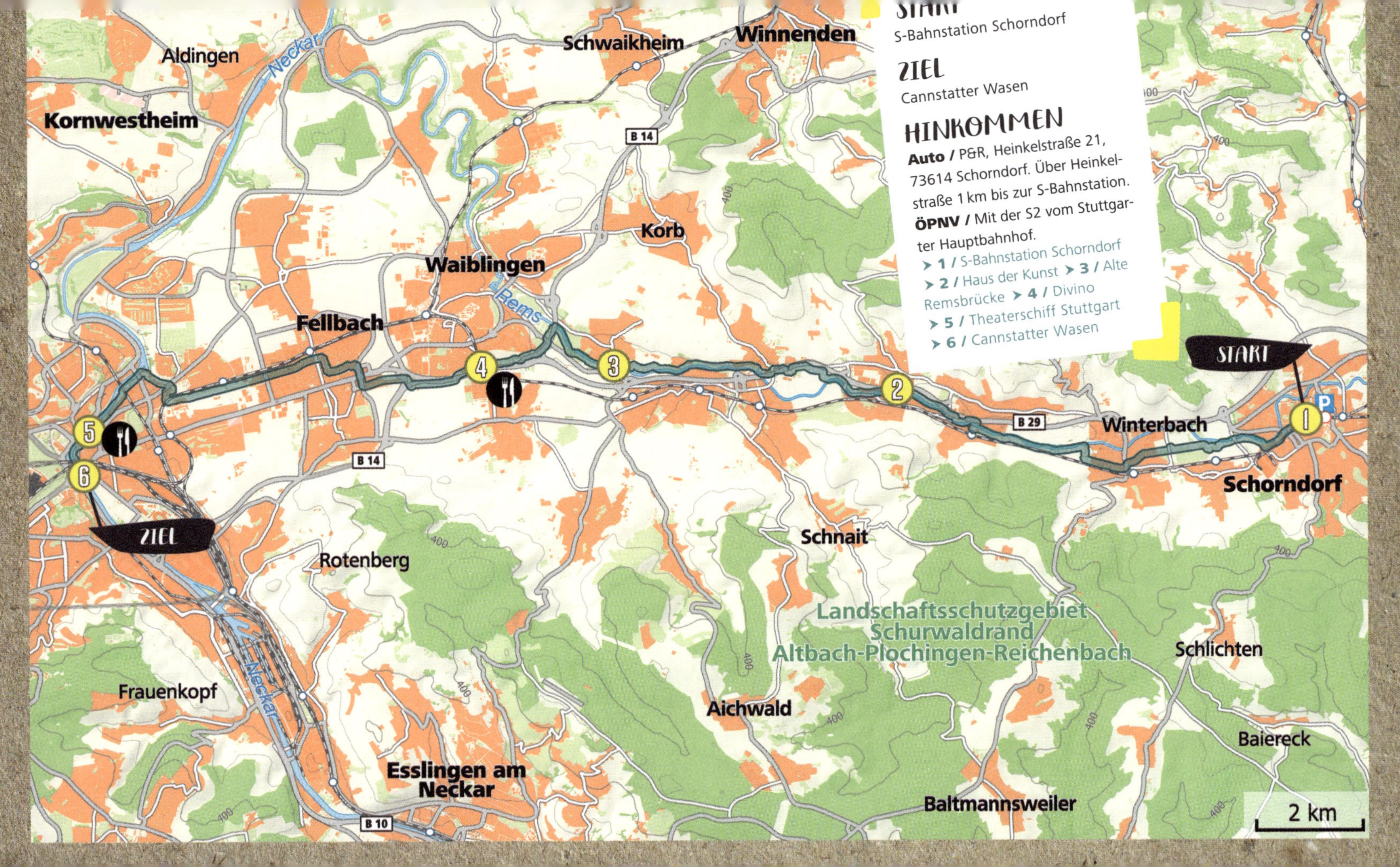

START

S-Bahnstation Schorndorf

ZIEL

Cannstatter Wasen

HINKOMMEN

Auto / P&R, Heinkelstraße 21, 73614 Schorndorf. Über Heinkelstraße 1 km bis zur S-Bahnstation. **ÖPNV /** Mit der S2 vom Stuttgarter Hauptbahnhof.

➤ **1 /** S-Bahnstation Schorndorf ➤ **2 /** Haus der Kunst ➤ **3 /** Alte Remsbrücke ➤ **4 /** Divino ➤ **5 /** Theaterschiff Stuttgart ➤ **6 /** Cannstatter Wasen

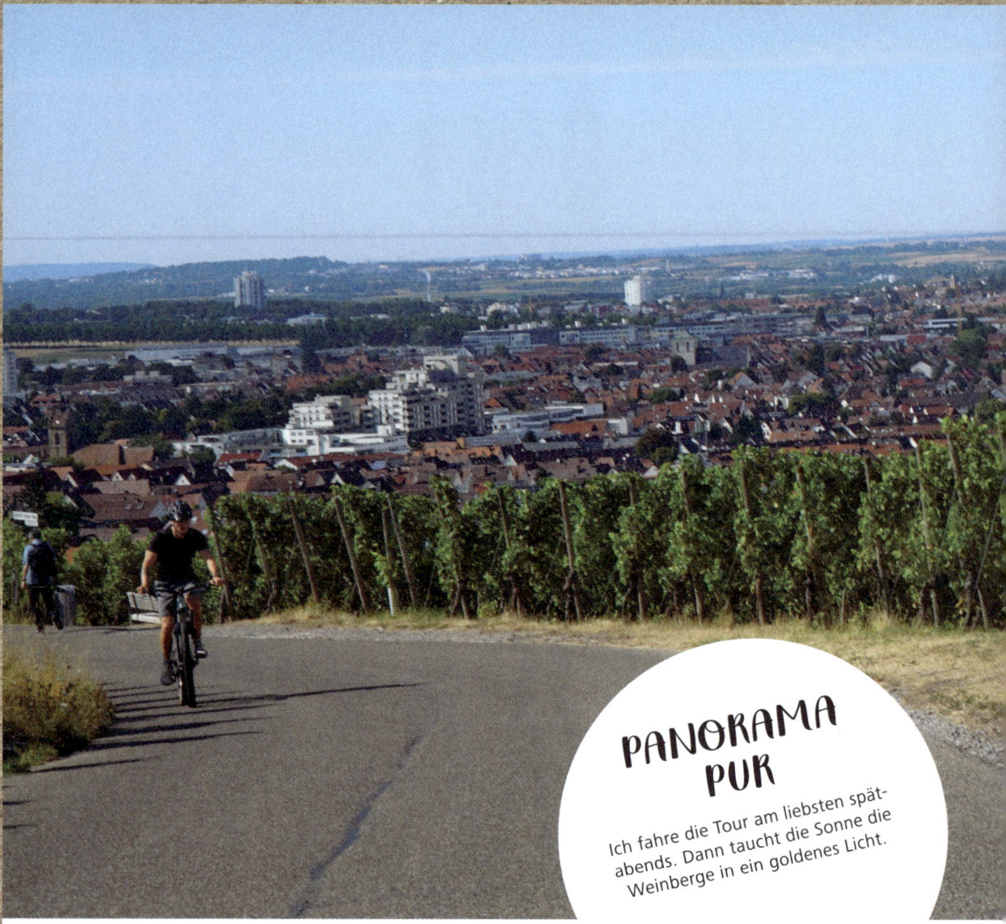

PANORAMA PUR

Ich fahre die Tour am liebsten spätabends. Dann taucht die Sonne die Weinberge in ein goldenes Licht.

➤ **1 /** Am Parkplatz des Mithras-Reliefs satteln wir auf

➤ **2 /** Wunderschöne Aussicht auf die YBurg

➤ **3 /** Von der Plattform des Kernenturm sieht man ein Meer aus Grün

➤ **4 /** Versteckt liegt die Naturbühne im Wald

➤ **5 /** Den besten Blick hat man vom Wanderparkplatz Kappelberg

➤ **6 /** Den Sonnenuntergang im Panorama Restaurant abwarten

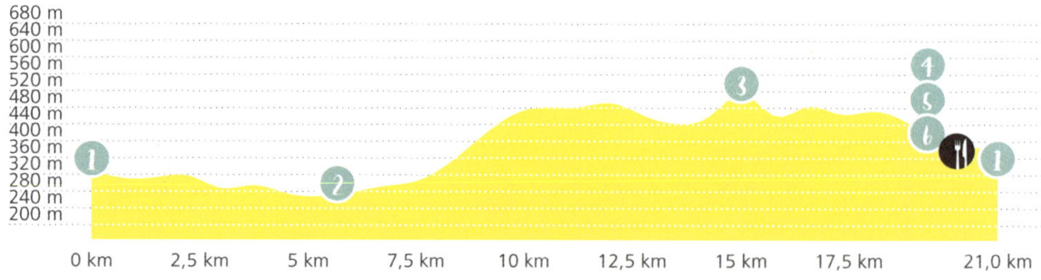

EIN MEER AUS WALD

Zum Sonnenuntergang an den Kappelberg

Idyllisch geht es zuerst zwischen Weinbergen und Streuobstwiesen, dann durch den Wald hindurch. Vom Kernenturm und vom Panorama Restaurant hat man eine herrliche Aussicht auf die Umgebung. Schlemmen für Augen und Magen ist also garantiert.

21 Kilometer
450 Höhenmeter
450 Höhenmeter
1:30 Stunden
Rundtour

Kurz durch die Stadt

Wir starten am 1 / Parkplatz am Mithras-Relief, am Fuß des Kappelbergs, denn bekanntlich kommt das Beste ja zum Schluss und das ist auch bei unserer Panorama-Runde der Fall. Wir werden zwischen Weinbergen hinabdüsen und über die Dächer von Stuttgart blicken. Doch zuerst geht es zwischen Streuobstwiesen, Obstplantagen und Weinreben nach Stetten. Dazu startest du in Richtung Fellbach, indem du den grünen Pfeilen nach Waiblingen und Weinstadt folgst. Sie führen dich zwischen Wohnhäusern ein kurzes Stück durch den Ort, bis du auf eine Weggabelung triffst, an der Weinstadt doppelt ausgeschildert ist. Du nimmst den langen

CHARAKTER

Sportlich ●●●●○
Abkühlung ●○○○○
Schlemmen ●●○○○
Panorama ●●●●●

TOUR, DIE DU SO NIE GEMACHT HÄTTEST

TOURENINFO / Wenig Verkehr, meist asphaltiert. Durch den Wald eine breite befestigte Schotterstraße. Beim Kernenturm wird es kurz ziemlich steil.

‹ links / Abfahrt nach Fellbach

TOUR, DIE DU SO NIE GEMACHT HÄTTEST

Weg, der dich auf die Stettener Straße und somit auf geradem und direktem Weg nach Stetten führt.

Zwischen Streuobstwiesen

Du rollst vorbei an Streuobstwiesen, auf denen Pferde grasen und Kühe den Schatten der Bäume suchen. Vielleicht hörst du auch Hühner gackern. Überall am Wegesrand wuchern Brombeeren und wenn sie zu keinem der Freizeitgüter oder Obstplantagen gehören, dann sind sie im August ein willkommener Snack. Übrigens sind Streuobstwiesen ab einer gewissen Größe seit dem 22. Juli 2020 durch das Biodiversitätsstärkungsgesetz unter Schutz gestellt. Denn die Bäume, die oft knorrig und unförmig aussehen, bieten Lebensraum für eine Vielzahl von Insekten und Vögel. Das Problem: Die Pflege der Bäume ist zeitintensiv und das heimische Obst von Streuobstwiesen konkurriert oft mit dem billigeren Obst von riesigen Plantagen im Süden Europas. Was hilft: Säfte aus Streuobstwiesenobst zu kaufen. Nach rund vier Kilometern erreichst du Stetten. Dort fährst du durch die Innenstadt immer den grünen Pfeilen hinterher, bis du am zweiten Kreisverkehr statt weiter den Schildern zu folgen, die erste Ausfahrt in die Kirchstraße nimmst. Die Abkürzung führt dich auf einen anderen Radweg und schon spitzelt zu deiner Linken zwischen den Häusern die würfelförmige 2 / YBurg (Steigstraße, 71394 Kernen im Remstal) hervor. Früher haben dort die Herren von YBurg gewohnt, heute stehen nur noch die Außenwände.

DER WÜRFEL

Den besten Blick auf die 2 / YBurg hast du vom Glockenkelter aus. Von dort sieht der Quader ohne Dach wie ein unfertiger Würfel aus.

Treten und schwitzen

Ab jetzt geht es bergauf, schließlich wartet auf dich noch ein Panorama-Ausblick, und bisher ging es fast immer leicht bergab. Du fährst immer dem Radweg hinterher, vorbei an einem

---

➤ **rechts oben / Der Kernenturm ragt 27 Meter in die Höhe**
➤ **rechts Mitte / Aussicht vom Kernenturm aus 540 Metern**

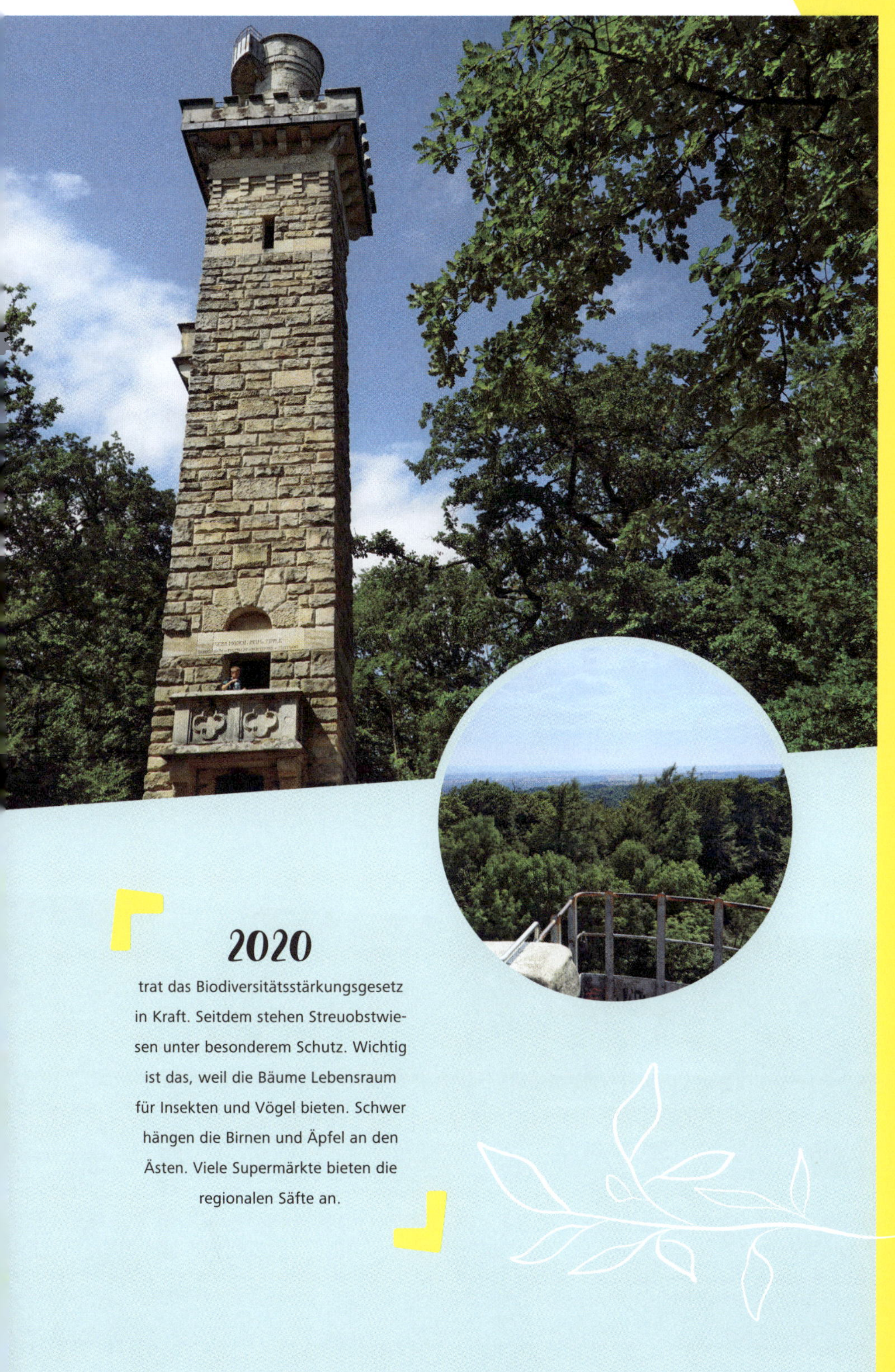

2020

trat das Biodiversitätsstärkungsgesetz in Kraft. Seitdem stehen Streuobstwiesen unter besonderem Schutz. Wichtig ist das, weil die Bäume Lebensraum für Insekten und Vögel bieten. Schwer hängen die Birnen und Äpfel an den Ästen. Viele Supermärkte bieten die regionalen Säfte an.

STEIL BERGAUF

Für die Steigung zum 3 / Kernenturm lohnt sich ein E-Bike. Ansonsten heißt es schieben, wenn die Beine brennen.

TOUR, DIE DU SO NIE GEMACHT HÄTTEST

Spielplatz mit kleiner Kletteranlage. Kurz darauf endet der Asphaltweg und du musst auf einem breiten Schotterweg weiter in den Wald hinein. Jetzt heißt es treten, treten, treten. Und schwitzen, schwitzen, schwitzen. Dafür bietet das Blätterdach einen angenehmen Schutz vor der heißen Sonne – vor allem an heißen Tagen ist es hier schön kühl. Es ist angenehm ruhig, nur dein Schnaufen ist zu hören. Nach rund vier Kilometern Anstieg hörst du wieder die ersten Autos und siehst schon bald darauf, wie der Schotterweg auf eine breite Straße zusteuert. Kurz bevor du diese aber erreichst, biegst du scharf rechts ab – jetzt hast du den großen Anstieg geschafft. Der Weg führt dich nun zu einer Waldgaststätte, deren Parkplatz du nach rechts überquerst, um wieder in den Wald abzubiegen. Du folgst dem Weg vorbei an einem Flugplatz, über dem du am Wochenende die Segelflugzeuge gleiten siehst. Und wer weiß: Vielleicht hast du Glück und siehst sie am Himmel, wie sie ihre Kunststücke vollführen.

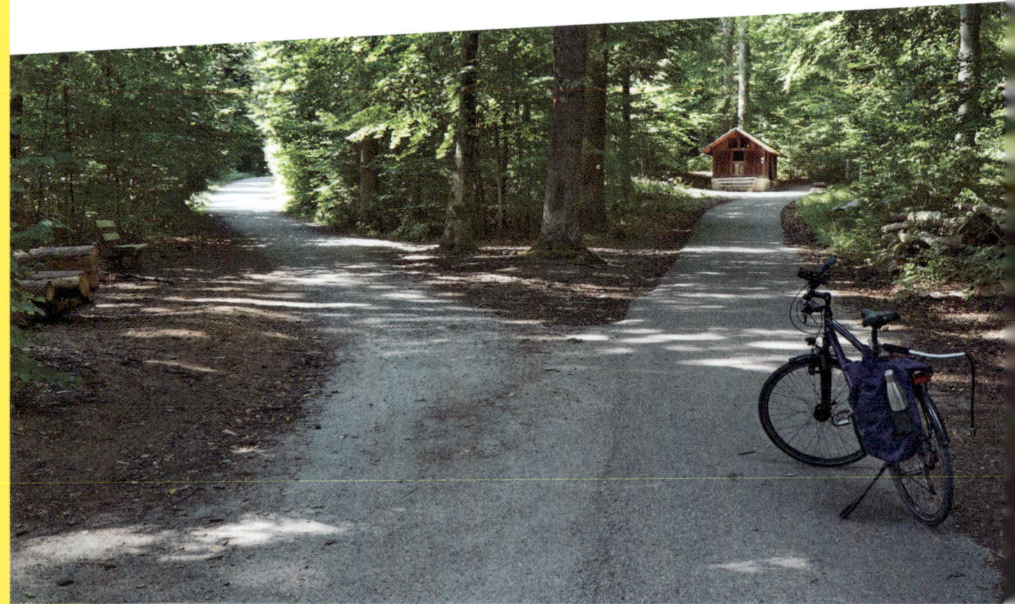

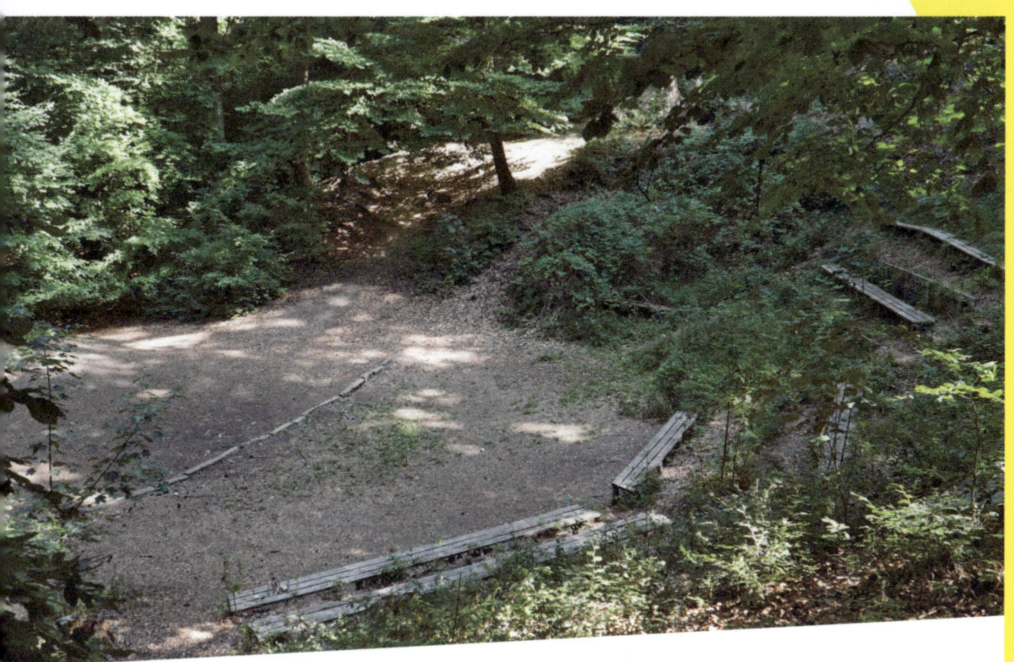

Aussicht vom Kernenturm

Nicht einmal einen Kilometer später, nachdem du den Flugplatz hinter dir gelassen hast, taucht abermals eine große Straße vor dir auf. Auf der anderen Seite siehst du die Entsorgungsanlage Katzenbühl. Es scheint, als wärst du an einer Sackgasse angelangt. Doch auf der anderen Straßenseite führt ein Weg wieder rechts in den Wald hinein. Ab jetzt folgst du den blauen Querbalken. Sie markieren den 3 / Kernenturm (Kernenturm, 70736 Fellbach). Und wenn der Fahrradweg einen Kilometer später nach links abzweigt, fährst du geradeaus und fängst noch einmal zum Strampeln an. Jetzt wird es sehr steil, dafür lässt du nun den Schotter hinter dir. Es kann sein, dass du auch ein Stück schieben musst. Aber wenn du es geschafft hast, kommst du auf eine wunderschöne Lichtung, in deren Mitte der Kernenturm emporragt. Sogar einen Kiosk gibt es hier, der am Wochenende geöffnet hat. Jetzt kannst du erst einmal bei einem Radler verschnaufen, um anschließend die Wendeltreppe bis zum höchsten Punkt des Turms zu erklimmen. Hier befindest du dich auf 540 Höhenmetern. Rundherum Bäume und am Horizont Städte. An schönen Tagen kannst du bis zum Katzenbuckel im Odenwald und zur Schwäbischen Alb blicken.

513 + 27

Auf dieser Höhe befindest du dich, nachdem du die Wendeltreppe des 3 / Kernenturms erklommen hast. Vor dir erstreckt sich ein Meer aus Wald, an dessen Horizont du Stuttgart erkennen kannst. Die Stadt befindet sich übrigens auf einer Meereshöhe von 245 Metern.

< links / Erfrischend: Im Wald ist es angenehm schattig ^ oben / Verwunschen liegt die Naturbühne im Wald

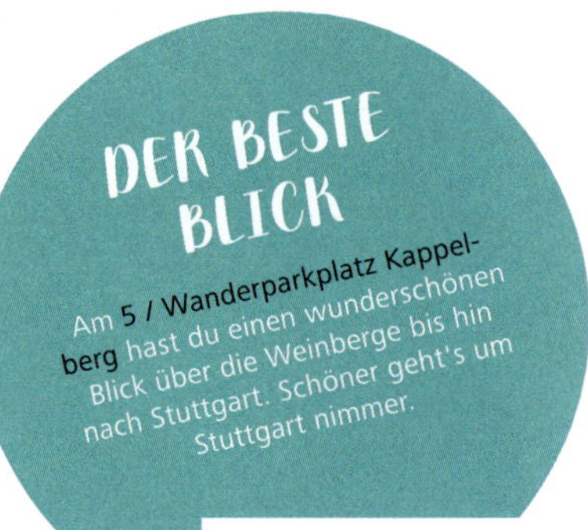

Deine private Show

Bergab nimmst du am besten den gleichen Weg, fährst aber dort, wo du zuvor geradeaus gefahren bist, nach rechts. Du überholst Wanderer, kommst an Rastplätzen vorbei, bis der Wald wieder von Häusern abgelöst wird. Hier erwartet dich noch ein besonderes Highlight, das dir das Gefühl eines Entdeckers auf den Spuren von geheimen Orten gibt. Biege am Parkplatz zu Beginn der Häuserreihen links ab und fahre ein kurzes Stück bergauf, bis rechts von dir ein breiter, aber von Laub bedeckter Weg abzweigt. Hier musst du absteigen und dein Fahrrad ein paar Meter schieben, bis zu deiner Linken, versteckt hinter Bäumen, eine alte 4 / Naturbühne (70374 Fellbach) auftaucht. Stufen führen in der Mitte nach oben, während rechts und links Holzbänke angebracht sind, die teilweise schon vom Gestrüpp überwuchert sind. Früher wurde hier gesungen, gespielt, applaudiert. Heute schreibt deine Fantasie die Theaterstücke, die hier hätten stattfinden können. Ein perfekter Ort, um die Ruhe der Natur förmlich zu spüren.

KM 19

Im 6 / Panorama Restaurant setzt du dich am besten draußen ganz an den Rand der Terrasse. Von hier hast du den schönsten Blick, wenn die Dämmerung Stuttgart langsam golden färbt und du es dir beim Essen richtig gut gehen lässt.

Noch mehr Aussicht

Du nimmst wieder den gleichen Weg zurück und düst direkt auf den 5 / Wanderparkplatz Kappelberg (Auf dem Kappelberg 2, 70374 Fellbach) zu, von dem du eine herrliche Aussicht über Stuttgart und die umliegenden Weinberge hast. Das Grün der Blätter leuchtet, die Dächer der Stadt strahlen. Panorama pur. Und wenn du nicht genug vom Ausblick bekommen kannst, dann gibt es rund 300 Meter entfernt das 6 / Panorama Restaurant (Auf dem Kappelberg 3, 70374 Fellbach) mit griechischen Spezialitäten. Calamari, Tzatziki, Souvlaki. Nach dem Essen liegt glücklicherweise nur noch die Abfahrt vor dir. Du spürst den Fahrtwind im Gesicht, blickst zwischen den Weinreben hindurch auf Stuttgart und fühlst dich befreit von der Last des Alltags. Am Fuß des Kappelbergs hast du dann deinen Startpunkt, den 1 / Parkplatz am Mithras-Relief, wieder erreicht.

TOUR, DIE DU SO NIE GEMACHT HÄTTEST

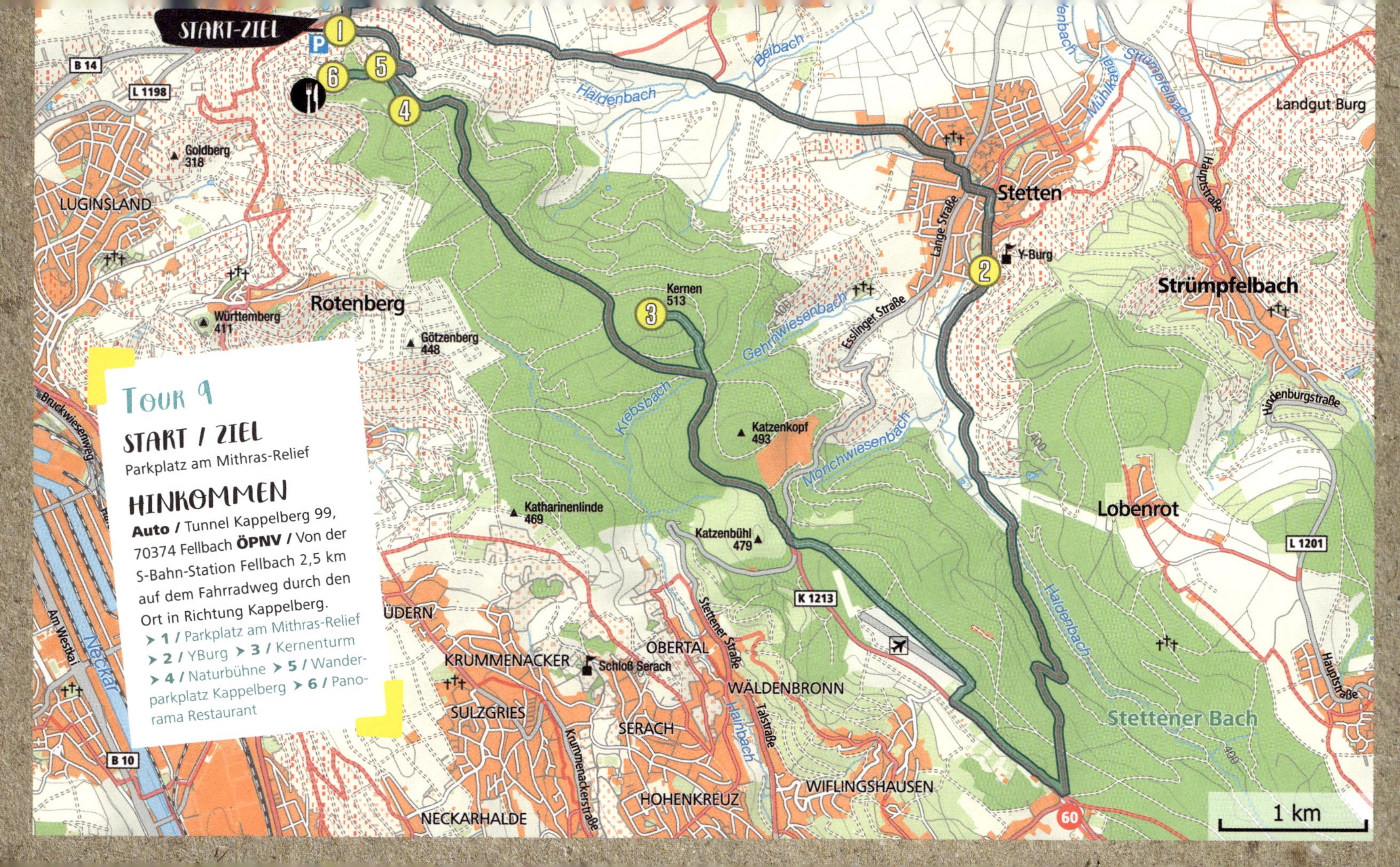

Tour 9

START / ZIEL

Parkplatz am Mithras-Relief

HINKOMMEN

Auto / Tunnel Kappelberg 99, 70374 Fellbach **ÖPNV /** Von der S-Bahn-Station Fellbach 2,5 km auf dem Fahrradweg durch den Ort in Richtung Kappelberg.

➤ **1 /** Parkplatz am Mithras-Relief ➤ **2 /** YBurg ➤ **3 /** Kernenturm ➤ **4 /** Naturbühne ➤ **5 /** Wanderparkplatz Kappelberg ➤ **6 /** Panorama Restaurant

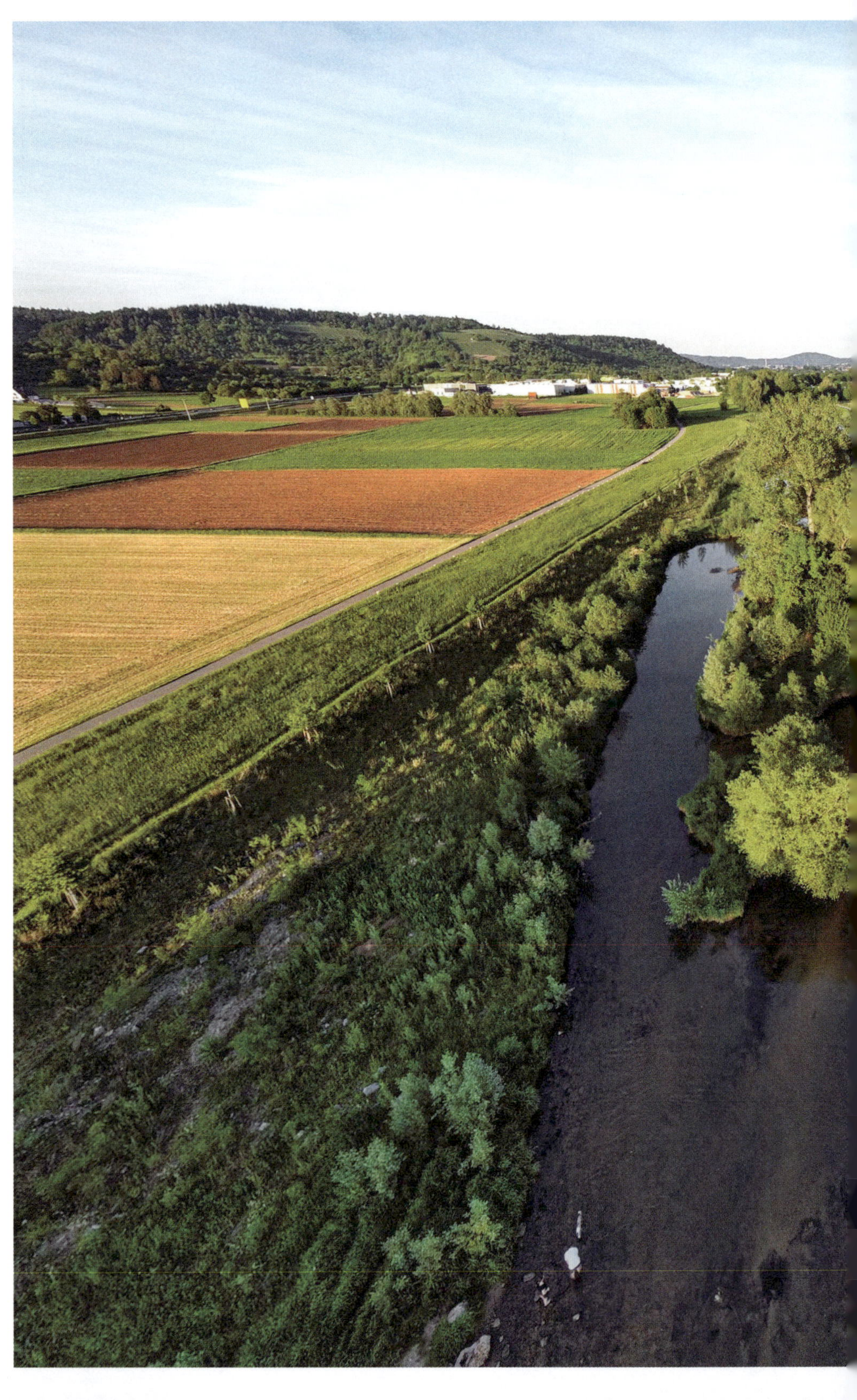

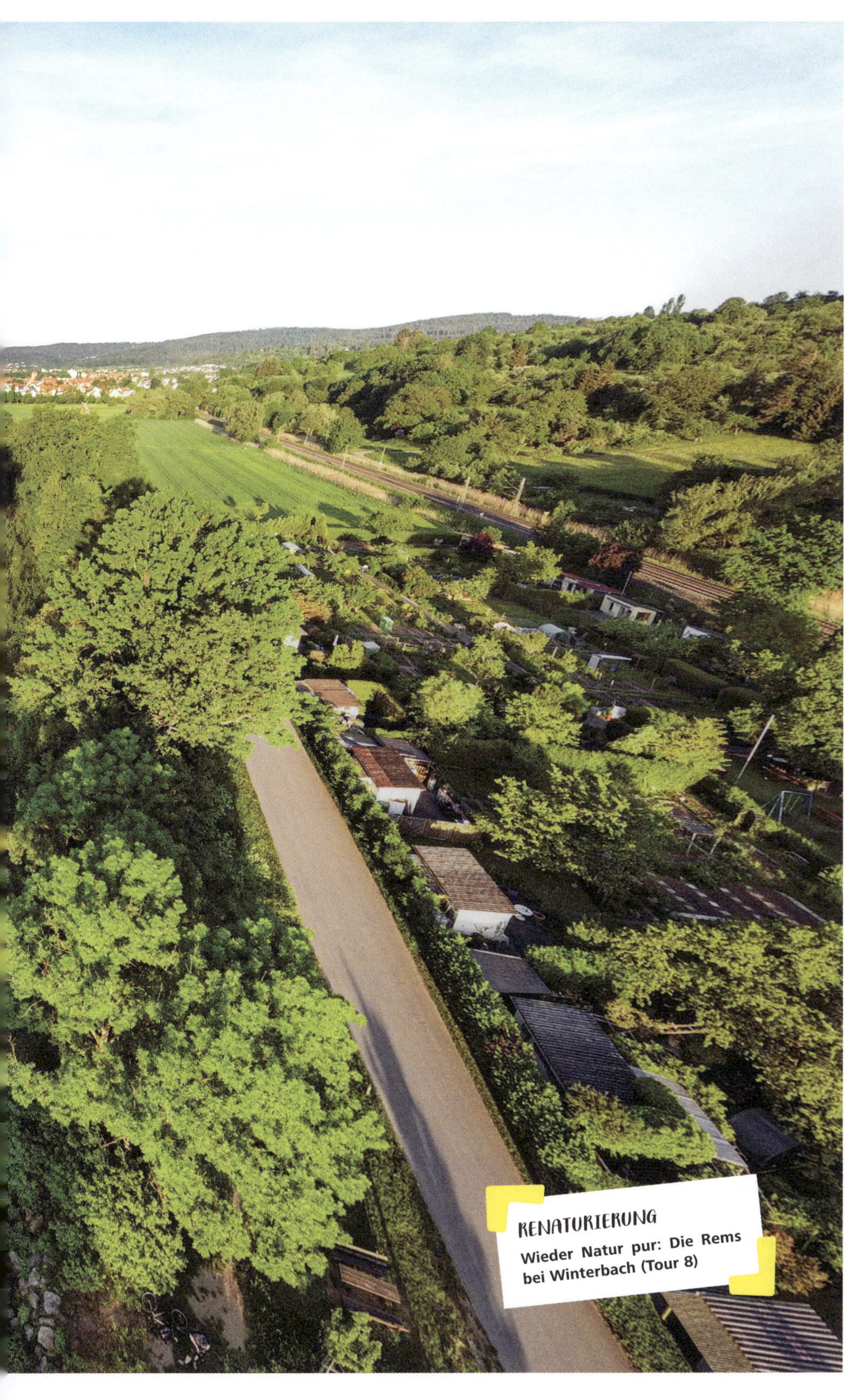

RENATURIERUNG
Wieder Natur pur: Die Rems bei Winterbach (Tour 8)

MEHR ERFAHREN

SPANNENDE TAGESTOUREN, DIE JEDER SCHAFFT

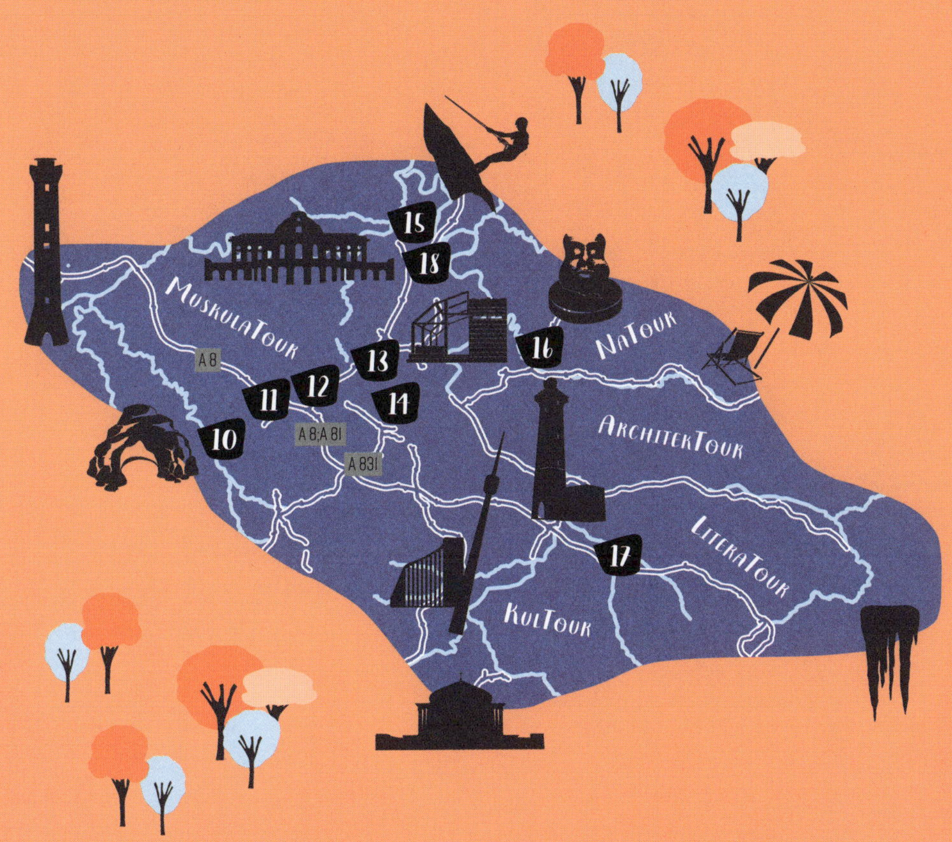

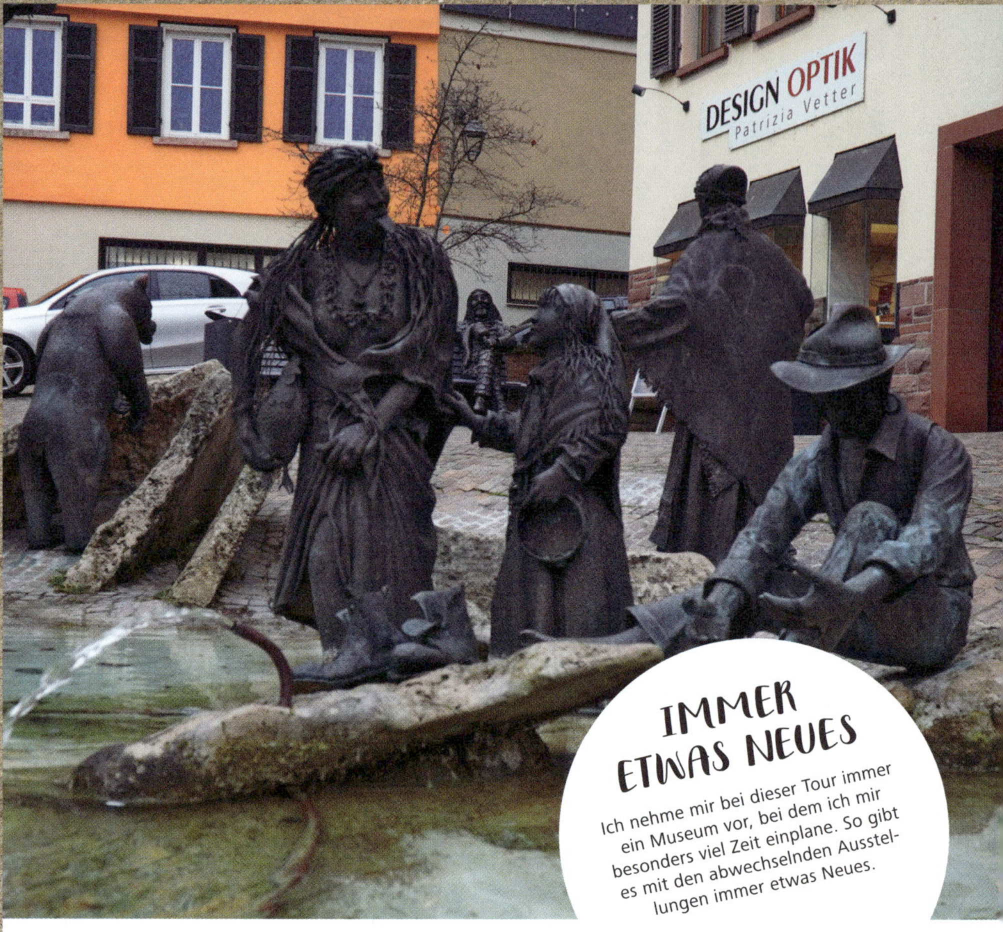

IMMER ETWAS NEUES

Ich nehme mir bei dieser Tour immer ein Museum vor, bei dem ich mir besonders viel Zeit einplane. So gibt es mit den abwechselnden Ausstellungen immer etwas Neues.

➤ **1 /** Auf geht's an der S-Bahnstation Weil der Stadt

➤ **2 /** Im Kepler-Museum einen bedeutenden Wissenschaftler kennenlernen

➤ **3 /** Alles um die Geschichte von Weil der Stadt im Stadtmuseum

➤ **4 /** Die besten Kostüme im Narrenmuseum bestaunen

➤ **5 /** Ausstellungen moderner und zeitgenössischer Kunst gibt's in der Galerie Schlichtenmaier

➤ **6 /** Einen Blick in die Vergangenheit wirfst du im Heimatmuseum in Holzgerlingen

➤ **7 /** Alles rund um das Quadrat erleben im Museum Ritter

➤ **8 /** Gemütliches Flair und leckere Pizza bekommst du im Il Vicolo

➤ **9 /** Zukunft und Gegenwart im Museum der Alltagskultur

➤ **10 /** Die Sammlung Domnick ist ein Museum zum Wohnen

➤ **11 /** Endstation am Bahnhof Nürtingen

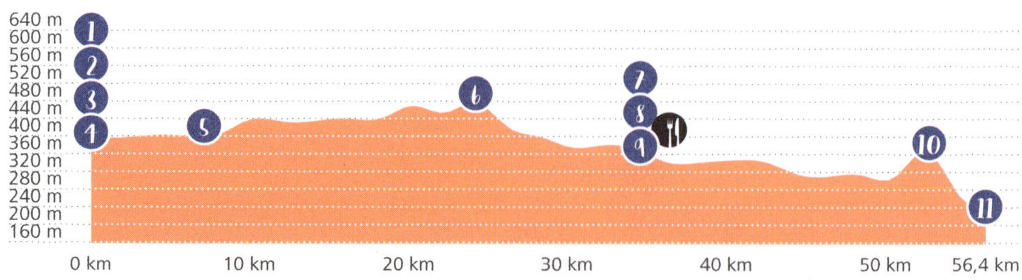

QUER DURCH DIE ZEITEN

Über Kunst, Geschichte und Puppen – eine Reise von Weil der Stadt nach Nürtingen

Auf dieser Tour reist du nicht nur von Weil der Stadt nach Nürtingen, sondern auch ins Weltall, in die Vergangenheit und in die fünfte Jahreszeit – die Fasnet. Du lernst mehr über Kunst und Schokolade, deinen Alltag und den Tagesablauf von früher.

56 Kilometer
615 Höhenmeter
730 Höhenmeter
4 Stunden
Streckentour

Gemütlicher Start

Wir steigen an der 1 / S-Bahnstation Weil der Stadt in die Eisen und düsen die Bahnhofstraße nach rechts entlang vorbei am Park & Ride. Kurz nach dem Parkplatz fährst du links in die Poststraße und an ihrem Ende rechts und gleich darauf wieder links. So erreichst du den Museumsradweg, der immer mit einem blauen Kreis und einem kleinen Museum darin gekennzeichnet ist, und den Marktplatz, in dessen Mitte das Kepler-Denkmal steht. Johannes Kepler war Astronom, Physiker, Mathematiker und Naturphilosoph. Nach ihm sind die keplerschen Gesetze – die grundlegenden

CHARAKTER

Sportlich ●●●●○
Abkühlung ●○○○○
Schlemmen ●●●○○
Panorama ●○○○○

TOURENINFO / Anfangs ansteigend, dann freie Fahrt. E-Bike von Vorteil. Meist Asphalt, teilweise Schotter auf gut befestigten Wegen. Öffnungszeiten beachten! Schilder: blauer Kreis mit kleinem Museum

< links / Narren, Wein und Fahrräder – das ist Weil der Stadt

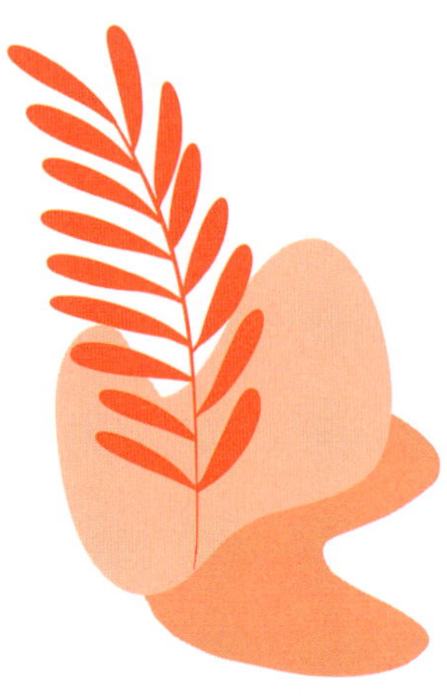

Gesetze der Planetenbewegung – benannt. In dem Haus zu deiner Linken wurde er 1571 geboren, heute befindet sich in dem Haus das 2 / Kepler-Museum (Keplergasse 2, 71263 Weil der Stadt). Hier lernst du nicht nur mehr über den Astronomen, sondern kannst auch auf dem Planetenweg wandern, die Sonne beobachten und Sternbilder entdecken. So beginnt deine Tour mit einer Reise ins Weltall, um danach einen Sprung in die Vergangenheit zu machen. Zu deiner Rechten kannst du im 3 / Stadtmuseum (Marktplatz 12, 71263 Weil der Stadt) mehr über die Geschichte von Weil der Stadt lernen. Wie erging es den Bewohnern unter der württembergischen Herrschaft? Und wie haben sie den Aufbruch in die neue Zeit erlebt?

DIE FÜNFTE JAHRESZEIT

Am 11.11. beginnt die Fasnet in Weil der Stadt. Dann wird das Rathaus gestürmt und die Narren feiern. Ein Umzug rundet das Event ab.

Weiter geht es dann auf der anderen Seite des Marktplatzes nach links in die Stuttgarter Straße und immer geradeaus, bis auf der rechten Seite das 4 / Narrenmuseum (Stuttgarter Straße 60, 71263 Weil der Stadt) auftaucht. Lebensgroße Fasnetfiguren geben einem das Gefühl mittendrin im Karneval zu sein. Und in einem umgebauten Kuhstall im Hinterhof des Narrenmuseums findest du das Puppenmuseum mit über sechzig Handpuppen. Der Puppenspieler Rudolf Karl schnitzte diese und seine Frau nähte – passend zu seinen Geschichten – die Kleidung. Suche doch mal den Seppel oder die Großmutter in den Vitrinen.

Raus aus der Stadt

Zurück im Sattel geht es weiter bis zum Ende der Stuttgarter Straße, dort rechts und direkt danach noch einmal rechts in den Sägeweg. Jetzt lässt du die Stadt hinter dir, radelst vorbei an Feldern und Wäldern, bis du in Schaffenhausen auf die Magstadter Straße triffst. Folgst du den Schildern in Richtung Dätzinger Schloss, gelangst du in die Döffinger Straße. So fährst du aus Schaffenhausen hinaus. Als Nächstes musst du – kurz bevor du Grafenau erreichst –

➤ rechts oben / Narrenzunft – ein Museum für die fünfte Jahreszeit
➤ rechts Mitte / Die Qual der Wahl: zuerst das Kepler- oder das Stadtmuseum?

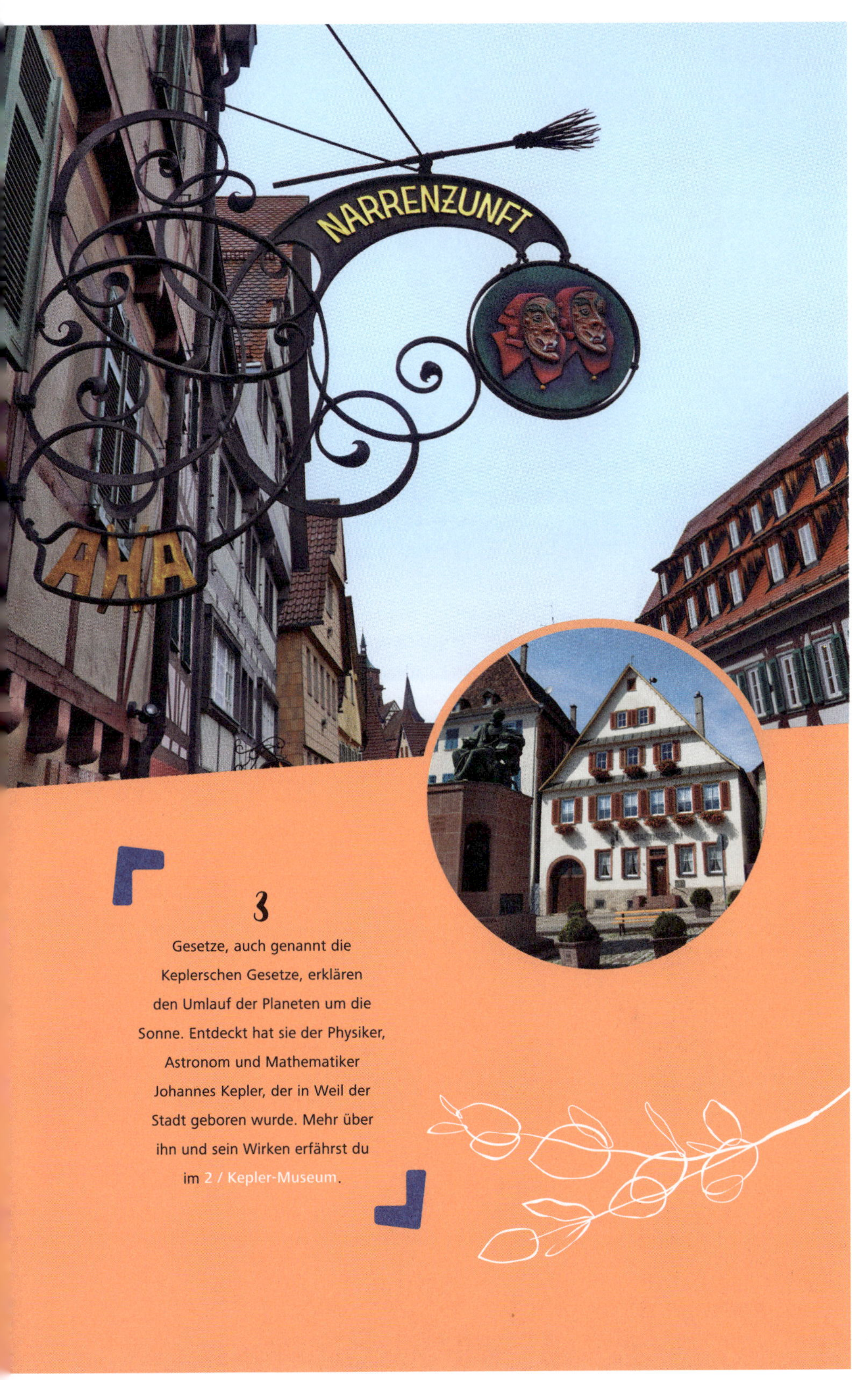

3 Gesetze, auch genannt die Keplerschen Gesetze, erklären den Umlauf der Planeten um die Sonne. Entdeckt hat sie der Physiker, Astronom und Mathematiker Johannes Kepler, der in Weil der Stadt geboren wurde. Mehr über ihn und sein Wirken erfährst du im 2 / Kepler-Museum.

„Galerie-Geschichte"

Zu diesem Motto sammeln die drei Brüder Schlichtenmaier Kunstwerke und stellen sie in der 5 / Galerie Schlichtenmaier aus.

nach dem Klärwerk rechts über eine Brücke. Einmal geht es noch nach der Wiesengrundhalle rechts, dann erreichst du das Schloss in Dätzingen, in dem sich unter anderem die 5 / Galerie Schlichtenmaier (Schloss Dätzingen, 71120 Grafenau) befindet. Durchschnittlich sechs Ausstellungen gibt es im Jahr mit Kunstwerken aus der Moderne, aber auch mit zeitgenössischen Künstlern und Künstlerinnen. Und wenn gerade keine Ausstellung ist, bleibt noch das Heimatmuseum im Dachgeschoß, in dem Ausstellungsstücke die Geschichte des Schlosses erzählen.

Heimatmuseum im Dachgeschoss

Reise in die Vergangenheit

Ein weiteres 6 / Heimatmuseum (Friedhofstraße 6, 71088 Holzgerlingen) wartet in Holzgerlingen auf dich. Dazu fährst du den gleichen Weg wieder zurück, biegst aber an der Wiesengrundhalle nach rechts ab, um dann den Schildern in Richtung „Ehningen" und „Holzgerlingen" zu folgen. Neun Kilometer später erreichst du Ehningen und nach weiteren fünf Kilometern Holzgerlingen. Nach der Unterführung geht es links in die Turmstraße und nach der Mauri-

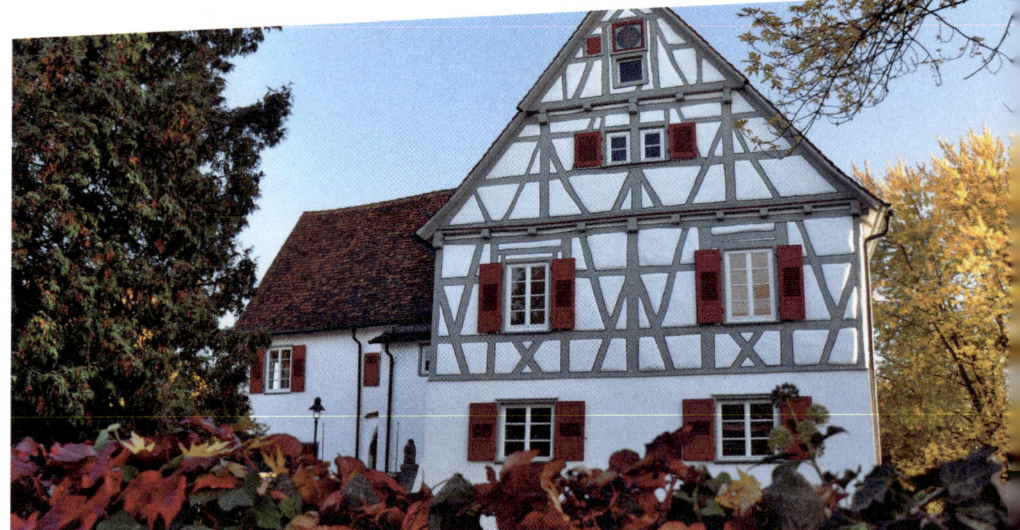

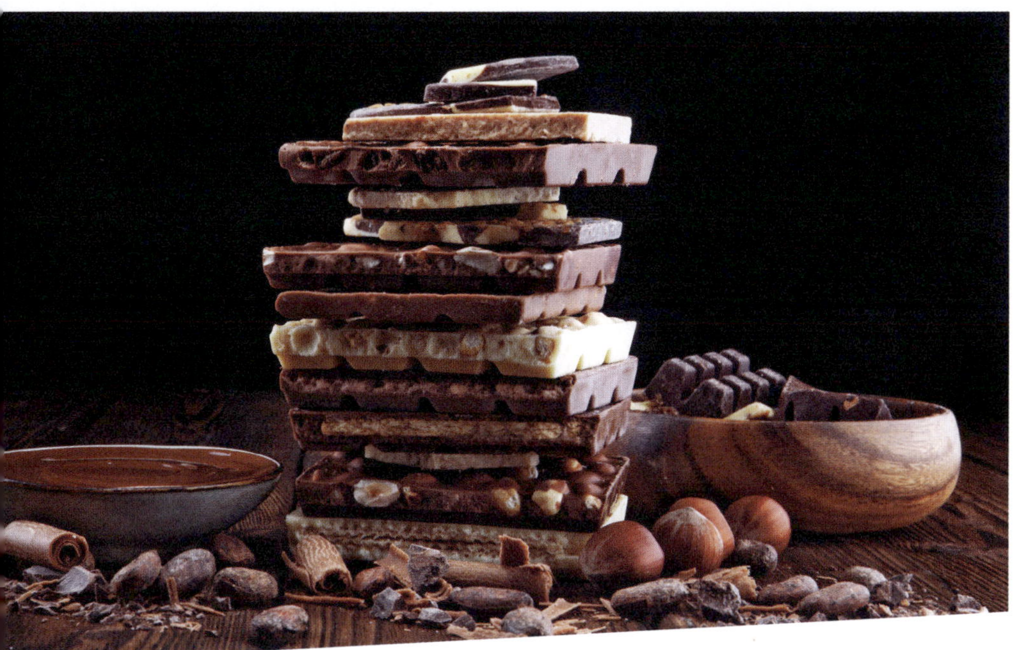

tiuskirche wieder links in die Böblinger Straße. Hier nimmst du die erste Straße rechts und stehst kurz darauf vor dem Heimatmuseum in Holzgerlingen. Wie lebten die Menschen in der Vergangenheit? Wie sahen Häuser und Einrichtungen aus? In einer nachgebauten Schule kannst du zum Beispiel noch einmal selbst zum Schüler werden und erleben, wie frühere Generationen lernten.

Die Kunst von Waldenbuch bis Nürtingen

Nach dem Museumsbesuch geht es am Ende des Rektor-Franke-Weges links in die Klemmertstraße und raus aus Holzgerlingen. Jetzt folgst du zehn Kilometer den Schildern bis nach Waldenbuch. Gleich am Beginn des Ortes erwartet dich das Highlight der Tour in Form eines Quadrats. Mit jährlich drei bis vier Ausstellungen präsentiert das 7 / Museum Ritter (Alfred-Ritter-Straße 27, 71111 Waldenbuch) unterschiedlichste Werke zum Thema Quadrat. Gemälde, Skulpturen, Objekte – über 1.200 Werke umfasst die Sammlung Marli Hoppe-Ritter. Die Miteigentümerin der Firma Ritter Sport gründete das Museum, das 2005 eröffnet wurde. Und natürlich gibt es deshalb auch die Rittersport Schokolade in allen möglichen Kreationen zu kaufen. Nimm dir eine Tafel mit als perfekte Nachspeise nach deinem nächsten Stopp. Du fährst nach Waldenbuch hinein,

KM 35

Im 7 / Museum Ritter werden Schokoträume wahr. Neben zahlreichen Schokokreationen kannst du dir auch in der Schokowerkstatt deine eigene Tafel kreieren. Und im Café gibt es ganz besondere Schoko-Spezialitäten, wie zum Beispiel das Ritter-Sport Frühstück.

< links / Etwas abseits der Strecke: Burg Kalteneck in Holzgerlingen
^ oben / Nur feinste Zutaten kommen in die Schokokreationen hinein

überquerst die Tübinger Straße und fährst bei der Gabelung rechts in die Straße „Unter der Mauer". Dort erreichst du das Restaurant 8 / Il Vicolo (Unter der Mauer 16, 71111 Waldenbuch). Leckere Pizza, schmackhafte Pasta, guter Wein – definitiv kein „Italiener von der Stange". Fährst du nun ein Stück weiter, erreichst du kurz darauf die Marktstraße und dann – wenn du ein Stück zurück nach links fährst – den Marktplatz, wo sich der Eingang zum Schloss Waldenbuch und das 9 / Museum der Alltagskultur (Kirchgasse 3, 71111 Waldenbuch) befinden. In dem Museum werden Vergangenheit und Gegenwart gegenübergestellt. So findest du zum Beispiel neben einer Viagra-Pille einen röhrenden Hirsch oder neben einem alten geflickten Bettbezug eine zerrissene Designerhose.

STAHL, EISEN UND BRONZE

Im Skulpturenpark der 10 / Sammlung Domnick kannst du einen wunderschönen Rundgang machen. Auf deinem Weg findest du 32 abstrakte Skulpturen.

Endspurt nach Nürtingen

Wieder im Sattel geht es den Schildern hinterher nach Nürtingen. Du radelst aus Waldenbuch hinaus und deinem letzten Stopp bei dieser Tour entgegen. Sechzehn Kilometer lang wechseln sich Felder, Häuser und Wälder ab. Teilweise fährst du auf Schotter, immer aber auf gut befestigten Wegen. Du kommst durch Aich und Grötzingen hindurch,

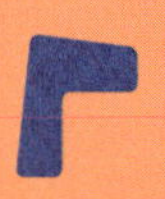

2.500

Quadratmeter – so viel Platz gibt es im 9 / Museum der Alltagskultur für den Alltag. Lieben, arbeiten, wohnen, kochen, glauben… Wie war das früher, wie ist das heute? Manche Dinge, die früher normal waren, kommen dir heute vermutlich ganz außergewöhnlich vor.

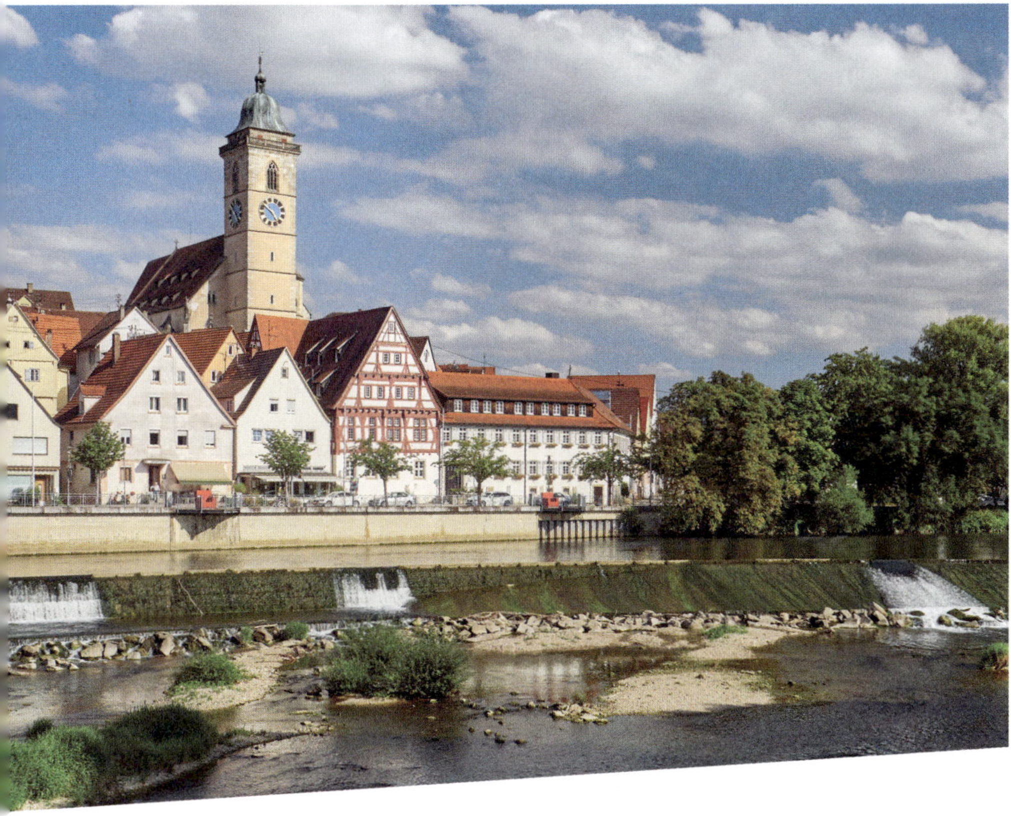

dann erreichst du den Rand von Nürtingen. Willst du noch zur 10 / Sammlung Domnick (Oberensinger Höhe 4, 72622 Nürtingen), musst du an der Stuttgarter Straße nach links ein kurzes steiles Stück auf der Landstraße entlang und dann den ersten Weg zwischen Feldern wieder rechts fahren. Die nächste Straße musst du noch einmal links und dann immer geradeaus, bis du dein Ziel erreicht hast. Die Villa mit der Sammlung Domnick ist ein Museum zum Wohnen. Abstrakte Kunstwerke und Designermöbel schmücken ein Esszimmer, ein Wohnzimmer und Klavierzimmer. Nach dem zweiten Weltkrieg, als das Verbot für abstrakte Malerei aufgehoben wurde, begann das Ehepaar Domnick mit ihrer Sammlung. Nach deinem Besuch geht es noch einmal den gleichen Weg zurück. Dort, wo du vorhin auf die Landstraße abgebogen bist, musst du nun links in die Stadt hinein. Wenn du den Schildern in Richtung „Bahnhof Nürtingen" folgst, erreichst du in vier Kilometern dein Ziel – den 11 / Bahnhof Nürtingen (72622 Nürtingen).

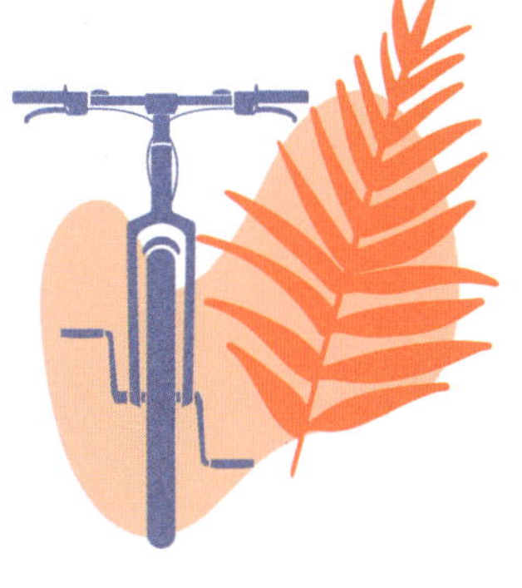

< links / Das Schloss Waldenbuch ^ oben / Blick auf die Altstadt von Nürtingen am Neckar

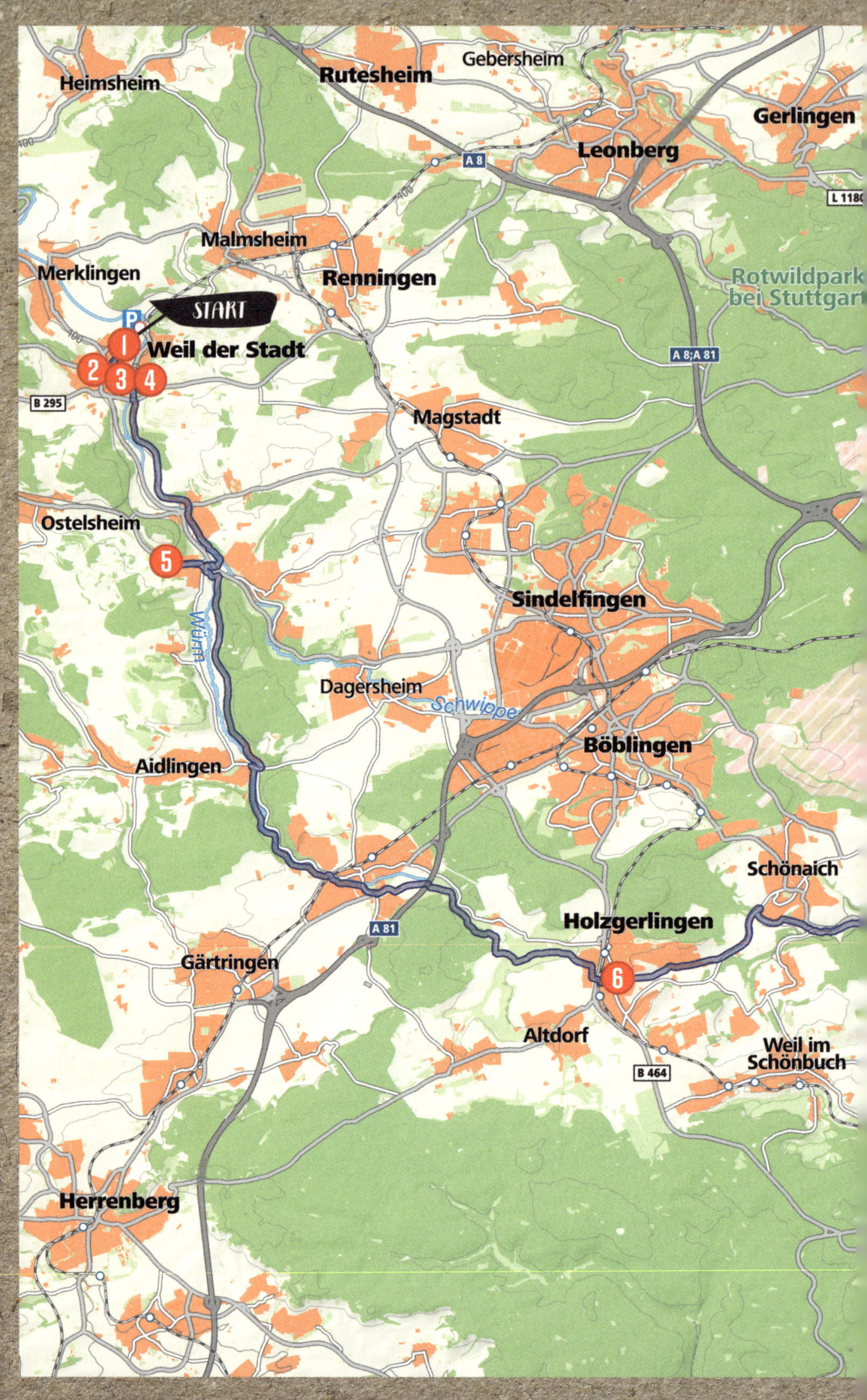

Heimsheim
Rutesheim
Gebersheim
Gerlingen
Leonberg
A 8
L 1180
Malmsheim
Merklingen
Renningen
Rotwildpark bei Stuttgart
START
P
1
Weil der Stadt
2
3
4
A 8;A 81
B 295
Magstadt
Ostelsheim
5
Würm
Sindelfingen
Dagersheim
Schwippe
Böblingen
Aidlingen
Schönaich
Holzgerlingen
A 81
Gärtringen
6
Altdorf
Weil im Schönbuch
B 464
Herrenberg

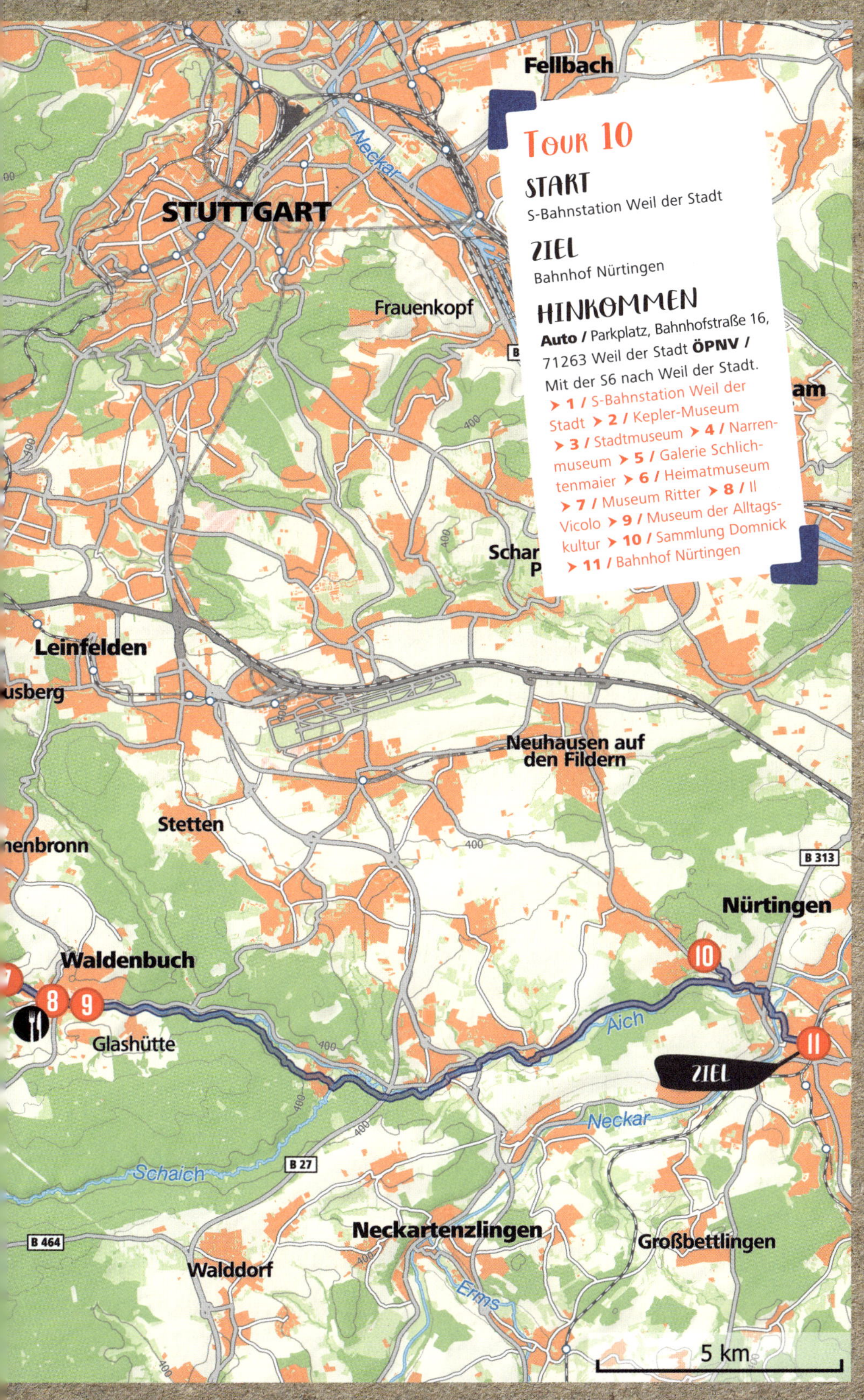
Tour 10
START
S-Bahnstation Weil der Stadt
ZIEL
Bahnhof Nürtingen
HINKOMMEN
Auto / Parkplatz, Bahnhofstraße 16, 71263 Weil der Stadt ÖPNV / Mit der S6 nach Weil der Stadt.
➤ 1 / S-Bahnstation Weil der Stadt ➤ 2 / Kepler-Museum ➤ 3 / Stadtmuseum ➤ 4 / Narrenmuseum ➤ 5 / Galerie Schlichtenmaier ➤ 6 / Heimatmuseum ➤ 7 / Museum Ritter ➤ 8 / Il Vicolo ➤ 9 / Museum der Alltagskultur ➤ 10 / Sammlung Domnick ➤ 11 / Bahnhof Nürtingen
Fellbach
STUTTGART
Neckar
Frauenkopf
Leinfelden
Neuhausen auf den Fildern
Stetten
Nürtingen
Waldenbuch
Glashütte
Aich
ZIEL
Neckar
Schaich
B 27
B 313
B 464
Neckartenzlingen
Großbettlingen
Walddorf
Erms
5 km

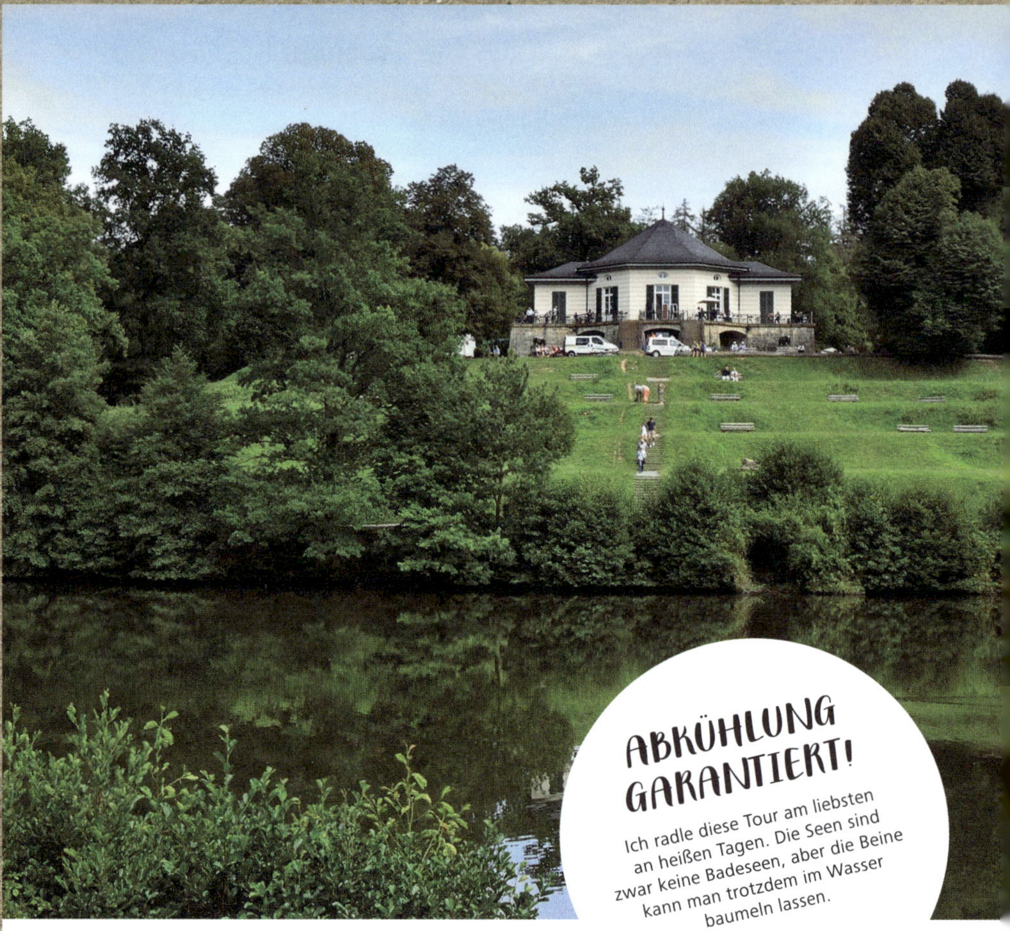

ABKÜHLUNG GARANTIERT!

Ich radle diese Tour am liebsten an heißen Tagen. Die Seen sind zwar keine Badeseen, aber die Beine kann man trotzdem im Wasser baumeln lassen.

› 1 / An der S-Bahnstation Rutesheim steigen wir in den Sattel und wieder ab

› 2 / Abkühlung am Bärensee

› 3 / Glitzerndes Blau am Neuen See

› 4 / Wunderschöne Weitsicht über den Pfaffensee

› 5 / Ein Nickerchen halten am Katzenbachsee

› 6 / Sich fränkisch fühlen am Katzenbacher Hof

› 7 / Wildbienen beim Paaren beobachten am Hölzersee

› 8 / Die Ruhe genießen am Warmbronner See

› 9 / Party machen am Renninger See

› 10 / Am Silbertorsee Insekten fischen

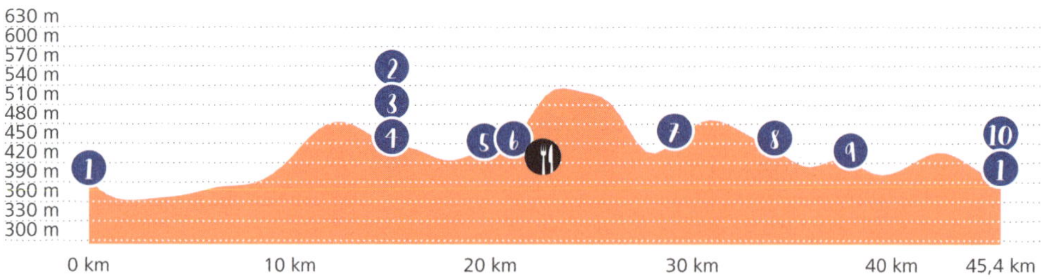

UNENDLICH

Acht Seen auf dem Weg von Leonberg nach Büsnau und zurück

In der Nähe von Stuttgart gibt es eine ganze Handvoll idyllischer Seen, an denen du picknicken und die Natur genießen kannst. Allerdings sind es keine Badeseen. Deine Füße kannst du aber trotzdem abkühlen.

45 Kilometer
525 Höhenmeter
525 Höhenmeter
3 Stunden
Rundtour

Wachsende Erwartung

Los geht es an der 1 / S-Bahnstation Rutesheim in Richtung Leonberg. Schon einen Kilometer später bekommst du einen Vorgeschmack auf das, was dich erwartet: idyllische Seen eingebettet zwischen Büschen und Bäumen. Der eingezäunte Minitümpel liegt zwar unter der Autobahnbrücke, aber das glitzernde Wasser lässt die Vorfreude steigen. Du erreichst die Brennerstraße, die du überquerst. Ab jetzt folgst du dem Fluss Glems, bis du Leonberg zu deiner Linken hinter dir gelassen hast. Felder erstrecken sich und am Horizont siehst du den Wald. Am Restaurant Glemseck geht es dann zuerst nach links und dann die nächste Straße rechts. Rund einen Kilometer fährst du hier

CHARAKTER
Sportlich ●●●○○
Abkühlung ●●●●○
Schlemmen ●●○○○
Panorama ●●●●○

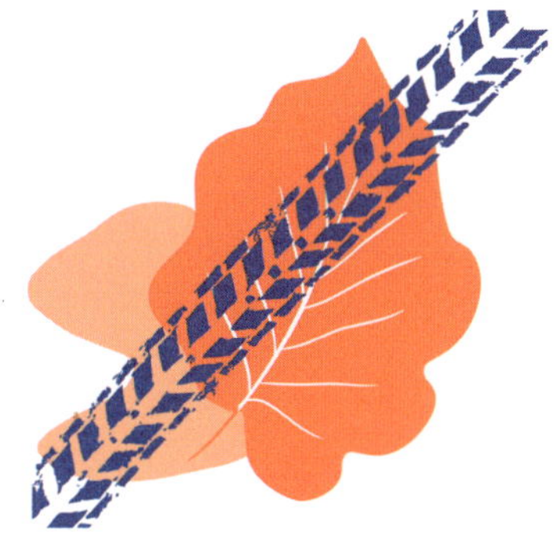

TOURENINFO / Ausschließlich auf Radwegen getrennt vom Verkehr. Gut geeignet für Familien. Teilweise gut befestigte Schotterstraßen, ansonsten asphaltiert. Steile Steigung in der Mitte, ansonsten moderat.

< links / Blick auf das Bärenschlössle am Bärensee

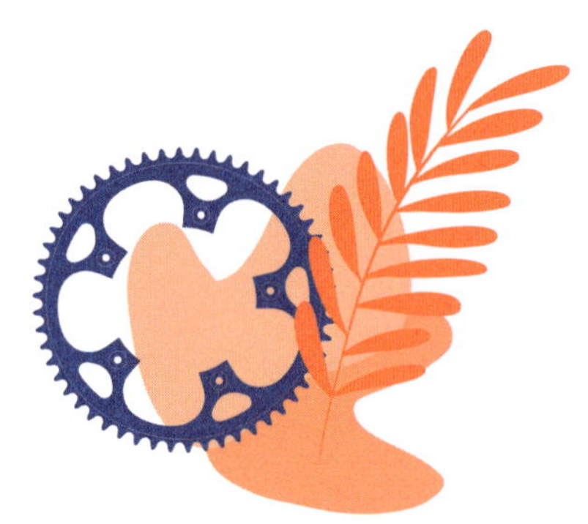

an der Straße entlang, bis dich der Krummbach nach links bis zum Naturfreundehaus führt. Dort folgst du den Schildern nach Vaihingen in den Wald hinein. Die Bäume spenden Schatten, du hörst die Blätter im Wind rauschen. Eineinhalb Kilometer radelst du, bis du nach rechts in die Bruderhausallee abbiegst, und weitere eineinhalb Kilometer, bis es links in den Kurcksweg geht. Du fährst zwischen zwei Tümpeln vorbei, auf denen Blätter wie ein Teppich treiben, und folgst an der nächsten Kreuzung dem Bärensträßle nach rechts. Es ist deine Zielgerade zum Bärenschlössle, von dem du eine herrliche Aussicht über den 2 / Bärensee hast.

PRIVATSPHÄRE AM SEE

Fährst du am 5 / Katzenbachsee vorbei, führen immer wieder schmale Pfade zum Ufer. Dort bist du weitgehend ungestört.

Drei Brüder

Der Bärensee wurde unter Herzog Johann Friedrich im 17. Jahrhundert zur Wasserversorgung angelegt. Eine Holztreppe führt hinab zum Wasser, sodass du am Ufer verschnaufen kannst. Weiter geht es dann über die Schlösslesallee durch den Bärenschlosspark, bei der Kreuzung in die Calwer Straße und über die Brücke. Erneut bietet sich dir eine atemberaubende Sicht. In beide Richtungen glitzert das Wasser. Zu deiner Rechten der 3 / Neue See, der größte der drei hier angelegten Seen. Auch er diente der Wasserversorgung und wurde rund zweihundert Jahre nach dem Bärensee geschaffen. Und zu deiner Linken erstreckt sich der 4 / Pfaffensee, der älteste der drei. Nach der Brücke geht es für dich rechts durch den Pfaffenpark und in Richtung Vaihingen weiter.

Ein Schläfchen am See

Du fährst an Maisfeldern vorbei direkt auf das Lehr- und Forschungsklärwerk Büsnau zu. Bei der Weggabelung geht es ein weiteres Mal rechts nach Vaihingen, bis du auf der anderen Seite der Büsnauer Straße das Max-Planck-Institut siehst. Du umrundest die Gebäude und fährst auf der anderen Seite auf einer Schotterstraße

---

➤ **rechts oben / Über die Brücke zwischen Neuer See und Pfaffensee**
➤ **rechts Mitte / Blässhuhn im Bärensee**

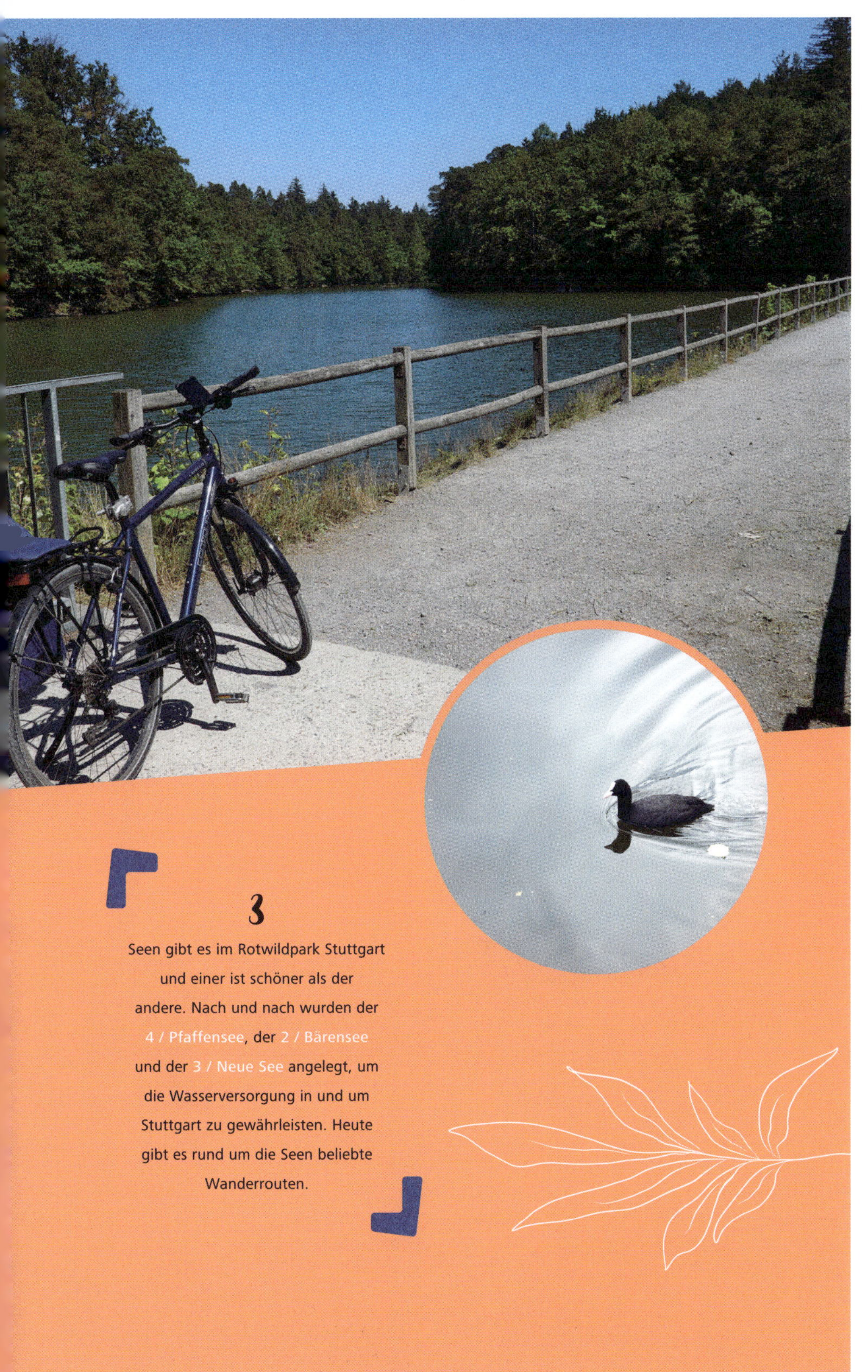

3

Seen gibt es im Rotwildpark Stuttgart und einer ist schöner als der andere. Nach und nach wurden der 4 / Pfaffensee, der 2 / Bärensee und der 3 / Neue See angelegt, um die Wasserversorgung in und um Stuttgart zu gewährleisten. Heute gibt es rund um die Seen beliebte Wanderrouten.

Mit Riesen-Hüpfburg

Am **6 / Katzenbacher Hof** werden Kinder glücklich. Der Outdoor-Spielplatz dort ist einer der größten in der Umgebung von Stuttgart.

in den Wald hinein. Ungefähr 500 Meter schlängelt sich der Weg zwischen Bäumen hindurch, bis sich vor dir der 5 / Katzenbachsee erstreckt. Zu deiner Rechten findest du eine Dehnstation für Brust- und Schultermuskulatur. Zu deiner Linken einen Streifen Wiese, der sich hervorragend für ein Picknick eignet. Hier kannst du einfach die Seele baumeln lassen, den Blick über den See genießen und ein Nickerchen halten. Davor bitte eincremen, die Sonne ist vor allem im Sommer sehr aggressiv. Übrigens wurde auch der Katzenbachsee für die Wasserversorgung angelegt.

Erst dehnen, dann dösen

Das Kinderspielparadies

Nachdem du wieder aufgesattelt hast, umrundest du den Katzenbachsee und fährst solange geradeaus, bis du zu deiner Linken den 6 / Katzenbacher Hof (Katzenbacher Hof 1, 70569 Stuttgart) siehst. Der Biergarten liegt idyllisch am Waldrand, umgeben von zwei Seen. Wie ein kleines Dorf im bayerischen Franken wirkt der Hof mit seinen Häusern aus Backsteinziegeln. Und wie ein Märchenland mit dem

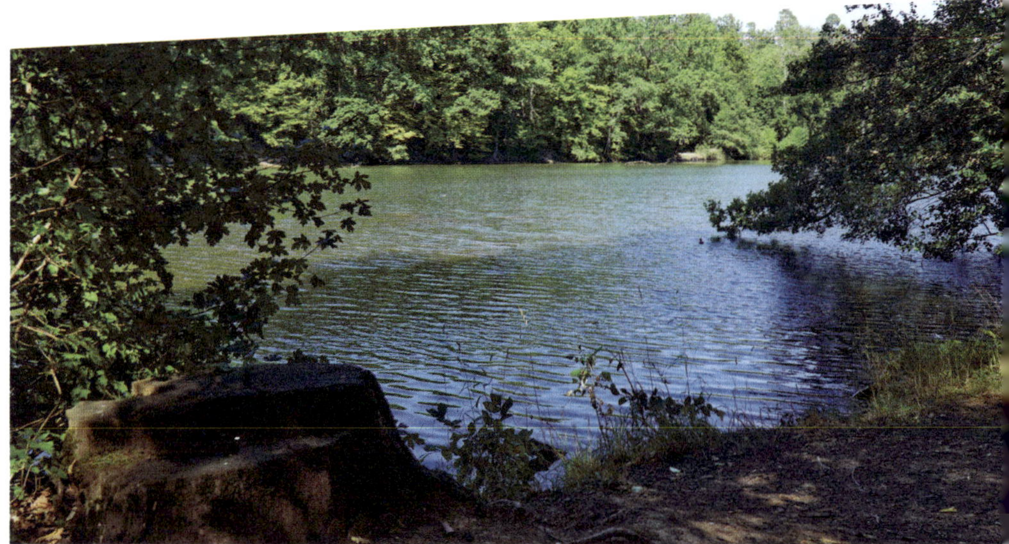

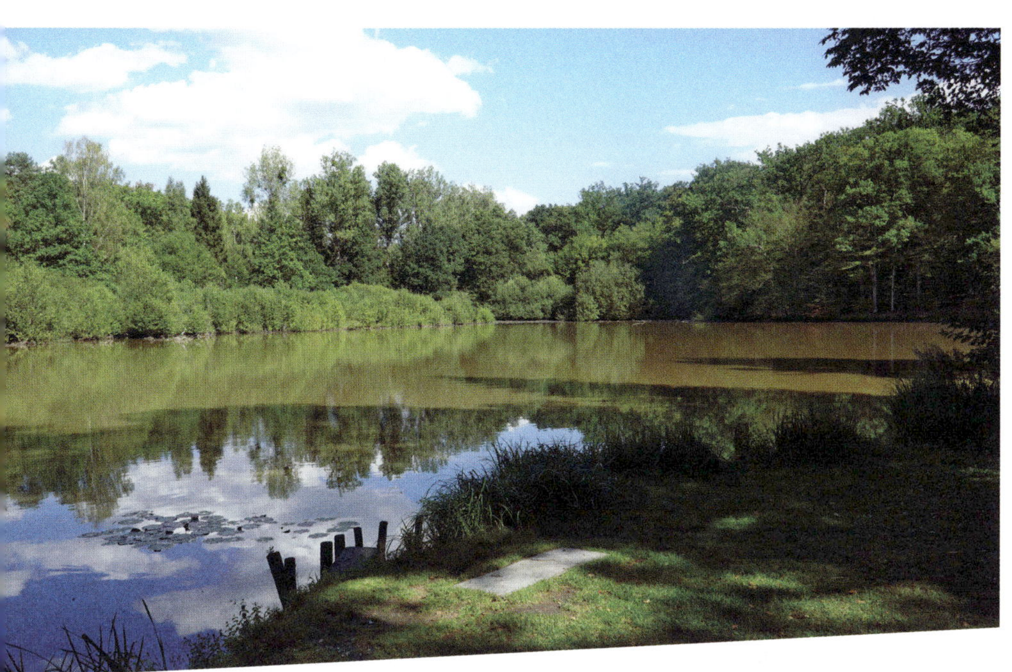

Outdoorparadies für Kinder. Auf einem der größten Spielplätze in der Umgebung von Stuttgart können sich die Kleinen auf der Riesenhüpfburg, beim Klettergerüst oder beim Schaukeln austoben. Sogar einen Streichelzoo gibt es. Und während die Kinder ihre überschüssige Energie loswerden, kannst du deine Energie bei einem Vesper wieder auftanken. Es gibt Landjäger mit Bauernbrot, Kartoffelsalat, hausgemachte Maultaschen und Flammkuchen. Allerdings kannst du hier nicht mit Karte zahlen, nimm also ausreichend Bargeld mit.

Auf Insektensuche

Nach der Stärkung geht es auf der anderen Seite des Katzenbacher Hofs weiter. Es wird steil, bis du die Autobahnüberbrückung erreichst und auf den Rad-Rundweg triffst, der mit grünen Pfeilen markiert ist und dem du nach rechts folgst. Du musst mehrere Straßen überqueren und dich bei den Weggabelungen rechts halten, dann erreichst du acht Kilometer nachdem du den Katzenbacher Hof verlassen hast, den 7 / Hölzersee. Im Sommer blüht hier der Gilbweiderich und wenn du Glück hast, siehst du die Männchen der Schenkelbienen, wie sie an den gelben Blüten auf der Suche nach paarungsbereiten Weibchen patrouillieren.

KM 32

Mit ein bisschen Glück und zur richtigen Jahreszeit lassen sich am 7 / Hölzersee die Schenkelbienen bei ihrem Paarungsversuch oder der blau funkelnde Großschmetterling bei seiner Suche nach Nektar beobachten. Der See ist seit 1992 als Naturdenkmal unter Schutz.

< links / Zum Katzenbachsee führen mehrere Trampelpfade
^ oben / Das Naturschutzdenkmal Hölzersee

Kurz wird es holprig

Weiter geht es durch den Wald bergab, bis rund zwei Kilometer später eine Kreuzung kommt, an der eine Infotafel mit den Wanderwegen der Gemeinde Magstadt aufgestellt wurde. Hier folgst du dem blauen Punkt nach rechts. Das kurze Stück bis zum Restaurant WALDeck musst du vielleicht schieben, da es sehr holprig ist, danach geht es aber wieder auf einer gleichmäßigeren Schotterstraße einen Kilometer bis zu einer seesternförmigen Kreuzung weiter. Hier geht es für dich links und ein zweites Mal über die Büsnauer Straße. Auch auf der anderen Seite geht es auf einer gut befestigten Schotterstraße weiter, bis du eine Picknickstelle mit Spielplatz und den 8 / Warmbronner See erreichst. Du umrundest ihn zur Hälfte und nimmst dann die erste Gelegenheit links. Der Weg führt dich vorbei am Spielplatz Maisgraben nach Warmbronn durch eine ruhige Wohngegend. Du siehst schon die Felder, wenn du links in die autofreie Straße Talwiesen biegst. Hier begegnest du Menschen, die mit ihren Hunden Gassi gehen, oder Hunden, die mit ihren Menschen gehen. Am SV OG Renningen geht es für dich nach rechts und bei der Gabelung nach links. Vor dir taucht glitzernd der 9 / Renninger See auf und lässt dich die Anstrengung vergessen. Auch hier kannst du

INSEKTEN FISCHEN

Am 10 / Silbertorsee gedeiht die Flora und Fauna. Sogar Schilf wuchert am Seeufer.

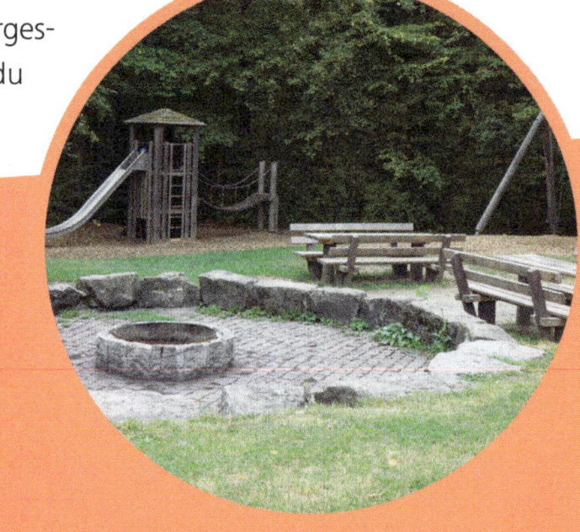

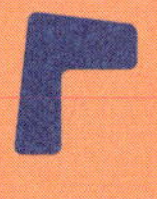

KM 37

Neben dem 9 / Renningersee gibt es eine große Wiese zum Entspannen und Picknicken. Einst war der See ein Löschsee, heute eignet sich das Gewässer hervorragend zum Bierkühlen. Und wenn du die Augen schließt, dann klingt die entfernte Bundesstraße wie das Rauschen des Meeres.

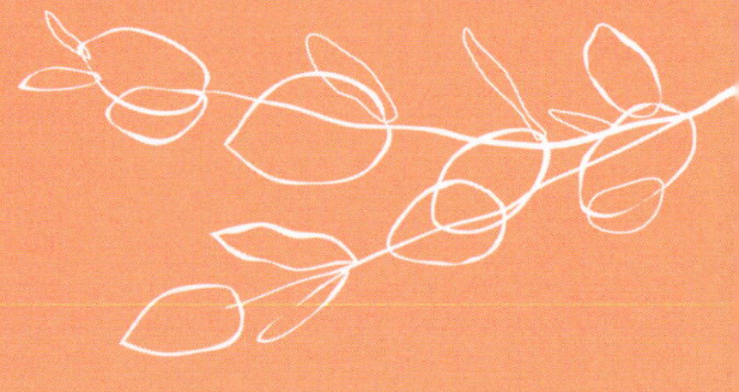

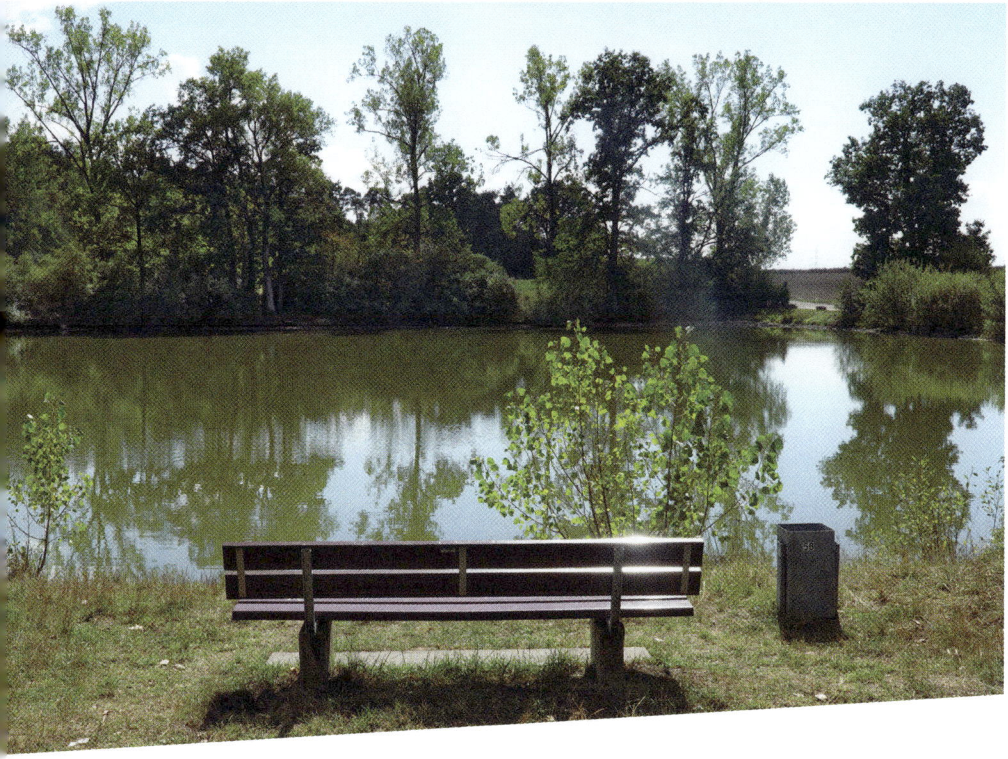

wunderschön picknicken. Am Wochenende feiern hier die Jugendlichen aus der Umgebung. Im See kann man übrigens wunderbar sein Bier kühlen.

Froschkonzert

Nach der erneuten Erholung geht es vor dem Renninger See nach links, kurz darauf über die Brücke und in Richtung Naturtheater Renningen. Am Reitstall Silberrain radelst du in die Stadt Renningen hinein und folgst dann der Rutesheimer Straße nach rechts wieder hinaus. Am besten bleibst du immer auf dem Fahrradweg auf der linken Seite bis zur Fahrradkreuzung, wo du die Straße überquerst und wieder in den Wald hineinfährst. Du folgst dem Wasserbach, der dich zum letzten See auf dieser Tour führt. Seerosenblätter bilden Inseln im 10 / Silbertorsee, der durch einen Schilfgürtel eingerahmt wird. Im Frühjahr kannst du Kaulquappen im Wasser suchen und im Spätsommer abends den Fröschen bei ihrem Gesang lauschen. Lass dir ruhig Zeit. Einen weiteren Kilometer geradeaus ist die Tour vorbei und du befindest dich wieder an der 1 / S-Bahnstation Rutesheim.

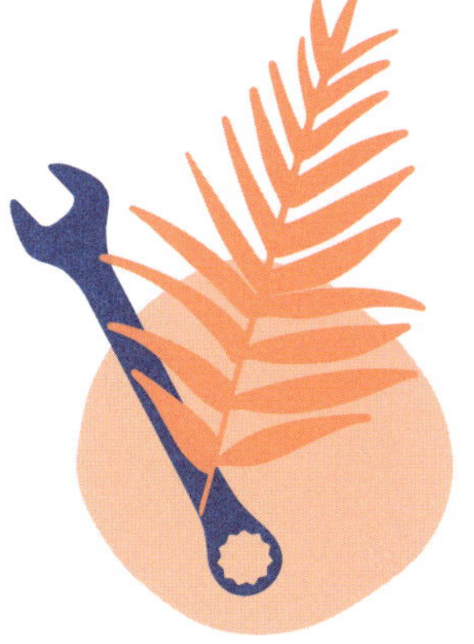

< links / Spielplatz am Warmbronner See ^ oben / Balsam für die Seele: Der Blick über den Renninger See

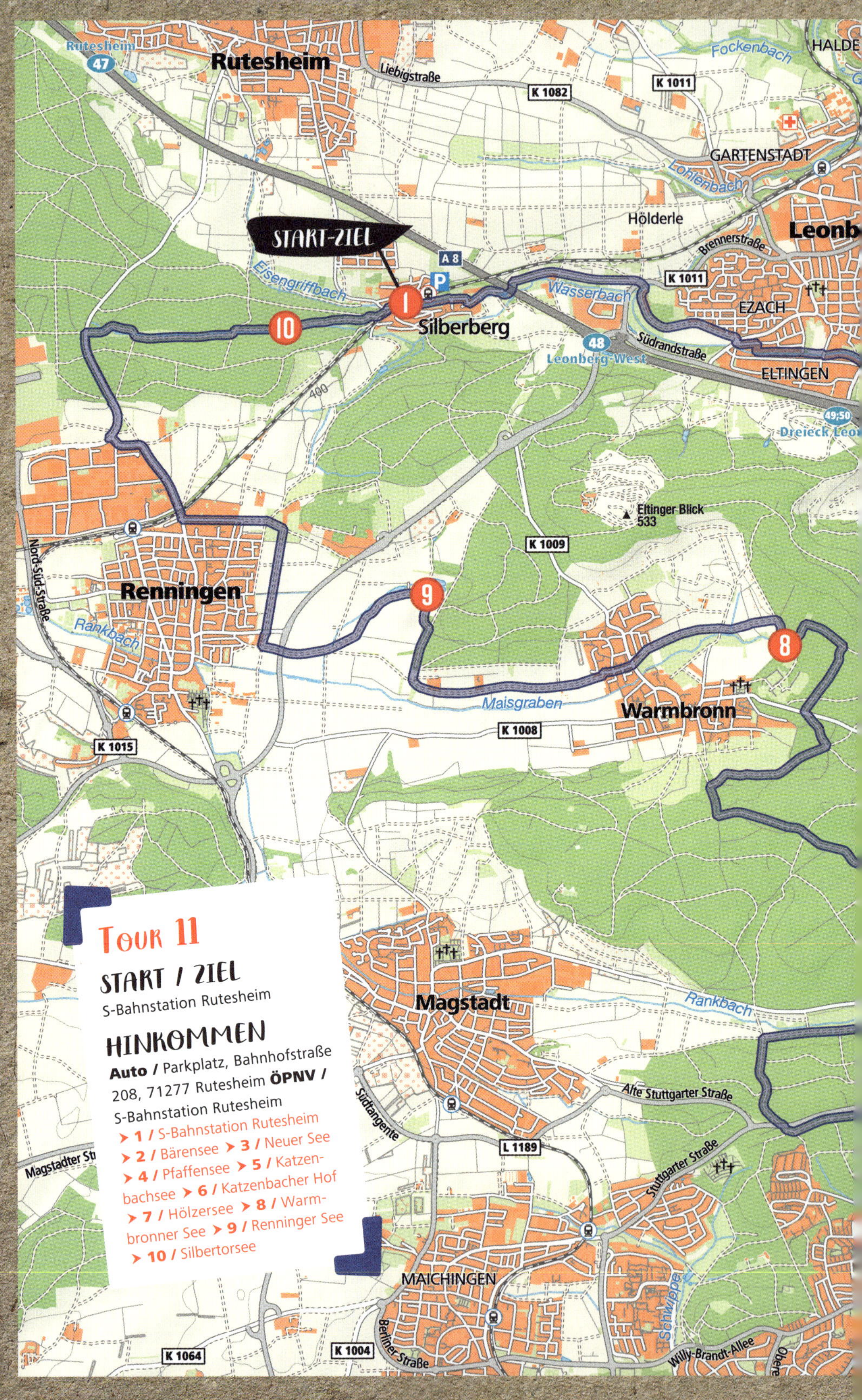
Tour 11
START / ZIEL
S-Bahnstation Rutesheim
HINKOMMEN
Auto / Parkplatz, Bahnhofstraße 208, 71277 Rutesheim ÖPNV / S-Bahnstation Rutesheim
➤ 1 / S-Bahnstation Rutesheim ➤ 2 / Bärensee ➤ 3 / Neuer See ➤ 4 / Pfaffensee ➤ 5 / Katzenbachsee ➤ 6 / Katzenbacher Hof ➤ 7 / Hölzersee ➤ 8 / Warmbronner See ➤ 9 / Renninger See ➤ 10 / Silbertorsee
START-ZIEL
Rutesheim
Liebigstraße
K 1082
K 1011
Fockenbach
HALDE
GARTENSTADT
Lohlenbach
Hölderle
Leonb
Brennerstraße
A 8
Eisengriffbach
Wasserbach
K 1011
EZACH
Silberberg
Südrandstraße
Leonberg-West
ELTINGEN
Dreieck Leon
Eltinger Blick
533
K 1009
Renningen
Nord-Süd-Straße
Rankbach
Maisgraben
Warmbronn
K 1008
K 1015
Magstadt
Rankbach
Alte Stuttgarter Straße
Südtangente
L 1189
Stuttgarter Straße
Magstadter Str
MAICHINGEN
Schwippe
Willy-Brandt-Allee
Berliner Straße
K 1064
K 1004

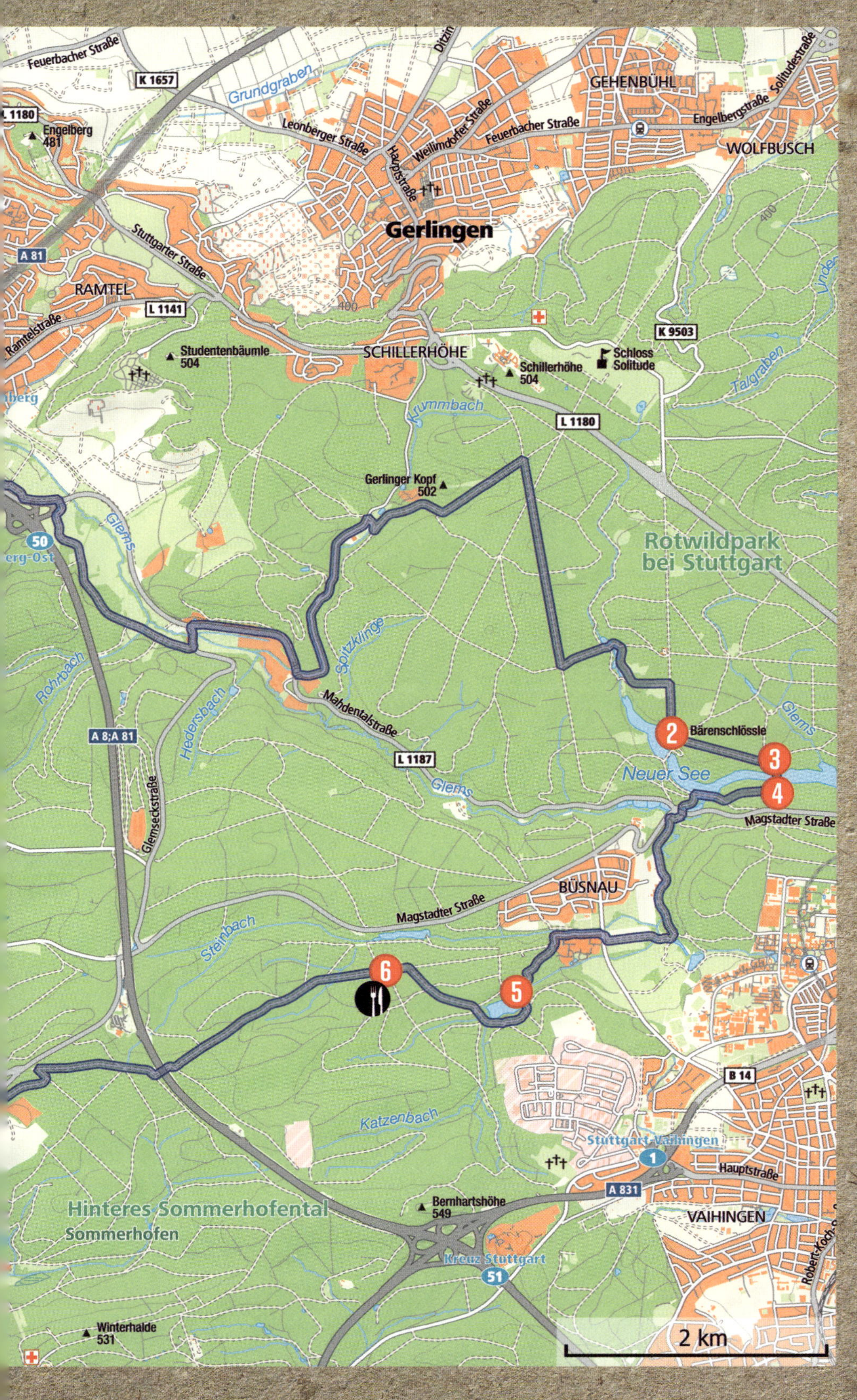
Gerlingen
Rotwildpark bei Stuttgart
Bärenschlössle
Neuer See
BÜSNAU
VAIHINGEN
Hinteres Sommerhofental
Sommerhofen
Schloss Solitude
SCHILLERHÖHE
Gerlinger Kopf 502
Bernhartshöhe 549
Winterhalde 531
Stuttgart-Vaihingen
Kreuz Stuttgart
2 km

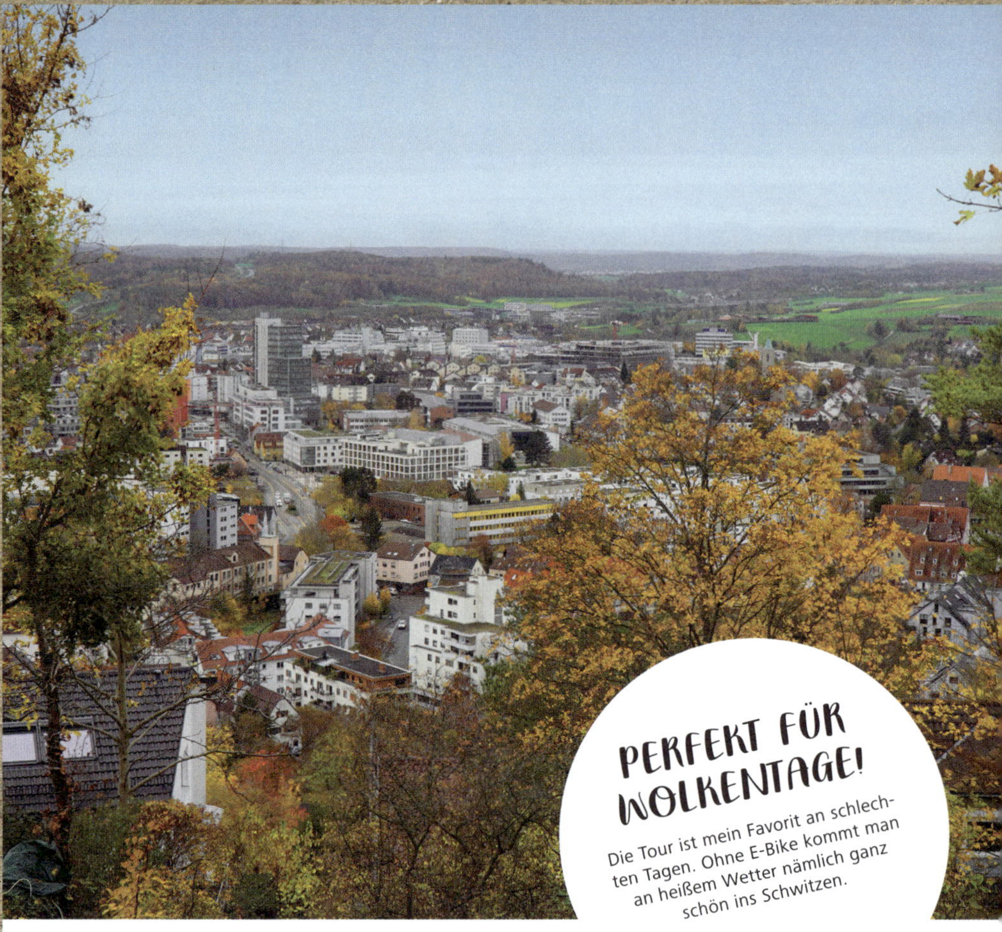

PERFEKT FÜR WOLKENTAGE!

Die Tour ist mein Favorit an schlechten Tagen. Ohne E-Bike kommt man an heißem Wetter nämlich ganz schön ins Schwitzen.

> **1 /** Vor dem Start noch die Blumenpracht im Pomeranzengarten bewundern

> **2 /** Den Blick schweifen lassen vom Engelbergturm

> **3 /** Die wohl beste Pizza im Umkreis gibt's im Sapori del Sud

> **4 /** Steil hinauf auf den Birkenkopf

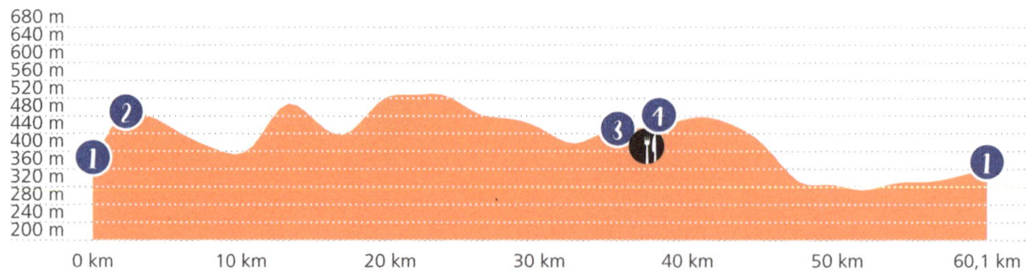

Muskelkater hoch 795

Von ***Leonberg*** *steil hinauf zum* ***Birkenkopf***

Brennende Waden sind auf dieser Route garantiert, aber wie heißt es doch so schön: ohne Fleiß kein Preis. Und der Preis auf dieser Tour ist die Anstrengung wahrlich wert – denn belohnt wirst du mit einem Panoramablick über Leonberg und Stuttgart.

60 Kilometer
795 Höhenmeter
795 Höhenmeter
4 Stunden
Rundtour

Die ersten Höhenmeter

Von allen Tagestouren ist diese Tour mit 795 Höhenmetern auf 60 Kilometer die wohl schwierigste. Mit E-Bike fährt es sich da deutlich entspannter. Los geht's am 1 / Pomeranzengarten (Schlosshof, 71229 Leonberg), die ersten Höhenmeter warten schon direkt in Leonberg auf dich. Vom Pomeranzengarten fährst du die Rutesheimer Straße nach links. Du triffst auf die Bahnhofstraße, auf der es links weitergeht. Nach fünfhundert Metern zweigt die Stuttgarter Straße rechts ab. Auf ihr umrundest du den Engelberg zuerst und fährst dann – nachdem du den Berg bis zur Hälfte umkreist hast – die erste Ausfahrt rechts und weiter hinauf zum 2 / Engelbergturm (Stuttgarter Stra-

Charakter
Sportlich ●●●●●
Abkühlung ●○○○○
Schlemmen ●●○○○
Panorama ●●●●○

Toureninfo / Anspruchsvolle steile Tour, meist im Wald abseits vom Verkehr. Teils Asphalt, teils Schotter. Ein E-Bike ist bei heißem Wetter von Vorteil.

‹ links / Blick vom Engelberg über Leonberg

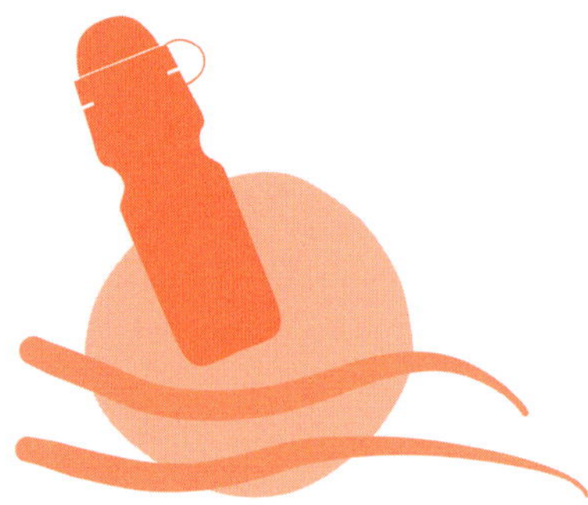

ße 98, 71229 Leonberg). Vor dir ragt das Wahrzeichen Leonbergs 35 Meter in die Höhe. Immer sonntags von Mai bis Oktober hat der Turm geöffnet. Eine Besichtigung lohnt sich, denn oben hast du eine atemberaubende Rundumaussicht. Bei klarer Sicht kannst du sogar bis zum Schwarzwald und zur Schwäbischen Alb blicken.

Erst mal gemütlich bergab

Weiter geht es dann erst einmal bergab und auf dem Fahrradweg neben der Stuttgarter Straße, bis du einen Kreisverkehr erreichst. Du nimmst hier den Fahrradweg, der auf der gegenüberliegenden Seite zwischen Bäumen und Feldern hindurchführt. Folgst du ihm, triffst du nach einer gemütlichen Fahrt durchs Grüne auf die Engelbergstraße. Weiter geht es durch die Unterführung. Entweder du fährst nun hinter dem Restaurant auf einem schmalen Weg durch den Wald oder an der Stuttgarter Straße zurück und am Kreisel in den Wald hinein bis zum Parkplatz und dann zweimal links und einmal rechts. Gemütlich rollst du an einem Waldspielplatz und einem Walderlebnispfad vorbei. Am Waldgasthaus Krummbachtal geht es dann für dich rechts am Krummbach entlang. Leicht bergab schlängelt sich der Weg durch den Wald bis zur Mahdentalstraße. Hier geht es für dich rechts am Start- und Zielpunkt des Solituderennen vorbei, das einmal jährlich stattfindet. An der Unterführung wechselst du dann am besten auf die andere Seite der Landstraße, fährst ein Stück zurück und biegst rechts in den Wald hinein und gleich die nächste Straße links.

SCHILLERNDE FLÜGELPRACHT

Im Naturschutzgebiet „Oberes Hölzertal" sind unter anderem die bedrohten Schmetterlingsarten „Großer Fuchs" und „Kleiner Schillerfalter" heimisch.

Vorbei an Seen und Wäldern

Elfeinhalb Kilometer fährst du nun durch den Wald in Richtung Sindelfingen. Die Sonne spitzelt durch das Blätterdach und teilt den Kies vor dir in helle und dunkle Flecken. Vielleicht fällt es

---

➤ rechts oben / Der Engelbergturm – das Wahrzeichen Leonbergs
➤ rechts Mitte / Köstlich: Flammkuchen zur Stärkung

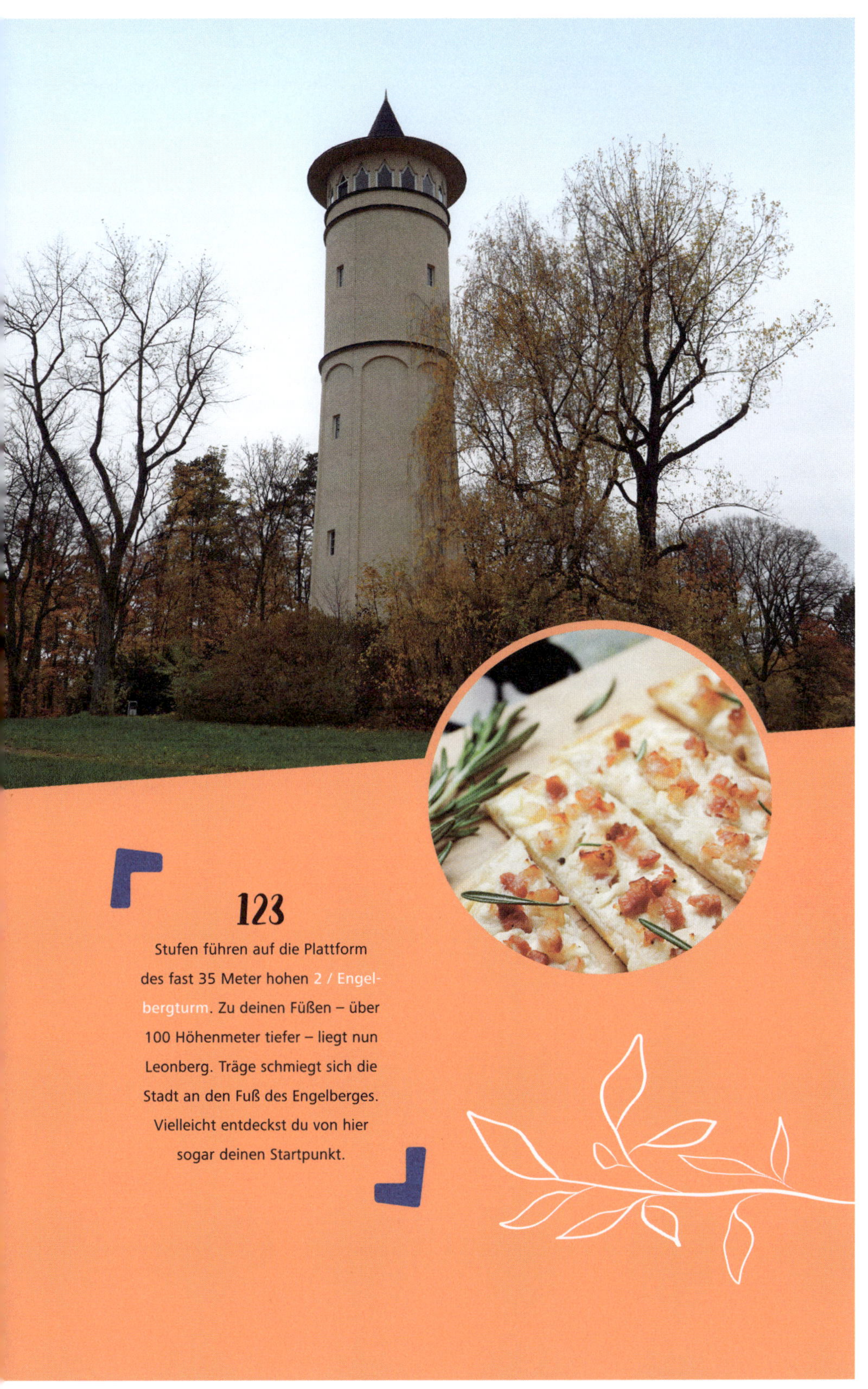

123

Stufen führen auf die Plattform des fast 35 Meter hohen 2 / Engelbergturm. Zu deinen Füßen – über 100 Höhenmeter tiefer – liegt nun Leonberg. Träge schmiegt sich die Stadt an den Fuß des Engelberges. Vielleicht entdeckst du von hier sogar deinen Startpunkt.

Geheimtipp

Die beste Pizza im Umkreis: Draußen auf der Terrasse speist du im **3 / Sapori del Sud** mit Blick auf die Tennisplätze.

dir aber auch gar nicht auf, denn an vielen Stellen ist es nun sehr steil, sodass du außer Atem bist und es sein kann, dass du schieben musst. Dann lichtet sich der Wald und vor dir glitzert der Hölzersee. Von dort folgst du dem Rankbach ein Stück und dann den Schildern nach Vaihingen. Abermals fährst du durch den Wald, während der Schotter wieder zu Teer wird und du das Rauschen von Autos wahrnimmst. Neben dir – nicht sichtbar, aber hörbar – verläuft die A8. Statt aber direkt über die erste Autobahnbrücke zu fahren, geht es für dich noch einmal auf dem Schotter weiter bis zur nächsten Brücke. Zu deiner Linken taucht jetzt die Bernetkapelle auf. Die ehemalige Schutzhütte erinnert heute an Flüchtlinge und Heimatvertriebenen des Zweiten Weltkrieges. Direkt danach auf deiner linken Seite ist die Autobahnbrücke. Du überquerst sie und kommst vorbei am Wanderparkplatz Bernhardshöhe und dem BMW Standort. Statt hier nach rechts durch die Unterführung zu fahren, hältst du dich links.

Denkmal für Flüchtlinge und Heimatvertriebene

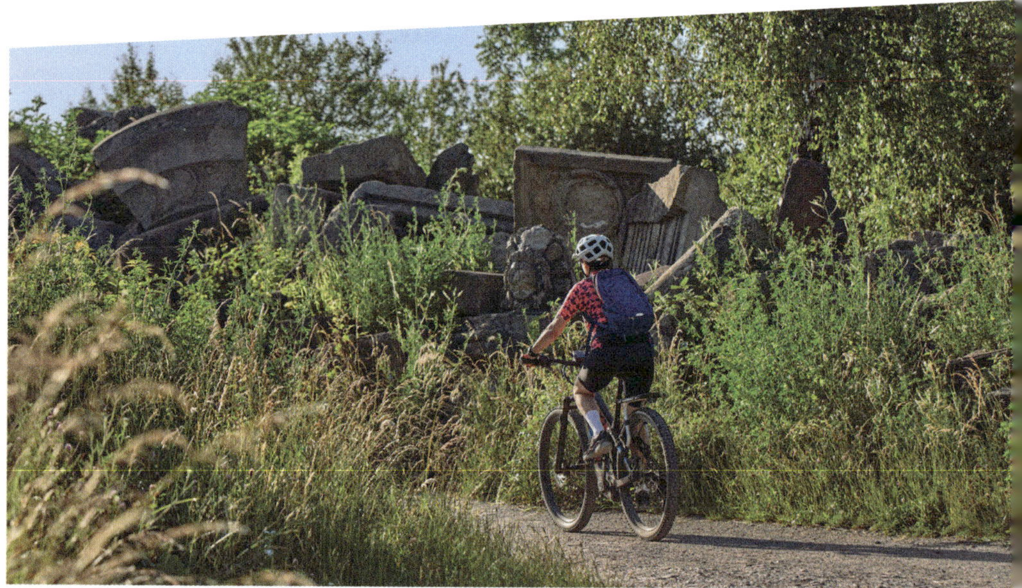

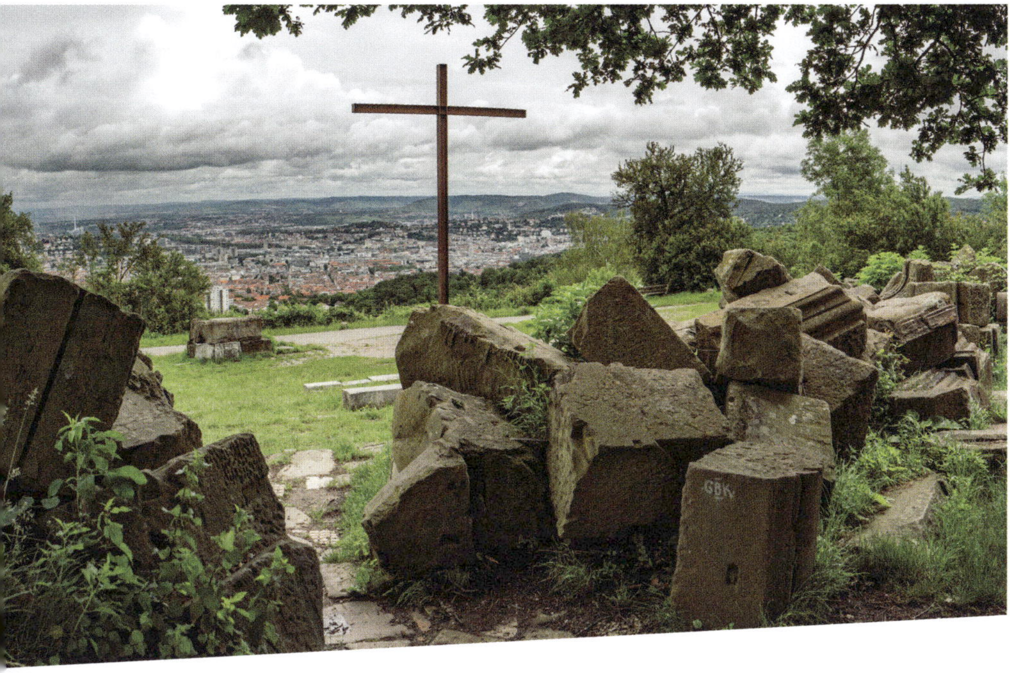

So geht es für dich am Katzenbachsee und am Katzenbacher Hof vorbei. Du überquerst die Büsnauer Straße und folgst dem Katzenbach in Richtung Bärenschlössle. Vor dem Neuen See geht es für dich dann rechts immer am See entlang. Es wird wieder ein bisschen holprig, bis du auf eine geteerte Straße gelangst, auf der du zwischen Neuer See und Pfaffensee auf die andere Seite des Waldes gelangst. Halte dich hier rechts, um auf die Schlösslesallee zu gelangen und radle dann weiter bis zum Grillplatz Bettelweg. Holz liegt aufgeschichtet vor der Hütte, es gibt einen kleinen Spielplatz und eine Bank zum Rasten. Gerade im Herbst kannst du hier die letzten schönen Tage im Jahr genießen und die Grillsaison noch einmal aufleben lassen.

40

Meter – um diese Zahl wuchs der 4 / Birkenkopf zwischen 1953 und 1957. Wie das? Auf seiner Anhöhe wurden 1.500.000 Kubikmeter Trümmerschutt gelagert. Noch heute erinnern viele der zerstörten Steine an die eingstigen Gebäude und die Zerstörung im Zweiten Weltkrieg.

Gestärkt auf den Birkenkopf

Weiter geht es dann nach rechts und über die Autobahnbrücke. Fährst du nun nach der Brücke die erste Straße links, kannst du dich erst einmal im Restaurant 3 / Sapori del Sud (Rotenwaldstraße 383, 70197 Stuttgart) für die nächsten Höhenmeter stärken. Dort gibt es die besten Pizzen im Umkreis. Dünner Boden, knuspriger Rand und nicht zu viel Käse – perfekt. Anschließend warten

---

< links / Höhenmeter um Höhenmeter: auf dem Weg zum Birkenkopf
^ oben / Der Birkenkopf: ein Berg aus Trümmern des Zweiten Weltkrieges

nämlich ein paar saftige Höhenmeter auf dich. Du fährst wieder bis zu der Stelle, an der du abgezweigt bist und dann links weiter. Nach rund einem Kilometer kommst du zu einer zweiten Grillstelle mit Spielplatz. Ab hier hältst du dich immer links. Links in die Bürgerallee, links in den Sophienweg, links über die Rotenwaldstraße – und dann heißt es Treten, Treten, Treten. Insgesamt vierzig Höhenmeter liegen vor dir. Wie die Windungen in einem Weinbergschneckenhaus zeichnet die Straße ein kreisrundes Muster in die Landschaft, das nach innen immer höher wird. Dann endlich stehst du auf dem 4 / Birkenkopf und wirst belohnt mit Gipfelkreuz und einer atemberaubenden Aussicht über Stuttgart. Der Berg wurde nach dem Zweiten Weltkrieg aus den Trümmern der Stadt aufgetürmt. Er soll an die Opfer des Krieges erinnern und den Lebenden als Mahnung dienen.

BLUMENPRACHT

Lila, rote, gelbe Blumen wachsen geordnet in Beeten des 1 / Pomeranzengarten. Der Schlossgarten ist ein Ort der Ruhe.

Auf ins letzte Drittel

Auf dem Rückweg spürst du dann wieder den Fahrtwind im Gesicht. Unten angekommen geht es an der Kreuzung für dich nach rechts und dann immer geradeaus durch den Wald, an einem Parkplatz vorbei und über die Vaihinger Straße.

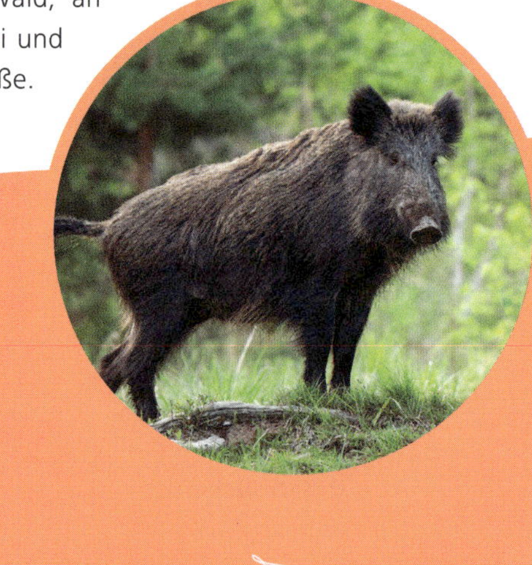

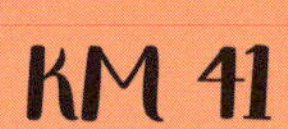

Der Schwarzwildpark wurde 1815 von König Friedrich von Württemberg zur Jagd von Wildschweinen angelegt. Der daneben angelegte Saufangpavillion diente als Jagd- und Futterhaus. Heute ist der Waldteil ein Naturschutzgebiet. Im Schwarzwildgehege grasen friedlich die Wildschweine.

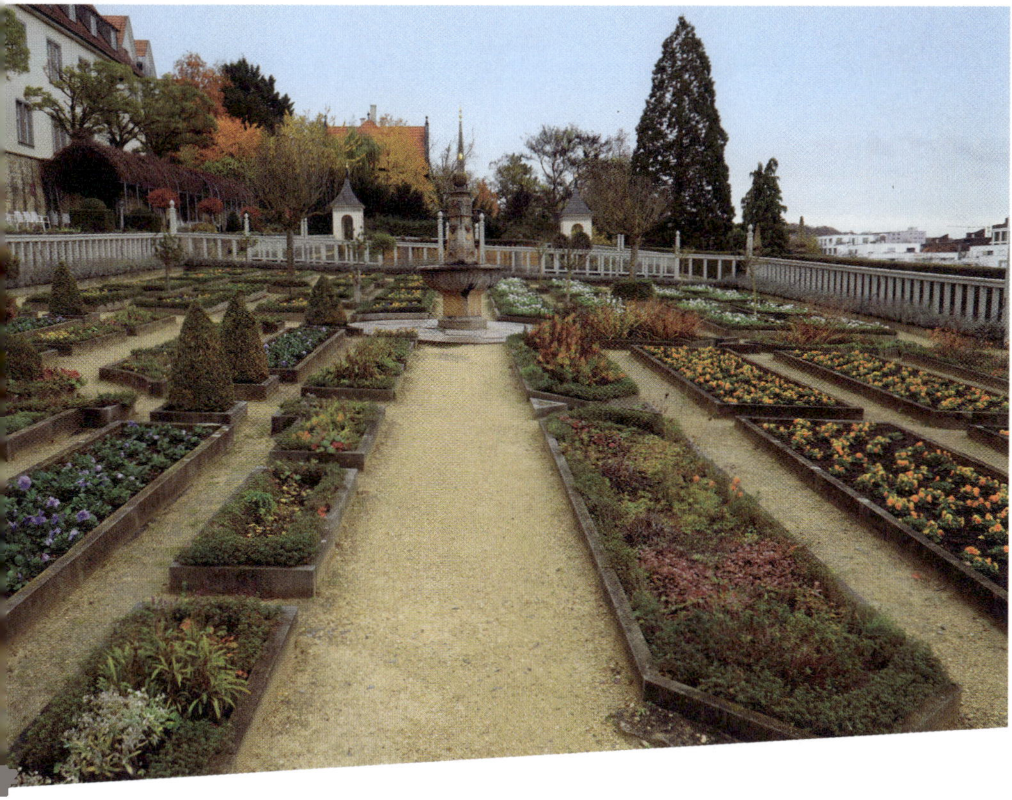

Auf der anderen Seite holperst du über den Kies vorbei am Wildschweingehege. Vielleicht siehst du sogar ein paar Ferkel, wie sie im Schatten schlafen. Nach sechs Kilometern lösen Schrebergärten den Wald ab. Vor der Unterführung musst du nun links. So fährst du durch den Ort, bis du die U-Bahnstation Wolfbusch erreichst. Auf der anderen Seite der Gleise geht es für dich an einem schmalen Fluss entlang, bis dieser unter der Gerlinger Straße hindurch taucht. Für dich geht es hier rechts bis zur nächsten Gelegenheit, an der du die große Straße überqueren kannst. Ab jetzt geht es im Zickzack zwischen Feldern hindurch. Erst links, dann rechts, dann noch einmal rechts und wieder links und dann den Schildern nach Leonberg hinterher. So erreichst du nach neun Kilometern die Rutesheimer Straße. Fährst du links, erreichst du direkt danach den 1 / Pomeranzengarten. Nach all den Höhenmetern kannst du zwischen der Blumenpracht nun endlich entspannen – oder wenn du noch Lust hast, durch die Innenstadt von Leonberg bummeln.

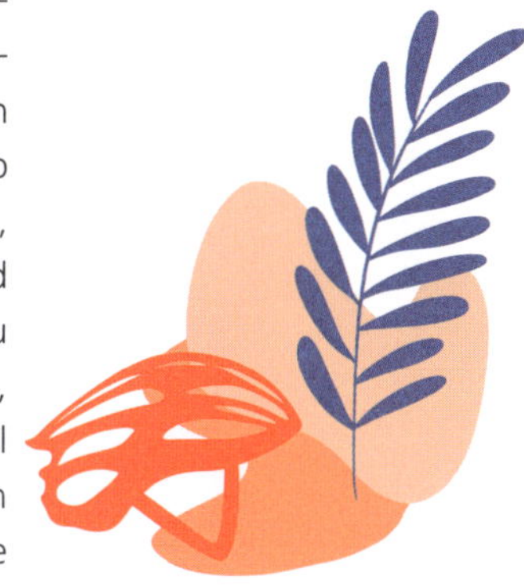

< links / Im Schwarzwildpark fühlen sich die Wildschweine wohl
^ oben / Weiß, blau, gelb – die Farbenpracht des Pomeranzengarten

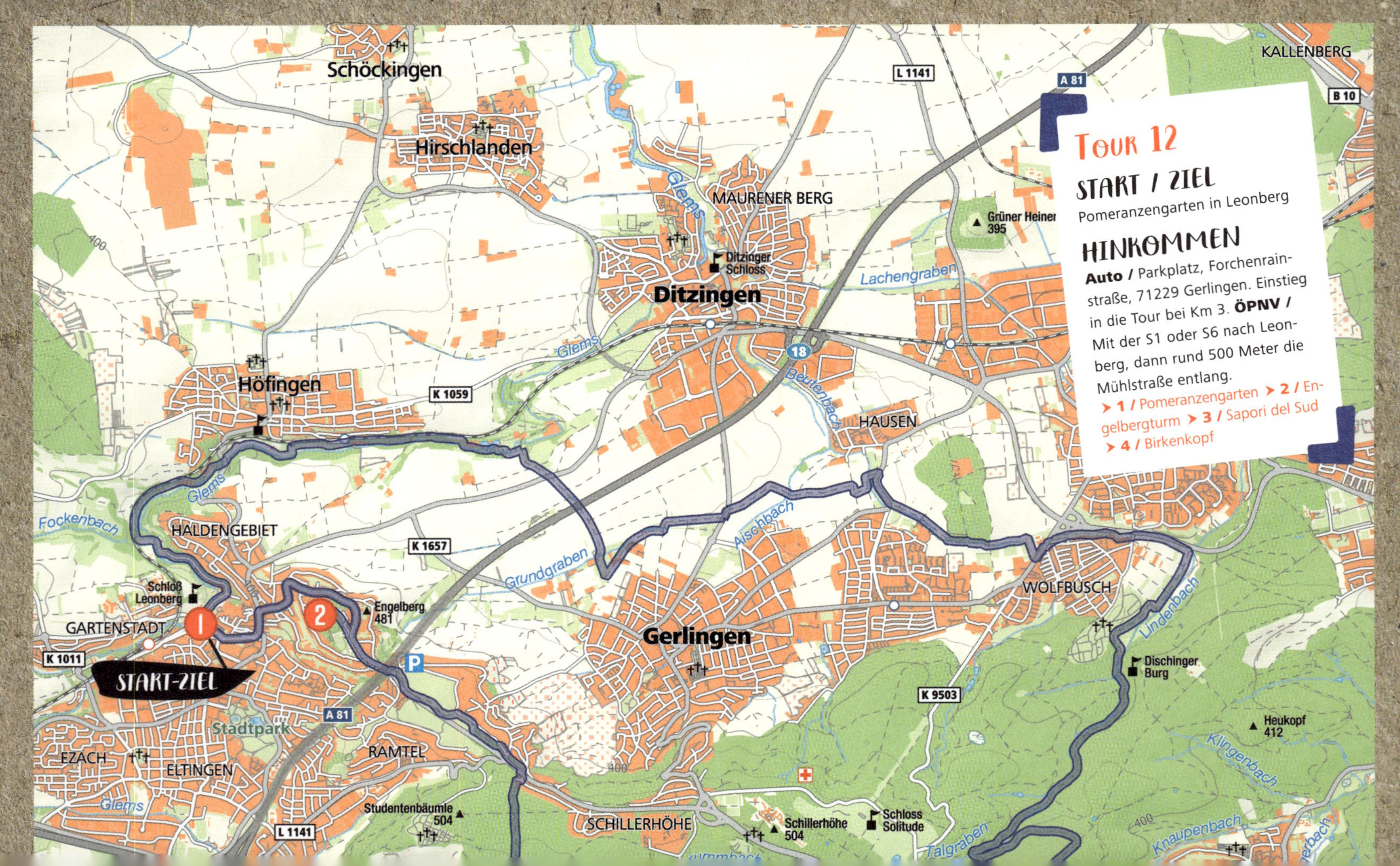

Tour 12

Start / Ziel

Pomeranzengarten in Leonberg

Hinkommen

Auto / Parkplatz, Forchenrainstraße, 71229 Gerlingen. Einstieg in die Tour bei Km 3. **ÖPNV /** Mit der S1 oder S6 nach Leonberg, dann rund 500 Meter die Mühlstraße entlang.

➤ **1 /** Pomeranzengarten ➤ **2 /** Engelbergturm ➤ **3 /** Sapori del Sud ➤ **4 /** Birkenkopf

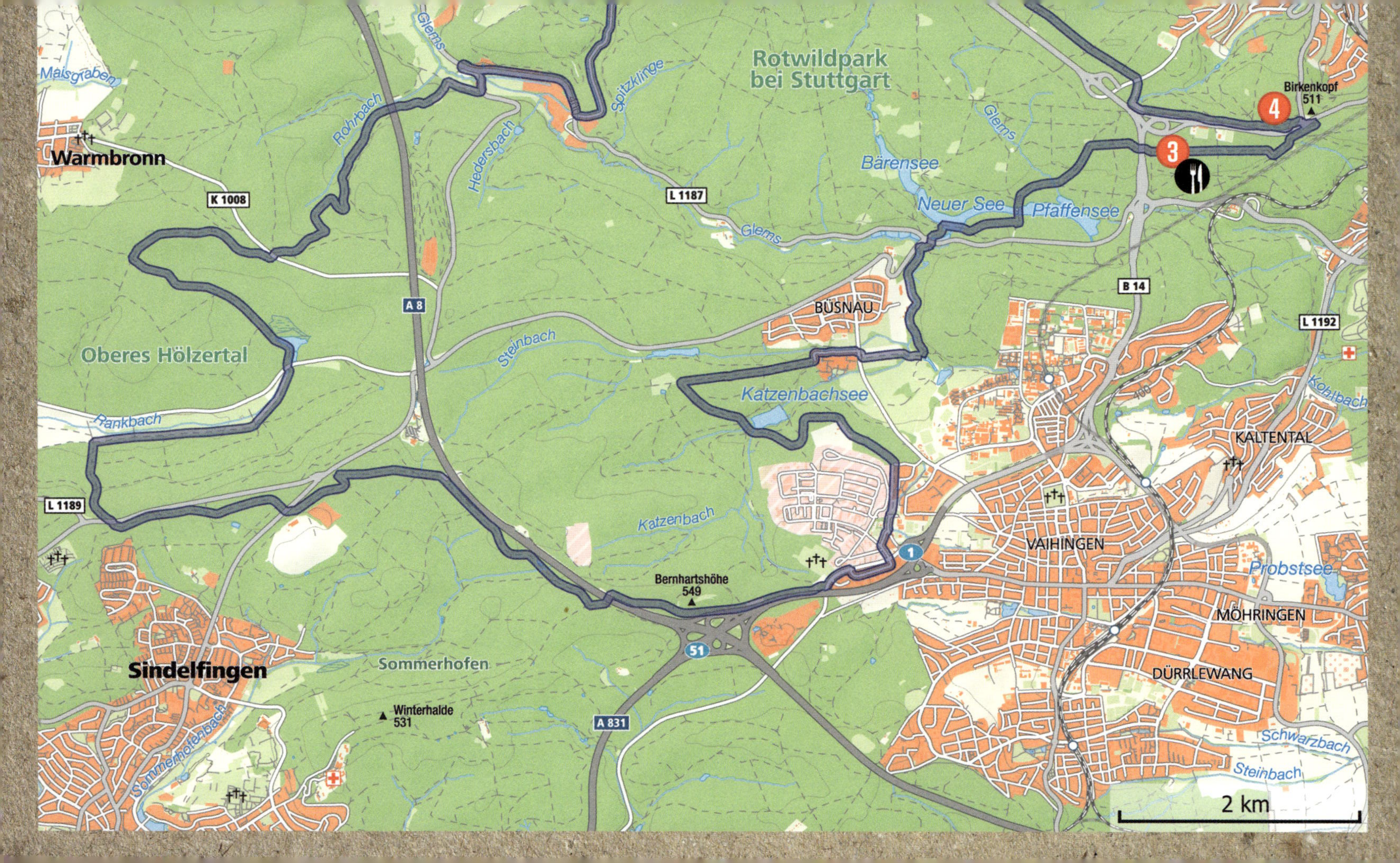
Rotwildpark bei Stuttgart
Birkenkopf 511
4
3
Warmbronn
Maisgraben
Rohrbach
Glems
Spitzklinge
Hedersbach
Bärensee
Neuer See
Pfaffensee
K 1008
L 1187
A 8
B 14
L 1192
BÜSNAU
Oberes Hölzertal
Steinbach
Katzenbachsee
Rankbach
KALTENTAL
Kohlbach
L 1189
Katzenbach
VAIHINGEN
Probstsee
Bernhartshöhe 549
1
MÖHRINGEN
51
Sindelfingen
Sommerhofen
DÜRRLEWANG
Winterhalde 531
A 831
Sommerhofenbach
Schwarzbach
Steinbach
2 km

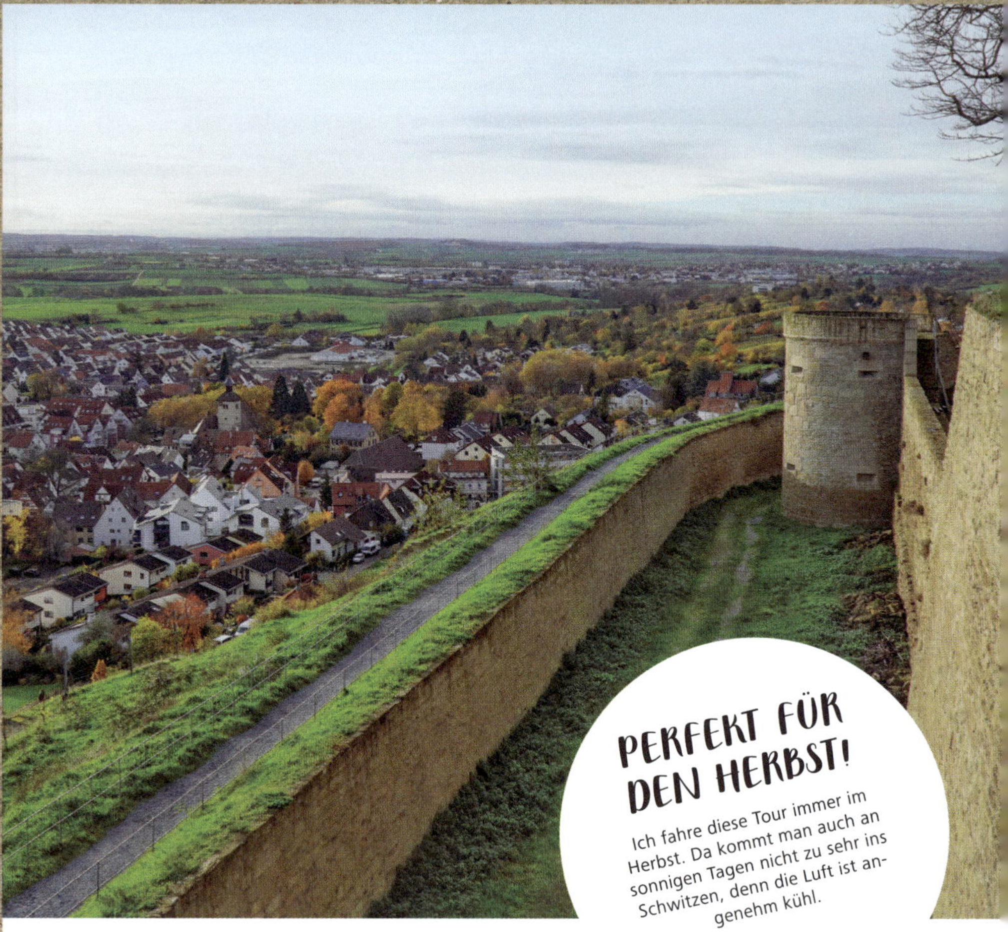

PERFEKT FÜR DEN HERBST!

Ich fahre diese Tour immer im Herbst. Da kommt man auch an sonnigen Tagen nicht zu sehr ins Schwitzen, denn die Luft ist angenehm kühl.

➤ 1 / Die Waden warm radeln ab der S-Bahnstation Ditzingen

➤ 2 / Einen Blick auf das Schloss Ditzingen erhaschen

➤ 3 / Nippenburg ist die älteste Burgruine im Raum Stuttgart

➤ 4 / Hohenasperg oder „der Hausberg der schwäbischen Intelligenz"

➤ 5 / Farbspektakel im Alten Schloss und Neuen Schloss bewundern

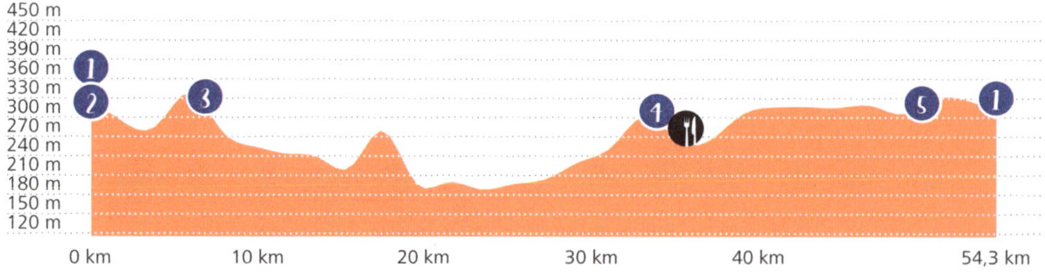

SO WEIT DIE BEINE RADELN

Zum *Mittagessen* auf den Hohenasperg

Auf dieser Tour werden deine Waden trainiert. Zur Burgruine Nippenburg und zur Festung Hohenasperg geht es steil bergauf. Doch auch die Höhenmeter dazwischen sind kein Zuckerschlecken. Dein Gewinn: eine herrliche Aussicht und frischer Fahrtwind.

54 Kilometer
600 Höhenmeter
600 Höhenmeter
3:45 Stunden
Rundtour

Die Ruhe vor der Anstrengung

Vor der alten Bahnhofshalle bei der 1 / S-Bahnstation Ditzingen schwingen wir uns aufs Rad. Jetzt fallen dir die ersten Tritte in die Pedale noch leicht, aber vor dir liegen 600 Höhenmeter. Gut möglich, dass dich auch der eine oder andere E-Bikefahrer auf der Strecke überholen wird.

Von der alten Bahnhofhalle biegst du links in die Stuttgarter Straße ab, nimmst am Kreisverkehr die erste Straße rechts und fährst dann geradeaus, bis es nach fünfhundert Metern rechts in die Marktstraße geht. Weitere fünfhundert Meter und zu deiner Linken taucht der Park von 2 / Schloss Ditzingen (Münchinger Straße 5, 71254 Ditzingen) auf. Für dich geht es nun durch den Park. Dabei

CHARAKTER
Sportlich ●●●●●
Abkühlung ●●●○○
Schlemmen ●○○○○
Panorama ●●●●○

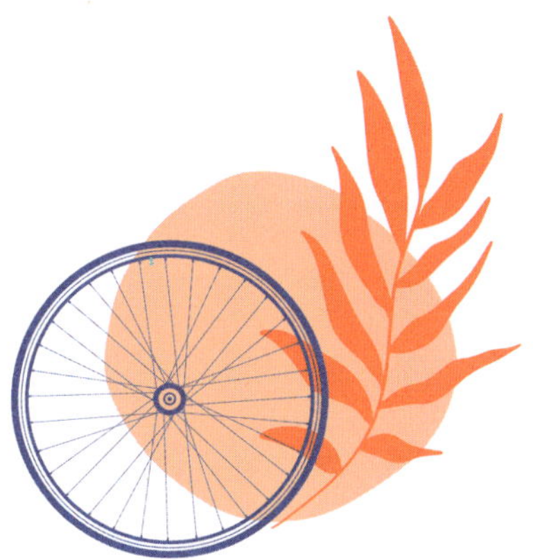

TOURENINFO / Teilweise steil, mit E-Bike definitiv leichter. Mit der angegebenen Abkürzung deutlich einfacher. Stellenweise Schotter.

< links / Über den Dächern von Hohenasperg

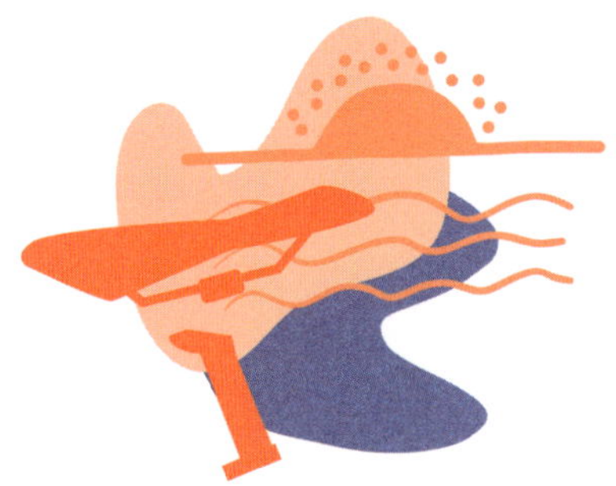

musst du dich einfach immer leicht links halten, bis du das Schloss schon durch die Bäume hindurchspitzeln siehst. Mehrmals wurde es im Laufe der Geschichte zerstört und wiederaufgebaut und von Adel zu Adel weitergegeben. Heute ist es in Privatbesitz, nur der Park ist öffentlich zugänglich.

Von Schloss zu Burgruine

Bist du am Schloss vorbei, folgst du den grünen Pfeilen nach links. Sie führen dich raus aus Ditzingen in Richtung deines nächstens Stopps – der Burgruine 3 / Nippenburg (Nippenburg 2, 71701 Schwieberdingen). Kurvig geht es noch über den Festplatz in Ditzingen und dann im Zickzack zwischen abgeernteten Feldern hindurch. Nach zweieinhalb Kilometern erreichst du die Schöckinger Straße. Jetzt wird es kurz steil, doch es ist nicht mehr weit. Zweimal musst du noch links abbiegen. Einmal nach einem Kilometer am Hofgut Mauer und einmal nach einem weiteren Kilometer, direkt nachdem du die Hemmiger Straße überquert hast. Kurz darauf erreichst du den Herrensitz Nippenburg. Neben einem Feinkostladen gibt es hier auch eine Weinhandlung mit regionalen Spezialitäten. Brot, Käse, Schokolade – nimm dir doch etwas für ein späteres Vesper mit. Zur Burgruine geht es dann nach dem Feinkostladen links die Straße entlang. Schon von Weitem siehst du die eingestürzten Wände. Nippenburg wurde vermutlich im 12. Jahrhundert erbaut und gilt als die älteste Burgruine im Raum Stuttgarts. Lange bot sie den Herren von Nippenburg Schutz, doch mit der Erfindung von neuen Waffen wie Kanonen waren ihre Mauern nicht mehr sicher. Deshalb und vor allem weil es in dem alten Gemäuer nass und kalt war, wurde mit dem Bau eines neuen Herrensitzes be-

ERHOLUNG AN DER GLEMS

Eine einzigartige Flora und Fauna – das mittlere Glemstal ist als Landschaftschutzgebiet ausgewiesen.

➤ rechts oben / Nippenburg – die älteste Burgruine in der Region Stuttgart
➤ rechts Mitte / Wein, Käse, Brot – der Feinkostladen am Schloss Nippenburg

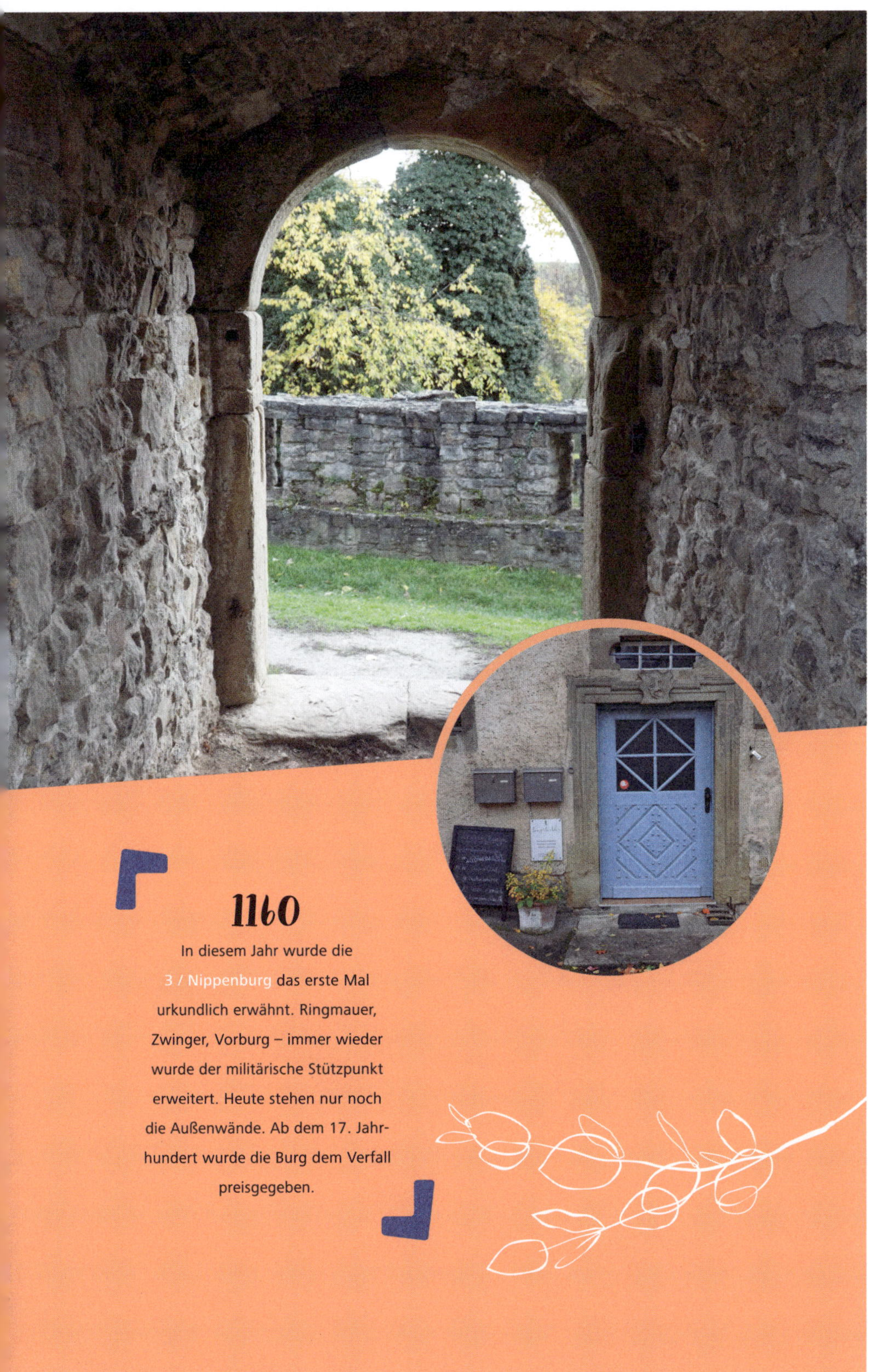

1160

In diesem Jahr wurde die 3 / Nippenburg das erste Mal urkundlich erwähnt. Ringmauer, Zwinger, Vorburg – immer wieder wurde der militärische Stützpunkt erweitert. Heute stehen nur noch die Außenwände. Ab dem 17. Jahrhundert wurde die Burg dem Verfall preisgegeben.

Einzigartige Steine

Das Naturschutzgebiet Leudelsbachtal dient dem Schutz der Muschelkalklandschaft. Das Besondere an dem Gestein: die Muschelschalen.

gonnen. Seitdem treiben sich die Geister in der Burgruine herum. So erzählte man sich, dass ein Graf dort sein Vermögen vergraben hatte und es selbst nach seinem Tod noch bewachte. Man sah einen Reiter ohne Kopf.

Grusel beim Reiter ohne Kopf

Kilometer um Kilometer

Mit allerlei Gruselgeschichten im Kopf geht es weiter auf der Nippenburger Straße. Dein nächster Stopp: die Festung 4 / Hohenasperg (Hohenasperg 1, 71679 Asperg). Fährst du immer entlang der Glems, erreichst du nach einem Kilometer den Ort Schwieberdingen. Einen weiteren Kilometer später öffnet sich zu deiner Linken der Marktplatz. Ihn überquerst du. An der Vaihinger Straße geht es dann nach links weiter, bis du dann in den Talweg abbiegst, indem du immer der Beschilderung nach Markgröningen folgst. Merke: Es geht immer an der Glems entlang, mal ist der Fluss zu deiner Rechten, mal zu deiner Linken, mal weit unter dir. So schlängelst du dich mit ihm durch die Felder hindurch. Auch vor Markgröningen geht es für dich – anstatt in die Stadt hinein –

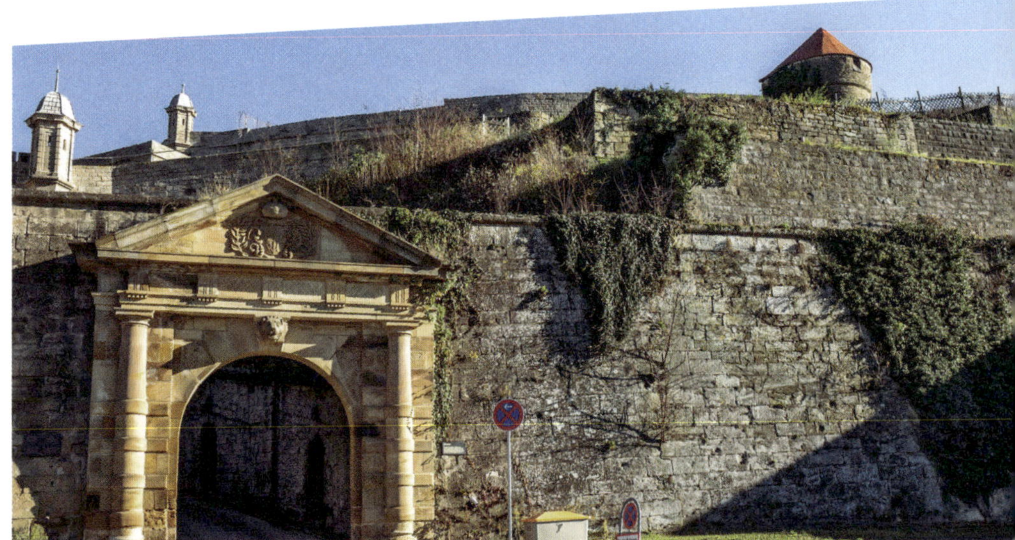

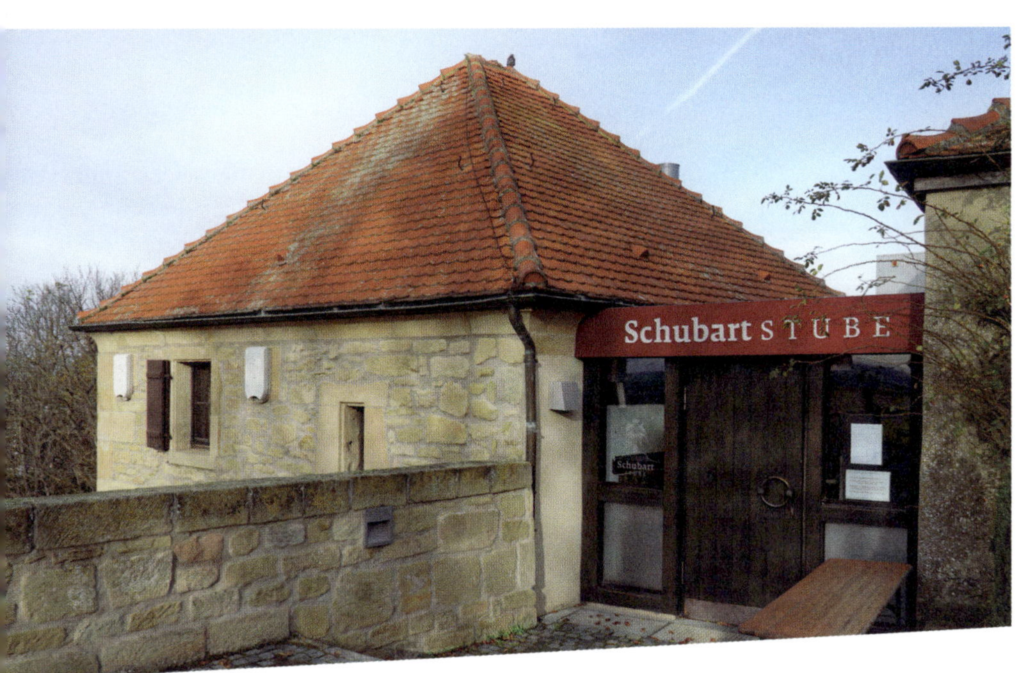

an der Glems weiter. Wer hier abkürzen will, kann allerdings auch durch den Ort hindurch, verpasst aber einen 15 Kilometer langen und 200 Meter hohen Schlenker in schönster Natur. Für diesen musst du, nachdem du an der Vaihinger Straße die ersten paar Meter in Richtung Markgröningen gefahren bist, die erste Abzweigung links nehmen. Wenn kurz darauf zu deiner Linken das Vereinsheim des FV Markgröningen auftaucht, weißt du, dass du richtig bist. Der nächste Ort: Unterriexingen. Einmal erreicht, geht es für dich auf der anderen Seite zuerst auf der Glemsstraße, dann auf der Jahnstraße wieder hinaus und über die Enz. Bleibe auf dem Fahrradweg (grüne Pfeile) und überquere nach vier Kilometern – am Rand von Bissingen – erneut den Fluss. Jetzt geht es auf der anderen Seite zurück nach Markgröningen. Sieben Kilometer fährst du durch wunderschönste Natur, zuerst am Fluss entlang, dann durch das Naturschutzgebiet Leudelsbachtal. Saftige grüne Wiesen, bunte Bäume, glitzerndes Wasser – purer Genuss, der abrupt an der Asperger Straße endet. Ihr folgst du nun nach links in Richtung Asperg – und du ahnst es vermutlich schon: Bis nach Hohenasperg ist es nicht mehr weit. Bei der Klinik hältst du dich immer links und zweieinhalb Kilometer später stehst du vor dem Tor der Festung Hohenasperg.

KM 34

4 / Hohenasperg war einst ein keltischer Fürstensitz. Die keltischen Grabstätten in der näheren Umgebung sind deshalb so ausgerichtet, dass sie freie Sicht auf den Hohenasperg bieten. So auch das große Hügelgrab bei Hochdorf, wo du bei Tour 3 vorbeifährst.

⮜ links / Mauern, Türme, Tore – die Festung Hohenasperg
⮝ oben / Für Genießer ist die Schubartstube ein Geheimtipp

Höhenmeter um Höhenmeter

Direkt am Eingang befindet sich die Gaststätte Schubartstube, in der du sonntags auch zum Mittagessen einkehren kannst. Vor allem der Berg Burger ist sehr beliebt und ein Geheimtipp. Nach der Stärkung lohnt es sich, die Festung zu erkunden. Zuerst bewohnt, dann eine Haftanstalt, heute zum Teil ein Museum – die Festung hat eine lange Geschichte. Da im 18. bis 20. Jahrhundert auch viele politisch aktive Intellektuelle inhaftiert waren, wurde Hohenasperg früher auch „Hausberg der schwäbischen Intelligenz" genannt.

DER ERSTE DITZINGER

Die frühesten Siedlungsspuren auf dem Gebiet von Ditzingen stammen aus der Jungsteinzeit. Die begann in Nordwesteuropa vor fast 6.000 Jahren.

Rundgang und zurück nach Ditzingen

Nach deinem Rundgang geht es am Fuß des Hohenaspergs nach rechts weiter auf dem Bergweg. Auf ihm kannst du noch einmal die Festung umrunden und fährst dann bei der Lehenstraße nach links über die Brücke und immer geradeaus, bis du nach weiteren zwei Kilometern rechts in den Nußackerweg biegst. Wieder geht es geradeaus, dieses Mal drei Kilometer leicht bergauf, bis der Weg endet. Hier links in den Römerhügelweg und dann an der Solitudeallee rechts. Schnurgerade

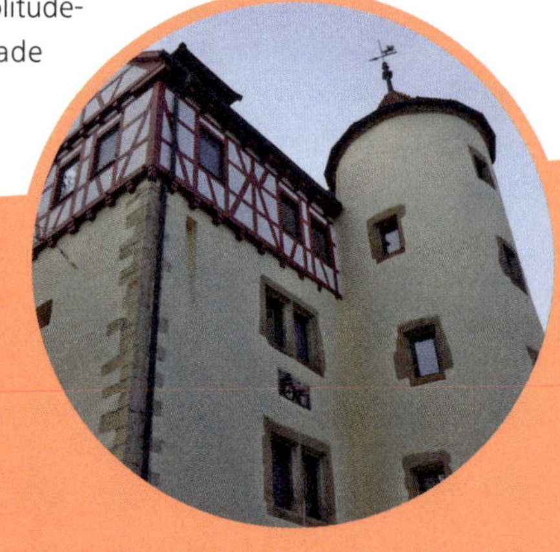

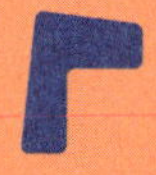

13 KM

führt die Solitudeallee schnurgerade durch die Landschaft. Herzog Carl Eugen von Württemberg erbaute diese vor rund 250 Jahren als Verbindungsachse zwischen Ludwigsburg und dem Schloss Solitude. Heute findest du an ihrem Wegesrand mit all den verschiedenen Kulturstätten das, was Stuttgart ausmacht, im Kleinen.

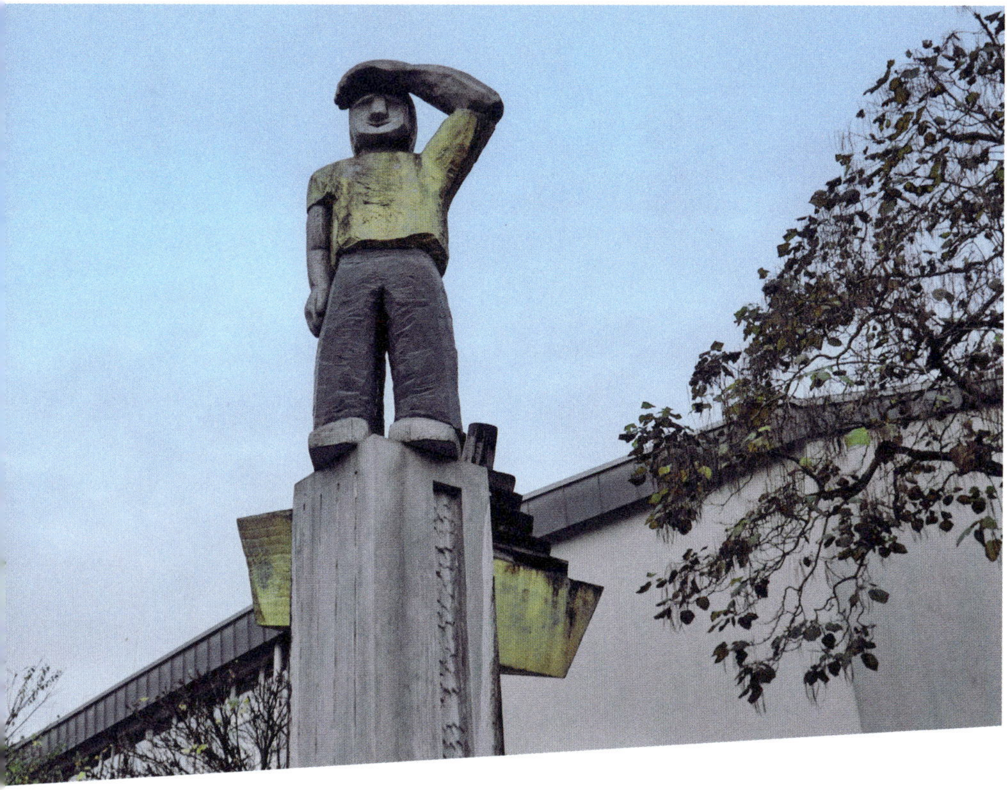

schießt die Straße dreizehn Kilometer durch die Landschaft. Du nimmst aber schon nach viereinhalb Kilometern die Abzweigung an der Sporthalle Stammheim. Jetzt folgst du der Münchinger Straße nach Korntal-Münchingen, bis im Ort die Marktstraße links abzweigt. Noch die Hauptstraße überqueren und vor dir taucht das 5 / Alte und das Neue Schloss (Schloßgasse 4, 70825 Korntal-Münchingen) auf. Einst umgab ein drei Meter tiefer Wassergraben das Alte Schloss, heute erinnert nur noch eine mit Unkraut überwucherte Auskerbung daran. Trotzem zeugen beide Schlösser noch von der einstigen Bedeutung des Ortsadels. Wieder an der Hauptstraße geht es nach rechts immer den Schildern nach in Richtung Ditzingen. Nach drei Kilometern fährst du in den Ort hinein und triffst bald darauf auf die erste dir bekannte Straße. Erinnerst du dich? Heute Morgen warst du schon einmal am Park von Schloss Ditzingen. Von hier einfach den gleichen Weg zurück, bis du wieder vor der alten Bahnhofhalle an der 1 / S-Bahnstation Ditzingen stehst.

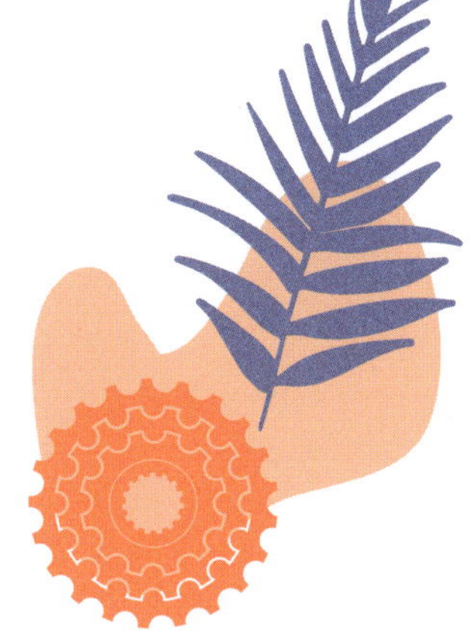

‹ links / Alt, aber traditionell – das Alte Schloss mit Fachwerkgeschoss
˄ oben / Der Ditzinger Weltenfahrer – das Erkennungssymbol der Stadt

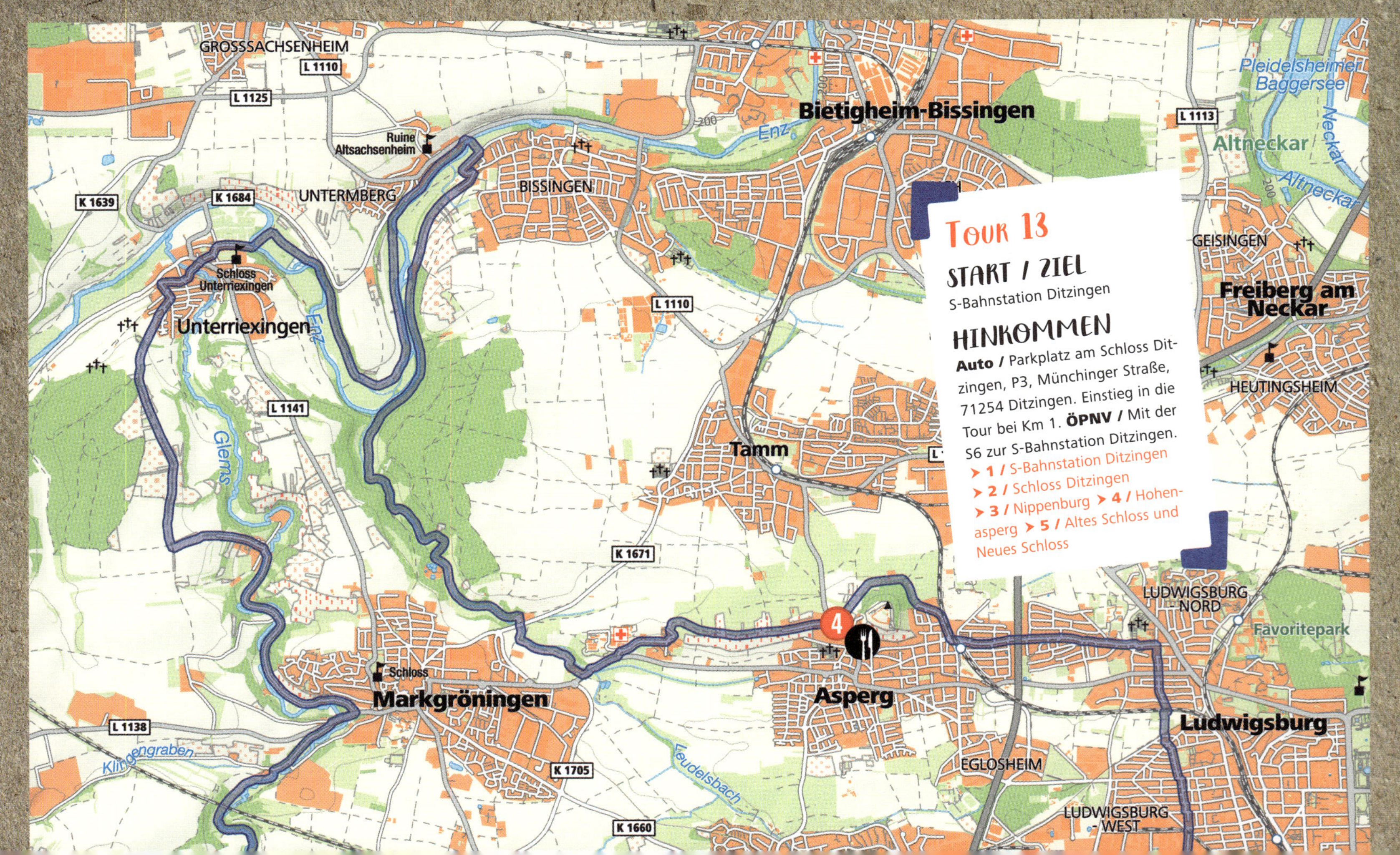

Tour 13
START / ZIEL
S-Bahnstation Ditzingen
HINKOMMEN
Auto / Parkplatz am Schloss Ditzingen, P3, Münchinger Straße, 71254 Ditzingen. Einstieg in die Tour bei Km 1. ÖPNV / Mit der S6 zur S-Bahnstation Ditzingen.
➤ 1 / S-Bahnstation Ditzingen
➤ 2 / Schloss Ditzingen
➤ 3 / Nippenburg ➤ 4 / Hohenasperg ➤ 5 / Altes Schloss und Neues Schloss
GROSSSACHSENHEIM
L 1110
L 1125
Bietigheim-Bissingen
Enz
Ruine Altsachsenheim
K 1639
K 1684
UNTERMBERG
BISSINGEN
Schloss Unterriexingen
Unterriexingen
L 1110
L 1141
Glems
Tamm
K 1671
4
Schloss
Markgröningen
Asperg
L 1138
Klingengraben
K 1705
Leudelsbach
K 1660
EGLOSHEIM
LUDWIGSBURG - WEST
Ludwigsburg
LUDWIGSBURG - NORD
Favoritepark
Pleidelsheimer Baggersee
Neckar
Altneckar
L 1113
GEISINGEN
Freiberg am Neckar
HEUTINGSHEIM

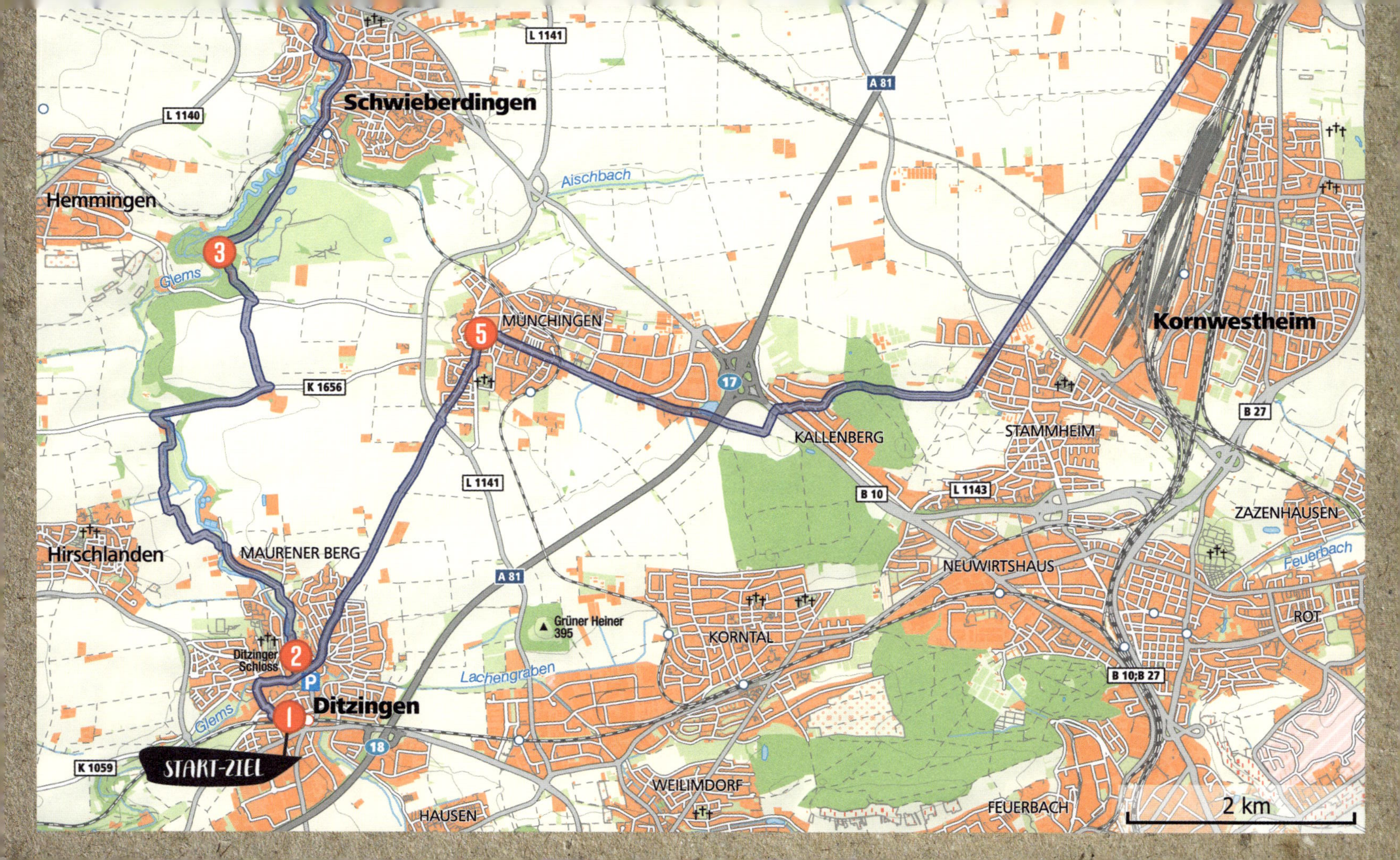

L 1141
Schwieberdingen
L 1140
A 81
Aischbach
Hemmingen
3
Glems
MÜNCHINGEN
5
Kornwestheim
K 1656
17
KALLENBERG
STAMMHEIM
B 27
L 1141
B 10
L 1143
ZAZENHAUSEN
Hirschlanden
MAURENER BERG
NEUWIRTSHAUS
Feuerbach
A 81
Grüner Heiner
395
KORNTAL
ROT
Ditzinger Schloss
2
P
Lachengraben
B 10;B 27
1
Ditzingen
Glems
18
K 1059
START-ZIEL
WEILIMDORF
HAUSEN
FEUERBACH
2 km

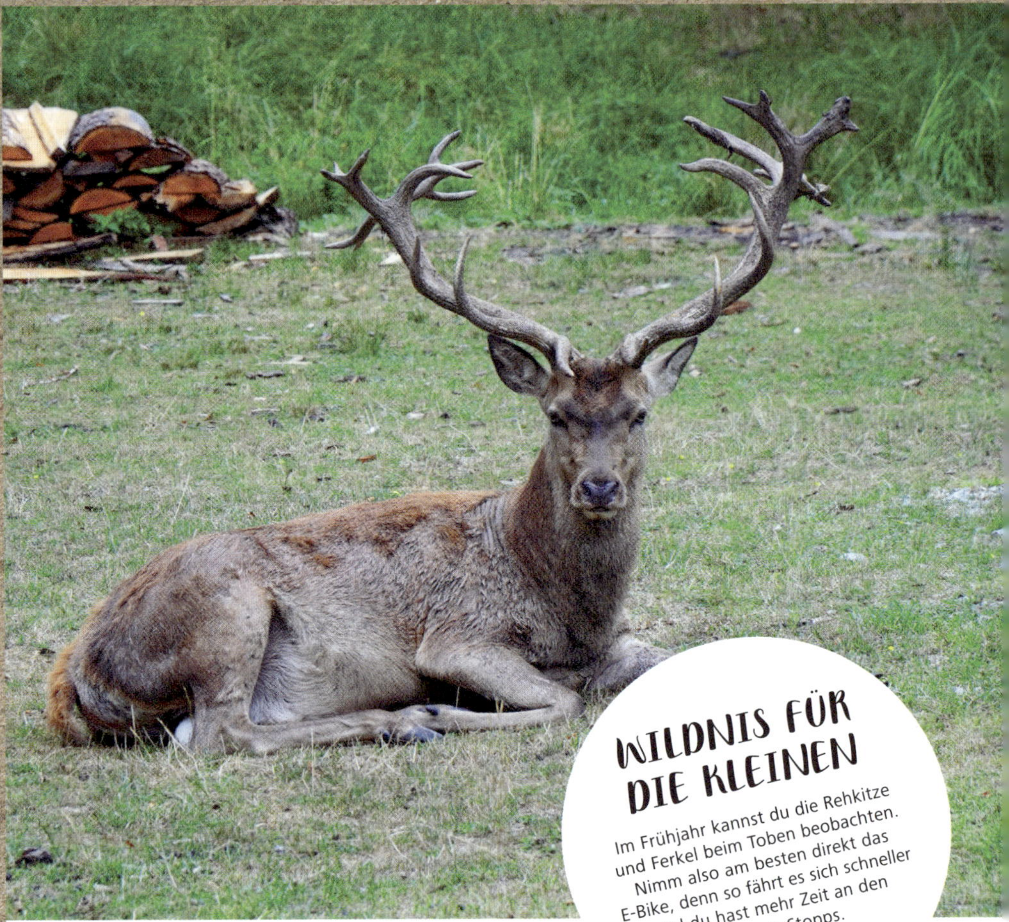

WILDNIS FÜR DIE KLEINEN

Im Frühjahr kannst du die Rehkitze und Ferkel beim Toben beobachten. Nimm also am besten direkt das E-Bike, denn so fährt es sich schneller und du hast mehr Zeit an den einzelnen Stopps.

› 1 / Vom Auto aufs Fahrrad am Parkplatz Wildschweingehege

› 2 / Am Rotwildgehege Ausschau nach den Hirschen halten

› 3 / Das Essen mit Aussicht am Bärenschlössle genießen

› 4 / Mit den Kindern am Spielplatz des Naturfreundehaus Vaihingen toben

› 5 / Den Wald entdecken am Haus des Waldes

› 6 / Den Zügen hinterherschauen an der Gäubahnbrücke

› 7 / Die Heslacher Wasserfälle bewundern

› 8 / Den Ferkeln zuschauen am Wildschweingehege

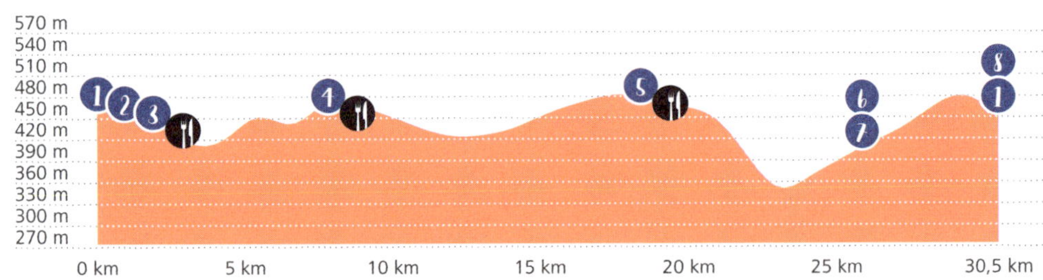

Kontrollierte Wildnis

Vom Rotwildpark bei Stuttgart zum Haus des Waldes auf der Waldau

Bei dieser Tour steht alles im Zeichen der Wildnis. Es gibt Hirsche, Wildschweine, Wasserfälle, Seen, Wälder. Gemütlich fährst du über den Rotwildpark und über Vaihingen zum Haus des Waldes auf die Waldau, bis es am Ende doch noch einmal steil wird.

31 Kilometer
370 Höhenmeter
370 Höhenmeter
2 Stunden
Rundtour

Lass dir Zeit

Wir steigen am 1 / Parkplatz Wildschweingehege in den Sattel, zwängen uns über einen kurzen Schotterweg durch den Wald und biegen dann nach links in Richtung „Rotwildgehege" ab. Kurz darauf treffen wir auf einen Zaun. Anstatt nun dem Fahrradweg zu folgen, düsen wir geradeaus am Zaun des 2 / Rotwildgeheges entlang. Keine Sorge, wenn du jetzt noch keine Hirsche entdeckst, meist sind sie an ihrer Futterstelle, die du kurz darauf erreichst. Krippen stehen hinter dem Zaun, ein Turm ragt in die Höhe. Wie eine Krone wirkt das Geweih des Hirsches. Bei dieser Tour steht alles im Zeichen der Wildnis –

Charakter

Sportlich ●●●○○
Abkühlung ●●○○○
Schlemmen ●●●○○
Panorama ●●○○○

Toureninfo / Meist abseits von befahrenen Straßen, teilweise steil. Gut geeignet für Familien mit E-Bike und Anhänger.

◄ links / Im Rotwildpark beobachten die Hirsche die Besucher

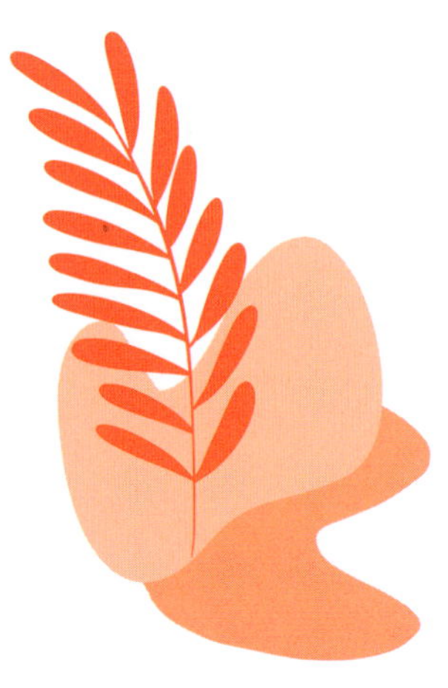

allerdings einer gezähmten Wildnis, denn meist befinden sich die Tiere hinter Zäunen. Fährst du weiter geradeaus, erreichst du kurz darauf das 3 / Bärenschlössle (Mahdentalstraße 14, 70569 Stuttgart). Das Lustschloss von Herzog Carl Eugen gleicht einem riesigen weißen Pavillon. Nimm dir doch einen Moment für ein Stück Kuchen und eine Tasse Kaffee. Von der Veranda hast du einen wunderschönen Blick über den Bärensee, der still und regungslos umgeben von Wald daliegt. Leider ist das Baden im See verboten, die Füße kannst du aber trotzdem ein wenig im kühlen Nass baumeln lassen.

SPEISEN MIT AUSSICHT

Am 3 / Bärenschlössle sitzt du mit herrlichem Blick über den Bärensee. Nach dem Essen lohnt sich ein Verdauungsspaziergang zum Ufer.

Unter Baumkronen

Vom Bärenschlössle geht es weiter über die Brücke und dann nach links dem Fahrradweg folgend bergab über die Fahrradbrücke. Du fährst über eine gut befestigte Schotterstraße, bis du an der Weggabelung den Schildern in Richtung Vaihingen folgst. Zweieinhalb Kilometer nachdem du das Schloss hinter dir gelassen hast, triffst du auf die Büsnauer Straße. Folge nun den Schildern zum Katzenbacher Hof, bis du ihn schon zwischen den Bäumen siehst, dann biege links ab. Einen Kilometer später erreichst du den Katzenbachsee. Das glitzernde Blau lugt immer wieder einladend zwischen den Bäumen hervor. Vom Radweg ist es nur ein kurzes Stück über schmale Waldpfade bis zum Ufer. Dort kannst du – versteckt vor den Blicken neugieriger Wanderer – dösen.

Bei Freunden rasten

Weiter geht es dann auf dem Weg vorbei an Kräftigungsgeräten, bis du einen Kilometer später das 4 / Naturfreundehaus Vaihingen (Büsnauer Rain 1, 70569 Stuttgart) erreichst. Zwar ist das Früh-

---

➤ rechts oben / Der Bärensee glitzert in der Sonne ➤ rechts Mitte / Der Bär bewacht das ehemalige Lustschloss von Herzog Carl Eugen von Württemberg

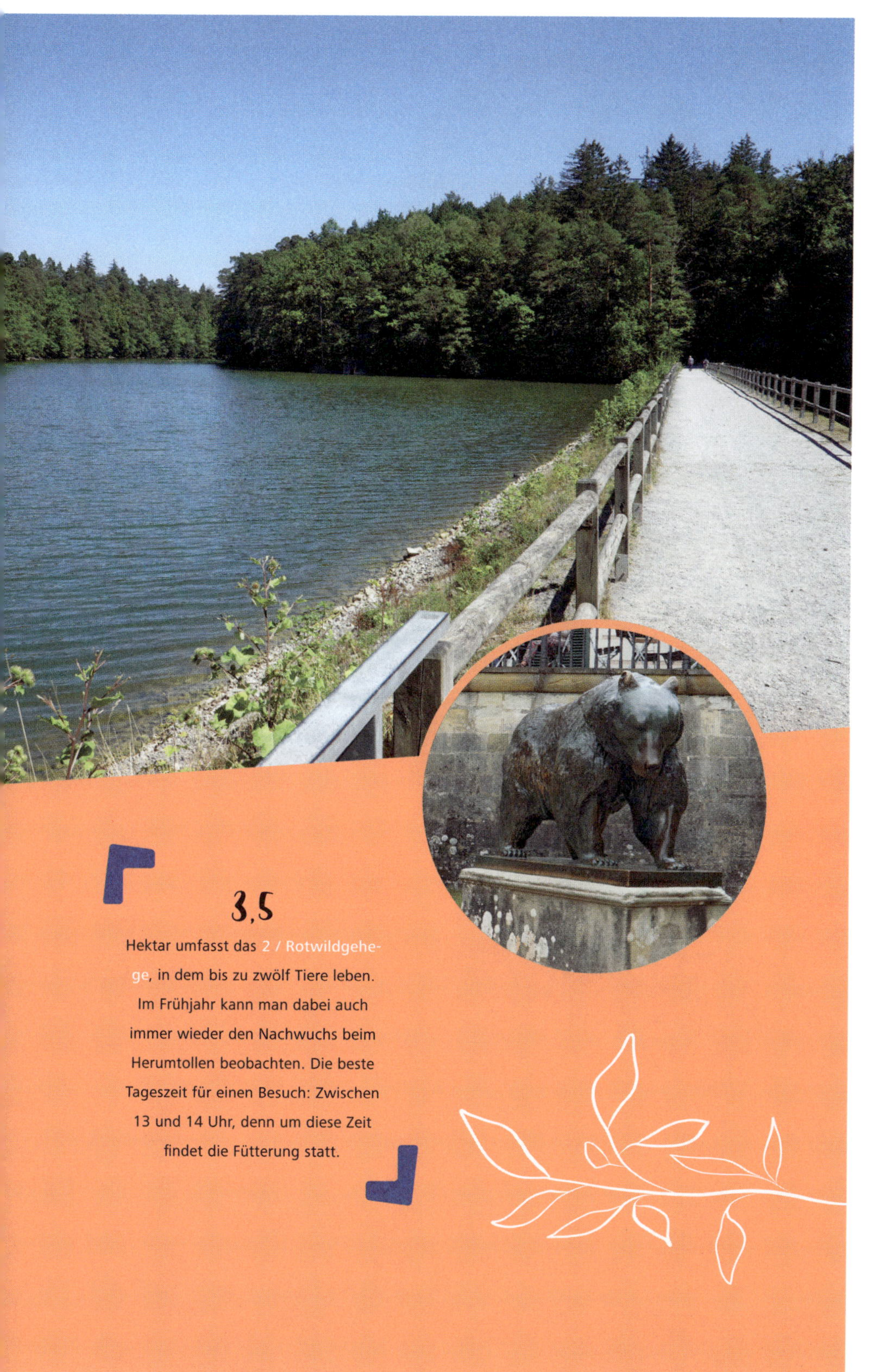

3,5

Hektar umfasst das 2 / Rotwildgehege, in dem bis zu zwölf Tiere leben. Im Frühjahr kann man dabei auch immer wieder den Nachwuchs beim Herumtollen beobachten. Die beste Tageszeit für einen Besuch: Zwischen 13 und 14 Uhr, denn um diese Zeit findet die Fütterung statt.

Kinder-Paradies

Rutsche, Hängebrücke, Seilnetze – am Rand von Vaihingen liegt der **Spielplatz Lauchäcker Nord**, der Kinderherzen höher schlagen lässt.

stück noch nicht lange her, aber der Bauernschmaus ist köstlich. Und falls der Hunger noch nicht so groß ist: Der lauwarme Maultaschensalat ist ebenfalls vorzüglich. Eine Verdauungspause kannst du dir dann einen Kilometer weiter am Lauchäcker Spielplatz Nord gönnen. Während die Kinder über Hängebrücke, Rutsche und Seilnetze toben, kannst du es dir auf der Bank bequem machen.

In der Waldapotheke

Strecke machen

Nach dem Spielplatz biegst du links ab und rollst auf Teer weiter. Du fährst nach Vaihingen hinein und nach drei Kilometern auf der anderen Seite in Richtung Sonnenberg und Degerloch hinaus. Du kommst an Maisfeldern, Sonnenblumenfeldern und Kartoffelfeldern vorbei. Zweieinhalb Kilometer fährst du so geradeaus, bis du zuerst Sonnenberg und rund einen Kilometer später Degerloch erreichst. An der Haltestelle Peregrinastraße überquerst du die Gleise und biegst dann vier Kilometer später an der Versöhnungskirche rechts in den Wald ab. Jetzt ist es nicht mehr weit bis zum 5 / Haus des Waldes (Königsträßle 74, 70597 Stuttgart).

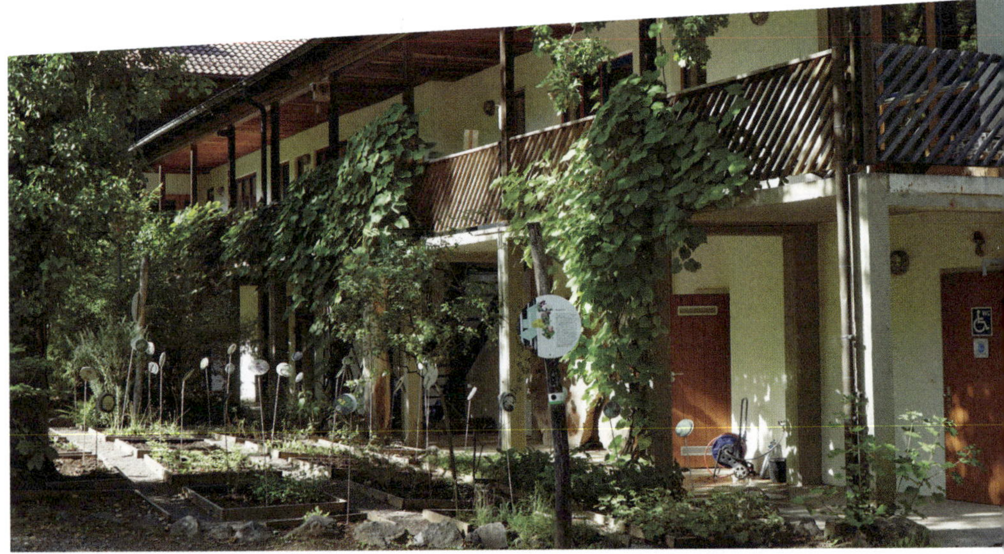

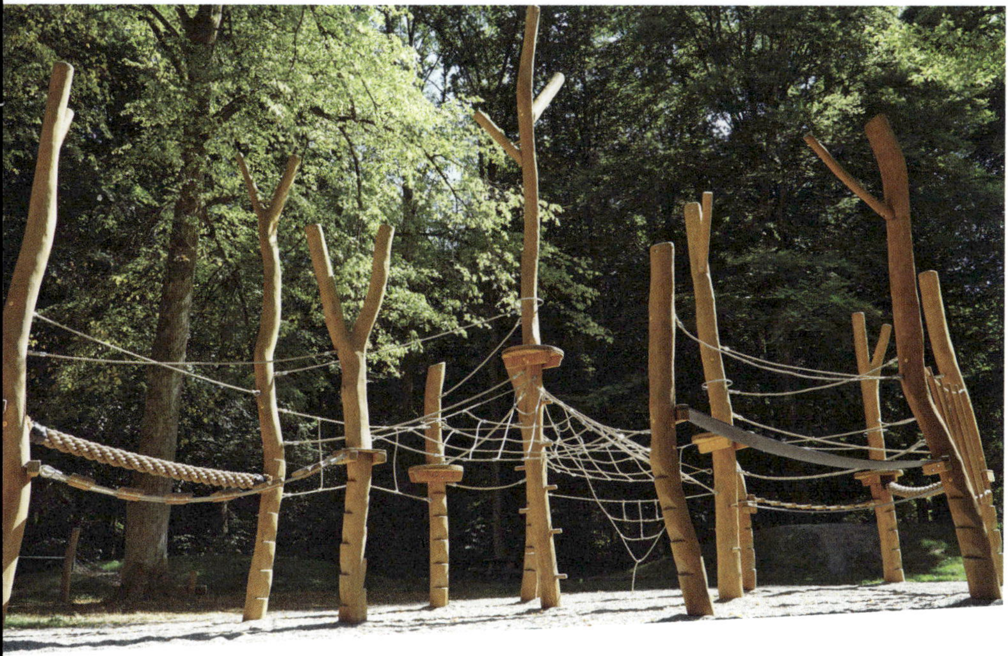

Rund fünfhundert Meter holperst du über eine Schotterstraße, dann hast du es geschafft. Nicht nur Kinder können sich hier austoben. Es gibt eine Waldapotheke, in der du mehr über die heilenden Kräfte der Pflanzen lernst, eine Art Museum im Haus, das fast gänzlich aus Glas besteht, und einen Walderlebnisweg, auf dem du den Wald mit all deinen Sinnen erfährst. Du hörst wie die Insekten summen, fühlst die Rinde der Bäume und riechst die feuchte Erde. Überall gibt es etwas zu entdecken oder zu erfahren. Kleiner Tipp: Mit Kindern hier viel Zeit einplanen. Für die Erwachsenen ist übrigens auch gesorgt. In einem kleinen Café gibt es ein paar Kleinigkeiten zum Naschen.

1,3

Kilometer ist der Walderlebnisweg am 5 / Haus des Waldes lang. Fünf Stationen gibt es, an denen Kinder und Erwachsene den Wald mit all ihren Sinnen erleben können. Erfahre, wie sich die verschiedenen Baumrinden anfühlen und wie knorrige Stämme zu Holzprodukten werden.

Ein Wasserfall zum Verweilen

Nachdem eine kleine Ewigkeit vergangen ist, geht es für dich doch irgendwann weiter. Statt den gleichen Weg zurück zu nehmen, biegst du rechts in den Mörikeweg ab und an der befahrenen Straße nach links. Nach einem Kilometer kreuzt die Jahnstraße deinen Weg. Hier fährst du nach links zurück in Richtung Vaihingen. Schon bald kommen dir die Straßen bekannt vor, denn jetzt befindest du dich wieder auf dem Weg, auf dem du gekommen bist. Allerdings bleibst du nur anderthalb Kilometer auf dieser

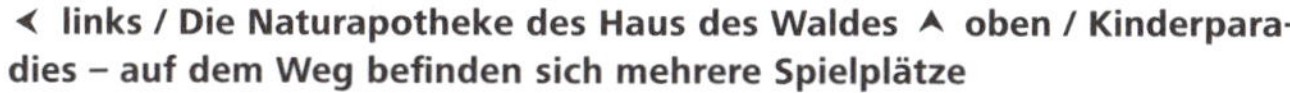

< links / Die Naturapotheke des Haus des Waldes ^ oben / Kinderparadies – auf dem Weg befinden sich mehrere Spielplätze

Strecke, dann nimmst du in Sonnenberg die Abzweigung nach Stuttgart Zentrum und fährst vorbei an der Klinik und immer geradeaus. Ein kurzes Stück musst du hier auf einem Fahrradweg, der nicht von der Straße abgetrennt ist, bergauf, dann geht es rechts in den Dachswaldweg und weiter auf Schotter. Dem Weg folgst du nun viereinhalb Kilometer bergauf durch den Wald bis zu einer markanten Brücke, der 6 / Gäubahnbrücke (70569 Stuttgart). Von hier oben kannst du den S-Bahnen zuschauen, wie sie ratternd unter dir hindurchtauchen und im Wald verschwinden. Nach der Brücke geht es rechts weiter. Fünfhundert Meter später erreichst du die 7 / Heslacher Wasserfälle (Leonberger Straße 225, 70199 Stuttgart). Stelle dein Fahrrad ab und steige die Stufen hinab. Du entdeckst einen verwunschenen Ort, an dem Kinder zu Rittern werden und verästelte Bäume zu greifenden Monstern. Unternimm doch eine kleine Wanderung, um dir die Füße zu vertreten, denn weit hast du es mit dem Fahrrad nicht mehr. In vier Kilometern bist du bei deinem Auto.

GRUNZENDE MODELS

Wildschweine haben eigentlich Angst vor Menschen, doch im 8 / Wildschweingehege haben sie sich an die Besucher gewöhnt. Dein Glück, so bekommst du ein paar Schnappschüsse.

Stippvisite bei Wildschweinen

Wieder auf dem Rad tauchst du kurz aus dem Wald auf und fährst über eine Autobrü-

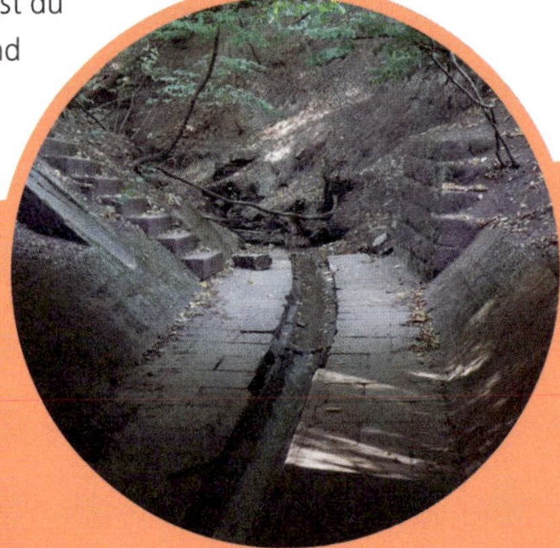

KM 26

Die 7 / Heslacher Wasserfälle entstanden vor über 500 Jahren, als Stuttgart unter Wassermangel litt. Um die Stadt zu versorgen, ließ Herzog Christoph von Württemberg einen Teil der Bäche der Umgebung zu Seen aufstauen und einen Stollen bauen, durch den das Wasser zur Stadt fließen konnte.

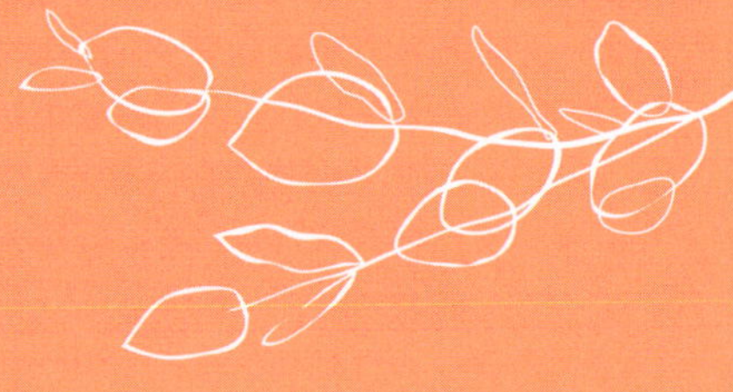

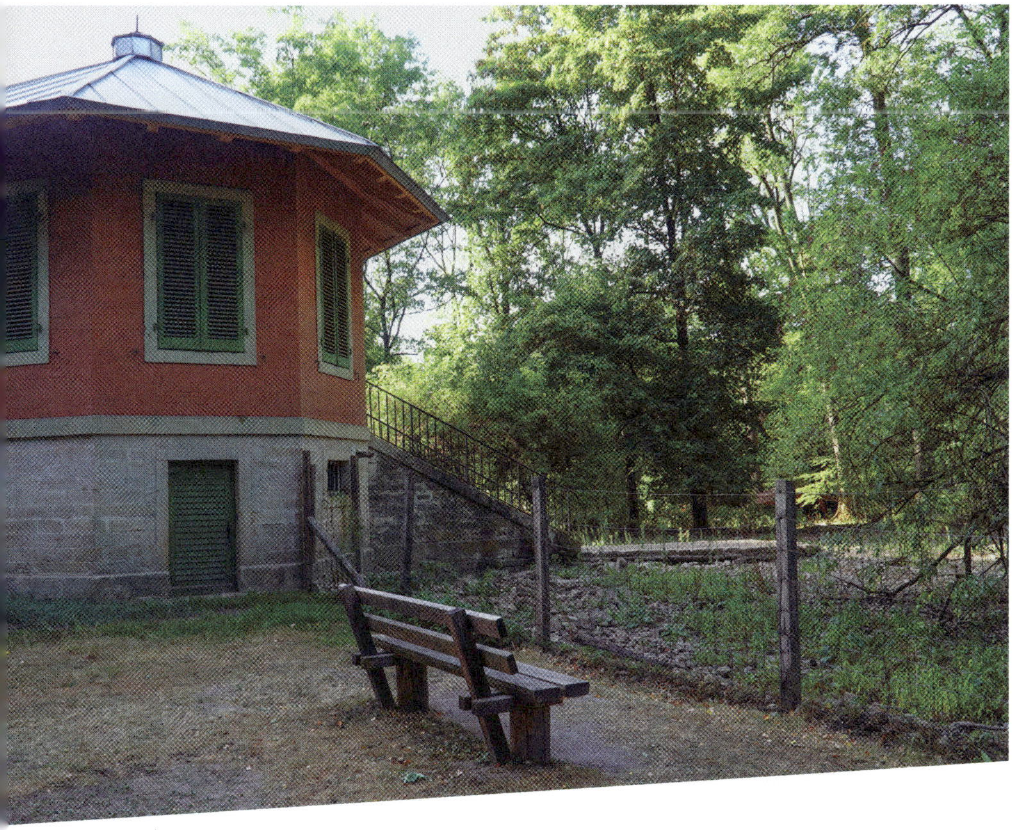

cke, um anschließend wieder in den Schatten der Bäume einzutauchen. Jetzt geht es einen Kilometer weiter im Zickzack. Gut aufgepasst. Du biegst links in die Schlösslesallee ein, querst ein weiteres Mal eine Brücke und fährst dann nach rechts wieder weiter auf der Schlösslesallee. An der nächsten Kreuzung musst du noch einmal rechts in den Stuttgarter Tor Weg. Fast geschafft. Ab hier kannst du einen Kilometer abschalten, bis zur Gabelung, wo es für dich nach rechts in den Forstmeister Feucht Weg geht. Auch jetzt geht es noch einmal einen Kilometer im Zickzack weiter. Die nächste Straße rechts, dann wieder links und dann hast du endlich das 8 / Wildschweingehege (Rotenwaldstraße 55, 70197 Stuttgart) erreicht. Wenn du Glück hast, siehst du die Ferkel, wie sie bei ihrer Mama dösen oder sich im Schlamm wälzen. Niedlich sehen die Kleinen aus. Für dich ist die Tour hier fast vorbei. Einmal umrundest du das Wildschweingehege noch, dann fährst du links und erreichst kurz darauf den 1 / Parkplatz Wildschweingehege.

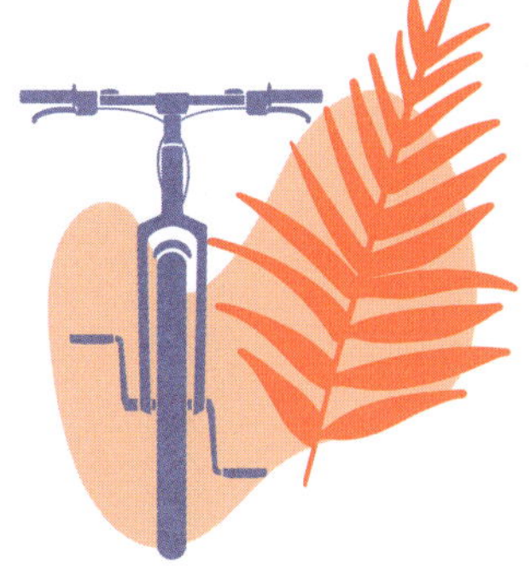

< links / Unterirdischer Stollen der Heslacher Wasserfälle
^ oben / Der Pavillon am Wildschweingehege

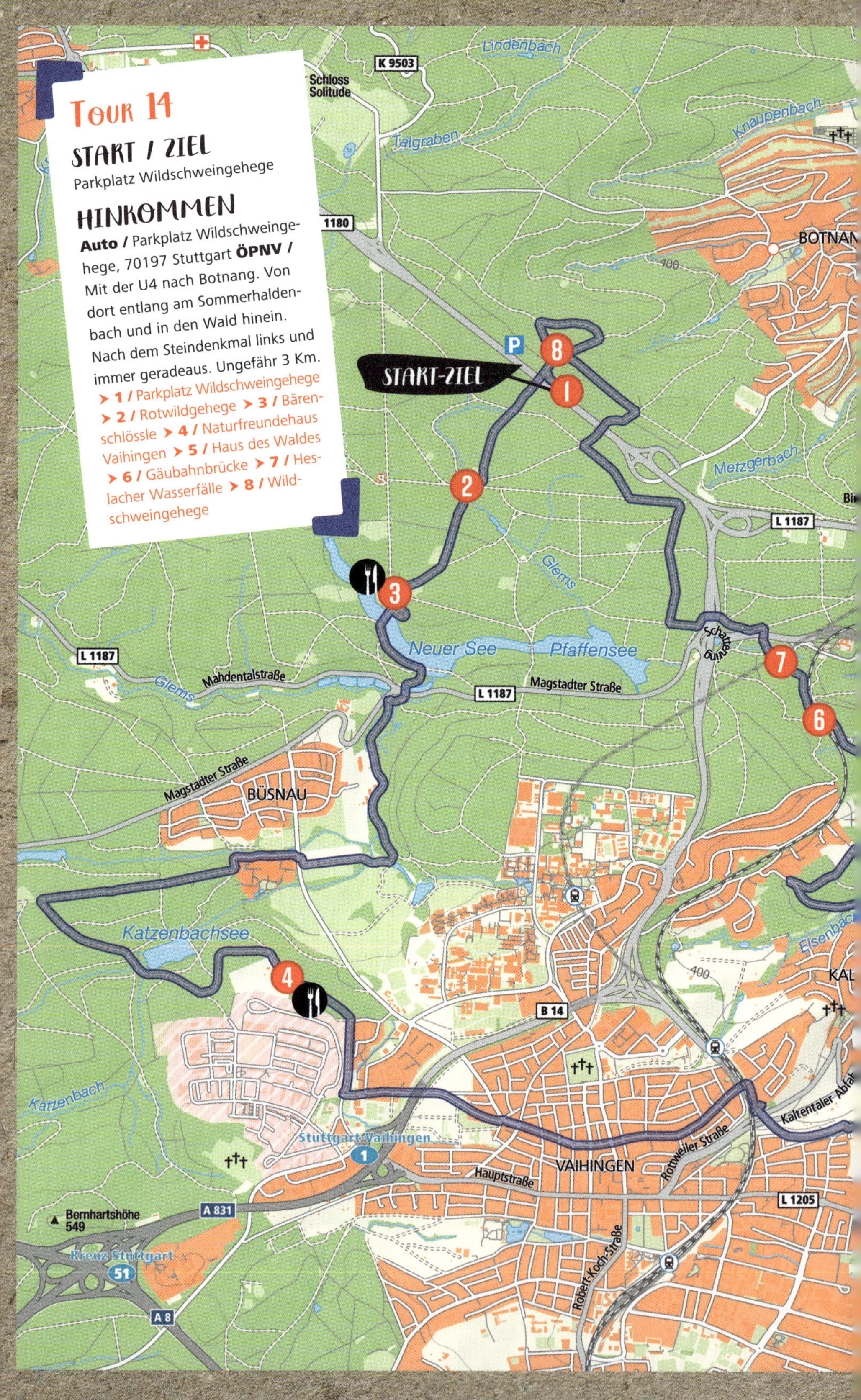

Tour 14
START / ZIEL
Parkplatz Wildschweingehege
HINKOMMEN
Auto / Parkplatz Wildschweingehege, 70197 Stuttgart ÖPNV / Mit der U4 nach Botnang. Von dort entlang am Sommerhaldenbach und in den Wald hinein. Nach dem Steindenkmal links und immer geradeaus. Ungefähr 3 Km.
➤ 1 / Parkplatz Wildschweingehege ➤ 2 / Rotwildgehege ➤ 3 / Bärenschlössle ➤ 4 / Naturfreundehaus Vaihingen ➤ 5 / Haus des Waldes ➤ 6 / Gäubahnbrücke ➤ 7 / Heslacher Wasserfälle ➤ 8 / Wildschweingehege
START-ZIEL
Schloss Solitude
K 9503
Lindenbach
Knaupenbach
Talgraben
1180
BOTNANG
400
Metzgerbach
L 1187
Glems
Neuer See
Pfaffensee
Schattenring
L 1187
Mahdentalstraße
Magstadter Straße
Magstadter Straße
BÜSNAU
Katzenbachsee
B 14
Elsenbach
400
Katzenbach
Stuttgart-Vaihingen
Hauptstraße
VAIHINGEN
Rottweiler Straße
Kaltentaler Abfahrt
L 1205
Bernhartshöhe 549
A 831
Kreuz Stuttgart
51
A 8
Robert-Koch-Straße

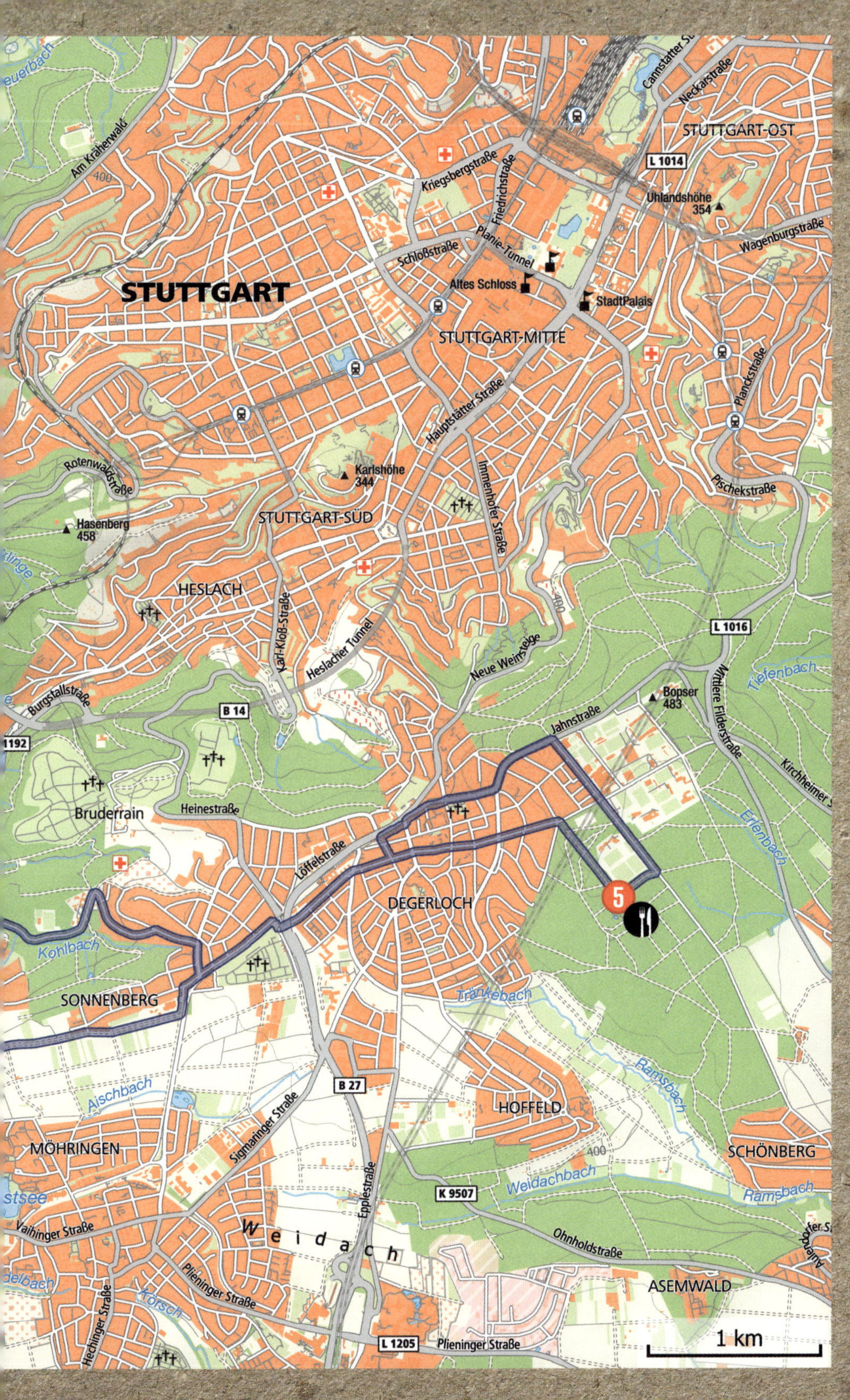

STUTTGART
STUTTGART-OST
STUTTGART-MITTE
STUTTGART-SÜD
HESLACH
DEGERLOCH
SONNENBERG
HOFFELD
MÖHRINGEN
SCHÖNBERG
ASEMWALD
Bruderrain
Altes Schloss
StadtPalais
Uhlandshöhe 354
Karlshöhe 344
Hasenberg 458
Bopser 483
Kriegsbergstraße
Friedrichstraße
Planie-Tunnel
Schloßstraße
Cannstatter Str.
Neckarstraße
Wagenburgstraße
Planckstraße
Pischekstraße
Hauptstätter Straße
Immenhofer Straße
Rotenwaldstraße
Am Kräherwald
Karl-Kloß-Straße
Heslacher Tunnel
Neue Weinsteige
Burgstallstraße
Jahnstraße
Mittlere Filderstraße
Kirchheimer Str.
Heinestraße
Löffelstraße
Sigmaringer Straße
Epplestraße
Vaihinger Straße
Plieninger Straße
Hechinger Straße
Ohnholdstraße
Tiefenbach
Erlenbach
Kohlbach
Tränkebach
Ramsbach
Aischbach
Weidachbach
Weidach
Körsch
L 1014
L 1016
B 14
B 27
K 9507
L 1205
400
5
1 km

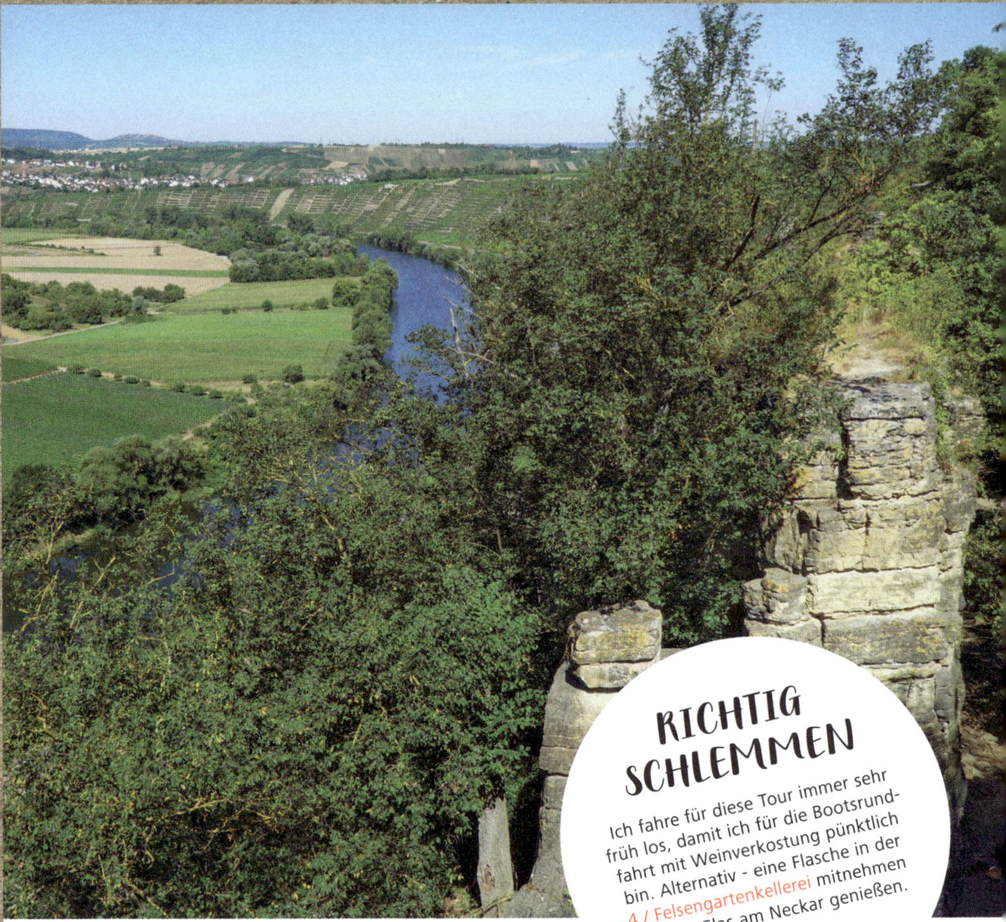

RICHTIG SCHLEMMEN

Ich fahre für diese Tour immer sehr früh los, damit ich für die Bootsrundfahrt mit Weinverkostung pünktlich bin. Alternativ - eine Flasche in der 4 / Felsengartenkellerei mitnehmen und ein Glas am Neckar genießen.

> **1 /** Start ist das Forsthaus in Bietigheim-Bissingen

> **2 /** Einen morgendlichen Kaffee an der Einkehr zum Posten 35 schlürfen

> **3 /** Die verwunschenen Hessigheimer Felsengärten entdecken

> **4 /** Sich in der Felsengartenkellerei beim Kauf von Wein beraten lassen

> **5 /** An der Bootsanlegestelle des Neckar-Käpt'n in Mundelsheim für einen Bootstrip einsteigen

> **6 /** Im Restaurant Kapadokya in die Türkei reisen

> **7 /** Zur Ruhe kommen im Naturreservat Neckarparadies

> **8 /** Den Blick vom Aussichtshügel Blockstromreste des Uraspergs genießen

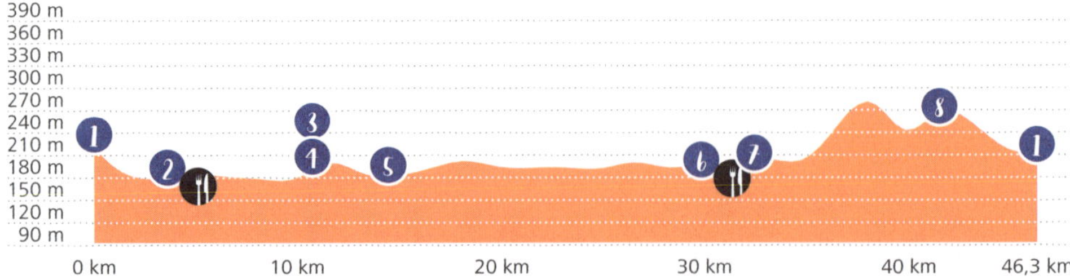

STUTTGARTS GÄRTEN

Von der Enz zum Neckar

Die Tour verbindet den Enztalradweg mit dem Neckartal-Radweg. Mit Bootstour und Miniwanderung zu den Hessigheimer Felsengärten ist der Tag vom Morgen bis zum Abend gefüllt.

46 Kilometer
405 Höhenmeter
405 Höhenmeter
3 Stunden
Rundtour

Natur pur

Das Motto dieser Tour lautet Natur pur – und passend dazu startest du im Wald am 1 / Forsthaus Bietigheim. Nicht ganz getreu des Mottos musst du danach erst in den Ort rein, um dann aber kurz darauf an der Enz entlangzudüsen. Dazu folgst du den grünen Pfeilen in Richtung Besigheim und schon fährst du an Wiesen und Bäumen vorbei. Am Horizont wölben sich Weinberge, zu deiner Linken fließt die Enz. Du erreichst die Neckar-Enz-Stellung, die während des Deutschen Reichs zur Verteidigung errichtet wurde und die um die 450 Bunker umfasst. An der Kläranlage passierst du Bunker 303 und 304. Doch davon bekommst du nicht viel mit, denn während Beton und Stahl unter der Erde liegen,

CHARAKTER
Sportlich ●●●○○
Abkühlung ●●●○○
Schlemmen ●●●●○
Panorama ●●●●●

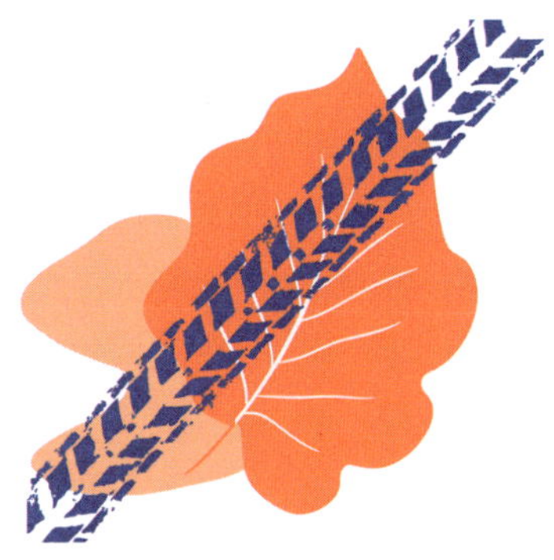

TOURENINFO / Meist abseits des Verkehrs auf breiten asphaltierten Radwegen. Teilweise sehr steil. Gut ausgeschildert. Feueranzünder mitnehmen, wer grillen möchte.

< links / An den Hessigheimer Felsengärten tummeln sich die Kletterer

wuchern oben Sträucher und Gestrüpp. Was du dafür mitbekommst, ist der 2 / Posten 35 (Bernhälde 1, 74354 Bessigheim). Der Kiosk lädt Radfahrer auf eine Pause ein. Idyllisch kann man hier unter dem Pavillon verschnaufen und einen Kaffee zur Stärkung oder eine Schorle zur Erfrischung trinken. Anschließend geht es weiter an der Enz entlang.

Bummeln in der Altstadt

Nach viereinhalb Kilometern taucht am Horizont der Schochenturm von Besigheim auf. Nach und nach tauchst du in die Altstadt ein. Ab jetzt folgst du den Schildern Richtung Hessigheim, die ebenfalls durch grüne Pfeile gekennzeichnet sind. Du kommst vorbei an schnuckligen Cafés und kleinen Geschäften, die dazu verlocken, dein Fahrrad abzustellen und durch den Ort zu schlendern. Wenn du Zeit hast, folge dem Drang. Falls es abends spät werden sollte, kannst du dann die S-Bahn von Ludwigsheim nehmen, um zu deinem Auto oder direkt nach Stuttgart zurückzufahren. Hast du die Altstadt von Besigheim durchquert, musst du über die B27, danach gehts wieder ab in die Natur, dieses Mal am Neckar entlang. Neben dir tauchen goldene Felder auf, auf denen Bauern im Spätsommer den Weizen bereits geerntet haben. Dann saftige grüne Weinreben, deren Zweige von dicken Trauben nach unten gezerrt werden. Am Horizont siehst du bereits die ersten Felsen, die wie Klippen wirken. Sie sind dein Ziel. Ja, es wird steil werden, aber es lohnt sich. Nach der Brücke bist du bereits am Ortseingang von Hessigheim. Überquere die Straße und folge den Schildern zu den 3 / Hessigheimer Felsengärten (Am Felsengarten 27, 74394 Hessigheim).

BUMMELN IN BESIGHEIM

Die Häuser schmiegen sich dicht aneinander, sodass es euch in Besigheim ganz kuschelig wird. Es gibt viele nette Cafés und Läden.

Miniwanderung zu den Felsentürmen

Oben angekommen, erwartet dich ein wunderschöner Ausblick über den Neckar. Du siehst die Brücke, auf der du gerade noch ge-

---

➤ rechts oben / Blick über den Neckar von den Hessigheimer Felsengärten ➤ rechts Mitte / Wein aus regionalem Anbau gibt es in der Felsengartenkellerei

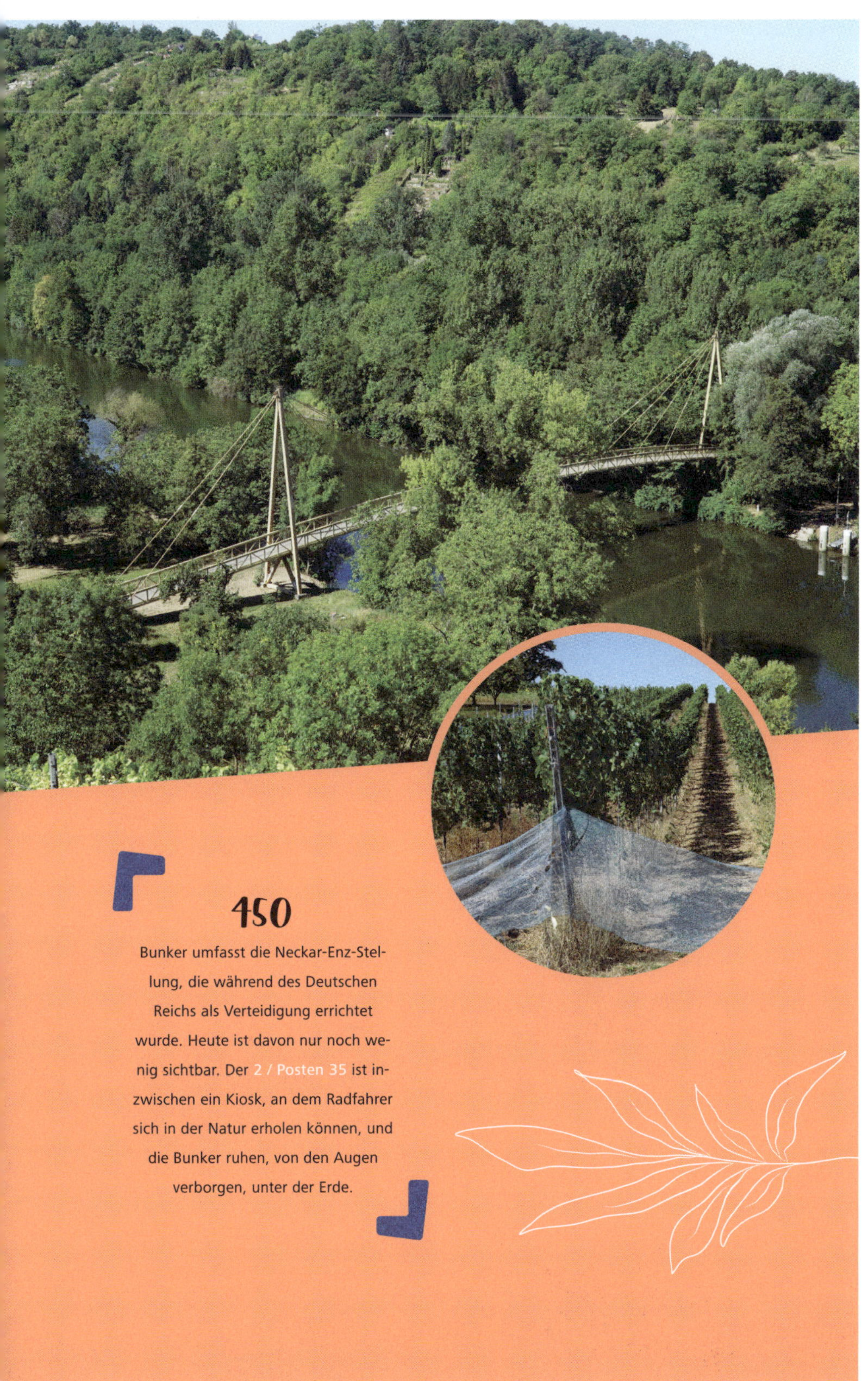

450

Bunker umfasst die Neckar-Enz-Stellung, die während des Deutschen Reichs als Verteidigung errichtet wurde. Heute ist davon nur noch wenig sichtbar. Der 2 / Posten 35 ist inzwischen ein Kiosk, an dem Radfahrer sich in der Natur erholen können, und die Bunker ruhen, von den Augen verborgen, unter der Erde.

Perfekte Aussicht

Von den **3 / Hessigheimer Felsengärten** blickst du über den Neckar und die Weinberge. Zehn Minuten zu Fuß und vor dir türmen sich die Felsentürme auf.

An einem verwunschenen Ort

radelt bist, die Weinberge, auf denen die Reben in Reih und Glied stehen, die goldenen Felder. Und wenn du noch ein weiteres Highlight erleben möchtest, dann kannst du die Treppen zu den Felsengärten hinauf- und danach zu den Felsen hinabsteigen. Das dauert rund zehn Minuten. Was dich erwartet? Ein verwunschener Ort. Bäume wachsen hier quer, sodass die Sonne nur vereinzelt durch das Blätterdach dringt. Die Felsen sind zum Teil mit Moos und Efeu überwuchert, andere wiederum liegen frei, denn die Felsen werden auch von Kletterern genutzt. Sie kämpfen an der Wand um jeden Zentimeter, rufen sich Kommandos zu, feuern sich an. Da lässt sich richtig mitfiebern.

Wein aus der Region

Nach dem steilen Anstieg und der kleinen Wanderung geht es nun bergab. Unten angekommen werden Familien mit kleinen Kindern nicht daran vorbeikommen, noch einmal einen Stopp einzulegen. Denn eine Burg mit Rutschen, Hängebrücken und Kletternetzen wartet darauf, erobert zu werden. Gleich nebenan geht es zur

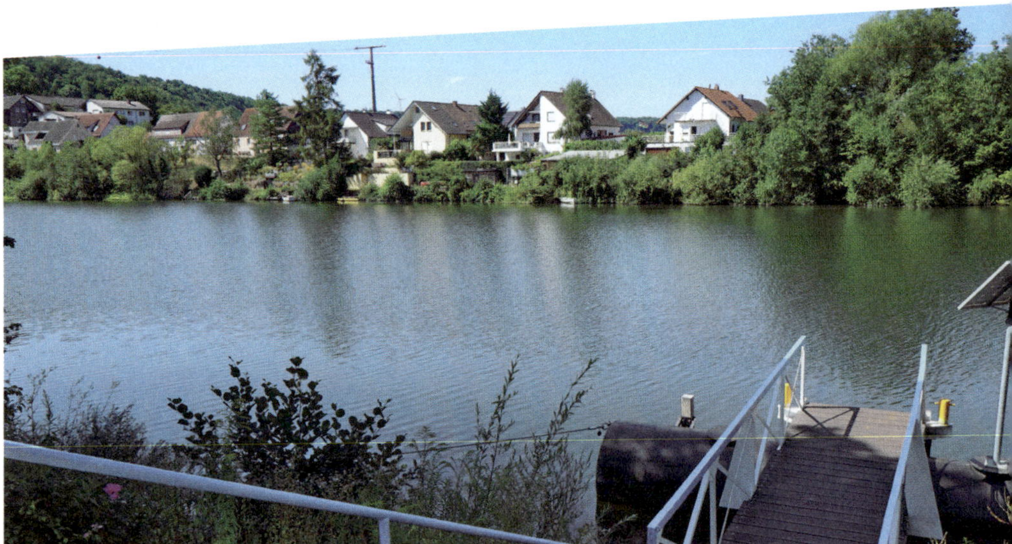

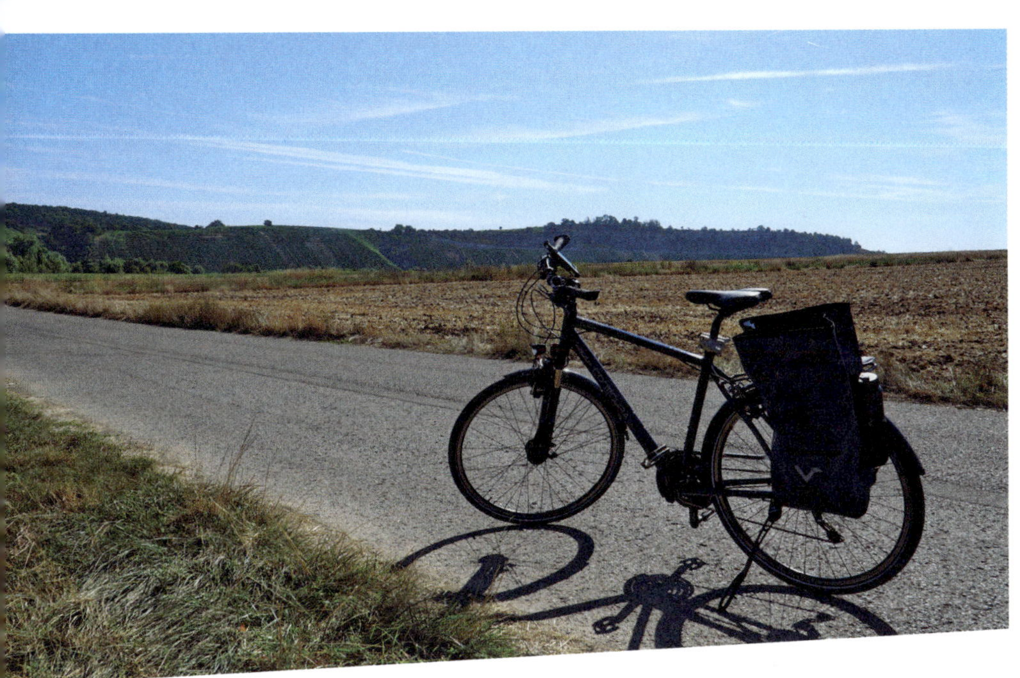

4 / Felsengartenkellerei (Am Felsengarten 1, 74394 Hessigheim). Hier kannst du dir noch einen Tropfen aus der Region mitnehmen und wenn du ihn abends genießt, dann denke an deine Tour und was du alles erlebt hast. Zuerst aber musst du am Ziel ankommen, also überquerst du wieder die Straße, um zurück auf den Fahrradweg zu kommen, der dich nach Hessigheim hineinführt. Ab jetzt hältst du Ausschau nach den Schildern Marbach am Neckar, die dich immer entlang des Flusses führen. So gelangst du nach Mundelsheim und erreichst die 5 / Bootsanlegestelle des Neckar-Käpt'n (Karl-Epple-Straße 5, 74395 Mundelsheim). Hier kannst du nun am Wochenende um die Mittagszeit für eine Rundfahrt auf dem Neckar zusteigen und so richtig schwäbisch schlemmen. Es gibt Maultaschensuppe, Maultaschen auf die Hand, Maultaschen mit Kartoffelsalat. Alles hausgemacht. Und dazu ein schönes Glas Wein. Die Rundfahrt kannst du vorab auf der Website buchen.

KM 15

Bei einer Fahrt mit dem 5 / Neckar-Käpt'n wird der Gaumen verwöhnt. Schwäbische Kost mit schwäbischem Wein. Nach dem Essen schaukelt dich das Boot dann zur Verdauung sachte hin und her. Es gibt eine Rundtour pro Tag, immer mittags.

Deftig und türkisch

Bist du wieder zurück, dann geht es weiter auf dem Neckartal-Radweg. Im Sommer radelst du nun vorbei an Zuckerrüben- und Sonnenblumenfeldern. Bänke laden zum Rasten ein. So kommst du nach Pleidelsheim und schließlich nach Benningen am Neckar. Hier

< links / Die Ruhe vor dem Ansturm: Bootsanlegestelle des Neckar-Käpt'n ^ oben / Bei den Feldern wärmt die Sonne den Rücken

kannst du im türkischen Restaurant 6 / Kapadokya (Ludwigsburger Straße 2 A, 71726 Benningen am Neckar) mit Blick auf den Neckar einkehren. Jetzt hast du den Großteil geschafft und kannst dir noch mal ein deftiges Essen gönnen. Ob gegrillte Hähnchenspieße, eine Fischplatte oder geschmortes Hackfleisch – es gibt alles, was das Herz begehrt. Anschließend folgst du den Schildern nach Ludwigsburg. Sie führen dich durch das 7 / Naturreservat Neckarparadies bei Benningen am Neckar, bis der Weg sich gabelt. Jetzt musst du nach rechts in Richtung Schloss Monrepos. Nimm dafür auf jeden Fall Schwung, denn es wird gleich so richtig steil. Das war aber das schlimmste Stück. Für den Rundweg folgst du nun weiter der Beschilderung zum Schloss. Doch falls du dir sehr viel Zeit gelassen hast, kannst du auch zur S-Bahn in Ludwigsburg radeln. Es sind nur drei Stationen nach Bietigheim-Bissingen.

GRILLEN UND CHILLEN

Am Aussichtshügel 8 / Blockstromreste des Uraspergs steht ein Sonnensegel mit Grillstelle. An kühlen Tagen ist ein Feuer der perfekte Abschluss.

Abendliches Feuer

Wenn du aber noch Energie hast, dann wartet ein wunderschöner Rastplatz mit toller Aussicht auf dich. Dafür folgst du beim Schloss Monrepos dem Weg nach Bietigheim-Bissingen. Unter den Alleen musst du einmal kurz über Schotter, triffst aber

KM 33

Das 7 / Naturreservat Neckarparadies ist zwar nicht besonders lang, dafür besonders schön. Rund eine Million Euro hat die Renaturierung an dieser Stelle gekostet. Jetzt laden Bänke dazu ein, es sich am Ufer des Flusses bequem zu machen. Das Projekt ist inzwischen Vorbild für viele andere Initiativen.

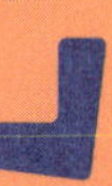

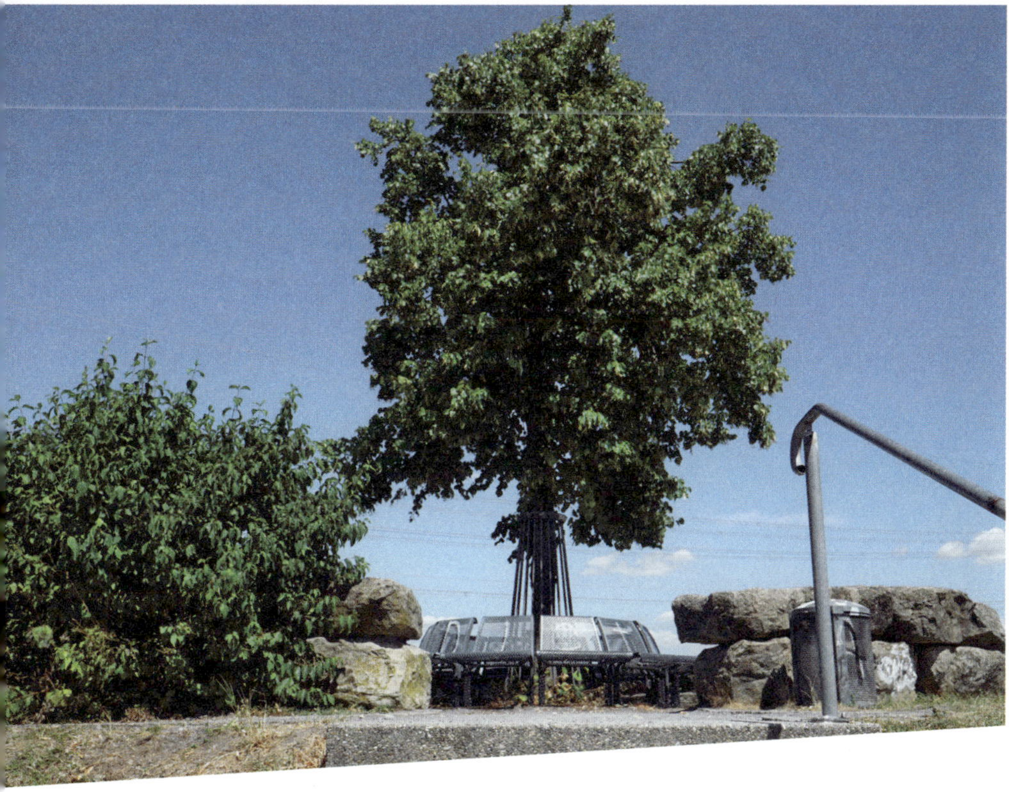

kurz darauf wieder auf den gut asphaltierten Fahrradweg, der über dem Planetenweg an der B27 entlangführt. Von den Autos bekommst du allerdings weniger mit, als du vielleicht anfangs gedacht hast. Schließlich gelangst du zu einem Aussichtshügel – den 8 / Blockstromresten des Uraspergs (B27, 71732 Tamm) – und zu einer Grillstelle mit Sonnensegel. Der perfekte Ort, um den Abend ausklingen zu lassen, mit den Kindern Grillspieße zu schnitzen oder sich einfach nur mit Freunden am Feuer zu unterhalten. Falls du spontan Lust auf Grillen hast, kannst du dir in einem Supermarkt in Tamm zum Beispiel ein Stück Grillkäse holen. Abends musst du dann nur noch nach Bietigheim-Bissingen hinein. Bist du mit der S-Bahn hier, dann führen dich die Schilder direkt zum Bahnhof. Alle Autofahrer müssen am Bahnhof noch ein Stückchen weiter in Richtung Ingersheim. Doch schon bald bist du wieder am 1 / Försterhaus und an deinem Auto angelangt. Bei einem abendlichen Trunk kannst du zuhause mit deiner Flasche Wein aus der Felsengartenkellerei den Tag noch einmal Revue passieren lassen.

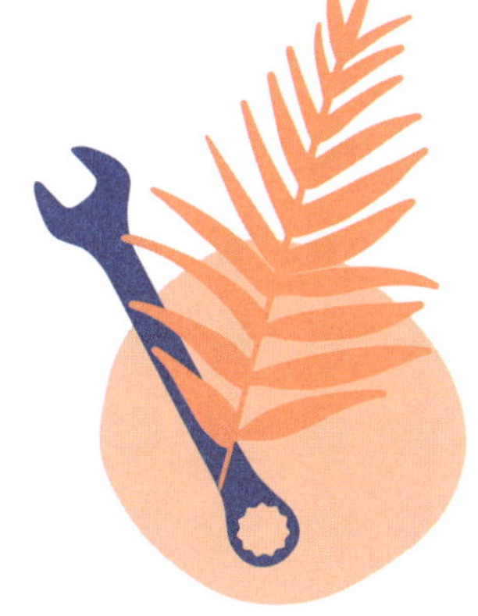

＜ links / Im Naturreservat Neckarparadies die Seele baumeln lassen
∧ oben / Vom Aussichtshügel Uraspergs hat man eine herrliche Aussicht

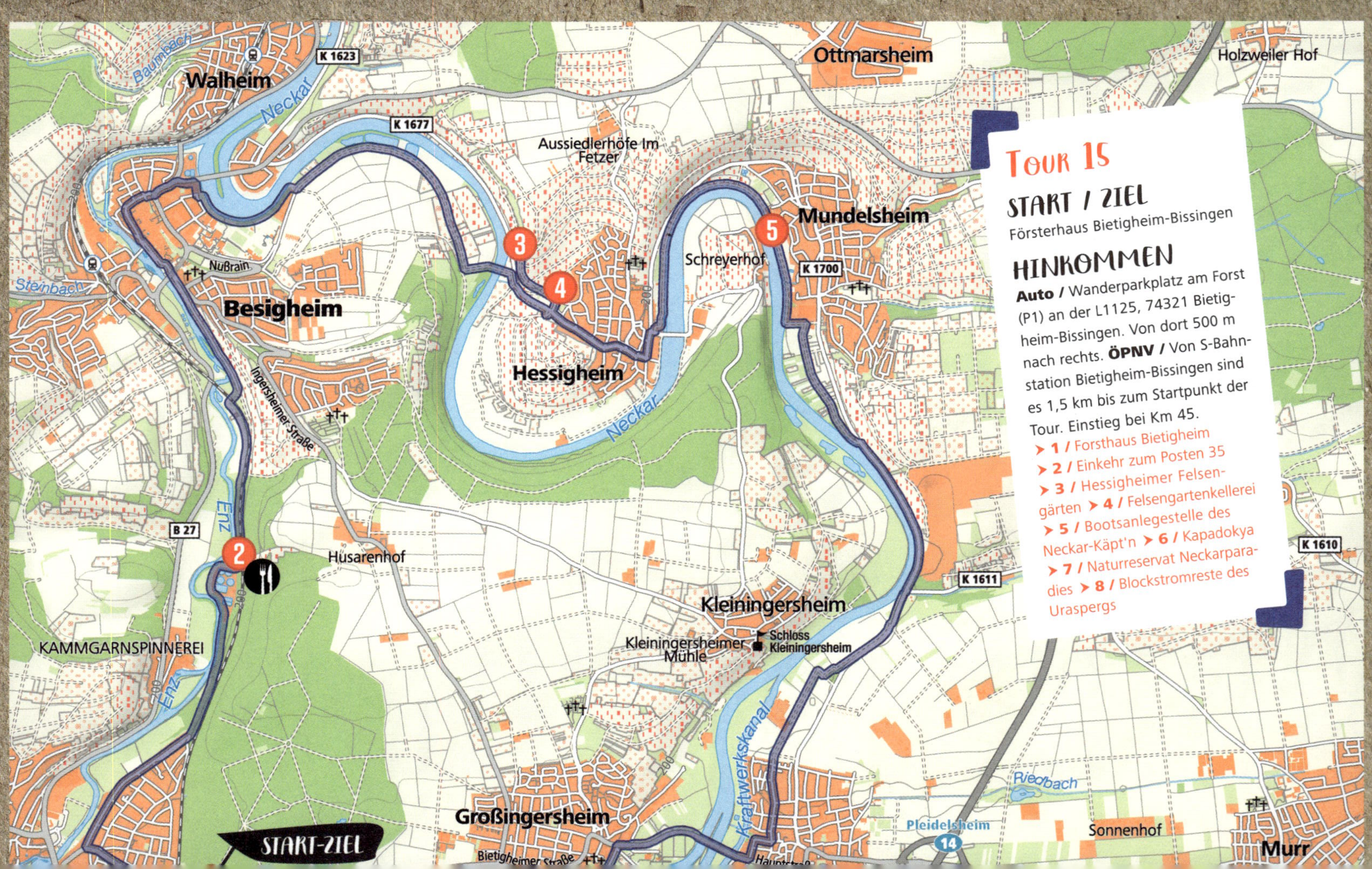

Tour 15

START / ZIEL

Försterhaus Bietigheim-Bissingen

HINKOMMEN

Auto / Wanderparkplatz am Forst (P1) an der L1125, 74321 Bietigheim-Bissingen. Von dort 500 m nach rechts. **ÖPNV /** Von S-Bahnstation Bietigheim-Bissingen sind es 1,5 km bis zum Startpunkt der Tour. Einstieg bei Km 45.

› 1 / Forsthaus Bietigheim **› 2 /** Einkehr zum Posten 35 **› 3 /** Hessigheimer Felsengärten **› 4 /** Felsengartenkellerei **› 5 /** Bootsanlegestelle des Neckar-Käpt'n **› 6 /** Kapadokya **› 7 /** Naturreservat Neckarparadies **› 8 /** Blockstromreste des Uraspergs

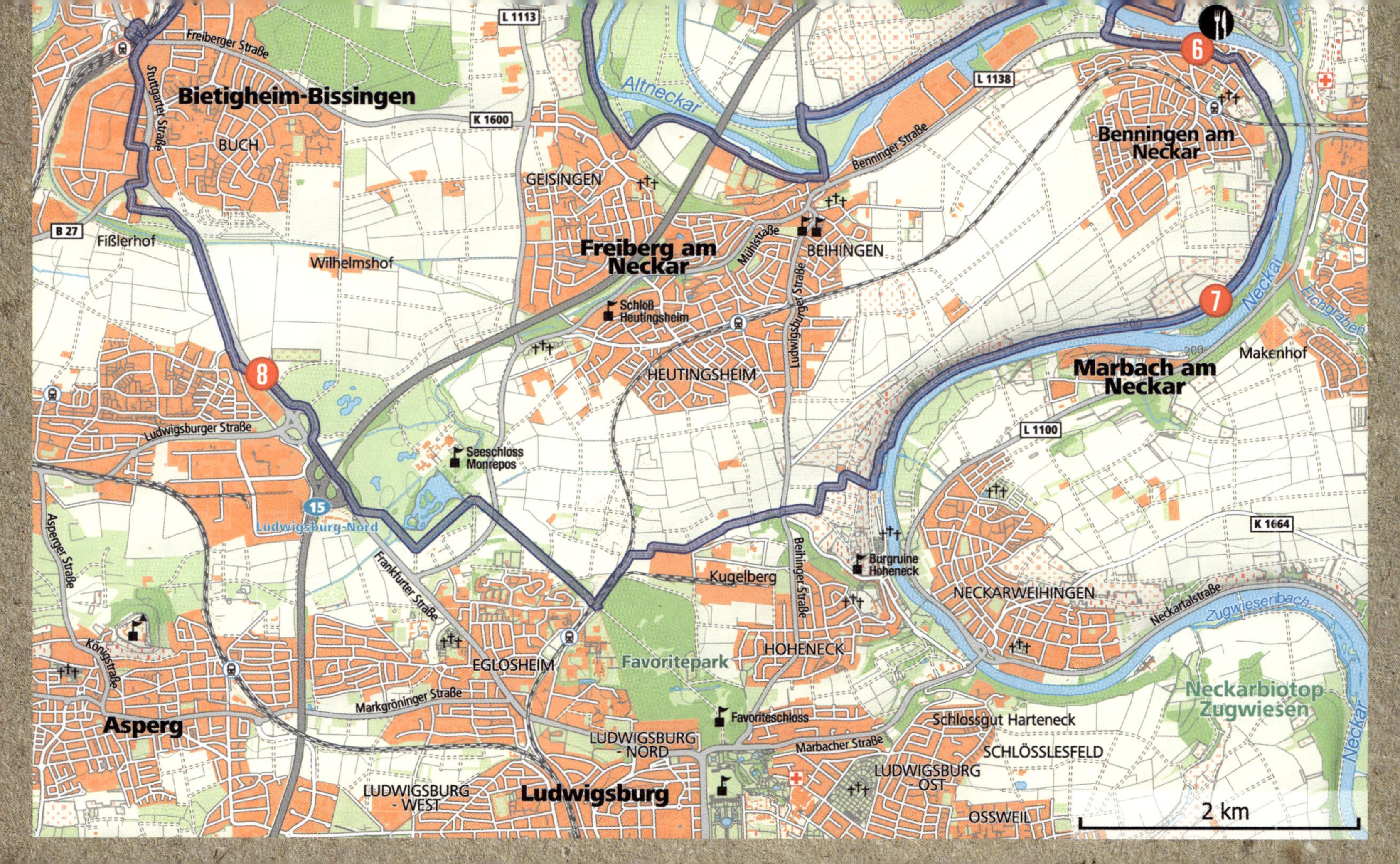

Bietigheim-Bissingen
BUCH
Freiberger Straße
Stuttgarter Straße
B 27
Fißlerhof
Wilhelmshof
K 1600
L 1113
GEISINGEN
Altneckar
Freiberg am Neckar
Mühlstraße
Schloß Heutingsheim
HEUTINGSHEIM
Ludwigsburger Straße
BEIHINGEN
Benninger Straße
L 1138
Benningen am Neckar
6
7
8
Neckar
Eichgraben
Makenhof
Marbach am Neckar
200
L 1100
K 1664
Seeschloss Monrepos
15
Ludwigsburg-Nord
Frankfurter Straße
Kugelberg
Beihinger Straße
Burgruine Hoheneck
NECKARWEIHINGEN
Neckartalstraße
Zugwiesenbach
Neckarbiotop Zugwiesen
Asperger Straße
Königstraße
Asperg
Markgröninger Straße
EGLOSHEIM
Favoritepark
HOHENECK
Favoriteschloss
LUDWIGSBURG - NORD
Marbacher Straße
Schlossgut Harteneck
SCHLÖSSLESFELD
LUDWIGSBURG - OST
LUDWIGSBURG - WEST
Ludwigsburg
OSSWEIL
2 km

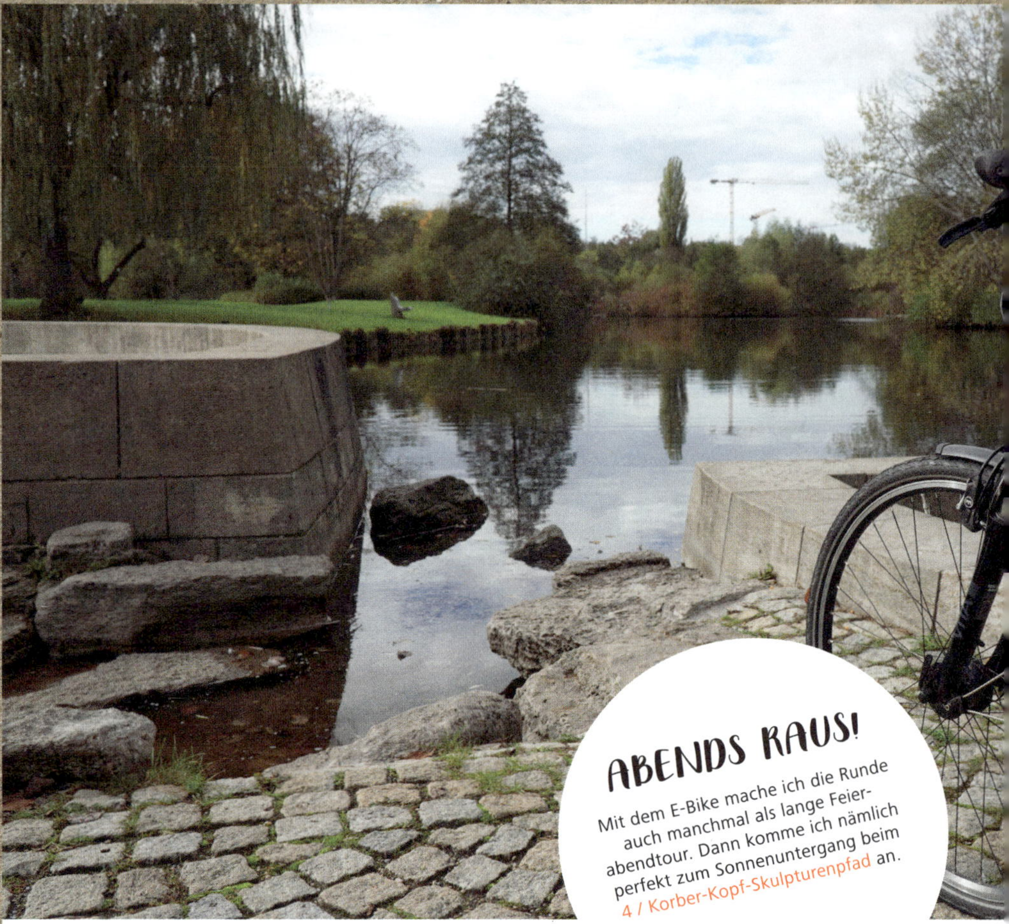

ABENDS RAUS!

Mit dem E-Bike mache ich die Runde auch manchmal als lange Feierabendtour. Dann komme ich nämlich perfekt zum Sonnenuntergang beim 4 / Korber-Kopf-Skulpturenpfad an.

➤ **1 /** Am Startpunkt Seeplatz noch kurz im Talauesee abkühlen

➤ **2 /** In der Galerie Stihl findest du Kunst aus Papier

➤ **3 /** Im Hofcafé Haag gibt's die leckersten Kuchen

➤ **4 /** Über Köpfe nachdenken am Korber-Kopf-Skulpturenpfad

➤ **5 /** Sich wie beim Stammtisch fühlen in der Kelterstube

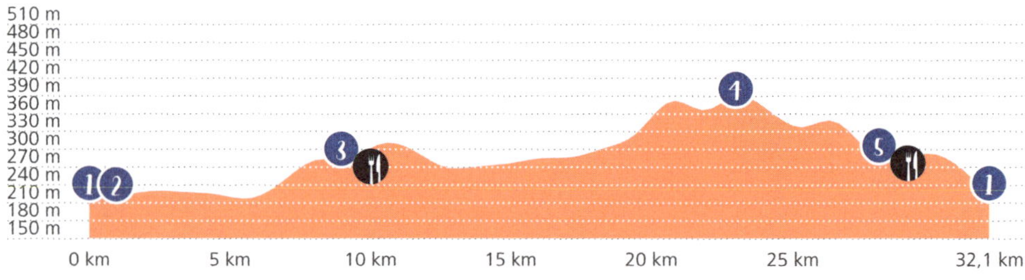

VERLORENE KÖPFE

Auf Kunsttournee durch Waiblingen und Winnenden

Wenn du die Verbundenheit von Kunst und Natur erleben willst, dann bist du auf dieser Route richtig. Ein begehbarer Kopf aus Bambus, ein Thron mit Ausblick. Jedes Jahr ist etwas Neues dabei. Auch Kinder kommen hier auf ihre Kosten.

32 Kilometer
415 Höhenmeter
415 Höhenmeter
2:15 Stunden
Rundtour

Los geht's entlang der Rems

Wir starten in einer städtischen Oase, der Talaue Waiblingen. Inmitten von Bäumen und Gräsern liegt hier der Talauesee. Ein laues Lüftchen weht über ihn zum 1 / Seeplatz, wo wir uns aufs Rad schwingen. Los geht's mit dem See im Rücken nach links. Kurz nach deinem Start erscheint neben dir die Rems. Sie wird die nächsten sechs Kilometer dein treuer Begleiter sein. Sie wird neben dir sein, wenn du noch auf das eine oder andere Kunststück von der Remstal Gartenschau 2019 triffst. Und sie wird neben dir sein, wenn du die 2 / Galerie Stihl (Weingärtner Vorstadt 12, 71332 Waiblingen) erreichst, deren Gebäude du

CHARAKTER

Sportlich ●●●○○
Abkühlung ●●●○○
Schlemmen ●●○○○
Panorama ●●●●○

TOURENINFO / Durchgehend auf asphaltierten Wegen. Teilweise steil. Gut geeignet für Familien mit E-Bike und Anhänger.

◂ links / Die Ruhe vor der Anstrengung: der Seeplatz am Talausee

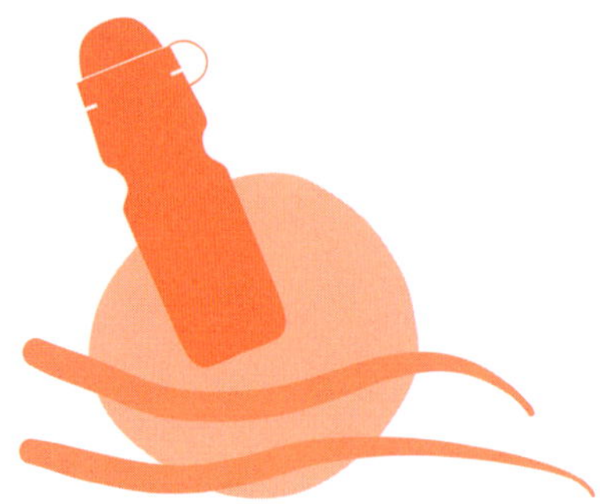

schon von der anderen Flussseite anhand der hochkantigen Lamellen erkennst. Vor der Galerie stößt du auf ein besonderes Kunstwerk, genannt „der Pavillon für Waiblingen". Die Formation erinnert an einen Springbrunnen, dessen Wasserläufe zu Stahl wurden. Thematisiert wird dabei auch die Verbundenheit von Natur und Kunst. Das Thema wird auch später auf dieser Tour noch einmal auftauchen.

LEBENDIGE NATUR

Mehr als hundert verschiedenen Vogelarten kannst du im Naturschutzgebiet „Unteres Remstal" begegnen. Darunter auch dem Eisvogel oder dem Grauspecht.

Schwerpunkt der Ausstellungen der Galerie sind vor allem Arbeiten aus und auf Papier. Zeichnungen, Druckgrafiken, Aquarelle, aber auch Comics und Plakate werden neben Bau- und Modezeichnungen ausgestellt. Bist du wieder aus dem Museum draußen, kommt nach dem künstlerischen Input nun ein Naturerlebnis. Wieder zurück auf der anderen Flussseite folgst du erneut der Rems. So wie der Fluss sich durch die Landschaft windet, so schlängelst auch du dich zwischen Waldstreifen und Städten hindurch. Das Stück ist übrigens Teil des Naturschutzgebietes „Unteres Remstal". Hier begegnen dir überall natürliche Lebensräume, in denen die Natur gedeiht. An warmen Tagen siehst du die Eidechsen über die Steine flitzen und vielleicht auch eine Waldmaus um die Ecke spitzeln. Erst wenn dein Weg an der Vogel- und Remsmühle endet, biegst du rechts nach Hohenacker ab.

Erster Vesperstopp

Immer parallel zur Hegnacher Straße folgst du den Schildern nun nach Schwaikheim bis zum Ortsende. Dort machst du einen Abstecher nach links in den Kirchweg und fährst bis zu nächsten Ansammlung an Häusern. Nimmst du hier die zweite Straße rechts, kommst du zum 3 / Hofcafé Haag (Zillhardtshof 12, 71336 Waiblingen). Mittags lässt sich in dem kuschelig eingerichteten Café ein leckeres Vesper genießen. Ausgefallen ist das Essen nicht, aber über ein knuspriges Brot mit gutem Käse geht oft nichts. Und was besonders lecker ist: Ein saftiges Stück Kuchen als Nachtisch.

➤ rechts oben / Bunte Blätter treiben auf der Rems ➤ rechts Mitte / Der Pavillon vor der Galerie Stihl: ein zu Stahl gewordener Springbrunnen

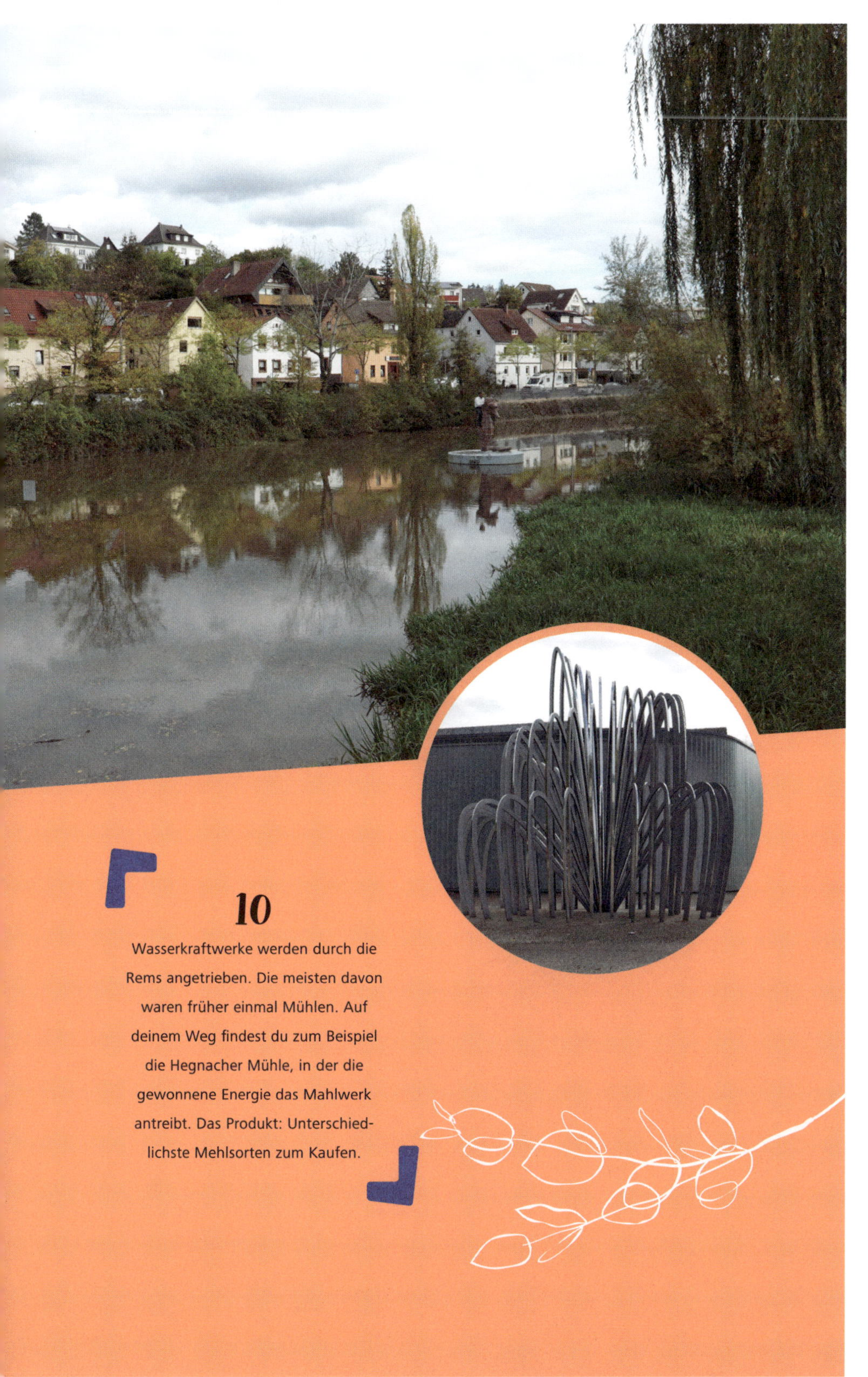

10

Wasserkraftwerke werden durch die Rems angetrieben. Die meisten davon waren früher einmal Mühlen. Auf deinem Weg findest du zum Beispiel die Hegnacher Mühle, in der die gewonnene Energie das Mahlwerk antreibt. Das Produkt: Unterschiedlichste Mehlsorten zum Kaufen.

Kuchen-schmaus

Während der Apfelernte unbedingt den selbstgemachten Apfelkuchen im **3 / Hofcafé Haag** probieren. Davor aber Öffnungszeiten checken!

Am Zipfelbach entlang

Hinauf zu den Korber Köpfen

Gestärkt geht es dann wieder – dort wo du zuvor abgebogen bist – weiter. Es dauert nicht lange und du triffst wieder auf den Fahrradweg, auf den du links abbiegst. Schon düst du nach Schwaikheim und durch den Ort hindurch. Nächste Station: Winnenden. Zweieinhalb Kilometer radelst du neben dem Fluss Zipfelbach, fährst dabei unter der Zipfelbachbrücke hindurch und erreichst schließlich Winnenden. An der Gabelung kurz nach dem Bahnhof hältst du dich rechts und fährst dann auf der Bachstraße weiter. Ein wenig unscheinbar zweigt nach siebenhundert Metern die Schloßstraße rechts ab. Diese musst du nehmen. Du weißt, dass du richtig bist, wenn kurz darauf ein weitläufiges Areal mit der Schlosskirche und dem Krankenhaus für Psychiatrie und Neurologie auftaucht. Für dich geht es jetzt immer geradeaus. Du lässt Winnenden hinter dir – am Kreisel nimmst du

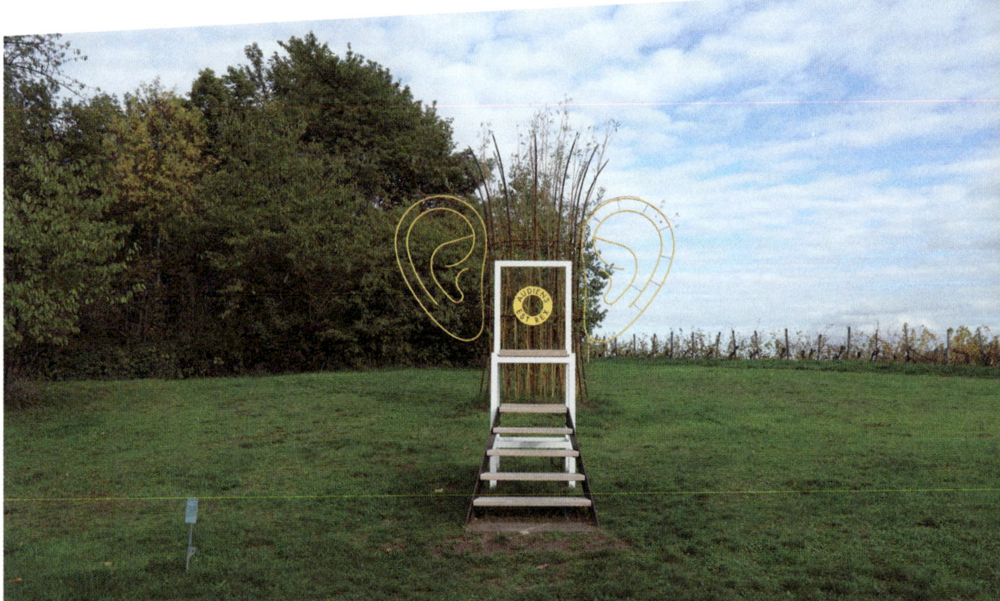

die erste Ausfahrt – und folgst dem Fahrradweg zur Abwechslung durch kleine Waldstücke. Anderthalb Kilometer radelst du, bis du am Hof Schäfer dem Weg nach rechts in Richtung Korb folgst. Kurz vor Korb erwartet dich dann das Tour-Highlight. Dafür musst du gegenüber des Parkplatzes Hannweiler Sattel nach rechts auf den Sonneweg weiter. Fährst du nun immer geradeaus, erreichst du nach rund dreißig Höhenmetern und einem Kilometer den 4 / Korber-Kopf-Skulpturenpfad (71404 Korb).

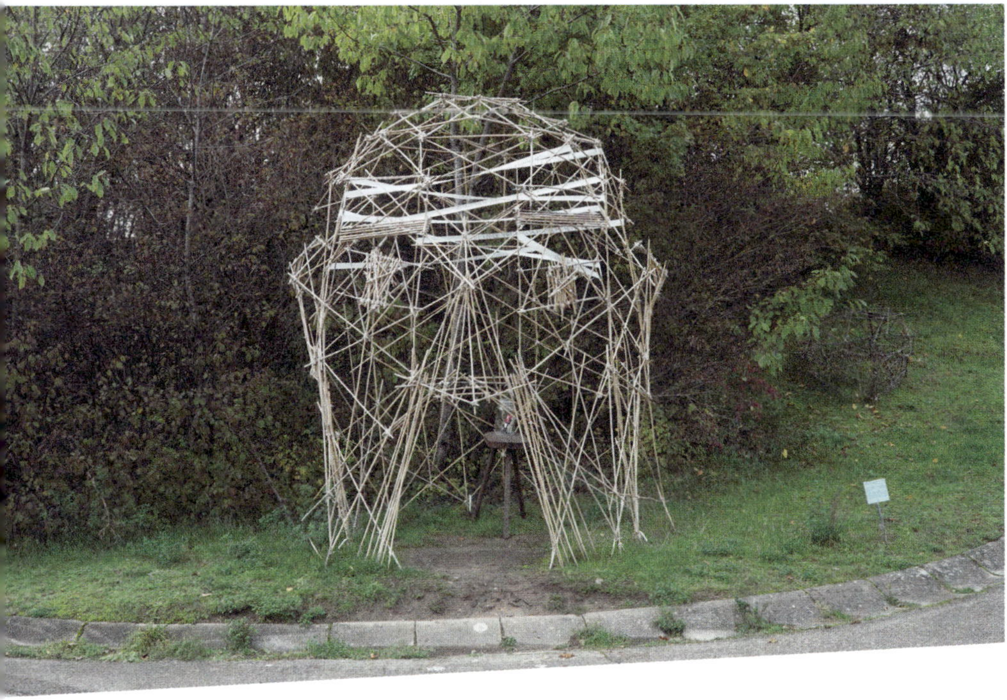

Kunst in der Natur

Seit 2007 gibt es die Kunstausstellung zum Thema „Kopf" unter freiem Himmel, die der Korber Bildhauer Guido Messer entwickelt hat. Dabei gehen Kunst und Natur eine einzigartige Verbindung ein. Immer von Mai bis April des Folgejahres sind die Kunstwerke der Profis und Amateure zu sehen. Flyer vor Ort informieren über die Ausstellungsstücke. So konnten im Jahr 2022/23 zum Beispiel drei Stelen bestaunt werden, bei denen Köpfe Köpfe balancieren. Horst Peter Schlotter kreierte diese.

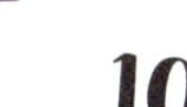

10

Köpfe findest du auf dem 4 / Korber-Kopf-Skulpturenpfad. Jedes Jahr sind es neue. Was gleich bleibt: das Berghäusle. Nach der Hälfte des Rundweges triffst du auf das Haus aus Stein. Von dort hast du eine wunderbare Aussicht.

< links / Der Ohrenthron war Teil des Korber Kopf Strukturenpfads 2022
^ oben / Im begehbaren Bambuskopf konnte man seine Gedanken niederschreiben

Im weitesten Sinne sollen sie auf das Denken als balancierter Vorgang hindeuten. Der Künstler aus Weil der Stadt stellt seine Werke unter anderem auch in der Galerie Meinlschmidt und Zaiß in Aalen aus. Fährst du nun nach links und bleibst auf dem Skulpturenrundweg, dann begegnen dir nach und nach weitere Kunstwerke. So gab es im Jahr 2022/23 auch einen riesigen Bambuskopf zu bestaunen. Dieses Werk stammte von der elften Klasse des Max-Planck-Gymnasiums aus Schorndorf. Ihr Vorbild bei dem Werk: ein riesiger vergoldeter Kopf des US-Rappers Travis Scott. Doch die Schüler und Schülerinnen wollten nicht nur das Äußere sichtbar machen, sondern auch das Innere. Im Zentrum des Kopfes befand sich deshalb ein Büchlein, in das jeder seine Gedanken schreiben konnte. Fährst du nun noch ein Stück weiter, dann triffst du bald auf das Berghäusle. Hier befand sich 2022/23 der Ohrenthron. Er wurde von David Klopp, Albrecht Rühle und Wolfgang Schmid kreiert, die dabei den Besucher ins Zentrum rücken wollten. Die Botschaft dahinter: Wer zuhört, ist König. Insgesamt zehn Kunstwerke gibt es, bis du wieder deinen Ausgangspunkt erreicht hast. Welche sind es wohl auf deiner Runde?

ANTIKER BAUM

Als der Talausee ausgehoben wurde, fand man eine rund 3.000 Jahre alte, gut konservierte Eiche. Vor 3.000 Jahren soll auch König David Jerusalem erobert haben.

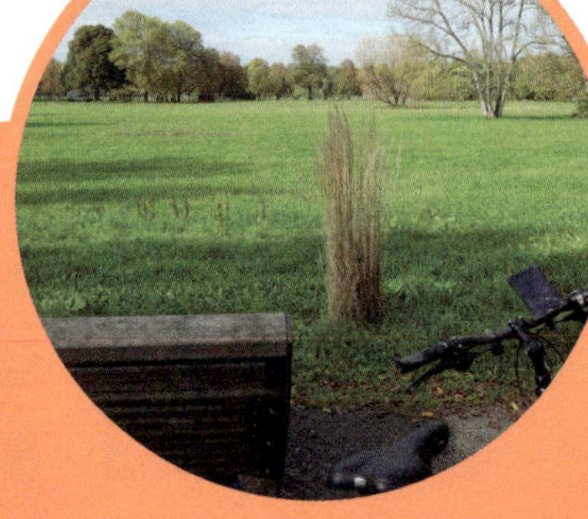

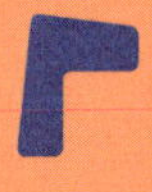

KM 28

In der urigen 5 / Kelterstube sitzt ihr an der Theke, trinkt Bier und haltet einen Plausch mit euren Nachbarn. So lernt ihr die Schwaben mit ihren Eigenarten kennen und lieben. Eine davon ist das Motto: „Nicht gemeckert, ist genug gelobt."

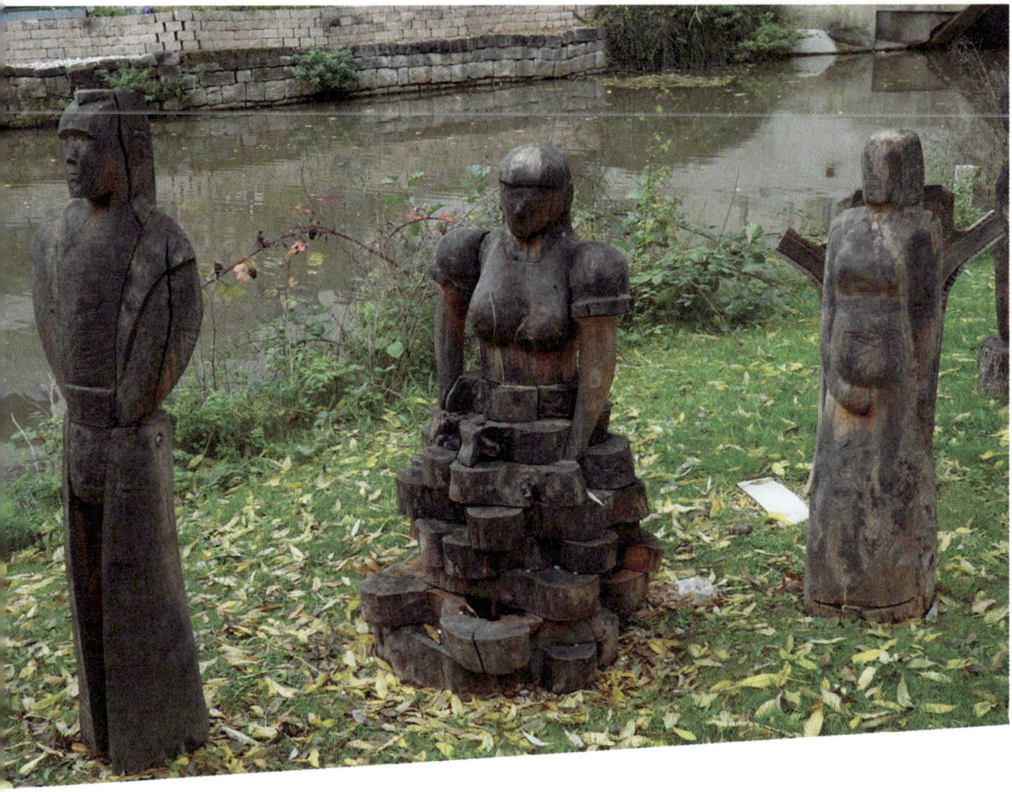

Kurz vor Schluss noch urig einkehren

Bist du wieder zurück an der Fünf-Wege-Kreuzung, nimmst du dieses Mal die zweite Straße links. Zweihundert Meter später fährst du noch einmal links. Ab jetzt geht es bergab, bis du auf die Weinbergstraße triffst. Hier rechts und ehe du dich versiehst, befindest du dich im Zentrum von Korb. Dort an der Winnender Straße siehst du auch schon die 5 / Kelterstube (Winnender Straße 31/2, 71404 Korb) – ein uriges kleines Restaurant mit einem Kaiserschmarrn, der den Hütten in den Alpen Konkurrenz macht. Doch auch um die anderen schwäbischen Spezialitäten zu kosten, lohnt es sich, die Tour noch einmal zu fahren. Nachdem du dich gestärkt hast, ist es nicht mehr weit bis nach Waiblingen. Vier Kilometer, in denen du einfach den Schildern zuerst nach Waiblingen, dann zum Talauesee folgst. Bald schon kommt dir die Landschaft wieder bekannt vor. Du erreichst den 1 / Seeplatz, wo du den Nachmittag erholsam ausklingen lassen kannst.

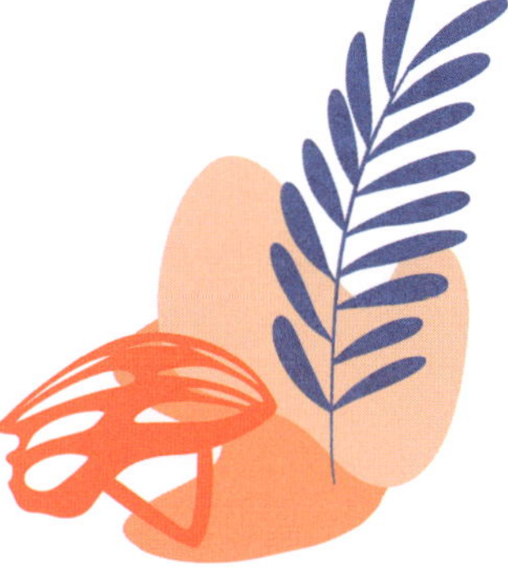

< links / Die Ruhe nach der Anstrengung: Sitzgelegenheiten an der Talaue ^ oben / Kunst und Natur: An der Talaue finden sich Ausstellungsstücke der Remstal Gartenschau 2019

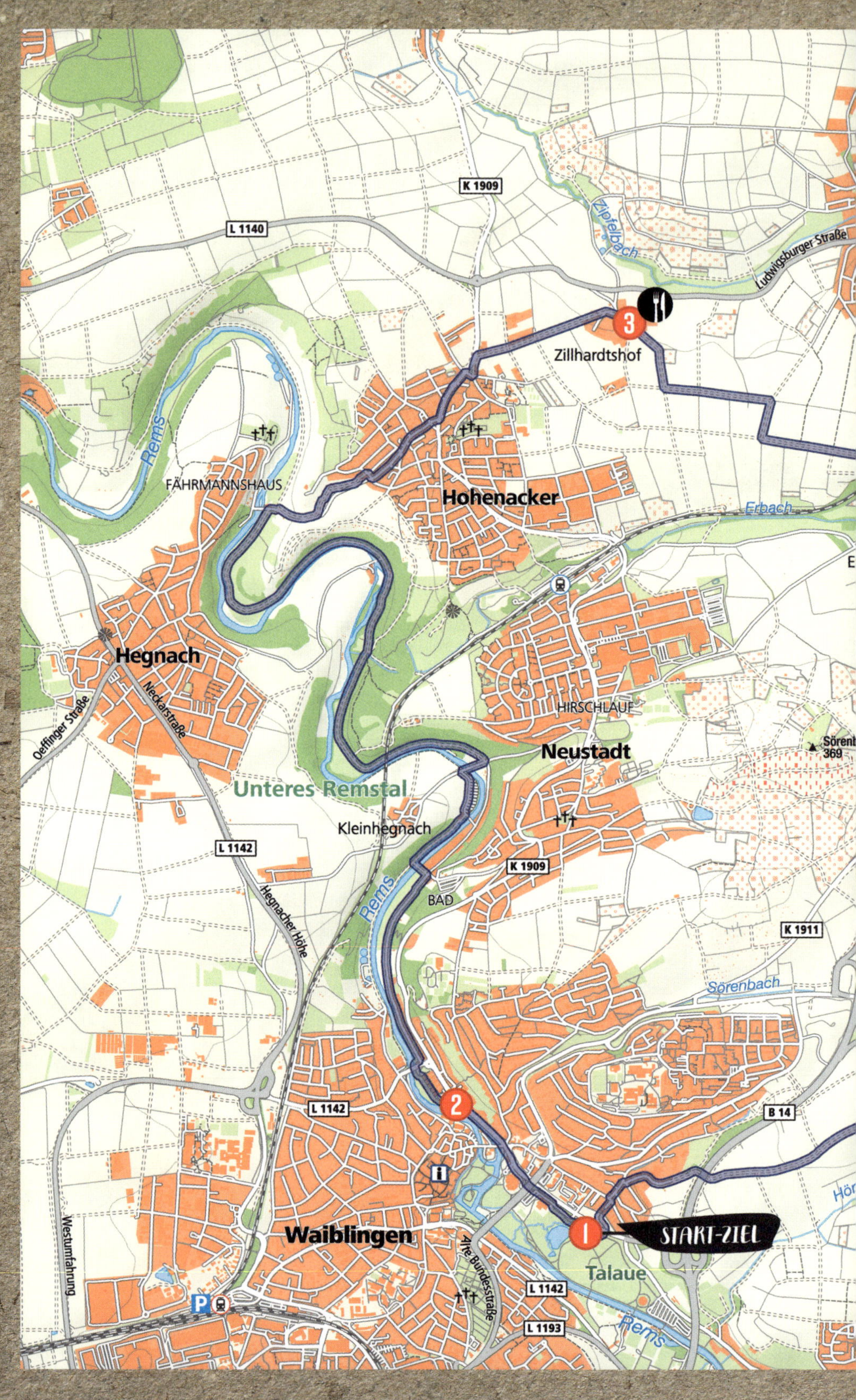

K 1909
L 1140
Zipfelbach
Ludwigsburger Straße
3
Zillhardtshof
Rems
FÄHRMANNSHAUS
Hohenacker
Erbach
Hegnach
Neckarstraße
Oeffinger Straße
HIRSCHLAUF
Neustadt
Sörenb
369
Unteres Remstal
Kleinhegnach
L 1142
K 1909
Rems
BAD
Hegnacher Höhe
K 1911
Sörenbach
2
L 1142
B 14
Westumfahrung
Waiblingen
Alte Bundesstraße
1
START-ZIEL
Talaue
L 1142
L 1193
Rems

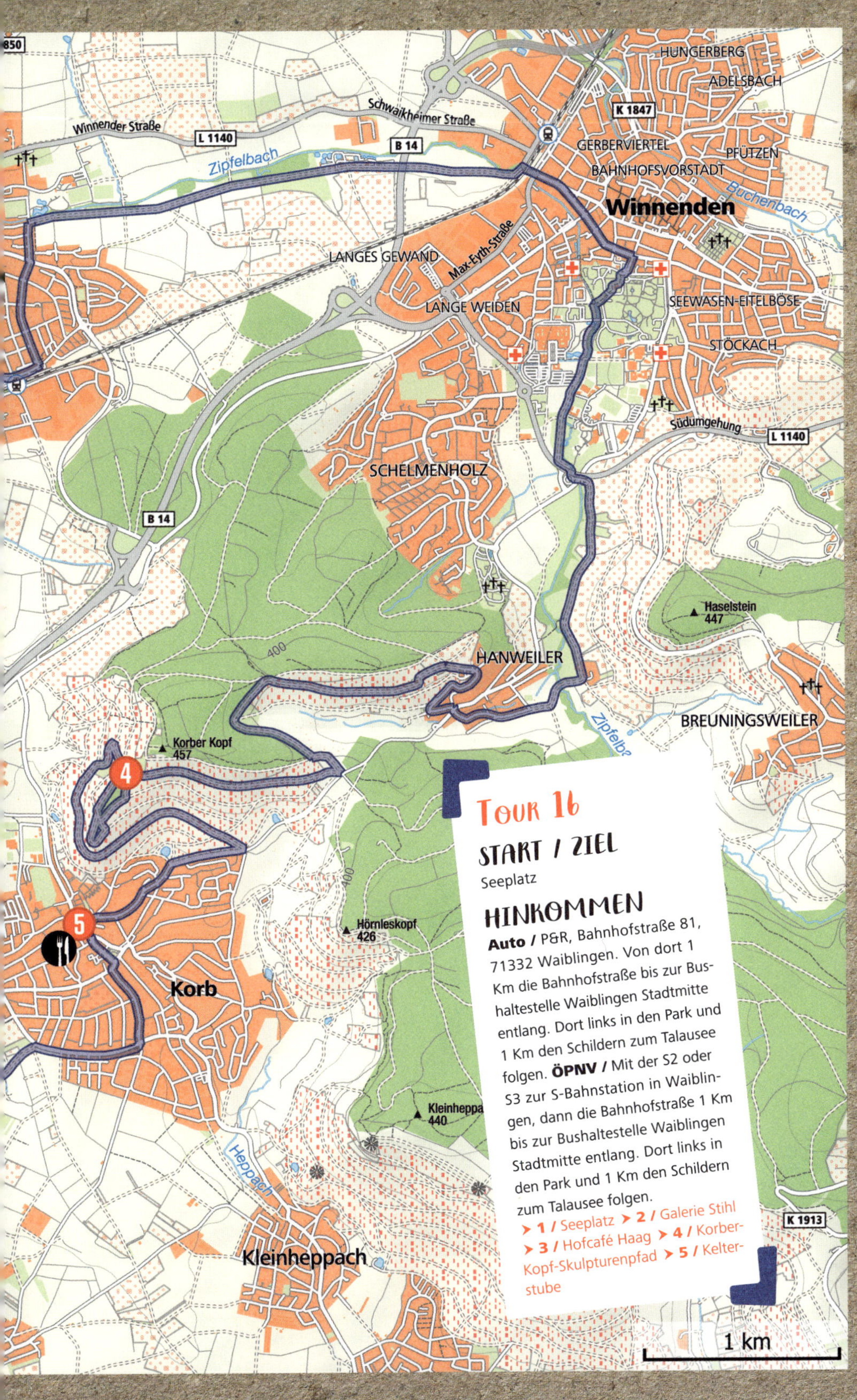

Tour 16

START / ZIEL

Seeplatz

HINKOMMEN

Auto / P&R, Bahnhofstraße 81, 71332 Waiblingen. Von dort 1 Km die Bahnhofstraße bis zur Bushaltestelle Waiblingen Stadtmitte entlang. Dort links in den Park und 1 Km den Schildern zum Talausee folgen. **ÖPNV /** Mit der S2 oder S3 zur S-Bahnstation in Waiblingen, dann die Bahnhofstraße 1 Km bis zur Bushaltestelle Waiblingen Stadtmitte entlang. Dort links in den Park und 1 Km den Schildern zum Talausee folgen.

➤ **1 /** Seeplatz ➤ **2 /** Galerie Stihl ➤ **3 /** Hofcafé Haag ➤ **4 /** Korber-Kopf-Skulpturenpfad ➤ **5 /** Kelterstube

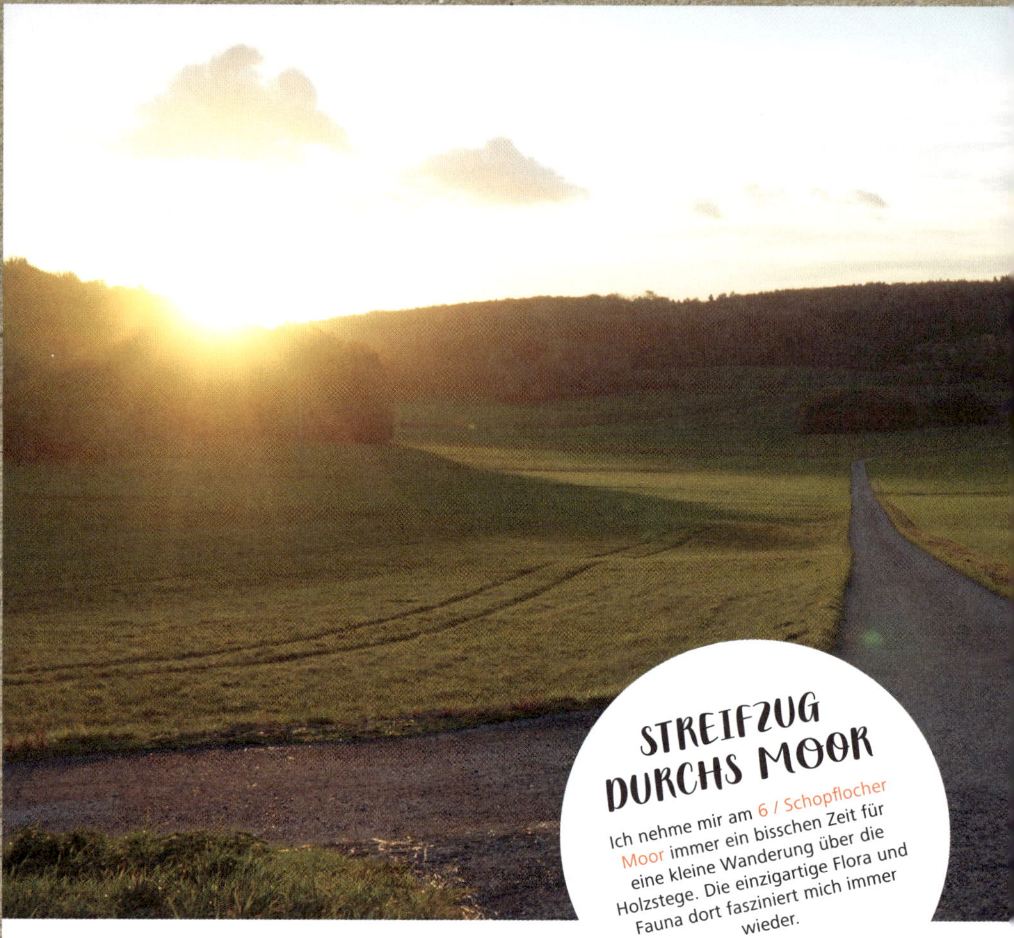

STREIFZUG DURCHS MOOR

Ich nehme mir am 6 / Schopflocher Moor immer ein bisschen Zeit für eine kleine Wanderung über die Holzstege. Die einzigartige Flora und Fauna dort fasziniert mich immer wieder.

> 1 / Du startest am Bahnhof Kirchheim unter Teck

> 2 / Im Geschichtshaus Owen den Dichtern der Vergangenheit begegnen

> 3 / An der Grabtafel von Wilhelm Zimmermann dem Historiker gedenken

> 4 / Papier als Kunstwerk im Museum für Papier und Buchkunst

> 5 / Der blauen Mauer ganz nah sein im Naturschutzzentrum Schopflocher Alb

> 6 / Spazierengehen im Schopflocher Moor

> 7 / Wohl die urigste Gaststätte in der Umgebung: der Landgasthof Albengel

> 8 / Im Mörikehaus erfährst du mehr über den Lyriker Eduard Mörike

> 9 / Eintauchen in die Poesie im Literarischen Museum im Max-Eyth-Haus

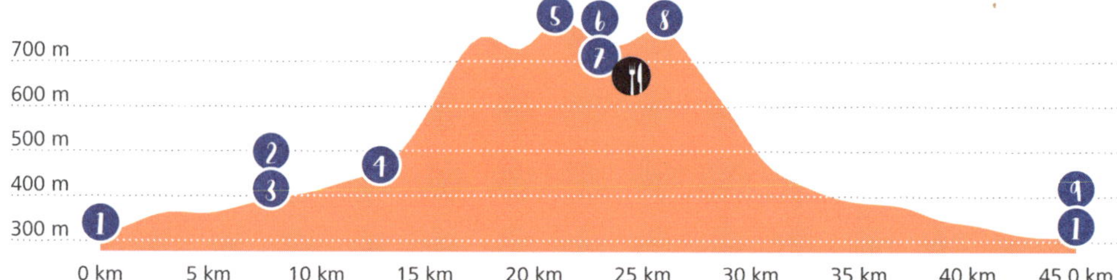

GROSSE WORTE

Auf den Spuren der Dichter bei Kirchheim unter Teck

Du liebst Gedichte, Romane und Klassiker? Dann ist diese Tour perfekt für dich. Auf dem Rad folgen wir dem Leben großer Lyriker. Wo haben sie gearbeitet, gelebt, geschrieben? Als Bonus gibt's noch die einzigartige Landschaft der Schwäbischen Alb.

45 Kilometer
700Höhenmeter
700Höhenmeter
3 Stunden
Rundtour

Aufsatteln und losfahren

Der Tag voller Poesie beginnt am 1 / Bahnhof Kirchheim unter Teck. Wir radeln auf der gegenüberliegenden Seite der Bahnhofshalle los. Es geht nach links, vorbei an einem Spielplatz, bis du fünfhundert Meter später auf die Hahnweidstraße triffst, der du nach rechts folgst. Sie führt dich hinaus aus der Stadt und vorbei an Feldern. Mais, Raps, Weizen – wie ein Flickenteppich überziehen diese die Landschaft. Du gelangst an einen Waldrand, hier führen dich die grünen Pfeile nach links in Richtung Dettingen. Ruhig ist es hier, kaum Verkehr. Du überquerst den Fluss Lauter und biegst danach rechts ab. Dann geht es vorbei an einem Spielplatz mit

CHARAKTER
Sportlich ●●●●○
Abkühlung ●○○○○
Schlemmen ●●●○○
Panorama ●●●●○

TOURENINFO / Fast ausschließlich auf asphaltierten Wegen. Meist in der Natur oder durch ruhige Orte. Teilweise steil, E-Bike von Vorteil.

‹ links / Sonnenuntergang über den Feldern

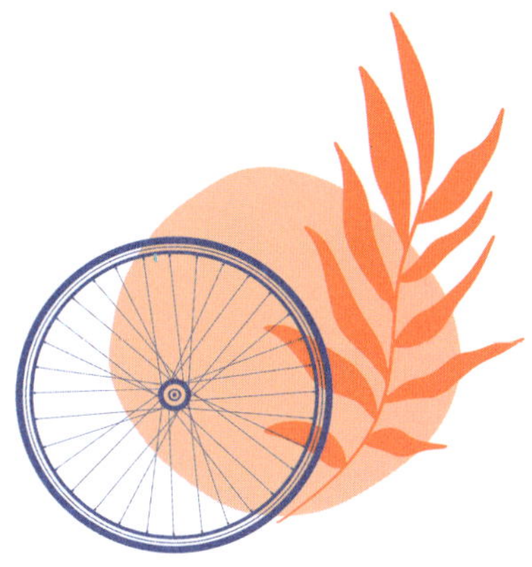

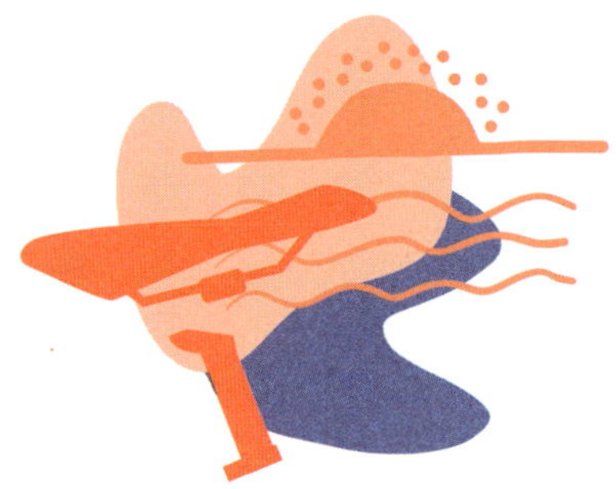

Schaukeln, Rutschen und einem Sandkasten, wieder über die Lauter und dann immer den Schildern nach in Richtung Owen.

Zwei Freunde in Owen

In diesem Ort befindet sich unser erster Stopp. Also aufgepasst. Denn nachdem die ersten Häuserblocks auftauchen, musst du bei der Gabelung links in die Schießhüttenstraße. Du passierst die Bahnhofstraße und biegst am Ende links ab. Auf deiner rechten Seite taucht nun das 2 / Geschichtshaus Owen (Kirchheimer Straße 51, 73277 Owen) auf, das unter anderem über die größte literarische Berühmtheit der Stadt informiert: Eduard Mörike. Der Lyriker lebte drei Jahre lang, zwischen 1829 und 1831, in Owen. In dieser Zeit entstand unter anderem die Novelle „Maler Nolten". Düster ist der Roman, geprägt von Todessehnsucht. Nicht alle seine Werke sind so. Mit seinem Freund, dem Theologen und Historiker Wilhelm Zimmermann, der 1873 nach Owen zog und dort als Seelsorger arbeitete, verfasste er das „Jahrbuch schwäbische Dichter und Novellisten". Bekannt ist Zimmermann vor allem für sein Werk „Allgemeine Geschichte des großen Bauernkrieges". Fährst du ein Stück zurück und dann die erste links, wo sich zu deiner Linken das Friedhofstor öffnet, findest du auf der 3 / Grabtafel von Wilhelm Zimmermann (Friedhof Owen, 73277 Owen), die sich an der Außenmauer der Marienkirche befindet, das Resümee dieses Buches eingraviert: „Ob auch Welle um Welle sich bricht und zerstäubt, der Strom geht vorwärts."

BÜCHER, DIE MAN NICHT LESEN KANN

Windschief, wie ein Haus aus Papier – so sieht das 4 / Museum für Papier und Buchkunst aus. Immer am Wochenende öffnet es seine Pforten.

Papierene Kunst

Nach diesen ersten beiden Stopps geht es auf der Wehrbachstraße weiter. An ihrem Ende geht es für dich rechts und dann die übernächste links in die Neue Straße. Jetzt bist du wieder auf dem

---

➤ rechts oben / Das Papier- und Buchkunstmuseum ➤ rechts Mitte / Die Grabtafel von Wilhelm Zimmermann und seiner Frau Louise

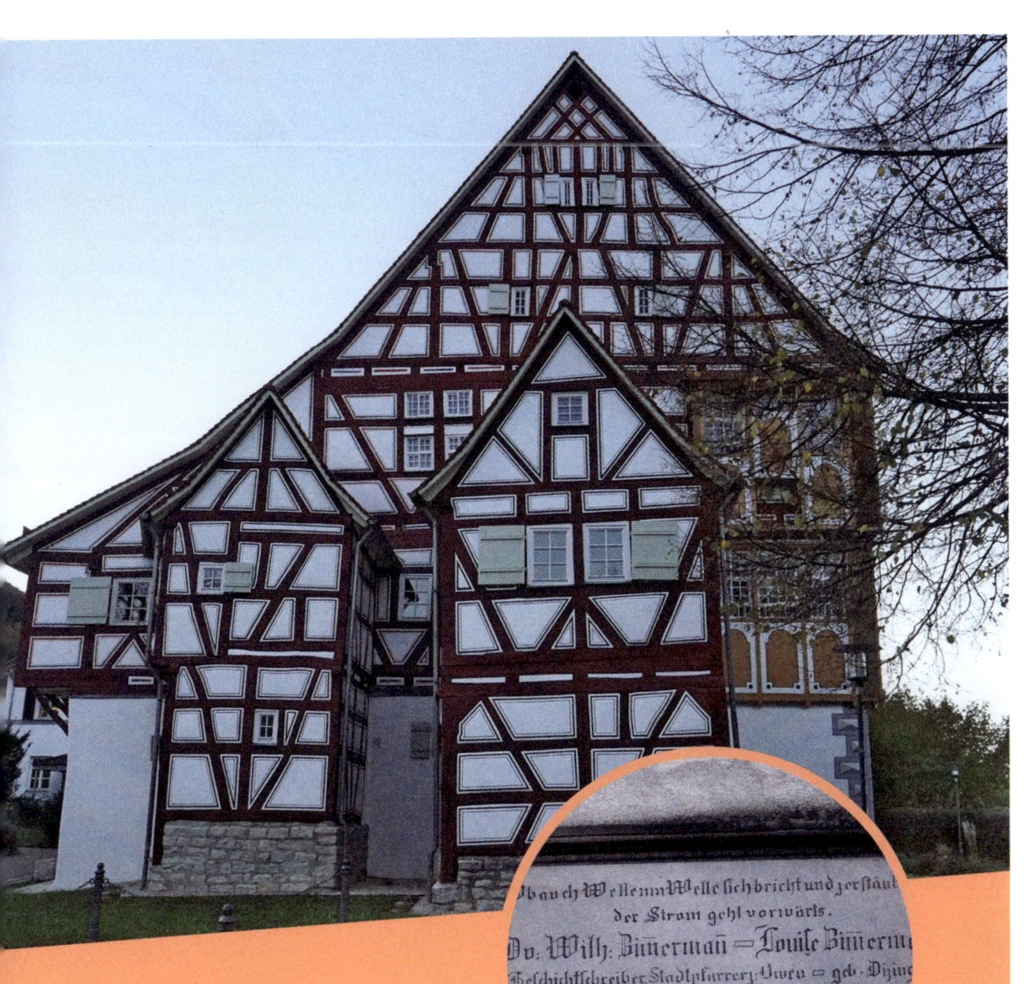

1878

starb der Theologe, Historiker und Dichter Wilhelm Zimmermann in Owen. Auf seiner 3 / Grabtafel, die an der Kirchenaußenmauer in Owen hängt, steht: „Ob auch Welle um Welle sich bricht und zerstäubt, der Strom geht vorwärts."

Einzigartig

Auf der schwäbischen Alb gibt es kaum Wasser. Umso einmaliger ist das 6 / Schopflocher Moor, das sich durch eine wasserstauende Tonschicht gebildet hat.

ausgeschilderten Weg und kannst den Pfeilen nach Brucken und anschließend nach Lenningen folgen. Viereinhalb Kilometer fährst du, bis nach der Grundschule in Oberlenningen der Burgtobelweg nach rechts abzweigt. Ihm folgst du und biegst – nachdem du die Hauptstraße überquert hast – bei der Gabelung rechts in die Straße „Schloßrain" ab, die dich zum 4 / Museum für Papier und Buchkunst (Schloßrain 15, 73252 Lenningen) führt. Hier bekommst du einen ganz neuen Blickwinkel auf das Buch – denn in den dort ausgestellten Werken ist oft das Buch an sich das Kunstwerk.

Das Buch als Kunstwerk

Inspirierende Natur

Wieder im Sattel nimmst du den gleichen Weg zurück bis zu der Abzweigung, bei der du auf den Burgtobelweg abgefahren bist. Dann geht es für dich nach rechts weiter. Folge den grünen Pfeilen im Zickzack nach Schopfloch, bis du die Ochsenwanger Straße erreichst und folge dieser nach links zum 5 / Naturschutzzentrum Schopflocher Alb (Vogelloch 1, 73252 Lenningen). Als blaue Mauer hat Eduard Mörike den Albtrauf einmal beschrieben, denn aus der

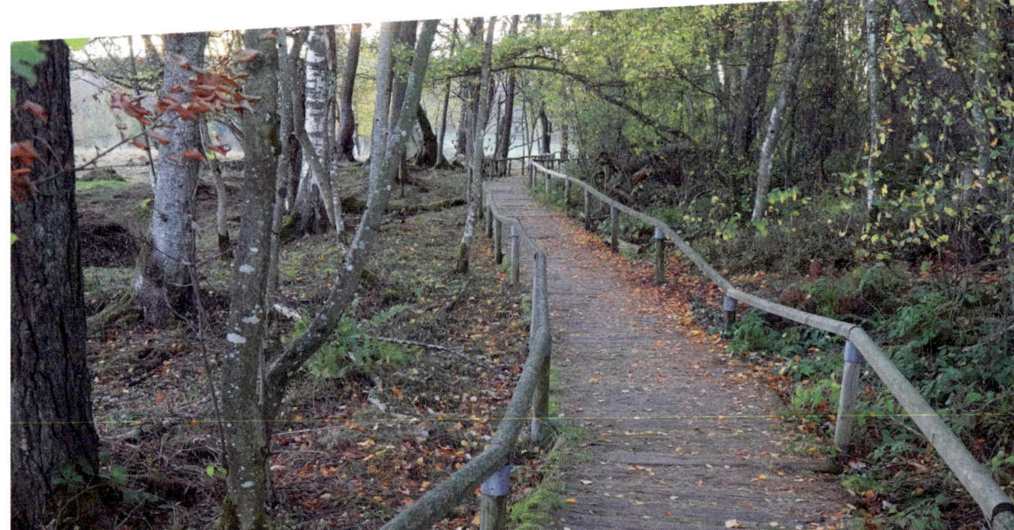

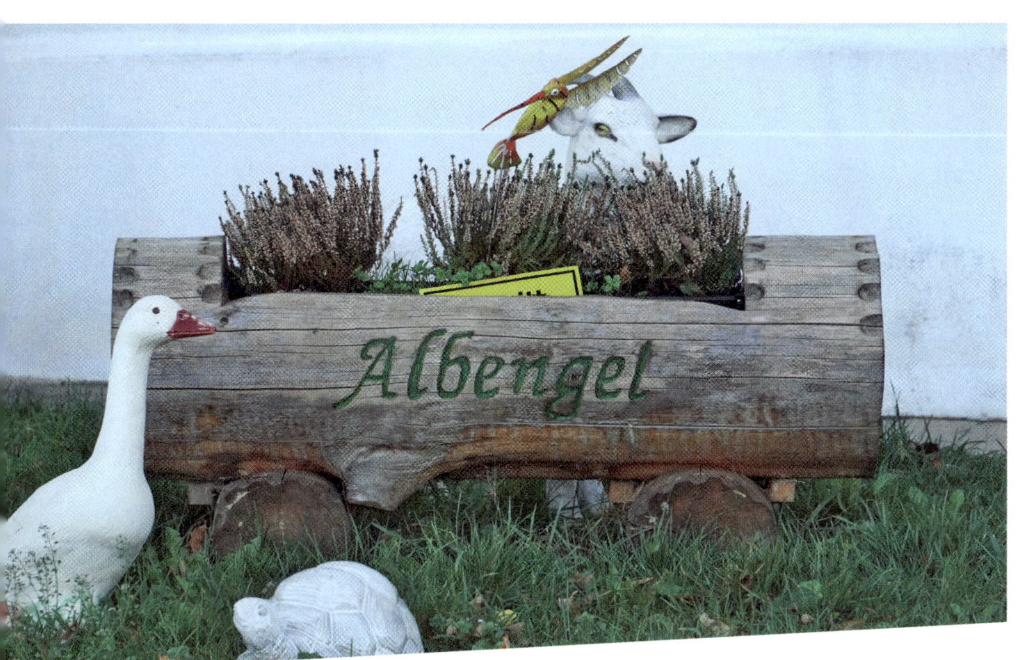

Ferne schimmern die Felskanten bläulich. In der Dauerausstellung „Albtrauf – die blaue Mauer" erfährst du mehr über die Landschaft. Nach dem Naturschutzzentrum ist dein nächstes Ziel Ochsenwang.

Mahlzeit mit Verdauungsspaziergang

Der Ort liegt bereits auf deinem Rückweg. Du folgst der Ochsenwanger Straße weiter, nimmst dann aber die erste geteerte Straße nach links und danach die erste geteerte Straße nach rechts. Zu deiner Linken breitet sich nun das 6 / Schopflocher Moor (73252 Lenningen) aus und ein Stück weiter befindet sich der 7 / Landgasthof Albengel (Torfgruppe 6, 73266 Lenningen) – definitiv die urigste Gaststätte im Umkreis. Zu empfehlen sind auf jeden Fall die Spätzle – und danach ein Verdauungsspaziergang über das Schopflocher Moor. Du wanderst auf Holzbrücken über die Torfgrube. Die Natur wechselt hier von Wald zu Freifläche, wobei Moor und Moorwald jeweils ihre einzigartige Pflanzenvielfalt besitzen.

Über Liebe und Schmerz

Wieder im Sattel triffst du erneut auf die Ochsenwanger Straße. Folge ihr ein Stück und biege dann gleich die nächste Straße rechts

KM 23

Im 7 / Landgasthof Albengel speist du zwischen Zwergen und Engeln. Definitiv die urigste Gaststätte weit und breit mit leckerem Most und der Möglichkeit, sein E-Bike für die zweite Etappe der Tour aufzuladen. Am Wochenende kann es schon mal voll werden.

< links / Ein Fleck Wildnis: das Schopflocher Moor steht unter Naturschutz ^ oben / Der Albengel ist die wohl urigste und kitschigste Gaststätte in der Umgebung

ab. Du wirst sie wieder ein Stück umfahren, indem du bei der Ziegelhütte rund fünfhundert Meter später links abbiegst. Ein weiteres Mal triffst du auf die Straße und dieses Mal bleibst du auf ihr, bis du am Gasthaus Rössle rechts in die Eduard-Mörike-Straße abbiegst. Auf deiner linken Seite befindet sich nun das 8 / Mörikehaus. Hierher zog der Dichter Mörike nach seiner Zeit in Owen für ein Jahr. Heute ist das Haus ein Museum. Auch Liebesbriefe sind ausgestellt, die Mörike an seine Verlobte Luise Rau schrieb. Sie zählen zu den schönsten Brautbriefen der deutschen Literatur. Nach deinem Besuch im Mörikehaus geht es rechts und dann kurz darauf links in die Randecker-Maar-Straße. Am Ende des Weges fährst du dann links. Jetzt wird es steil. Nachdem du die Steigung bewältigt hast, düst du vorbei an Wäldern und durch den Ort Hepsisau, bis kurz nach dem Ort der ausgeschilderte Fahrradweg nach links abzweigt. Ab jetzt immer den grünen Pfeilen hinterher nach Weilheim an der Teck. Auch in Weilheim hinterließ Mörike seine Spuren. Für mehrere Monate lebte er im Diakonatshaus. In dieser Zeit trat für Mörike eine lebensverändernde Katastrophe ein. Er und seine Verlobte trennten sich. Sieben Sonette widmete er dieser gescheiterten Beziehung.

KLEINSTADTFLAIR

In der Altstadt in Kircheim unter Teck verstecken sich in historischen Fachwerkhäusern gemütliche Lokale und spannende Geschäfte.

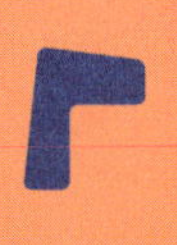

2.000

Bände schwäbischer Dichtkunst und noch mehr gibt es im Diakonatshaus (Marktplatz 4) in Weilheim, darunter auch Werke des Dichters Eduard Mörike. Drei Monate lang lebte Mörike übrigens selbst dort im Jahr 1833, während er in Weilheim als Vikar arbeitete.

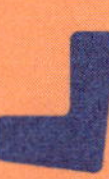

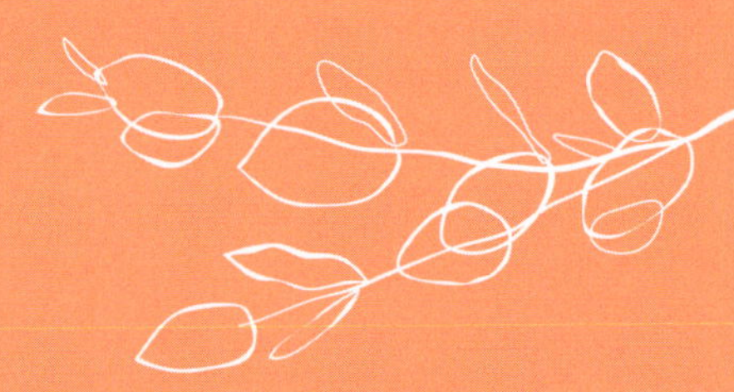

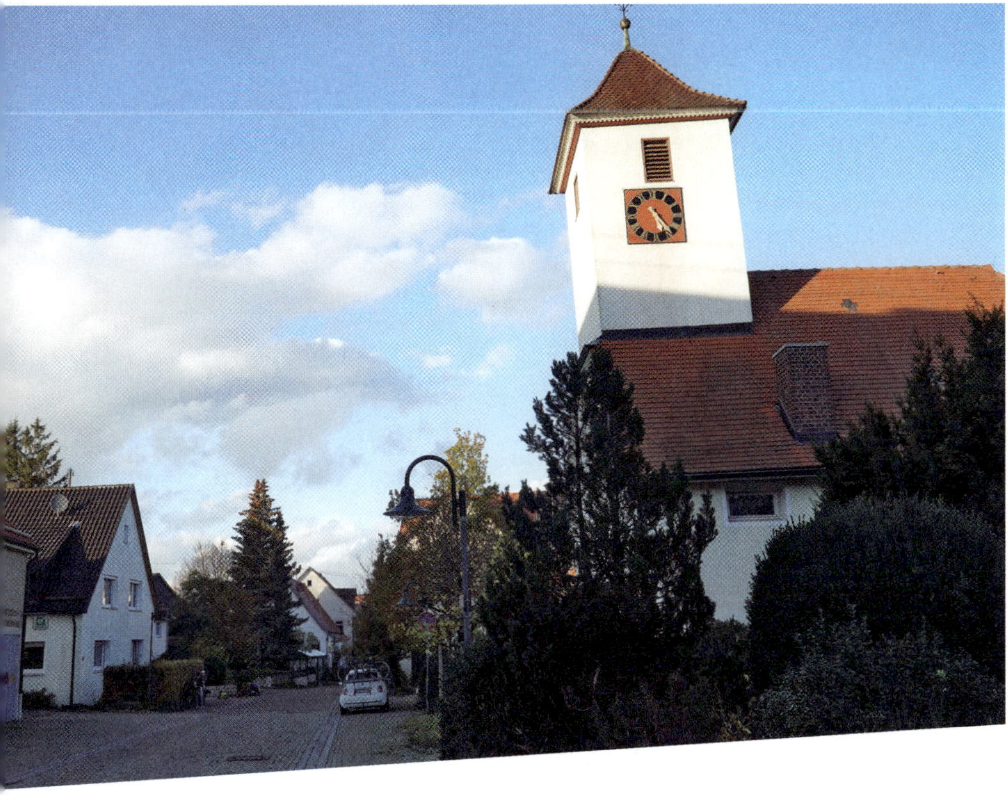

Noch mehr Literatur

Statt im Ort anzuhalten, fährst du allerdings weiter, bis du fünf Kilometer später Jesingen und kurz darauf Kirchheim erreichst. Dort überquerst du die große Alleenstraße und biegst danach rechts in die Max-Eyth-Straße ab, in der sich das 9 / Literarische Museum im Max-Eyth-Haus (Max-Eth-Straße 15, 73230 Kirchheim unter Teck) befindet. Hier wurde der Literat Max Eyth geboren, ein heimlicher Bewunderer von Mörike. In dem Museum werden neben den Werken von Max Eyth aber Schriftstücke von Hermann Kurz, Hans Bethge und Hermann Hesse ausgestellt. Alle drei waren für eine bestimmte Zeit in Kirchheim und Hesses Erzählung „Lulu" spielt sogar hier. Weiter geht es dann für dich, indem du der Max-Eyth-Straße folgst und abermals die Alleenstraße überquerst. Dann links in die Kolbstraße. Einen Kilometer später taucht vor dir die Halle des 1 / Bahnhofs Kirchheim unter Teck auf.

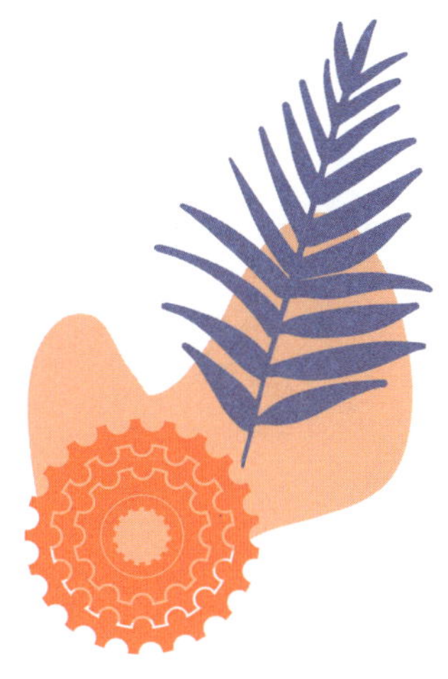

< links / Das Museum „Mörikehaus": Hier lebte, arbeitete und wohnte Eduard Mörike ^ oben / Auf dieser Straße lief Mörike fast täglich während seiner Zeit in Ochsenwang

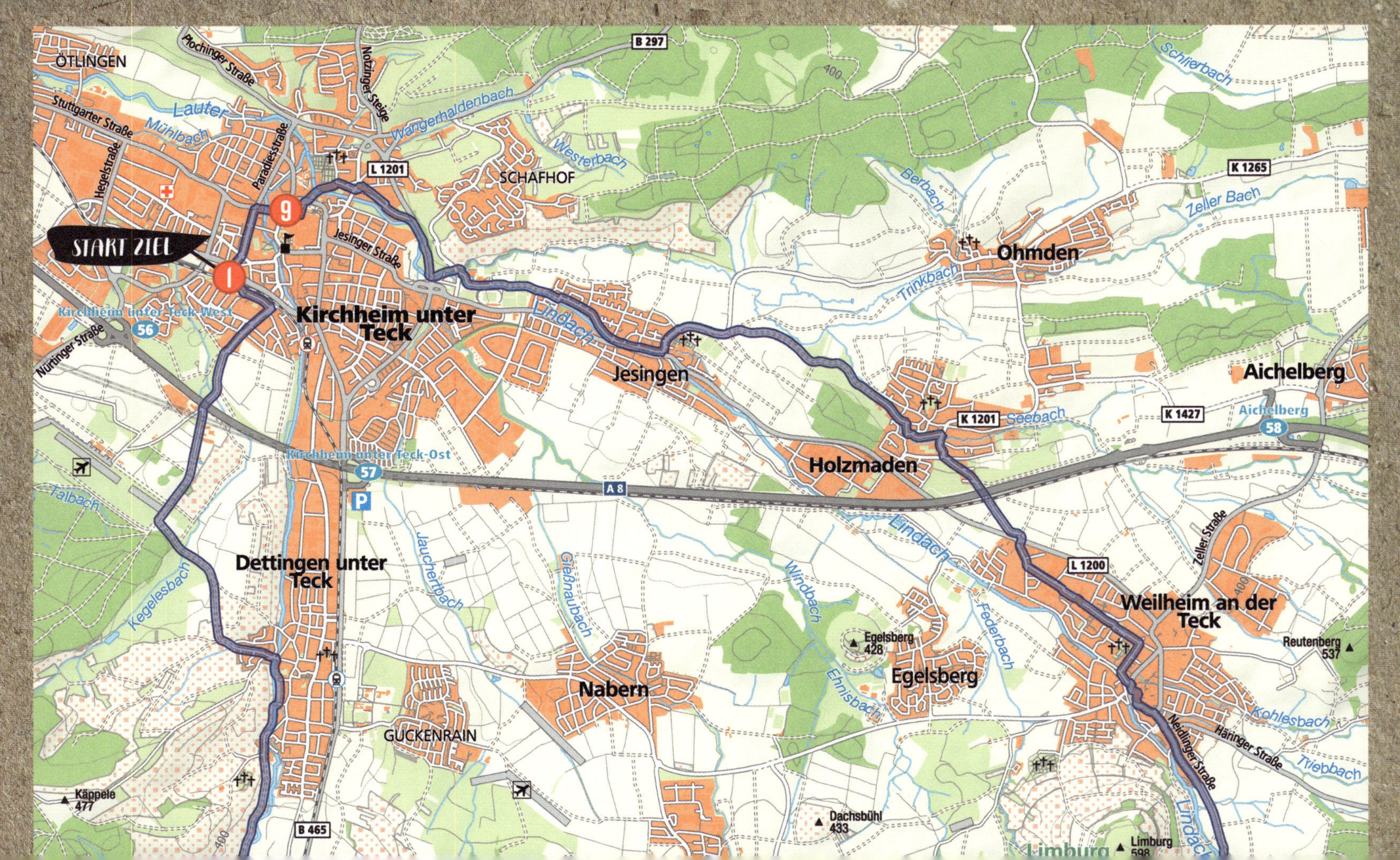

ÖTLINGEN
Plochinger Straße
Notzinger Steige
B 297
Stuttgarter Straße
Lauter
Mühlbach
Hegelstraße
Paradiesstraße
Wangerhaldenbach
Westerbach
L 1201
SCHAFHOF
Schlierbach
K 1265
Zeller Bach
Berbach
9
START ZIEL
1
Jesinger Straße
Ohmden
Trinkbach
Kirchheim unter Teck-West
56
Kirchheim unter Teck
Lindach
Nürtinger Straße
Jesingen
Aichelberg
K 1201
Seebach
K 1427
Aichelberg
58
Kirchheim unter Teck-Ost
57
Holzmaden
A 8
Talbach
Jauchertbach
Gießnaubach
Windbach
Lindach
Zeller Straße
L 1200
Dettingen unter Teck
Kegelesbach
Weilheim an der Teck
Federbach
Egelsberg 428
Egelsberg
Reutenberg 537
Ehnisbach
Nabern
Kohlesbach
GUCKENRAIN
Neidlinger Straße
Häringer Straße
Triebbach
Käppele 477
B 465
Dachsbühl 433
Limburg
Limburg 598
400

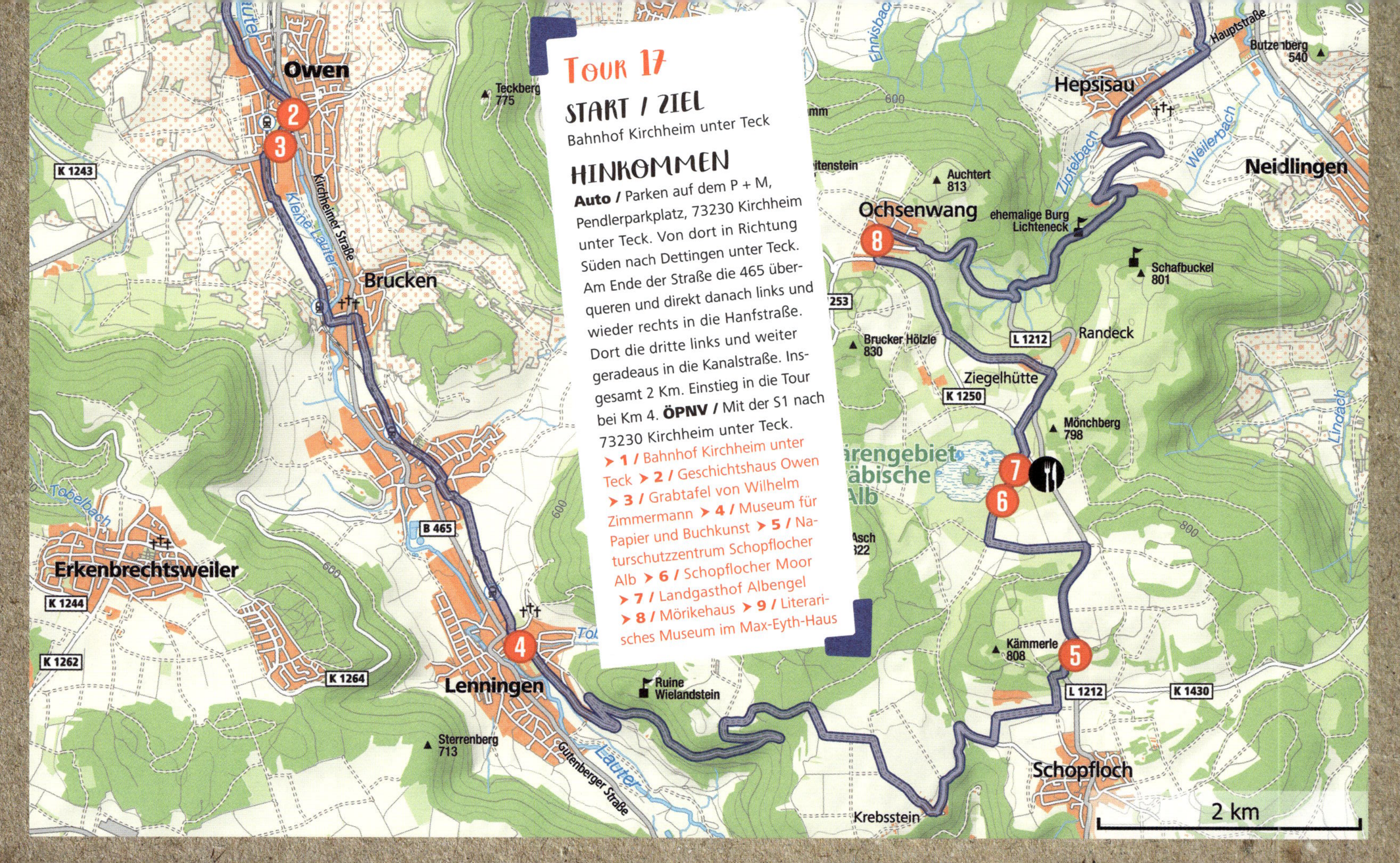

Tour 17

Start / Ziel

Bahnhof Kirchheim unter Teck

Hinkommen

Auto / Parken auf dem P + M, Pendlerparkplatz, 73230 Kirchheim unter Teck. Von dort in Richtung Süden nach Dettingen unter Teck. Am Ende der Straße die 465 überqueren und direkt danach links und wieder rechts in die Hanfstraße. Dort die dritte links und weiter geradeaus in die Kanalstraße. Insgesamt 2 Km. Einstieg in die Tour bei Km 4. **ÖPNV /** Mit der S1 nach 73230 Kirchheim unter Teck.

> **1 /** Bahnhof Kirchheim unter Teck > **2 /** Geschichtshaus Owen > **3 /** Grabtafel von Wilhelm Zimmermann > **4 /** Museum für Papier und Buchkunst > **5 /** Naturschutzzentrum Schopflocher Alb > **6 /** Schopflocher Moor > **7 /** Landgasthof Albengel > **8 /** Mörikehaus > **9 /** Literarisches Museum im Max-Eyth-Haus

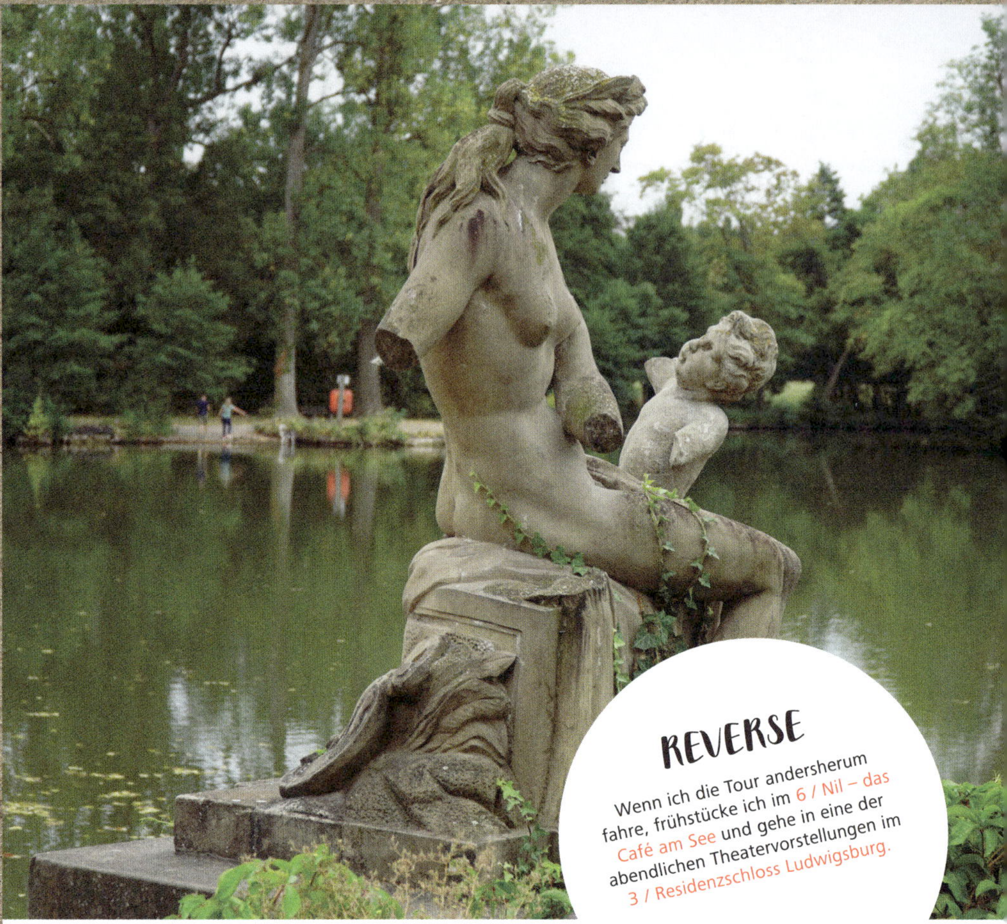

REVERSE

Wenn ich die Tour andersherum fahre, frühstücke ich im 6 / Nil – das Café am See und gehe in eine der abendlichen Theatervorstellungen im 3 / Residenzschloss Ludwigsburg.

- **1 /** Wein vom Weingut des Seeschlosses Monrepos kaufen
- **2 /** Den Park des Jagd- und Lustschlosses Favorite erkunden
- **3 /** Die Galerie des Residenzschlosses Ludwigsburg besuchen
- **4 /** Schloss Solitude: verbindet Kunst, Wissenschaft und Architektur
- **5 /** Auf der Reise durch die Ökosysteme der Welt im Schloss Rosenstein
- **6 /** Im Nil – das Café am See gibt es die besten Kässpätzle der Stadt
- **7 /** Die Württembergische Geschichte im Alten Schloss durchleben
- **8 /** Den Flair des Neuen Schlosses auf sich wirken lassen
- **9 /** Sie haben Ihr Ziel erreicht: Stuttgart Hauptbahnhof

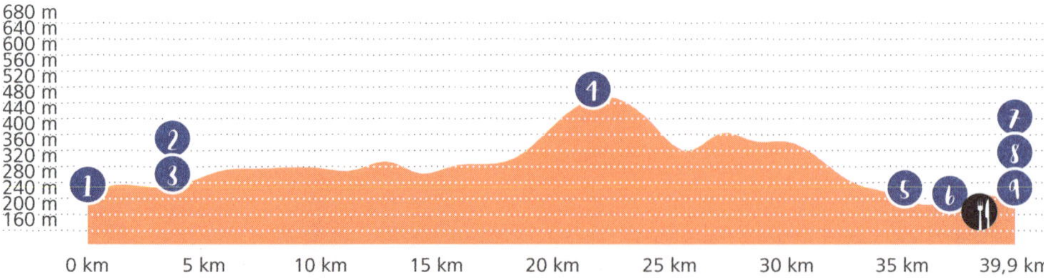

SCHLÖSSERTRIP

Von Ludwigsburg bis Stuttgart: Natur, Kultur und Architektur

Auf der Schlössertour erlebst du die Verbindung von Architektur und Natur, aber auch von Kunst und Wissenschaft. Tauche ein in die Geschichte Baden-Württembergs und in die der Herzöge von Württemberg.

40 Kilometer
550 Höhenmeter
545 Höhenmeter
2:45 Stunden
Streckentour

Ein Highlight zum Starten

Wir schwingen uns beim 1 / Seeschloss Monrepos auf das Fahrrad. Aber erst, nachdem wir das Gebäude und seine Lage bewundert haben. Imposant thront es am Wasser, dabei war es ursprünglich nur als Seehaus geplant. Herzog Friedrich II. ließ das Schloss im Stil des Klassizismus umgestalten. Es hat sogar ein eigenes Weingut, genannt Weingut Herzog von Württemberg. Beim Weinautomaten kannst du dir vom hauseigenen Wein des Schlosses eine gute Flasche mitnehmen. Ein weiteres Highlight am Seeschloss: der Bootsverleih Monrepos. Egal ob Tret- oder Ruderboot – vom See hast du nicht nur einen herrlichen Blick auf das Schloss, sondern auch auf die halbverfallene Kapelle von Hohenheim.

CHARAKTER
Sportlich ●●●●○
Abkühlung ●○○○○
Schlemmen ●●○○○
Panorama ●●○○○

TOUR, DIE DU SO NIE GEMACHT HÄTTEST

TOURENINFO / Fast durchgehend auf asphaltierten Wegen. Teilweise sehr steil. E-Bike von Vorteil.

< links / Rund um das Seeschloss Monrepos warten Statuen darauf, entdeckt zu werden

TOUR, DIE DU SO NIE GEMACHT HÄTTEST

Ab ins Märchenland

Los geht es, indem du dem Planetenweg über den Kreisel und in die Seeschlossallee folgst. Merkur, Mars, Venus – zu jedem Gott gibt es Infotafeln mit Daten und Fakten. Nach der Unterführung biegst du scharf links ab und fährst am eingezäunten Favoritenpark entlang. Mit ein bisschen Glück entdeckst du im Unterholz ein Reh. König Friedrich I. ließ hier einen Tiergarten mit Gämsen und Hirschen anlegen, der an den Schlosspark des 2 / Jagd- und Lustschlosses Favorite (Favoritepark 1, 71634 Ludwigsburg] angrenzt. Hast du den Park bis zur Hälfte umrundet, hast du einen ungehinderten Blick auf das Schloss. Türmchen, Terrassen, eine geschwungene Freitreppe – alles in leuchtendem Gelb und Rot. Und das Beste: Das Schloss kannst du auch von innen besichtigen.

EIN LANGER SPAZIERGANG

Üppig blühende Blumenbeete, romantische Burgruinen, eine Wasserfontäne: Im Schlosspark des 3 / Residenzschlosses Ludwigsburg fühlt man sich selbst könglich.

Der Zauber des Residenzschlosses

Vom Kiosk am Schloss Favorite führt eine Brücke über die Marbacher Straße. Von hier siehst du nicht nur das Schloss Favorite, sondern auch in den Märchengarten auf der anderen Seite mit der Emichsburg. Nachdem du die Brücke überquert hast, biegst du rechts ab und folgst dem Fahrradweg bis zum 3 / Residenzschloss Ludwigsburg (Schlossstraße 30, 71634 Ludwigsburg). Herzog Eberhard Ludwig errichtete dieses Barockschloss im 18. Jahrhundert. In der Galerie kannst du ausgewählte Werke deutscher und italienischer Künstler bewundern. Sie bieten einen Querschnitt durch die europäische Barockmalerei. Oder du gehst in das Schlosstheater, dessen Zuschauerraum dich ins 19. Jahrhundert zurückversetzt, und lässt dich von den Ludwigsburger Schlossfestspielen verzaubern. Dazu macht es Sinn, die Tour rückwärts zu fahren, denn die meisten Vorstellungen sind abends.

➤ rechts oben / Im Jagd- und Lustschloss Favorite lassen sich große Partys schmeißen ➤ rechts Mitte / Die Emichsburg im Märchengarten

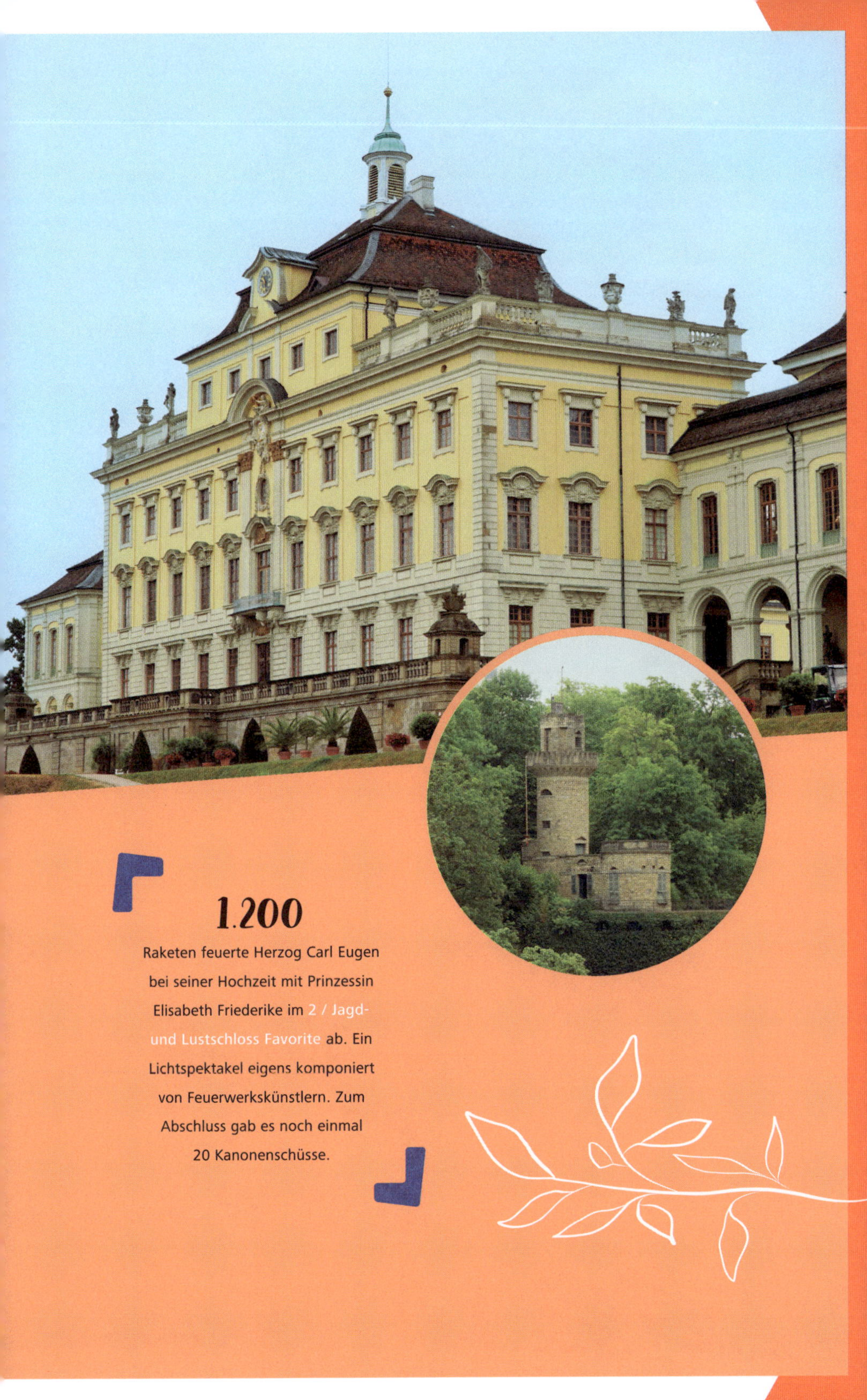

1.200

Raketen feuerte Herzog Carl Eugen bei seiner Hochzeit mit Prinzessin Elisabeth Friederike im 2 / Jagd- und Lustschloss Favorite ab. Ein Lichtspektakel eigens komponiert von Feuerwerkskünstlern. Zum Abschluss gab es noch einmal 20 Kanonenschüsse.

Nicht verpassen!

Gelegentlich wird die Schlosskuppel des 4 / Schlosses Solitude geöffnet. Von dort hat man einen atemberaubenden Blick über Stuttgart.

Tour, die du so nie gemacht hättest

Steil bergauf

Nach den Schlössern in Ludwigsburg musst du bis zum nächsten Highlight erst einmal um die 18 Kilometer zurücklegen. Du fährst bis zur Friedrich-Ebert-Straße, biegst dann nach links und gleich wieder rechts in die Königsallee und folgst den Schildern in Richtung Solitudeallee. Zuerst teilst du dir den Weg noch mit Autos, doch sobald du Ludwigsburg verlässt, müssen diese abbiegen, während du zwischen Feldern mit Mais, Kartoffeln und Kraut immer schnurgerade entlangschießt. Am Horizont siehst du die Hochhäuser, später eine Fabrik, wo sich die Container stapeln. Du erreichst die Bergheimer Steige. Jetzt heißt es: schwitzen – und treten. Dein nächstes Ziel, das 4 / Schloss Solitude (Solitude 1, 70197 Stuttgart), thront am Rand von Stuttgart über Botnang. Die Tore des Schlosses stehen für Besucher offen, während im Offizien- und Kavaliersgebäude die Wohnungen und Studios der Akademie Schloss Solitude untergebracht sind. Die Akademie fördert künstlerische und wissenschaftliche Projekte mit einem Stipendium. Ihr Ziel: der Austausch von Kunst und Wissenschaft.

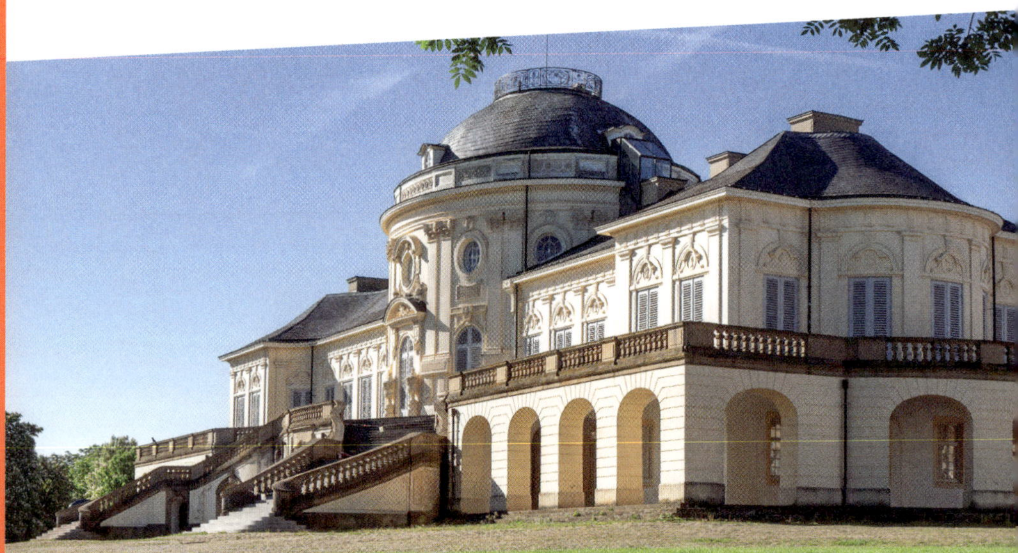

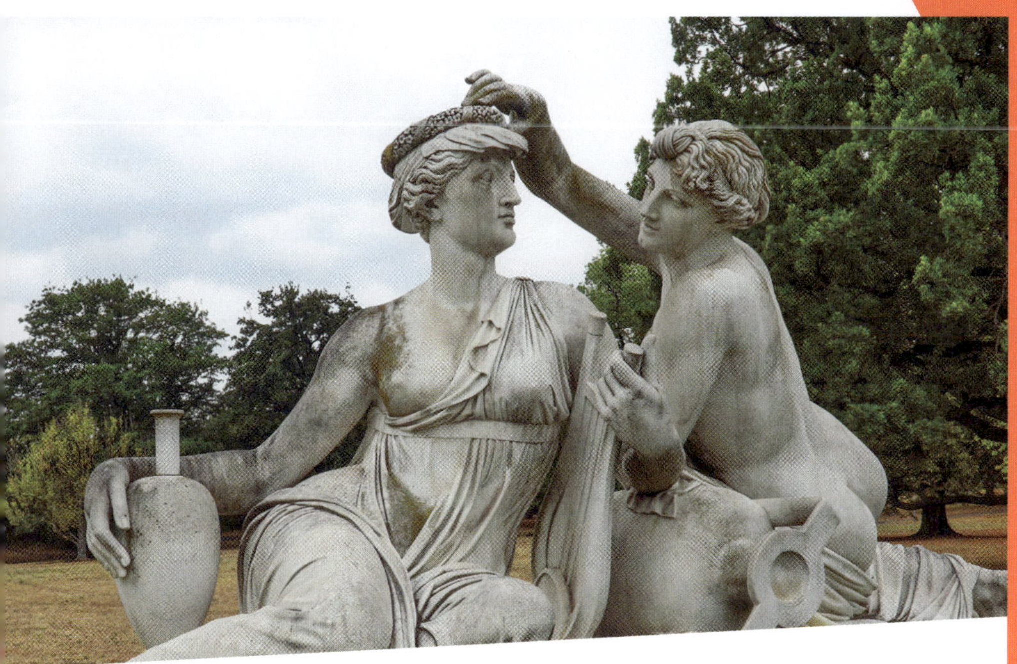

Kultur trifft Natur

Nach dem Stopp beim Schloss Solitude geht es in die Solitudestraße nach rechts, bis kurz darauf der Obere Kirchhaldenweg in den Wald hinein nach Botnang führt. Bald schon tauchen neben dir die ersten Häuser auf. Bevor es aber ganz in den Ort geht, biegst du auf der Etlinger Steige zum Bahnhof ab. Du bist schneller unten beim Kreisel als du denkst. Beim ersten nimmst du die zweite Ausfahrt, beim zweiten die erste. Dann geht es einen Kilometer geradeaus, bis du an der U-Bahnhaltestelle Lindpaintnerstraße die Beethovenstraße überquerst. Fünf Kilometer fährst du nun, während rechts von dir die Straße verläuft und sich links von dir die Felder aneinanderreihen. Nur die Straßenseite wechselst du zweimal, bis du die Staatliche Akademie für Bildende Künste erreichst. Hier nimmst du die Abzweigung nach links. Und dann 500 Meter weiter, am Naturfreundehaus, führt dich eine Steige in den Höhenpark Killesberg hinab. Über Hängebrücken fliegst du radelnd über Stuttgart und passierst das Tor zum Rosensteinpark. Du erreichst das 5 / Schloss Rosenstein (Rosenstein 1, 70191 Stuttgart), das inzwischen ein Naturkundemuseum ist. Dichter tropischer Dschungel, karge Wüsten, arktische Tundra: Die biologische Aus-

13

Meter ist der Seiwal im Naturkundemuseum des 5 / Schlosses Rosenstein lang. Er zählt zu den stark gefährdeten Arten. Im 20. Jahrhundert dezimierten Walfänger die Zahl besonders auf der Südhalbkugel drastisch, heute leben nur noch rund 50.000 bis 60.000 Exemplare.

< links / Was für ein Auftritt: Beim Schloss Solitude schreiten wir die Treppe zum Eingang empor ^ oben / Kunst und Natur: Eine Statue im Freien am Schloss Rosenstein

stellung im Naturkundemuseum führt dich durch die verschiedenen Ökosysteme unserer Erde. Und dabei kannst du verschiedene Tierarten kennenlernen, die in den jeweiligen Gebieten heimisch sind. Kaplöwe, Riesenalk, Beutelwolf – und im Meeressaal kannst du einen 13 Meter langen Seiwal bestaunen.

ALT VS. NEU

Das 8 / Neue Schloss sieht zwar luxuriöser aus, aber hinter den Mauern des 7 / Alten Schlosses verbergen sich die Kulturschätze Württembergs.

Urlaub am See

Nach deinem Aufenthalt auf den verschiedenen Kontinenten der Welt geht es zurück nach Europa und durch den Rosensteinpark in Richtung S-Zentrum. Du fährst bergab am Inselsee vorbei in den Unteren Schlossgarten, immer parallel zum Bach, der sich hier zwischen Büschen und Sträuchern schlängelt. Nachdem du die Cannstatter Straße überquert hast, kannst du im Mittleren Schlossgarten den Tag im 6 / Nil – das Café am See (Am Schloßgarten 26, 70173 Stuttgart) ausklingen lassen. Am besten liegt es sich dabei auf einem Liegestuhl auf der Seeterrasse, doch auch der Lounge-Bereich lässt Urlaubsgefühle aufkommen. Und wer weiß, ob es an der schönen Aussicht liegt oder der Anstrengung zuvor – so gut hat das Radler selten geschmeckt. Dazu gibt es Kässpätzle. Nachdem gegessen und verdaut ist, geht es weiter durch den Mittleren Schlossgarten. Zwei Highlights warten noch.

TOUR, DIE DU SO NIE GEMACHT HÄTTEST

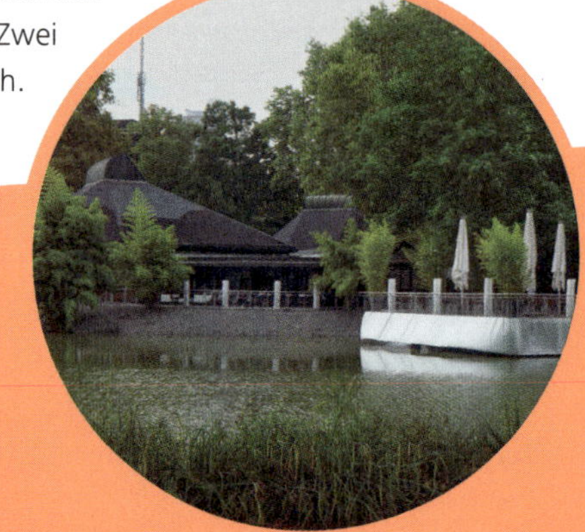

KM 37

Im 6 / Nil – das Café am See findet jeden Sonntag Party mit Salsa statt. DJs legen auf, das Restaurant wird rot, grün und gelb angestrahlt und dann werden die Hüften geschwungen. So kann man das Wochenende ausklingen lassen.

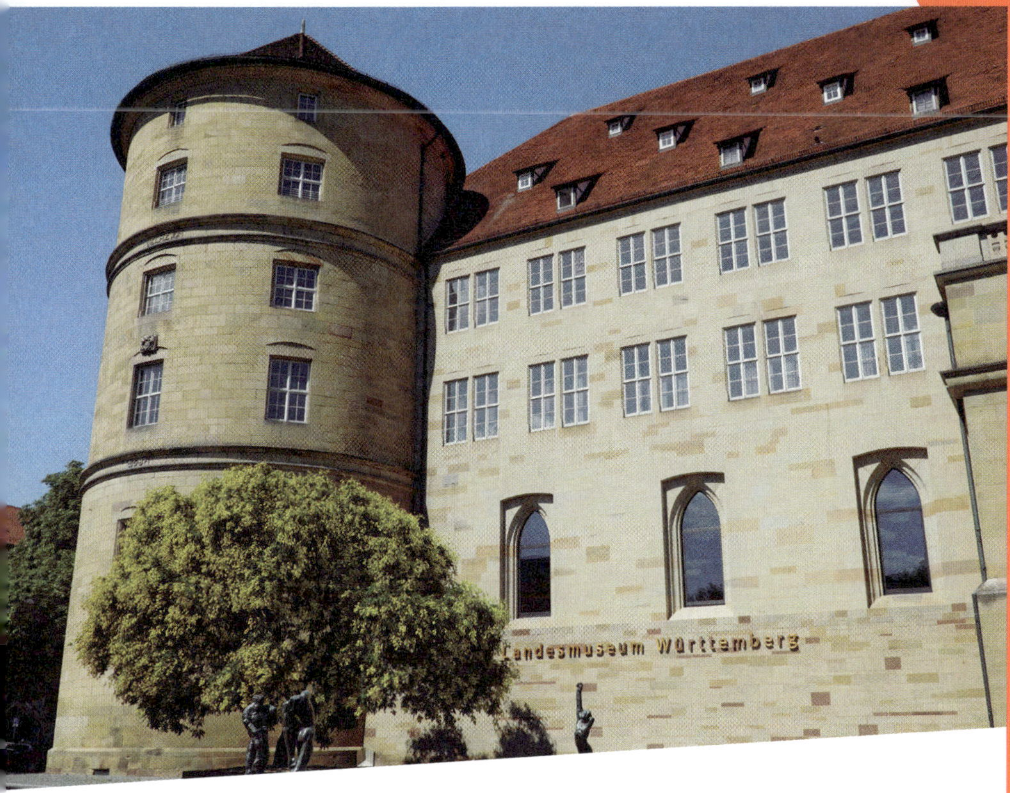

Nach der Schillerstraße und dem Oberen Schlossgarten biegst du in Richtung Stuttgart Hauptbahnhof ab. Zu deiner Linken taucht nun das 7 / Alte Schloss (Schillerplatz 6, 70173 Stuttgart) und zu deiner Rechten das 8 / Neue Schloss (Schloßplatz 4, 70173 Stuttgart) auf.

Alt und neu

Im Alten Schloss befindet sich das Landesmuseum Württemberg. Hier kannst du die Geschichte des Bundeslandes von der Steinzeit bis ins späte Mittelalter nacherleben. Während das Alte Schloss schon früh zum Museum wurde, lebten die württembergischen Herzöge im Neuen Schloss. Heute sind in den Bauten das Ministerium für Finanzen Baden-Württemberg und das Ministerium für Wirtschaft, Arbeit und Wohnungsbau Baden-Württemberg untergebracht. Statt einer Besichtigung fährst du deshalb am Ende des Neuen Schlosses nach rechts in den Schlossplatz und weiter den grünen Pfeilen zum 9 / Stuttgarter Hauptbahnhof (Arnulf-Klett-Platz 2, 70173 Stuttgart) nach, bis du einen Kilometer später dein Ziel erreichst.

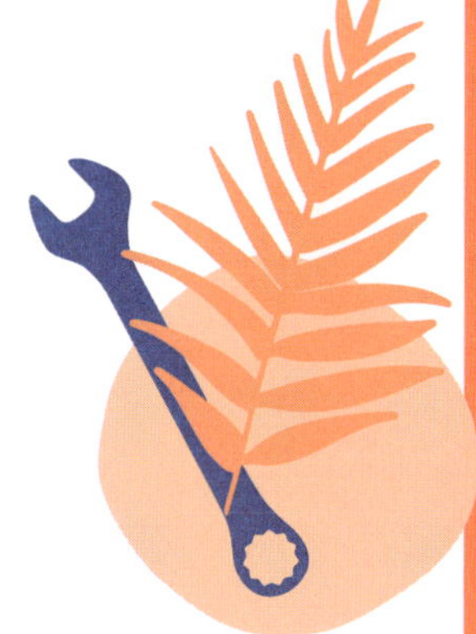

‹ links / Im Nil – das Café am See kommen Urlaubsgefühle auf
^ oben / Im Alten Schloss Stuttgart erlebt man die Geschichte Württembergs

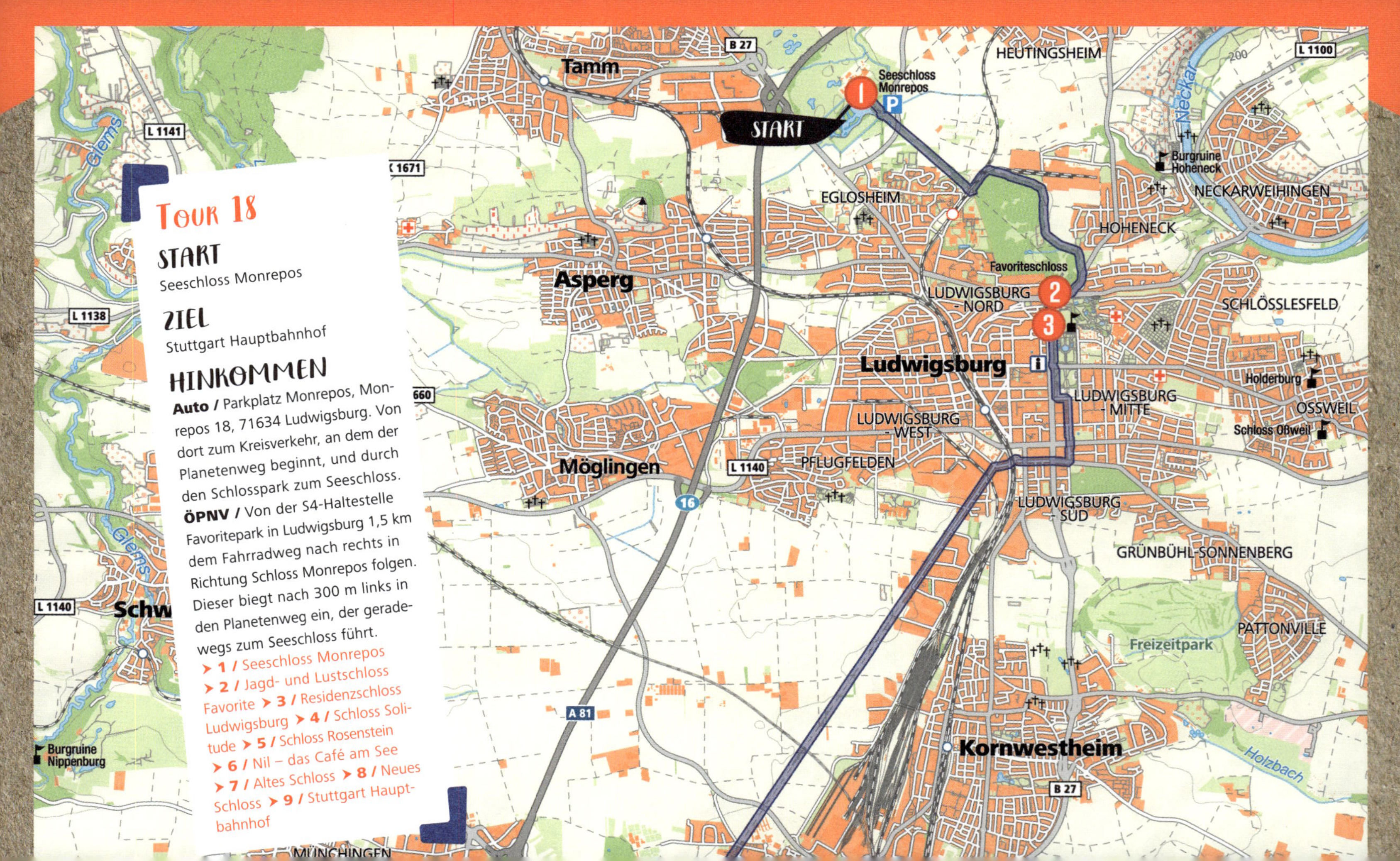

Tour 18

START

Seeschloss Monrepos

ZIEL

Stuttgart Hauptbahnhof

HINKOMMEN

Auto / Parkplatz Monrepos, Monrepos 18, 71634 Ludwigsburg. Von dort zum Kreisverkehr, an dem der Planetenweg beginnt, und durch den Schlosspark zum Seeschloss.
ÖPNV / Von der S4-Haltestelle Favoritepark in Ludwigsburg 1,5 km dem Fahrradweg nach rechts in Richtung Schloss Monrepos folgen. Dieser biegt nach 300 m links in den Planetenweg ein, der geradewegs zum Seeschloss führt.

➤ **1 /** Seeschloss Monrepos ➤ **2 /** Jagd- und Lustschloss Favorite ➤ **3 /** Residenzschloss Ludwigsburg ➤ **4 /** Schloss Solitude ➤ **5 /** Schloss Rosenstein ➤ **6 /** Nil – das Café am See ➤ **7 /** Altes Schloss ➤ **8 /** Neues Schloss ➤ **9 /** Stuttgart Hauptbahnhof

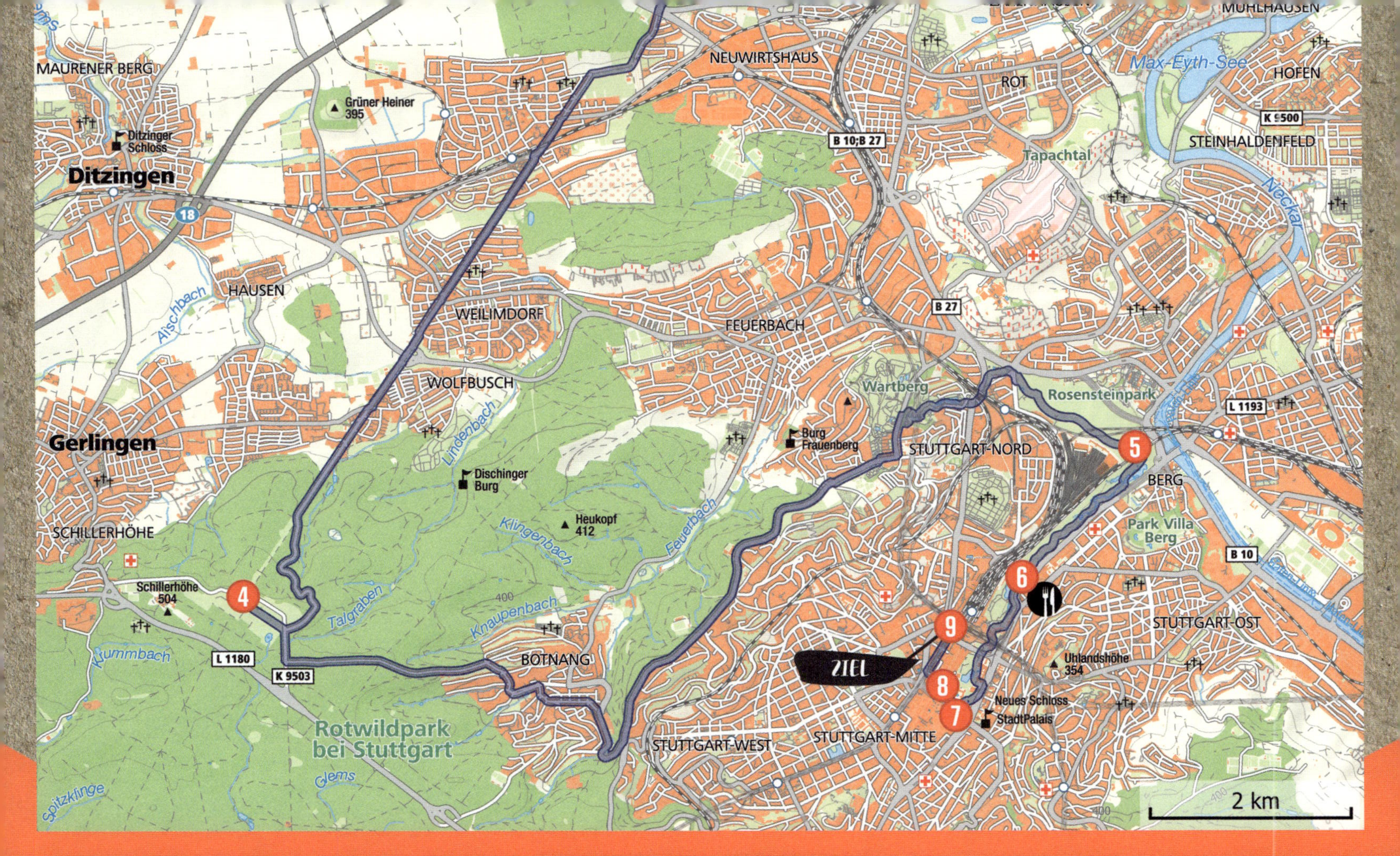

MAURENER BERG
Ditzinger Schloss
Ditzingen
Grüner Heiner 395
NEUWIRTSHAUS
ROT
Max-Eyth-See
HOFEN
MÜHLHAUSEN
K 9500
STEINHALDENFELD
B 10;B 27
Tapachtal
Neckar
HAUSEN
Aischbach
WEILIMDORF
FEUERBACH
B 27
WOLFBUSCH
Wartberg
Rosensteinpark
L 1193
Gerlingen
Lindenbach
Burg Frauenberg
STUTTGART-NORD
5
BERG
Dischinger Burg
Heukopf 412
Klingenbach
Feuerbach
Park Villa Berg
SCHILLERHÖHE
Schillerhöhe 504
4
Talgraben
Knaupenbach
6
B 10
STUTTGART-OST
9
BOTNANG
L 1180
K 9503
Krummbach
ZIEL
8
7
Uhlandshöhe 354
Neues Schloss
StadtPalais
Rotwildpark bei Stuttgart
STUTTGART-WEST
STUTTGART-MITTE
Glems
Spitzklinge
2 km

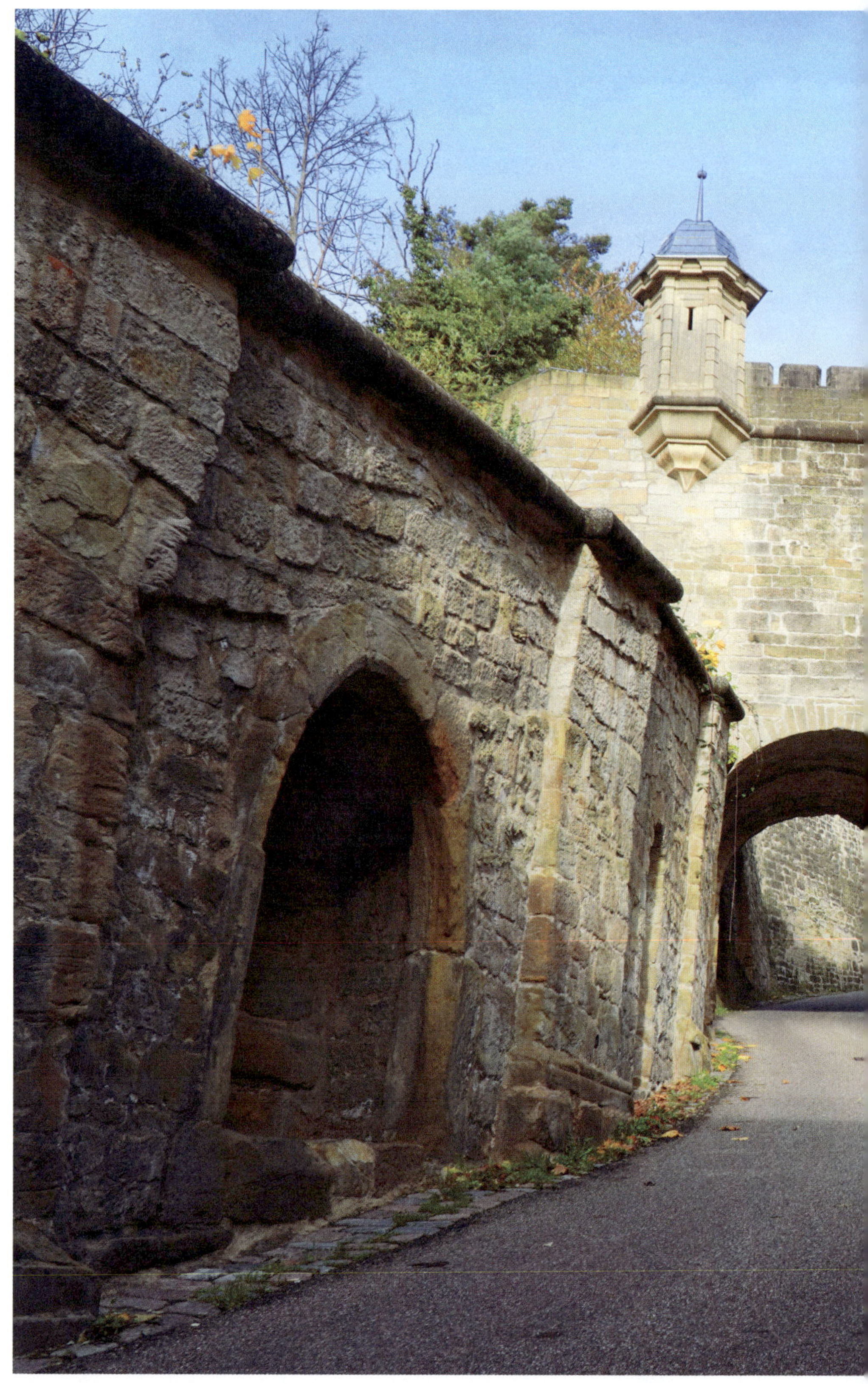

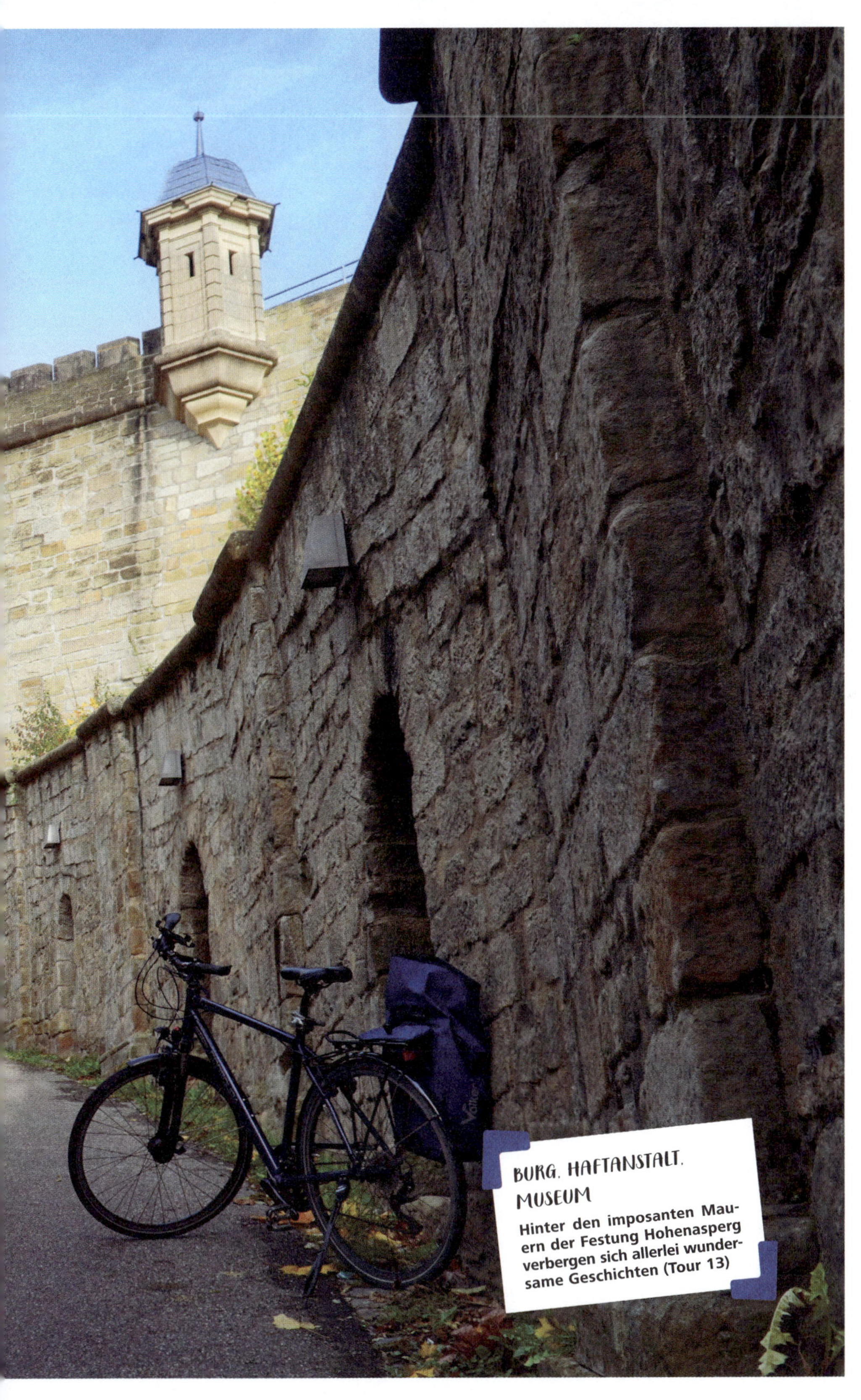

BURG. HAFTANSTALT. MUSEUM

Hinter den imposanten Mauern der Festung Hohenasperg verbergen sich allerlei wundersame Geschichten (Tour 13)

WOCHENEND-BIKEAWAYS

Seite

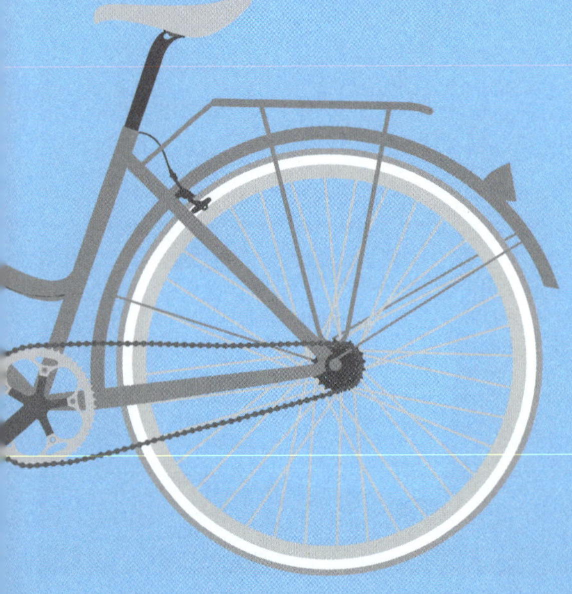

MINI-URLAUBS-TOUREN MIT ÜBERNACHTUNG

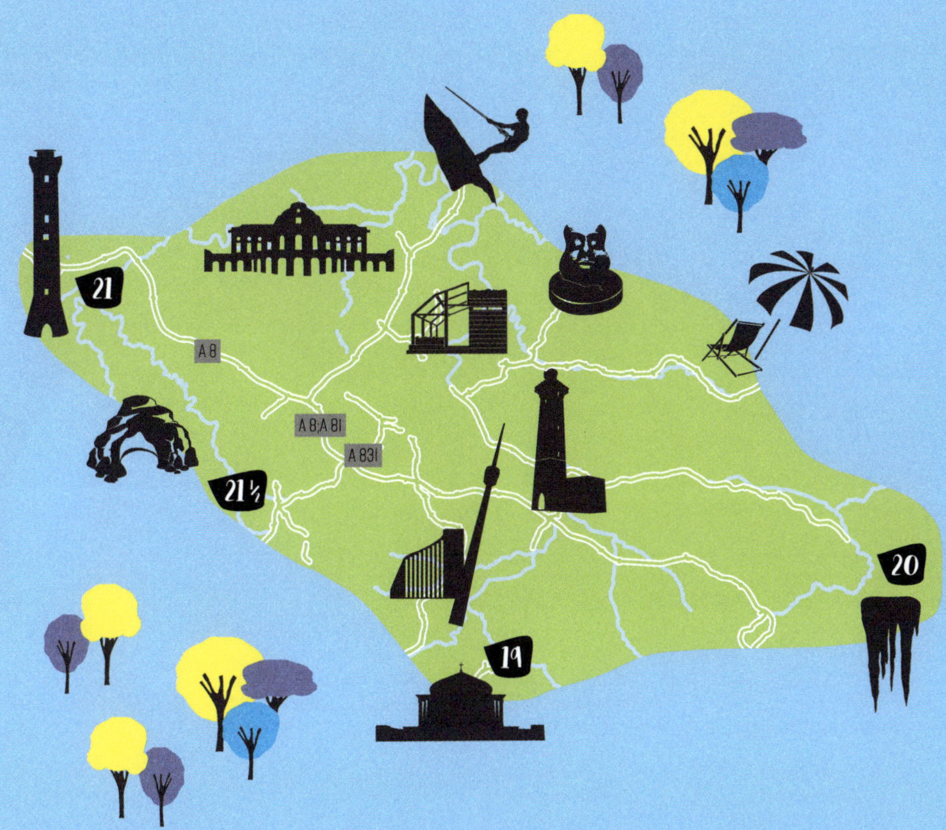

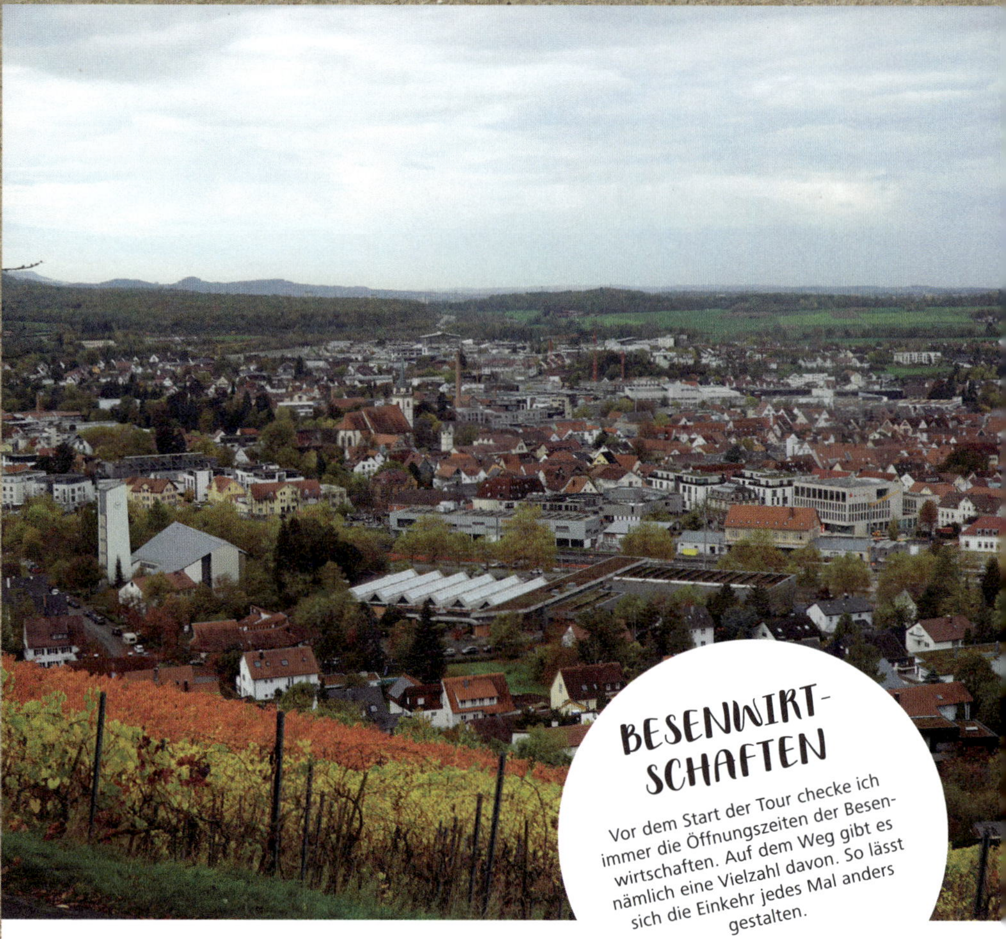

BESENWIRTSCHAFTEN

Vor dem Start der Tour checke ich immer die Öffnungszeiten der Besenwirtschaften. Auf dem Weg gibt es nämlich eine Vielzahl davon. So lässt sich die Einkehr jedes Mal anders gestalten.

➤ **1 /** Das erste Glas Wein im Weinbaumuseum Metzingen

➤ **2 /** Sich Wein-Inspirationen in der Weingärtnergenossenschaft holen

➤ **3 /** Zum Weinkenner werden auf dem Weinerlebnisweg

➤ **4 /** Italienisches Flair in der Pizzeria Gino spüren

➤ **5 /** Frischen Most in der Besenwirtschaft Zum Dreimädelhaus kosten

➤ **6 /** Über die Geschichte des Weins lernen im Weinbaumuseum Stuttgart

➤ **7 /** Sich wie zu Hause fühlen im Gästehaus Weinrebe

➤ **8 /** Zum Frühstück Kaiserschmarrn beim Rotenberger Weingärtle

➤ **9 /** Die beste Aussicht von der Grabkapelle auf dem Württemberg

➤ **10 /** Am Vinomaten des Weingut Zimmer für die Party vorsorgen

➤ **11 /** Dein E-Bike aufladen beim Lindhälder Stüble

➤ **12 /** In der Gerberei Waiblingen den Abend ausklingen lassen

➤ **13 /** Zurück zur S-Bahnstation Waiblingen

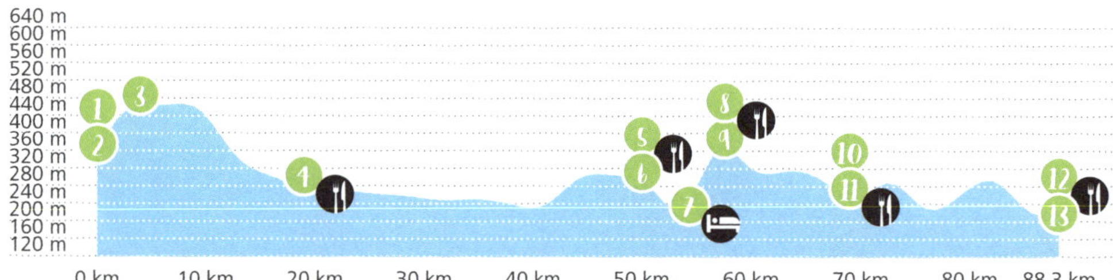

VINO IN TOUR

Wein-Genusstour von Metzingen nach Waiblingen

Bei diesem Wochenendtrip wird Genuss ganz großgeschrieben. Du probierst dich durch Württembergs Weine, reist nach Italien und entspannst dich bei der Aussicht von der Grabkapelle Württemberg. Im Herbst haben zudem viele Besenwirtschaften geöffnet.

Tag 1 + Tag 2
55 + 34 Kilometer
555 + 465 Höhenmeter
675 + 428 Höhenmeter
4 + 2:15 Stunden
Streckentour

TAG 1

Eine Reise zu den Wurzeln

Schmecken, riechen, fühlen – das ist das Motto der Weinradtour. Im 1 / Weinbaumuseum Metzingen sind dann auch bereits alle deine Sinne gefragt. Rieche das Holz der alten Weinfässer. Schmecke den regionalen Wein. Fühle förmlich die Anstrengung, die der Weinanbau früher und auch heute oft noch bedeutet hat. 27 Stationen gibt es – auch mit Exponaten aus den vergangenen Jahrhunderten. So erfährst du, wie sich der Weinanbau mit der Zeit verändert hat. Nach deiner Besichtigung lohnt es sich fast gar nicht, aufs Rad zu steigen, denn dein nächster Stopp ist gleich das

CHARAKTER

Sportlich ●●●○○
Abkühlung ●●●○○
Schlemmen ●●●●●
Panorama ●●●●○

TOURENINFO / Gute Kondition erforderlich. Dafür stets gut befestigte Wege, meist abseits der von Autos befahrenen Straßen, überwiegend Asphalt. Schilder: Weinreben

< links / Auf dem Weinerlebnisweg mit Blick über Metzingen

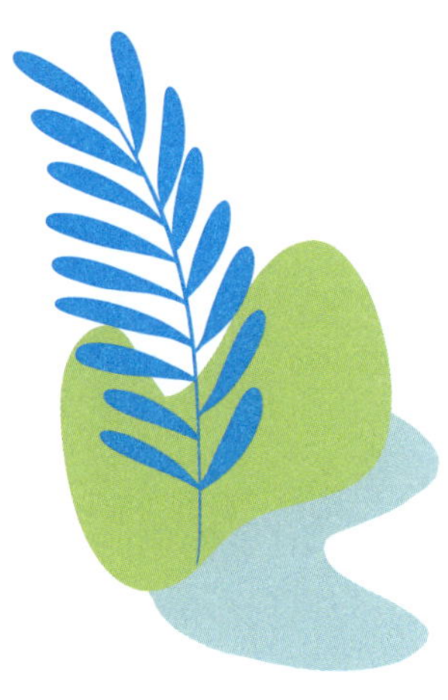

Gebäude nebenan. In der 2 / Weingärtnergenossenschaft (Am Klosterhof 2, 72555 Metzingen) gibt es eine kleine, aber feine Auswahl an Metzinger Weinen. Lass dich am besten bei deinem Kauf beraten. Mit deiner Ausbeute geht es dann auf dem Keltenplatz weiter zur Hindenburgstraße, auf der auch der Weinradweg entlangführt. Nachdem du hier links abgebogen bist, kannst du immer nach den lila Schildern mit dem Fahrrad und der Weinrebe Ausschau halten. Nach rund zwei Kilometern verlässt du so Metzingen. Jetzt geht es bergauf. Achtzig Höhenmeter auf 1,5 Kilometer. Eventuell musst du ein Stück schieben. Am Parkplatz Hinterbeger musst du links abbiegen. Hier triffst du auf den 3 / Weinerlebnisweg (72555 Metzingen). Jetzt geht es erst einmal ein Stück bergab zum Herrlis-Häusle, von wo du eine herrliche Aussicht über die Weinberge rund um Metzingen hast. Wenn du genau hinschaust, dann siehst du auf den einzelnen Backsteinziegeln Inschriften, die dort hineingeritzt oder darauf geschrieben wurden. Manche davon sind schon Jahrzehnte alt. Von dort geht es die Steilkurven hinab bis zum Parkplatz Hinterberger, der den Start des Weinerlebnisweges markiert. Du erkennst ihn an der Infotafel „Willkommen auf dem Weinerlebnisweg", auf dem ein Winzer in Schürze eine Traubenrebe in der Hand hält. Auf dem ganzen Weg bis zum Parkplatz, auf dem du abgefahren bist, findest du nun solche Infotafeln. Und wenn du heute Abend die ersten Tropfen in den Besenwirtschaften genießt, dann weißt du auch: Da steckt noch richtige Handarbeit drinnen.

DIE KLASSIKER

In Deutschland gibt es zwar rund 140 verschiedene Rebsorten. Auf einem Großteil der Fläche wird hauptsächlich Riesling und Spätburgunder angebaut.

An der Steinach entlang zum Neckar

Wenn du dieses Mal den Parkplatz Hinterberger erreichst, fährst du rechts. Zu beiden Seiten stehen hier die Weinreben gestriegelt in Reih und Glied. Du kommst am Naturfreundehaus Falkenberg

---

➤ rechts oben / Weinprobierstube im denkmalgeschützen ehemaligen Taglöhner- und Weingärtnerhaus Wengerterhäusle hinter dem Weinbaumuseum
➤ rechts Mitte / Auf dem Weinerlebnisweg gibt es eine Hängematte.

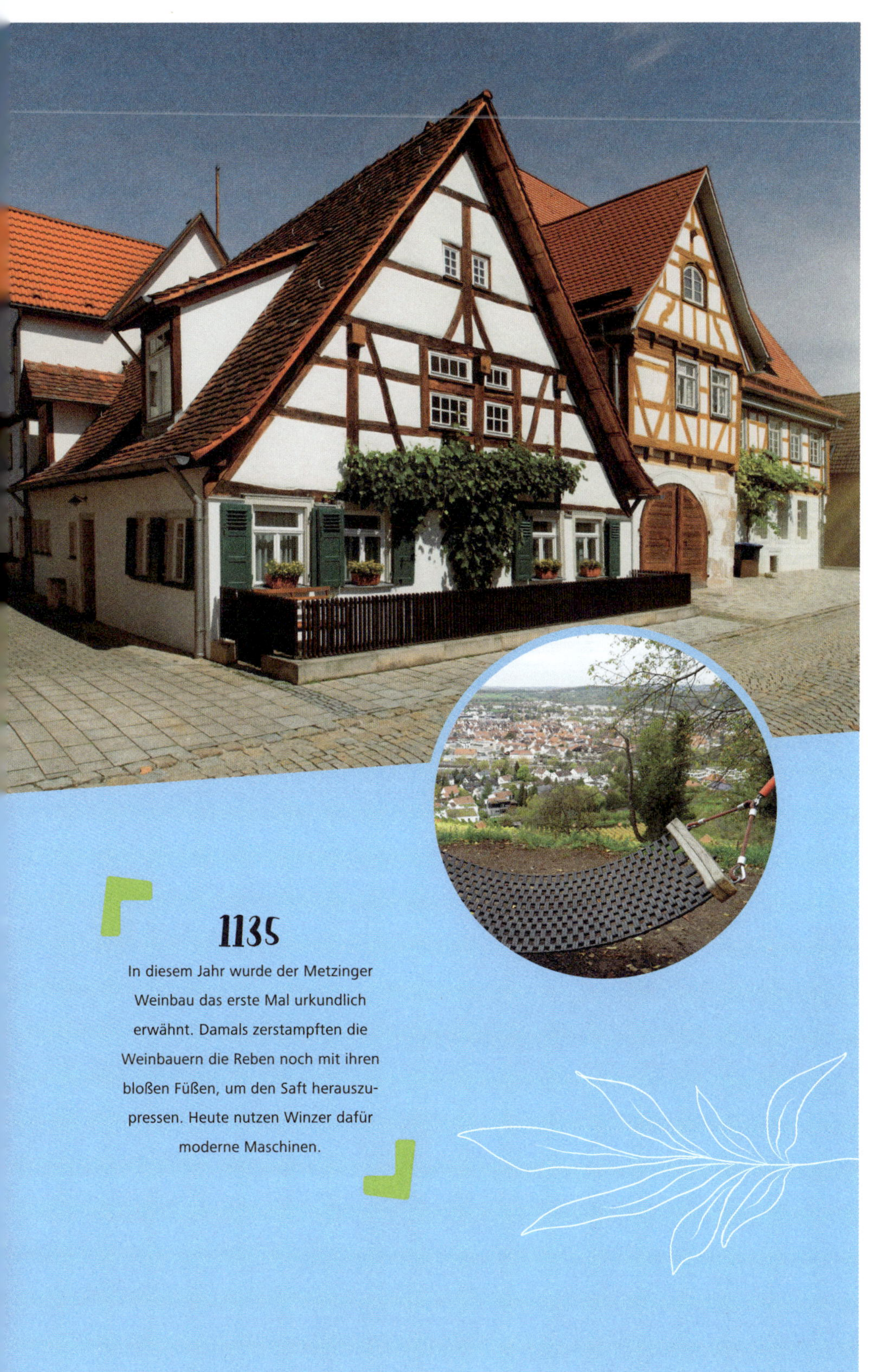

1135

In diesem Jahr wurde der Metzinger Weinbau das erste Mal urkundlich erwähnt. Damals zerstampften die Weinbauern die Reben noch mit ihren bloßen Füßen, um den Saft herauszupressen. Heute nutzen Winzer dafür moderne Maschinen.

Italienisches Flair

In der Pizzeria 4 / Gino fällt die Entscheidung schwer, ob drinnen oder draußen. Zwischen den alten Mauern im Lokal fühlt man sich Italien aber deutlich näher.

vorbei und überquerst die Neuffener Straße. Dabei folgst du immer den Schildern des Weinradweges. Nach der Neuffener Straße wird es rund zwei Kilometer holprig, bis du das Sportheim Kappishäusern erreichst. Die Wege sind dennoch breit und gut befahrbar. Nach den Weinreben folgen nun Streuobstwiesen. Sanft geht es zwischen diesen bergab. Du erreichst Kohlberg. Statt hier dem Weinradweg weiter zu folgen, kürzt du ab und zwar indem du – kurz nachdem du auf die Grafenberger Straße aufgefahren bist – links auf die Haldenstraße abbiegst. Am Kreisverkehr nimmst du die zweite Ausfahrt und fährst parallel zur Hauptstraße aus Kohlberg hinaus. Ab jetzt folgst du den grünen Pfeilen. Anderthalb Kilometer geht es bergab, bis du Tischardt erreichst und nach weiteren anderthalb Kilometern bist du in Frickenhausen. Dort biegst du links auf die Wielandstraße ab, überquerst die Steinach und folgst dem Fluss fünf Kilometer, bis zu seiner Mündung in den Neckar. In Nürtingen triffst du auch wieder auf den Weinradweg und kannst ab jetzt wieder seinen Wegweisern folgen.

Durch Streuobstwiesen

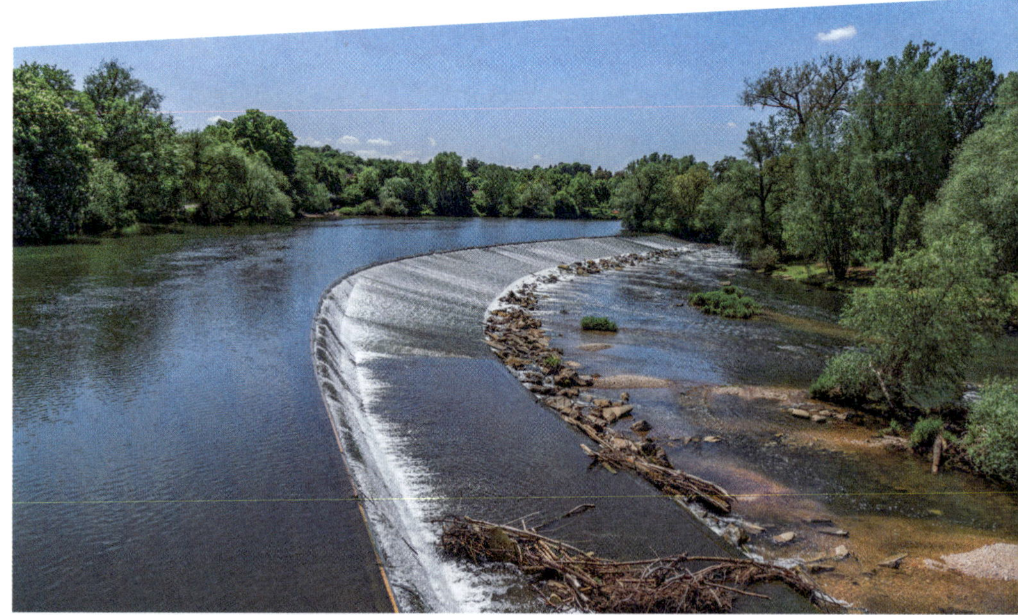

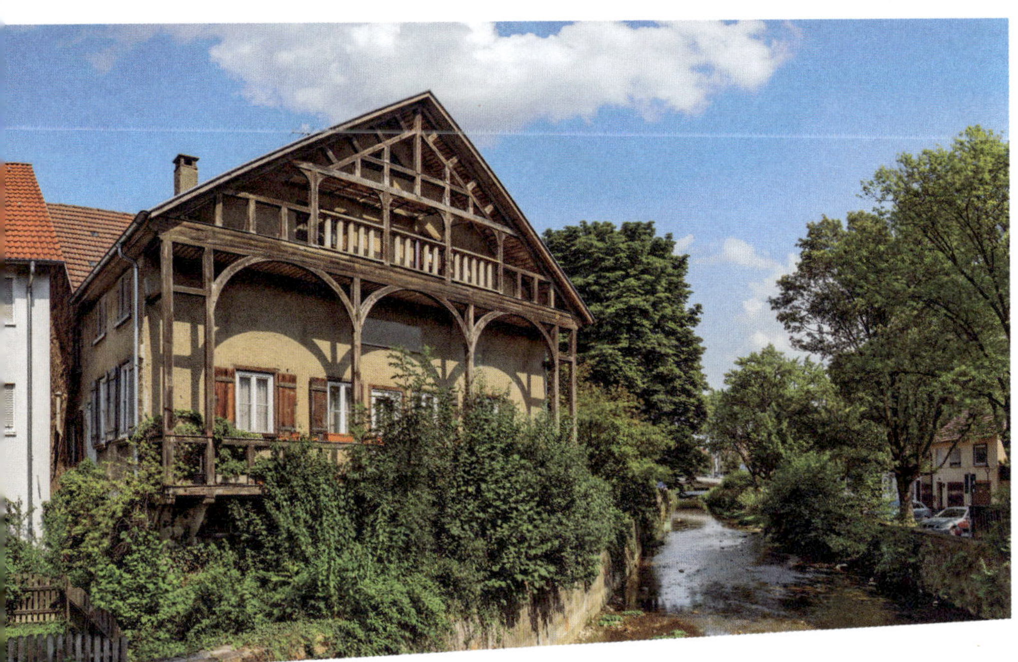

Zu Besuch in Italien

Triffst du auf die Steinengrabenstraße, hältst du dich links anstatt diese zu überqueren und biegst dann kurz darauf in die Metzinger Straße ab. Anstatt auf der großen Hauptstraße fährst du nun parallel auf der kleineren und biegst dann nach links in die schmale Karlstraße ab. Am Ende der Straße geht es rechts in die Eberhardstraße. So erreichst du kurz darauf die Pizzeria 4 / Gino (Eberhardstraße 16, 72622 Nürtingen). Neben klassischen italienischen Gerichten gibt es auch reichlich Wein. Und es ist fast so, als wärst du in Italien in Rom. Zurück nimmst du den gleichen Weg und überquerst nun die Steinengrabenstraße.

Schenk dir ein

Gestärkt sattelst du wieder auf. Bald schon hast du den wenigen Alkohol wieder ausgeschwitzt, wenn du gemütlich am Neckar entlangradelst, sodass du rund dreißig Kilometer später wieder für eine Besentour bereit bist. Kurz vorher musst du aber noch einmal kräftig in die Pedale steigen – oder gegebenenfalls auch schieben. Jetzt lohnt sich für diese Tour auf jeden Fall ein E-Bike. Auf zweieinhalb Kilometern musst du fast hundertvierzig Höhenmeter überwinden. Danach rollst du dafür direkt vor die Besenwirt-

KM 50

Die Besenwirtschaft 5 / Zum Dreimädelhaus ist auch Teil des Stuttgarter Weindorfs. Einmal im Jahr findet dieses in der Innenstadt statt. An mehreren Ständen schenken dort die Winzer der Umgebung Wein aus. An vielen bist du heute vorbeigefahren.

< links / Strahlendes Blau: der Neckar in Nürtingen ^ oben / Historisches Haus mit Fachwerkvorbau an der Steinachbrücke in Nürtingen

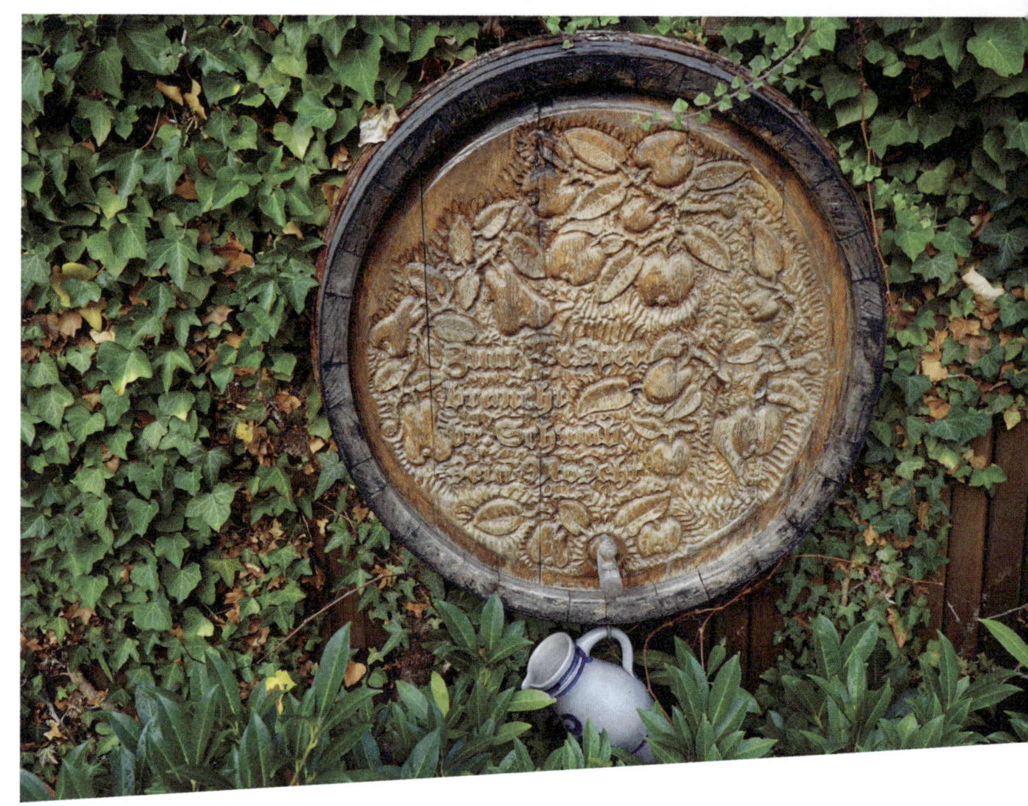

schaft 5 / Zum Dreimädelhaus (Tiroler Straße 17, 70329 Stuttgart). Kleiner Tipp: Rund fünfhundert Meter weiter ist das 6 / Weinbaumuseum Stuttgart (Uhlbacher Platz 4, 70329 Stuttgart). Bevor du einkehrst, kannst du hier noch einmal dein Wissen vom Vormittag erweitern. Es gibt eine Vielzahl an modernen und alten Exponaten. Trinkgefäße, Weinpressen, Weinfässer – manche davon über 100 Jahre alt. Und die Vinothek bietet eine Vielzahl an regionalen Weinen. Probiere dich durch, deinen Lieblingswein kannst du im Anschluss in der Besenwirtschaft „Zum Dreimädelhaus" genießen. Wenn diese geschlossen hat, kann es gut sein, dass die nebenan offen hat. Auch im Zieglers Besen lässt sich der Abend wunderbar ausklingen. Von den Besen sind es noch rund vier Kilometer bis zu deiner Übernachtung im 7 / Gästehaus Weinrebe (Grunbacher Straße 4, 70327 Stuttgart). Dazu fährst du am Weinbaumuseum in Uhlbach links und – wenn du am Berg wieder unten bist – rechts. Das Gästehaus befindet sich

SCHWÄBISCHES TAJ MAHAL

Drei Jahre dauerte die Ehe zwischen König Wilhelm I und Katharina Pawlowna. Dann verstarb sie. Die 9 / Grabkapelle auf dem Württemberg ließ der König als Liebesbeweis bauen.

⮝ oben / Mit Wein über Wein lernen – das Weinbaumuseum in Uhlbach.
➤ rechts / Die Bronzeskulptur „Der Gast" designte Guido Messer.

nach rund zwei Kilometern in einer Seitenstraße. Mit viel Liebe sind die Zimmer individuell eingerichtet und geben einem das Gefühl, gut aufgehoben zu sein.

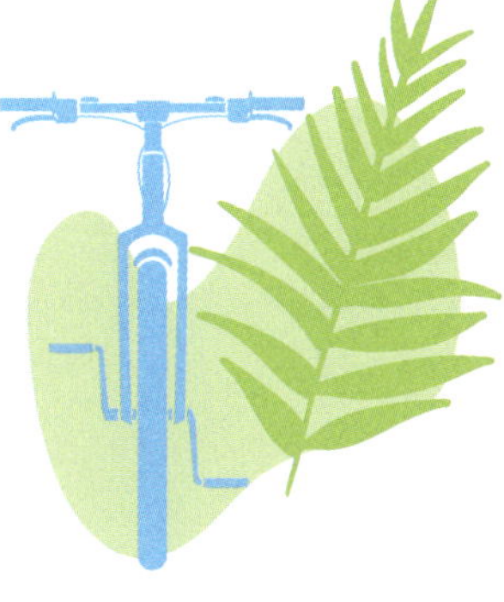

TAG 2
Wein-Genuss – die Fortsetzung

Am nächsten Tag wartet wieder eine Steigung auf dich. Hundertvierzig Höhenmeter, drei Kilometer. Während du strampelst, passierst du Weingut um Weingut – dann erreichst du das 8 / Rotenberger Weingärtle (Württembergstraße 217, 70327 Stuttgart). Hier fährst du rechts. Schon jetzt siehst du die 9 / Grabkapelle auf dem Württemberg (70327 Stuttgart), wie sie auf einem Hügel thront. Sie wurde einst als Liebesbeweis von König Wilhelm I an seine jung verstorbene Frau Katharina erbaut. Über dem Eingang steht: „Die Liebe hört nimmer auf." Vom Parkplatz fährst du über den Schotter bis zu ihrem Eingang. Hast du es geschafft, bietet sich dir ein atemberaubender Blick. Weinreben überziehen die Landschaft. Viele Blätter sind um die Besenwirtschafts-Jahreszeit schon gelb und rot gefärbt. Und in der Mitte in Richtung Stuttgart türmt sich der Mönchsberg vor dir auf. Einmal im Jahr veranstalten die Winzer der Umgebung hier eine Weinsafari. Zurück geht

ÜBER 100

Jahre alt sind manche Weinfässer im 6 / Weinbaumuseum Stuttgart. Doch die Geschichte des Weinbaus ist noch viel älter. Im Weinbaumuseum ist die Entwicklung des Weinbaus von der Römerzeit bis ins 21. Jahrhundert anschaulich an mehreren Exponaten dargestellt.

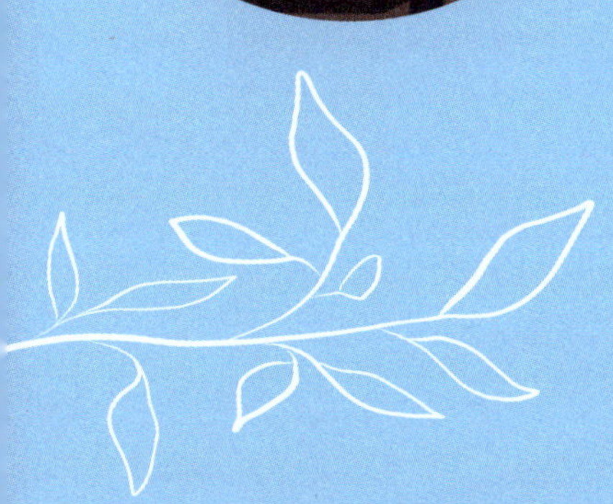

TRADITIONSFEST

Einmal im Jahr an Pfingsten locken die Pagodenzelte, bei denen Wein ausgeschenkt wird, Genießer und Ausflügler an. Die Route führt entlang des Stettener Weinweges.

es auf dem gleichen Weg bis zum Rotenberger Weingärtle. Auf der Terrasse kannst du noch ein wenig länger die grandiose Aussicht genießen und dabei ein verfrühtes Mittagessen genießen. Vor allem der Kaiserschmarrn ist extrem lecker und bietet sich am Vormittag auch hervorragend als verspätetes Frühstück an. Fährst du nun vom Rotenberger Weingärtle rechts die Stettener Straße entlang und die erste Straße rechts, triffst du wieder auf den Weinradweg, der dich vier Kilometer lang zwischen den Weinreben hindurch nach Fellbach führt. Kurz bevor du in den Ort hinein düst, bremst du und fährst rechts vor den Häusern entlang und kurz darauf wieder rechts. Abermals geht es vier Kilometer zwischen Weinreben hindurch, bis du Stetten erreichst. Nicht weit vom Zentrum findet an der Y-Burg einmal im Jahr zu Pfingsten eine Weinwanderung statt. Die Winzer der Umgebung bauen Zelte auf, schenken Wein aus – ein Erlebnis, das man nicht verpassen darf. Planst du deine Fahrrad-

AB DURCH DIE WEINREBEN

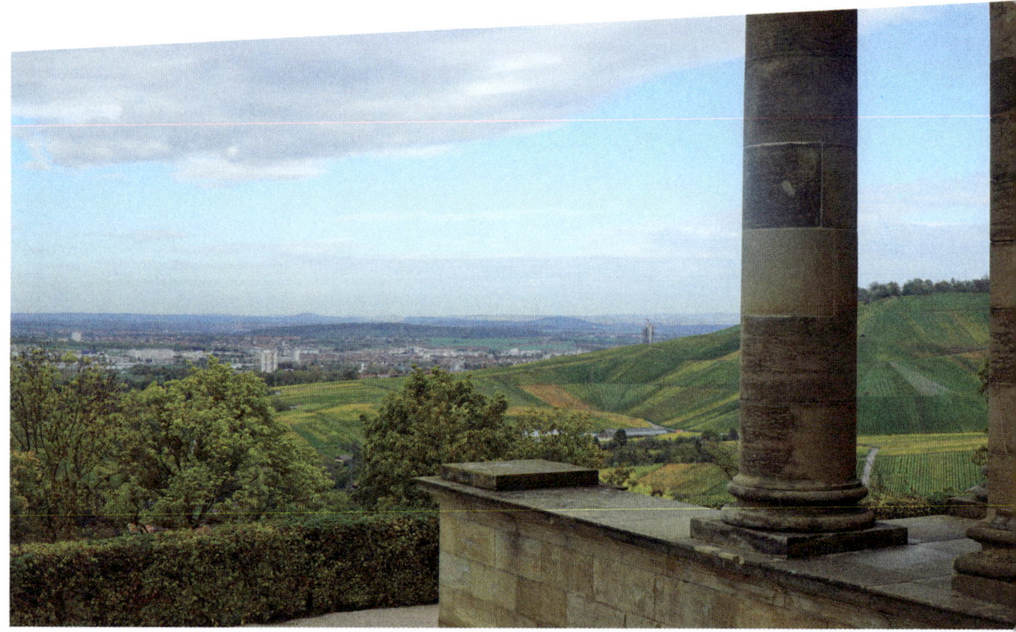

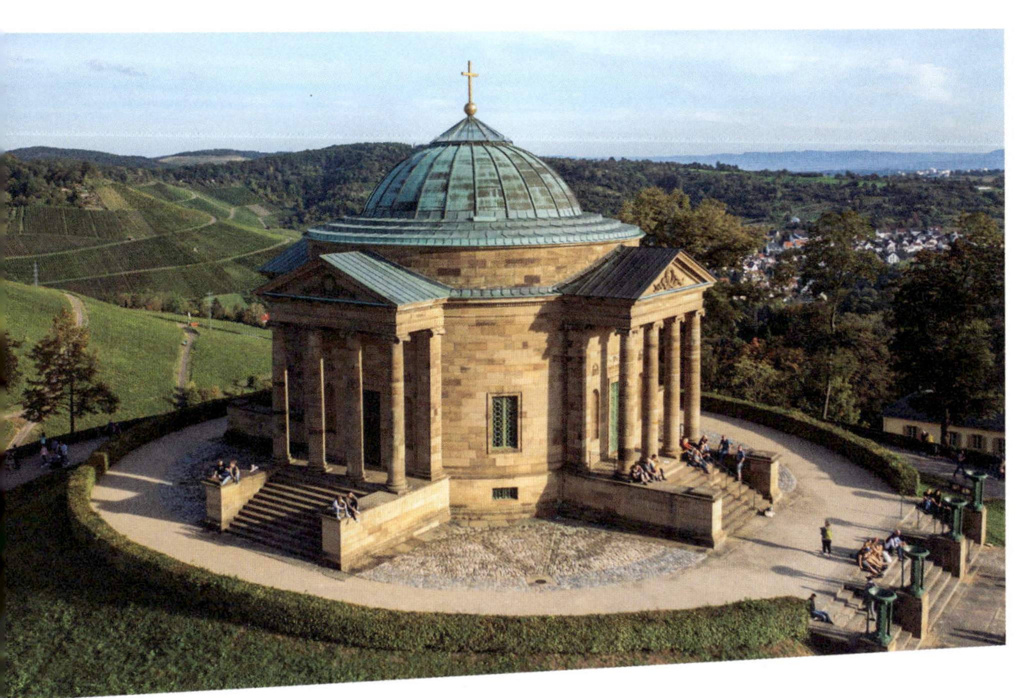

tour passend zu dem Event, dann lass dein Fahrrad am besten beim Museum der Y-Burg und probiere dich durch Württembergs Weine. Verlässt du das Zentrum von Stetten wieder, folgst du dieses Mal nicht den Schildern, sondern bleibst auf der Frauenländerstraße, bis du das 10 / Weingut Zimmer (Frauenländerstraße 85, 71394 Kernen im Remstal) erreichst. Sonntags ist zwar kein Verkauf, aber an dem Vinomaten kannst du dir eine Flasche mitnehmen. Regional und Bio. Es lohnt sich auf jeden Fall. Und wenn du die Tour andersherum fährst, dann musst du unbedingt in der Besenwirtschaft einkehren. In dem Familienbetrieb fühlt man sich direkt aufgehoben. Hast du dir eine Flasche mitgenommen, radelst du weiter und biegst – die Hauptstraße schon in Sichtweite – rechts ab. Schon bist du wieder auf dem Weinradweg und erreichst kurz darauf das 11 / Lindhälder Stüble (Lehenweg 16, 71384 Weinstadt). Hier kannst du eine Kleinigkeit zu Mittag essen, während dein E-Bike draußen auflädt.

8

aufgelistete Vinomaten gibt es im Remstal (Stand 2022). Neben Wein werden oft auch Snacks und alkoholfreie Getränke angeboten. Und manche Weinautomaten sind sogar mit Gläsern bestückt. So steht einem spontanen Picknick nichts mehr im Weg.

Waiblingen erfrischt

Doch auch nachdem du Stetten verlassen hast, radelst du noch an dem einen oder anderen Weingut vorbei. Auf deiner rechten Seite taucht zum Beispiel das Weingut Idler auf und wenig später

< links / Ausblick von der Grabkapelle. ^ oben / Über dem Eingang der Grabkapelle leuchtet der Schriftzug: „Die Liebe höret nimmer auf".

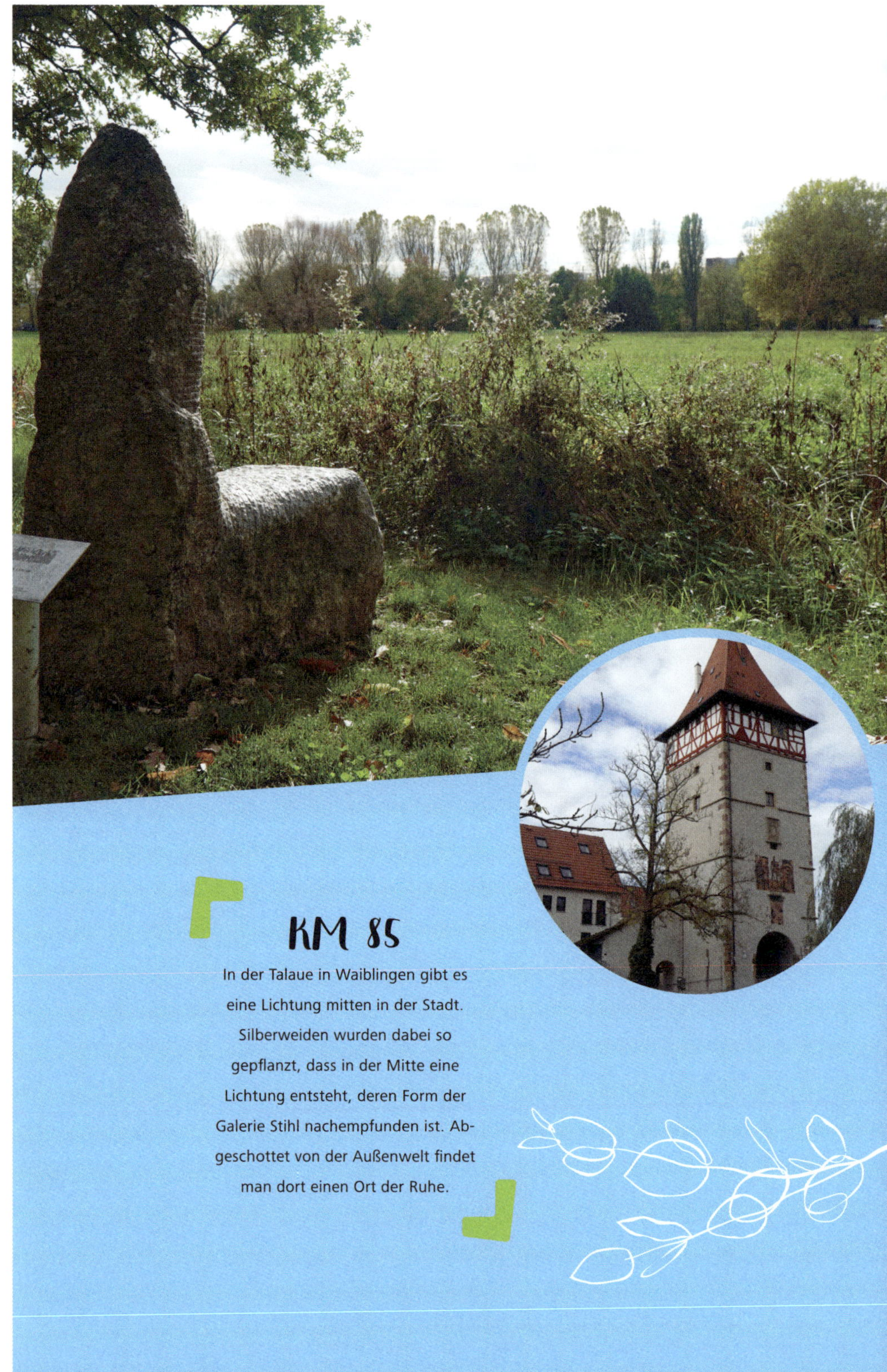

KM 85

In der Talaue in Waiblingen gibt es eine Lichtung mitten in der Stadt. Silberweiden wurden dabei so gepflanzt, dass in der Mitte eine Lichtung entsteht, deren Form der Galerie Stihl nachempfunden ist. Abgeschottet von der Außenwelt findet man dort einen Ort der Ruhe.

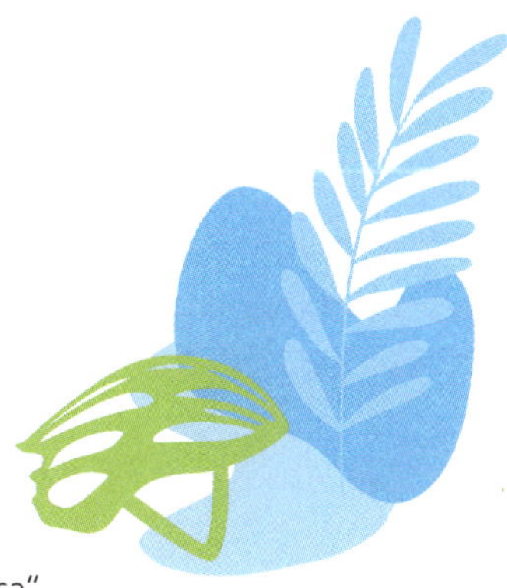

das Weingut Knauss, das die Besenwirtschaft „Zum Sonna-Besa" betreibt. Dreizehn Kilometer reiht sich so Weingut an Weingut, bis du in Waiblingen auf die Rems triffst. Du folgst dem Fluss durch eine Unterführung, nach der du gleich rechts musst und das glitzernde Blau überquerst. Beim Spielplatz fährst du links und überquerst bei der nächsten Gelegenheit abermals die Rems. Keine 200 Meter weiter hast du die 12 / Gerberei Waiblingen (Bädertörle 19, 71332 Waiblingen) erreicht. In dem Restaurant stimmt alles: die Terrasse mit Blick ins Grüne. Das nicht nur optisch ansprechende Essen. Der freundliche Service. Wer es ein wenig günstiger haben möchte, der kann sich aber auch in der Altstadt nach einem netten Lokal umschauen. Dort gibt es auch diverse Weinhandlungen, in denen du dir den einen oder anderen guten Tropfen für das nächste Wochenende auf der Couch mitnehmen kannst. Falls das Restaurant noch nicht geöffnet hat, kannst du deinen Spaziergang durch die Stadt auch vorziehen oder du entspannst dich an der Rems und genießt vermutlich eines der für dieses Jahr letzten schönen und sonnigen Herbstwochenenden.

JUNGE STADT IN ALTEN MAUERN

Kleine Gassen und Fachwerkhäuser prägen die Innenstadt von Waiblingen. Viele individuelle Geschäfte haben sich dort angesiedelt, die meist von den Inhabern selbst geführt werden.

Nachdem du es dir in der Gerberei noch ein letztes Mal auf dieser Tour so richtig gut hast gehen lassen, ist es nicht mehr weit bis zu deinem Ziel. Du biegst rechts ab und fährst bis zur Langen Straße. Zu deiner Rechten siehst du das Beinsteiner Tor – ein Turm, der wie ein ewiger Wächter die kleine Insel dahinter zu beschützen scheint. Auf dieser liegt das Kulturhaus Schwanen mit diversen Ausstellungen und Veranstaltungen. Du aber musst links abbiegen/fahren. Rund fünfhundert Meter später erreichst du eine Kreuzung am Postplatz-Forum. Für dich geht es hier nach rechts in die Bahnhofstraße. Anderthalb Kilometer später endet dann deine Tour an der 13 / S-Bahnstation Waiblingen (71332 Waiblingen).

< links oben / Entspannung pur: Die Talaue in Waiblingen.
< links Mitte / Alte Mauern in neuer Umgebung: Das Stadttor von Waiblingen ist mehrere Jahrhunderte alt.

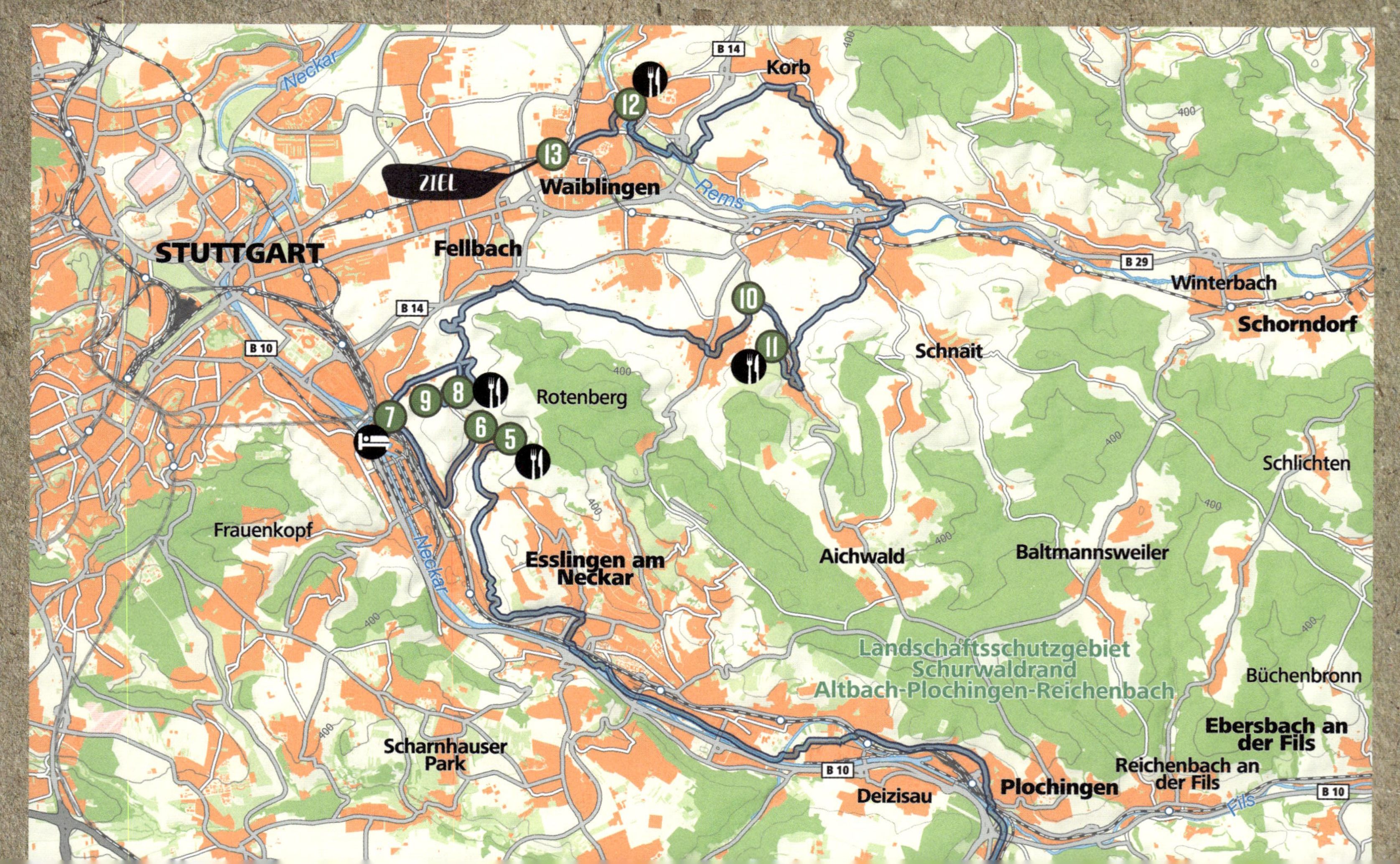

Neckar
B 14
Korb
12
13
ZIEL
Waiblingen
Rems
STUTTGART
Fellbach
B 29
Winterbach
10
Schorndorf
B 14
B 10
11
Schnait
9
8
Rotenberg
7
6
5
Schlichten
Frauenkopf
Neckar
Esslingen am Neckar
Aichwald
Baltmannsweiler
Landschaftsschutzgebiet
Schurwaldrand
Altbach-Plochingen-Reichenbach
Büchenbronn
Ebersbach an der Fils
Scharnhauser Park
Reichenbach an der Fils
B 10
Plochingen
Deizisau
Fils
B 10
400

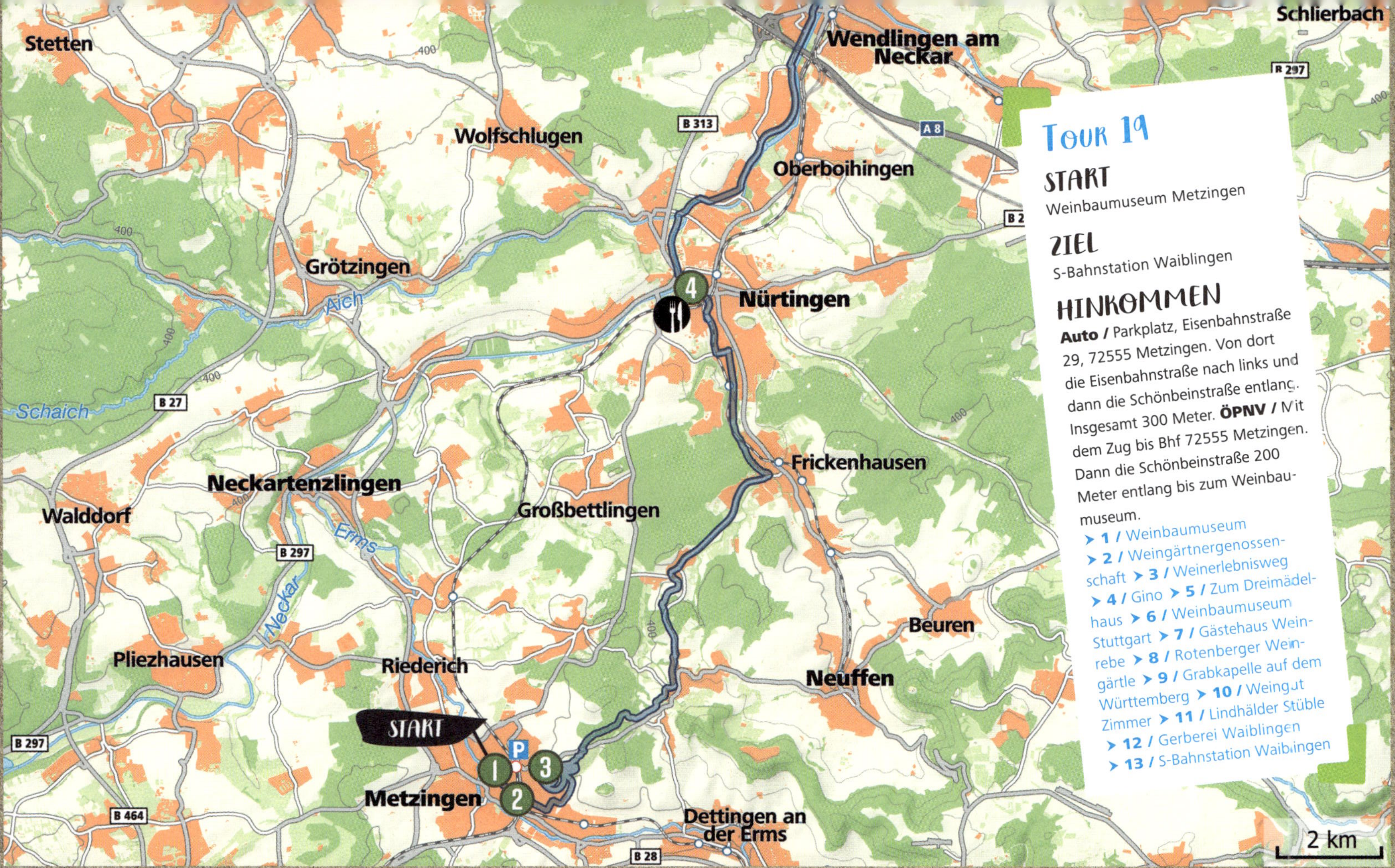

Tour 19

START

Weinbaumuseum Metzingen

ZIEL

S-Bahnstation Waiblingen

HINKOMMEN

Auto / Parkplatz, Eisenbahnstraße 29, 72555 Metzingen. Von dort die Eisenbahnstraße nach links und dann die Schönbeinstraße entlang. Insgesamt 300 Meter. **ÖPNV /** Mit dem Zug bis Bhf 72555 Metzingen. Dann die Schönbeinstraße 200 Meter entlang bis zum Weinbaumuseum.

➤ **1 /** Weinbaumuseum
➤ **2 /** Weingärtnergenossenschaft ➤ **3 /** Weinerlebnisweg
➤ **4 /** Gino ➤ **5 /** Zum Dreimädelhaus ➤ **6 /** Weinbaumuseum Stuttgart ➤ **7 /** Gästehaus Weinrebe ➤ **8 /** Rotenberger Weingärtle ➤ **9 /** Grabkapelle auf dem Württemberg ➤ **10 /** Weingut Zimmer ➤ **11 /** Lindhälder Stüble
➤ **12 /** Gerberei Waiblingen
➤ **13 /** S-Bahnstation Waiblingen

Stetten
Wolfschlugen
Wendlingen am Neckar
Schlierbach
Oberboihingen
Grötzingen
Nürtingen
Neckartenzlingen
Großbettlingen
Frickenhausen
Walddorf
Pliezhausen
Riederich
Beuren
Neuffen
START
Metzingen
Dettingen an der Erms
2 km

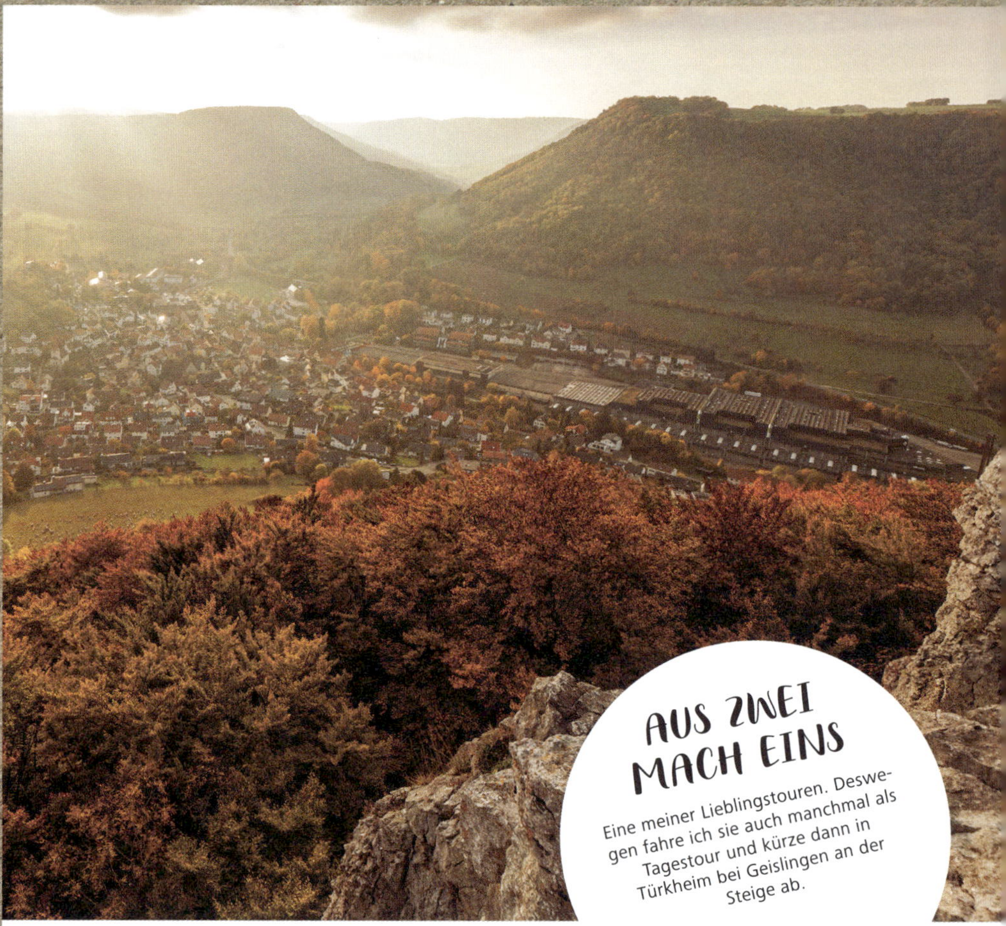

AUS ZWEI MACH EINS

Eine meiner Lieblingstouren. Deswegen fahre ich sie auch manchmal als Tagestour und kürze dann in Türkheim bei Geislingen an der Steige ab.

› 1 / Startpunkt ist am Rotkreuz-Landesmuseum Baden-Württemberg

› 2 / Die Malereien der Wallfahrtskirche Ave Maria bestaunen

› 3 / Panoramablick von der Ruine Hiltenburg

› 4 / Auftanken am Gasthof Café zum Filsursprung

› 5 / Am Filsursprung bestes Quellwasser trinken

› 6 / Ab in die Erde an der Schertelshöhle

› 7 / Übernachten im Fass am Alb-Campingplatz

› 8 / Statt Schnitzel Lachsfilet am Stubersheimer Hof

› 9 / Eine besondere Salami kaufen an der Straußenfarm Lindenhof

› 10 / Auf den Spuren des Täters am Mordloch

› 11 / Die Einkehr für die ganze Familie an der Oberen Roggenmühle

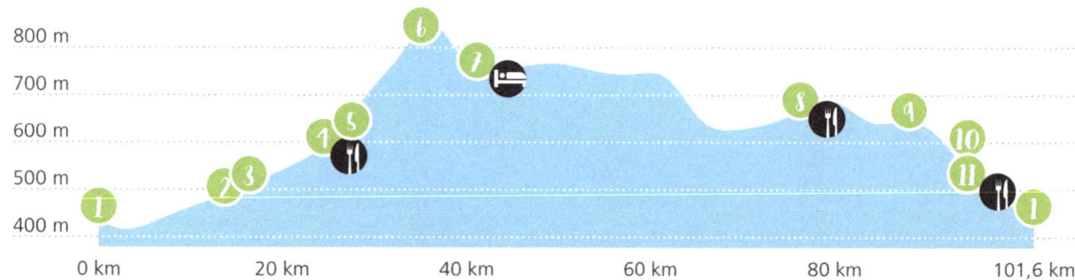

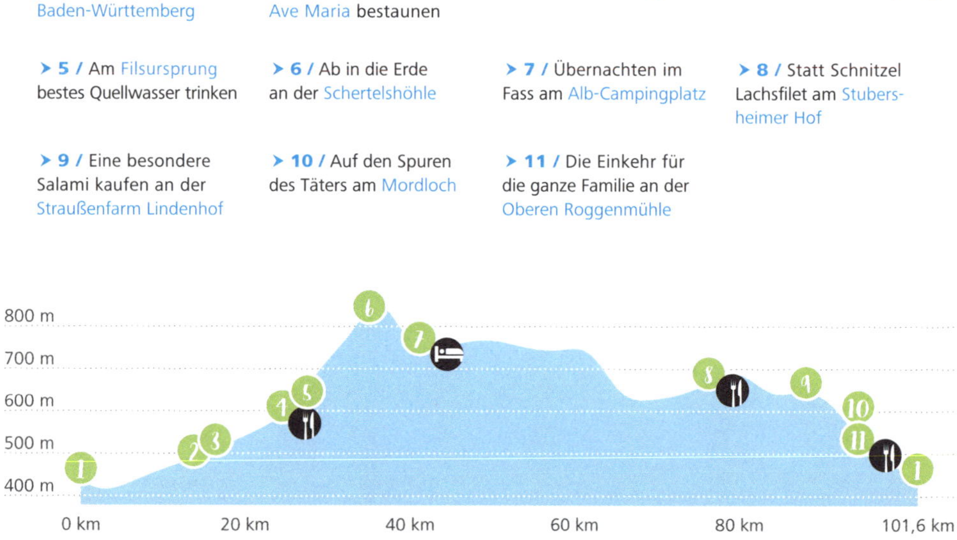

DEN BERGEN NAH

Am Albtrauf hinauf und in die Höhlen hinein

Bei dieser Tour ist für die ganze Familie etwas dabei: Höhlen, Burgen, atemberaubende Aussichten, Feinschmeckerlokale, knuddelige Alpakas. Dabei geht es fast immer autofrei durch malerische Landschaften.

Tag 1 + Tag 2
41 + 60 Kilometer
620 + 675 Höhenmeter
290 + 1005 Höhenmeter
2:45 + 4 Stunden
Rundtour

TAG 1

Start in Geislingen

Vor dem kastenförmigen Gebäude des 1 / Rotkreuz-Landesmuseum Baden-Württemberg (Heidenheimer Straße 72, 73312 Geislingen an der Steige) schwingen wir uns in den Sattel. Statt dem Museum jetzt schon einen Besuch abzustatten, düsen wir aber gleich rechts – das Museum im Rücken – die Heidenheimer Straße entlang und treffen kurz darauf auf die Längentalstraße und damit auf unsere Rundtour: die Albtraufroute. Hundert Kilometer führt sie durch das Goißatäle, über die Albhochfläche und das Eyb- und Roggental. Wunderschöne

CHARAKTER

Sportlich ●●●●○
Abkühlung ●●●●●
Schlemmen ●●●●○
Panorama ●●●●●

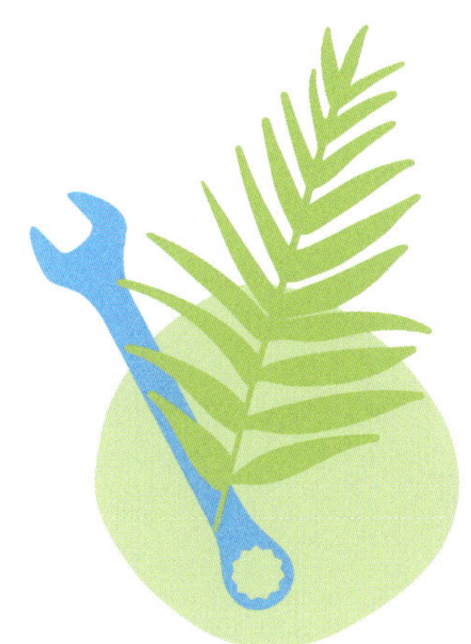

TOURENINFO / Moderate, aber anhaltende Steigung. Größtenteils auf asphaltierten Wegen getrennt vom Verkehr. Gut geeignet für Familien mit Anhänger. E-Bike von Vorteil. Und: Taschenlampe nicht vergessen! Schilder: Grünes A auf gelbem Grund

< links / Herbst auf der Schwäbischen Alb: Aussicht vom Oberbergfels auf die Hausner Wand

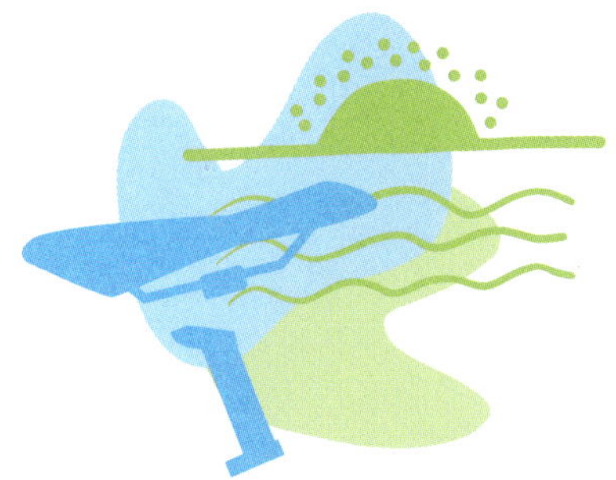

Landschaften erwarten dich. Mal werden sie dich ans Hobbit-Tal erinnern, mal an die Berglandschaft von Heidi. Nachdem du links in die Längentalstraße abgebogen bist, folgst du dazu einfach immer dem grünen A auf gelbem Grund. Es lotst dich aus Geislingen heraus.

Drei Ave Marias

Anfangs hält sich die Steigung noch in Grenzen. Es geht sogar an manchen Stellen leicht bergab. So radelst du gemütlich auf fast ausschließlich asphaltierten und immer gut befestigten Straßen bis nach Bad Überkingen. Neben dir schlängelt sich dabei immer die Fils entlang. Bis zu ihrer Quelle wird sie dein treuer Begleiter sein. Doch während sie bergab fließt, musst du bergauf. Die nächsten dreieinhalb Kilometer bis Hausen an der Fils sind schon steiler – und so wird es auch noch fünfundzwanzig Kilometer weiter gehen. Dafür hast du danach das Anstrengendste geschafft. Und es gibt immer wieder sehenswürdige Stopps, bei denen du dir eine Verschnaufpause gönnen kannst. Der erste Stopp wartet bereits nach weiteren fünf Kilometern auf dich. Allein für die 2 / Wallfahrtskirche Ave Maria (Ave Maria Weg 1, 73326 Deggingen) lohnen sich die extra Höhenmeter, aber auch die Aussicht von dort ist nicht schlecht – was bei den Schwaben so viel wie atemberaubend heißt. Um die Kirche zu erreichen, musst du in Deggingen links auf den Ave Maria Weg abbiegen. Dann wird es kurz richtig steil. Ohne E-Bike kann es gut sein, dass du ein Stück schieben musst. Einen Kilometer später stehst du aber vor ihr: Äußerlich schlichter als erwartet, verbirgt sich ihre Pracht im Inneren. Die Wände sind mit Malereien und Stuck verziert und machen die Kirche wahrlich zu etwas Besonderem.

DIE BLAUE MAUER

So beschrieb der Dichter Mörike den Albtrauf aus der Ferne. Doch noch viel schöner ist er aus der Nähe – zum Beispiel von der 3 / Ruine Hiltenburg.

➤ rechts oben / Idylle und Natur pur: Wiese, Wälder und die Fils
➤ rechts Mitte / Immer noch finden in der Wallfahrtskirche Ave Maria Gottesdienste statt.

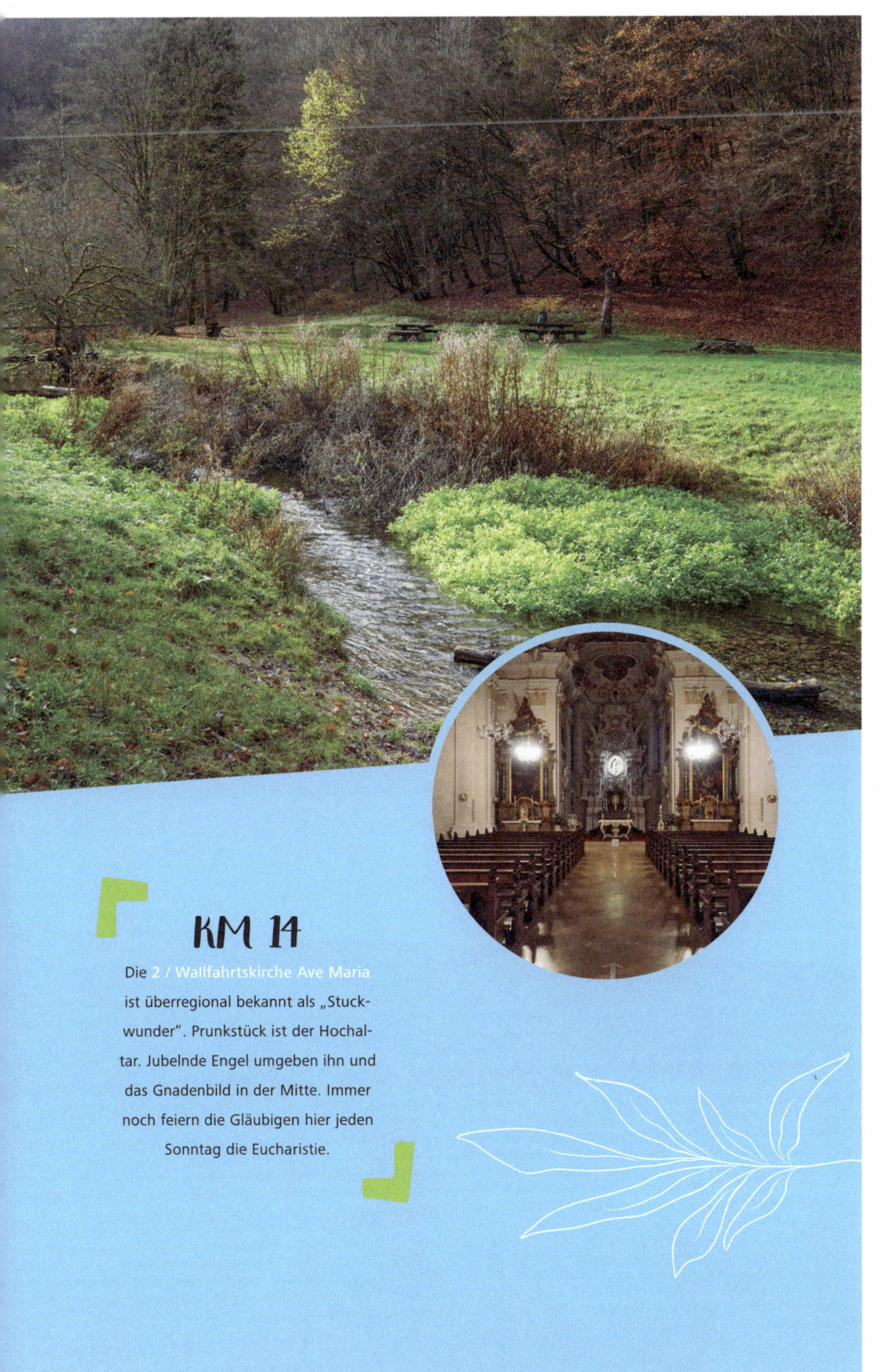

KM 14

Die 2 / Wallfahrtskirche Ave Maria ist überregional bekannt als „Stuckwunder". Prunkstück ist der Hochaltar. Jubelnde Engel umgeben ihn und das Gnadenbild in der Mitte. Immer noch feiern die Gläubigen hier jeden Sonntag die Eucharistie.

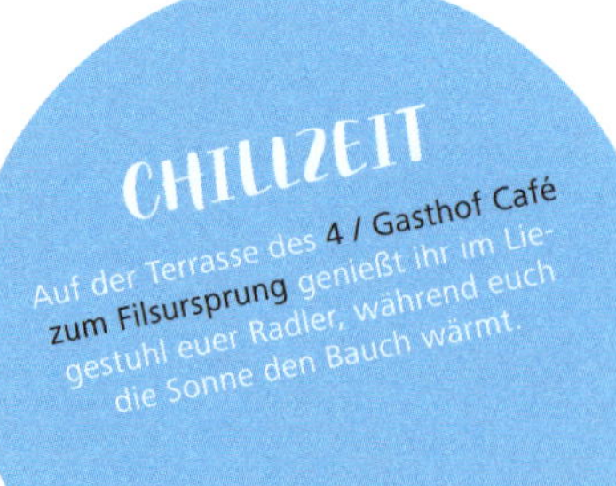

BERGAUF GEHT'S ZUR RUINE HILTENBURG

Alte Geschichten

Zurück geht es dann auf dem Ave Maria Weg wieder bis zur Albtraufroute. Kleiner Tipp: Nimm den Schwung mit, denn danach gehts wieder bergauf. Drei Kilometer sind es bis nach Bad Ditzingen, in dessen Nähe die 3 / Ruine Hiltenburg (73342 Bad Ditzenbach) liegt. Um sie zu erreichen, musst du, wenn du von der Helfensteinstraße abfährst, weiter geradeaus und kurz darauf rechts in den Hiltenburgweg. Bald schon wird die Straße zu feinem Schotter. Ihm folgst du links in den Wald hinein und an der nächsten Abzweigung rechts. Vor allem der letzte Kilometer macht einem zu schaffen. Deshalb am besten die Fahrräder an der Hiltenburghütte abstellen und den Rest laufen. Oben angekommen kannst du erst einmal auf dem Turm der Ruine verschnaufen. Von hier hast du eine prächtige Sicht über das Obere Filstal. Gosbach, der nächste Ort auf deiner Tour, schmiegt sich zwischen bewaldete Hügel und in der Ferne erkennst du Mühlhausen im Täle. Nachdem du dich an der Aussicht sattgesehen hast, ist die Dauerausstellung über die Geschichte der Hiltenburg eine willkommene Abwechslung. Sie informiert über das Leben und den Alltag der Burgbewohner.

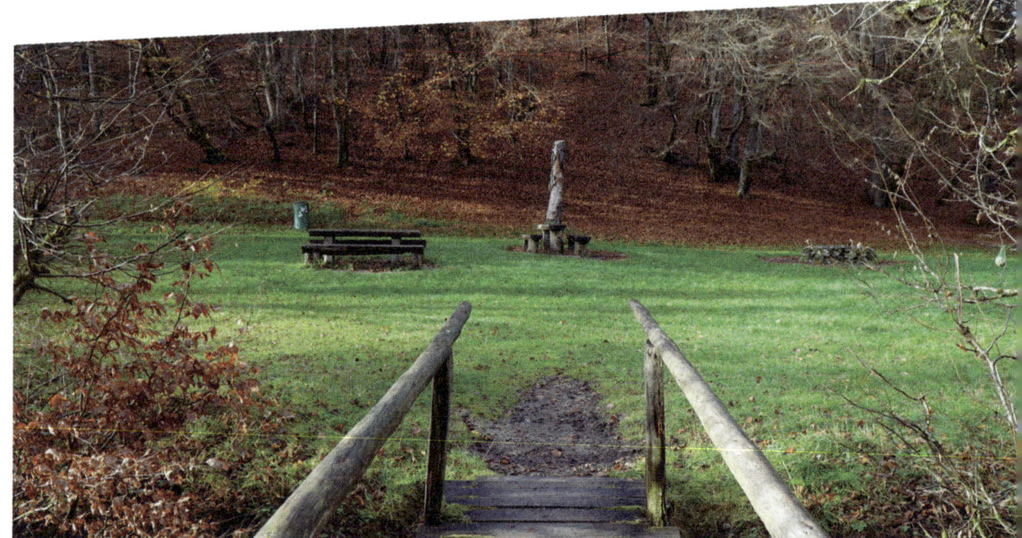

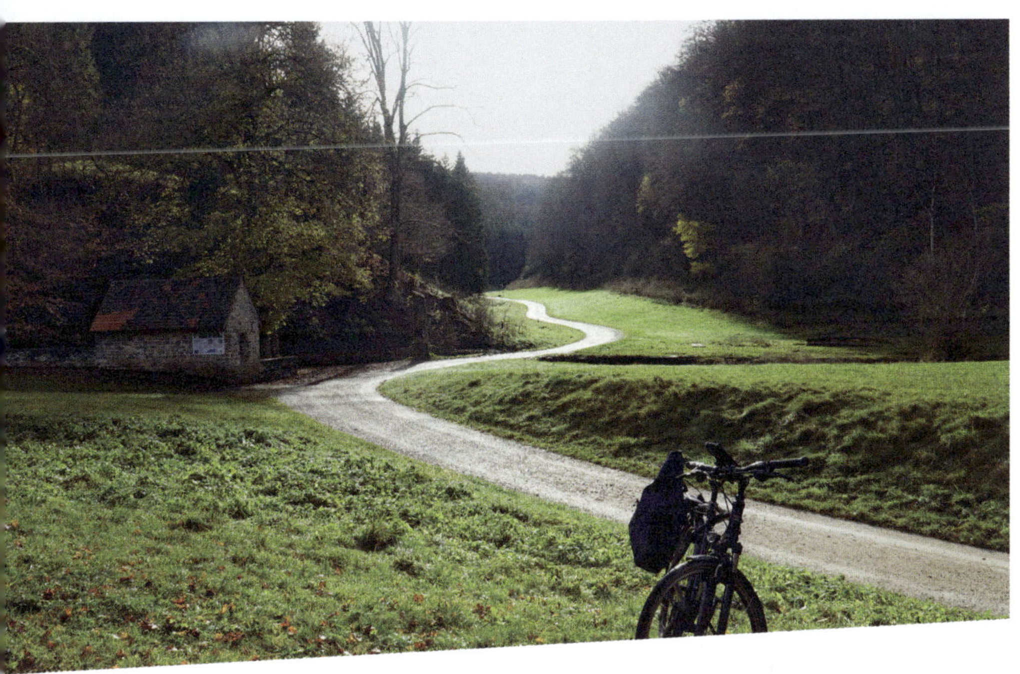

Auf dem Weg zur Quelle

Wieder im Sattel trocknet der Fahrtwind dir die restlichen Schweißtropfen vom Gesicht, die sich aber – wenn du wieder auf der Albtraufroute bergauf strampelst – prompt erneut bilden. Jetzt fährst du durch die Straßen, die du vorhin noch von oben betrachtet hast. Gosbach, Mühlhausen, Wiesensteig. Eine Ortschaft löst die andere ab. Nach achteinhalb Kilometern, bevor die Wälder die Häuser ablösen, erreichst du zu deiner Linken den 4 / Gasthof Café zum Filsursprung (Helfensteinstraße 81, 73349 Wiesensteig). Auf der Terrasse lässt sich die Sonne wunderbar genießen und die Selbstbedienung tut dem keinen Abbruch, denn das Essen stimmt geschmacklich. Das Filsurspungspfännle klingt nicht nur vom Namen her kreativ, sondern schmeckt auch köstlich. Wichtig dabei: Platz lassen für den Nachtisch. Die Kuchen sind nämlich nicht zu übertreffen. Übrigens kannst du hier auch dein E-Bike laden. Schwingst du dich abermals aufs Rad, wunderst du dich vielleicht, wo nun der 5 / Filsursprung (73349 Wiesensteig) ist. Es dauert noch rund drei Kilometer, die du durch den Wald fährst, bis du ihn erreichst. Ein Grillplatz mit einer steinernen Schutzhütte markiert die Stelle. Sacht plätschert das Wasser aus

625

Meter über dem Meeresspiegel liegt der 5 / Filsursprung. Zum Vergleich: Stuttgart liegt auf einer Höhe von 245 Metern. Das heißt auch: Der Frühling beginnt hier später und der Herbst früher. Ende August färben sich bereits die ersten Blätter rot.

< links / Rastplatz an der Fils – so schön kann picknicken sein
^ oben / 625 Meter über dem Meeresspiegel: An der Steinhütte entspringt die Fils

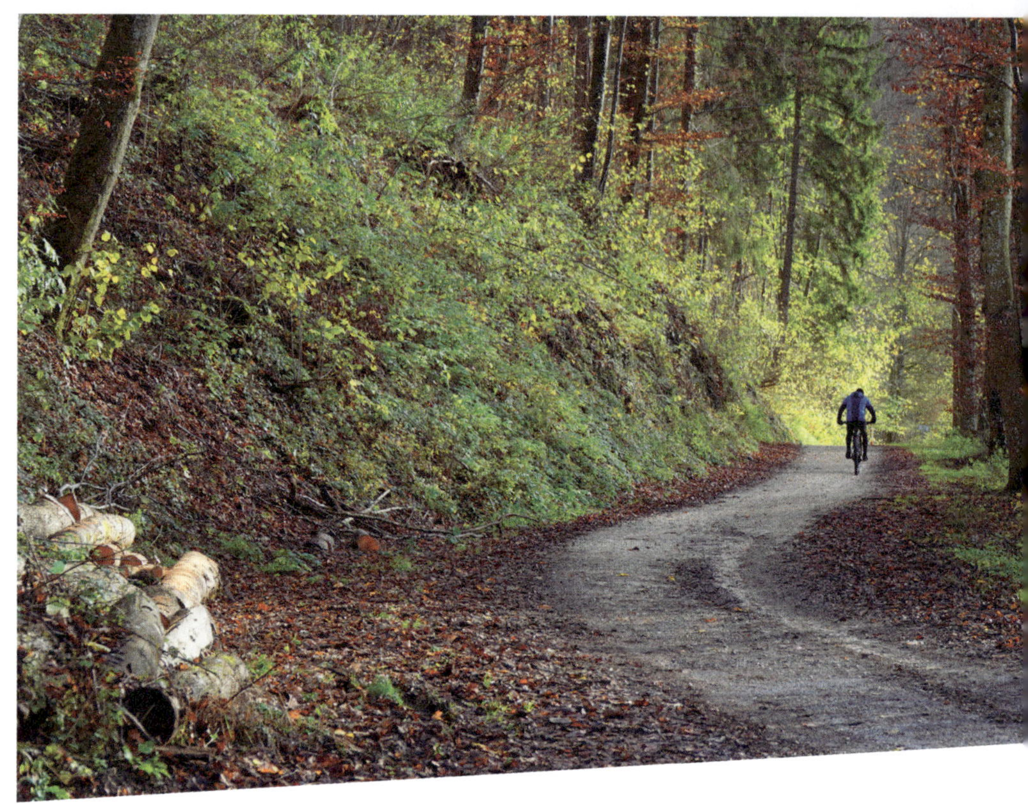

der Quelle über Steintrassen ins Tal hinab. Perfekt, um die Wasserflaschen aufzufüllen. Im Sommer schadet ein Insektenspray nicht. Neben einer Vielzahl an Schmetterlingen gibt es auch einige Bremsen. Strampelst du nun auf deinem Rad weiter durchs Hasental, begleitet dich die Fils nicht mehr. Dafür säumt der Waldesrand deinen Weg, der auf einem schmalen Streifen Wiese durch die Landschaft führt.

MAHLZEIT

Neben dem 7 / Alb-Campingplatz liegt das Restaurant Silberdistel. Ein nettes Restaurant mit traditioneller schwäbischer Küche.

Reise in die Erdgeschichte

Acht Kilometer geht es nun bergauf. Als Belohnung wartet fast direkt danach ein Tour-Highlight auf dich. Kurz nachdem du wieder aus dem Wald herausrollst, führen zwei Schotterstraßen dicht nebeneinander über die Felder wieder in den Wald hinein. Du nimmst den zweiten und gelangst so zur 6 / Schertelshöhle (Im Hochbuch 1, 72589 Westerheim). 212 Meter tief führt die Tropfsteinhöhle in den Felsen zwischen Sintern und Stalagmiten hindurch. 160 Meter davon sind begehbar. Nicht nur

⮝ oben / Sanft schlängelt sich der Weg durch die Landschaft ➤ rechts / Der Weg hinab in die Schertelshöhle

Erwachsene kommen hier voll auf ihre Kosten – auch Kinder bekommen hier eine neue Welt gezeigt. Sinter hängen von der Decke. Immer wieder hörst du einzelne Tropfen auf den Boden fallen. Und wenn du laut rufst, dann verliert sich deine Stimme in der Dunkelheit. Ein mystischer Ort – faszinierend, aber auch ein bisschen unheimlich. Auf jeden Fall solltest du viel Zeit einplanen. Es wird nicht leicht werden, die Kinder zum Weiterfahren zu überreden. Und: Es ist auch der für heute letzte Zwischenstopp. Zurück auf der Albtraufroute geht es weiter mit Strampeln, aber bald schon hast du den höchsten Punkt erreicht. Anderthalb Kilometer geht es noch bergauf – dann düst du fünf Kilometer bis zu deiner Übernachtung und bis auf wenige Ausnahmen fast nur noch bergab. Direkt am Ortseingang Westerheim zweigt die Straße „Beim Sportsplatz" ab. Sie führt dich zum 7 / Alb-Campingplatz (Beim Campingplatz 1, 72589 Westerheim). In den schnuckeligen Holzfässern schläfst du bestimmt besser als Diogenes, der Abenteuer-Effekt bleibt aber. Und im Pool können sich die Kinder austoben und du dich abkühlen, bevor ihr dann im Restaurant Silberdistel, das sich direkt am Campingplatz befindet, den Tag wunderschön ausklingen lasst. Nicht vergessen: E-Bike an einer der Ladestationen für den kommenden Tag laden.

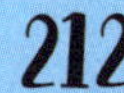

212

Meter erstrecken sich die Gänge der 6 / Schertelshöhle unter der Erde, 160 Meter sind für Besucher begehbar. Im tiefsten Teil der Höhle befindet sich eine rund 15 Meter hohe Halle mit atemberaubendem Sinterschmuck. Unter der Woche ist man fast vollkommen alleine.

FÜR DIE GRILLSAISON

An der **9 / Straußenfarm Lindenhof** gibt es einen Automaten mit Fleisch- und Wurstwaren. Zu kaufen gibt es zum Beispiel Straußensteak.

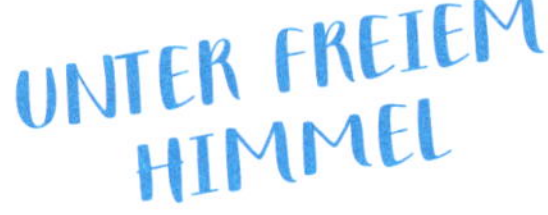

TAG 2

Feinschmecker auf Rädern

Am nächsten Tag solltest du früh los, denn vor dir liegen noch rund sechzig Kilometer. Frühstücken kannst du im Ort an der Bäckerei Bernd Stehle, in der noch selbst gebacken wird. Köstliche Mini-Gugelhupfe stärken dich für den Tag – allerdings gibt es die nicht immer. Um zur Bäckerei zu gelangen, musst du in Westerheim einen Abstecher auf die Feldstatter Straße machen. Zurück geht es dann über die Laichinger Straße und die Schulstraße. Ein Umweg von rund fünfhundert Metern. Jetzt machst du Strecke. Fünfunddreißig Kilometer schlängelt sich die Albtraufroute durch die Landschaft und durch kleine Ortschaften hindurch, die kaum an ein Dorf herankommen. Dazwischen laden Rastplätze immer wieder zum Verschnaufen ein, doch heute brauchst du sie gar nicht so dringend. Oft genug bläst dir der Fahrtwind zur Abkühlung ins Gesicht, denn es geht fast stetig bergab. Bei schönem Wetter Eincremen nicht

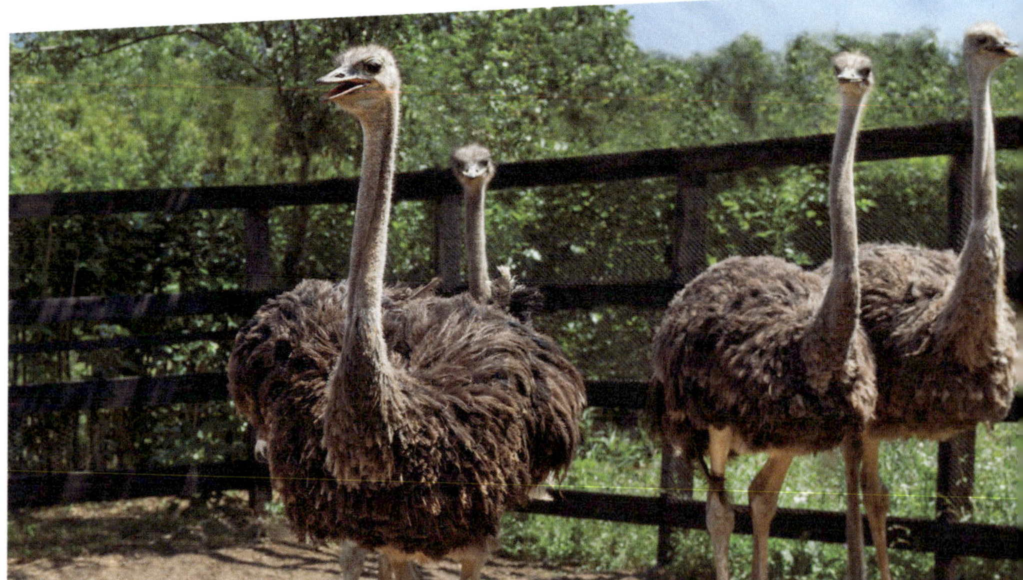

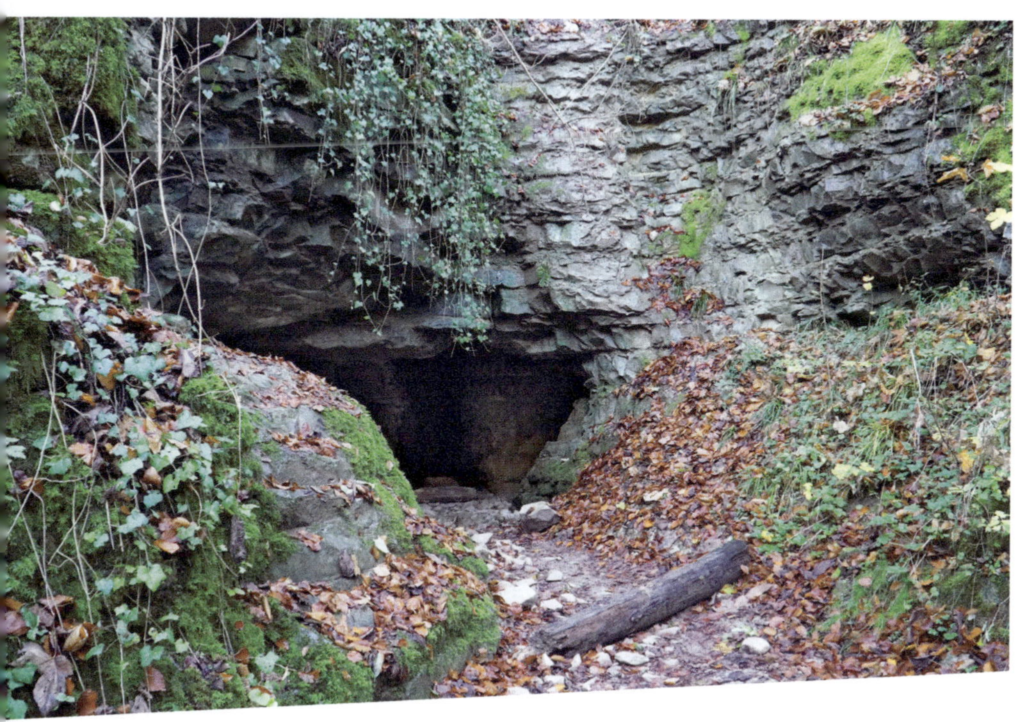

vergessen! Das kann leicht passieren, wenn man die Hitze nicht so spürt wie am Vortag. Und anders als gestern ist ein Großteil der Strecke unter freiem Himmel. Nur an wenigen Stellen bietet der Wald Schatten. So verfliegt die Zeit, bis du die Ortschaft Stubersheim erreichst. Dort befindet sich im Zentrum der 8 / Stubersheimer Hof (Bräunisheimer Straße 1, 73340 Amstetten). Ein kleines, aber feines Feinschmeckerlokal, das im Gegensatz zu all den Schnitzeln und Kässpätzle in den Gasthöfen herrlich ausgefallen ist. Die Gerichte heißen hier „Schottisches Lachsfilet auf grünem Spargel" oder „Gebackener Thunfisch im Pancomantel mit Avocado Creme". Einziges Manko: Für Vegetarier gibt es leider keine Ausweichmöglichkeiten. Und auch den nächsten Stopp in zwölf Kilometern können sie schnell abhaken. An der 9 / Straußenfarm Lindenhof (Lindenhof 1, 89558 Böhmenkirch) kannst du die exotischen Tiere bewundern und Straußenfleisch essen. Es gibt Lyoner, Leberwurst oder Salami aus Straußenfleisch. Bei größeren Gruppen bieten die Inhaber auch Führungen über die Farm an und klären über ihre Produkte auf. Ein Straußensteak passt übrigens gut zu einem Bio-Wein, den du dir bei der Weinradtour mitnehmen kannst.

4.382

Meter. Auf diese Gesamtlänge kommt das Höhlensystem des 10 / Mordlochs. Damit steht sie auf Platz 4 der baden-württembergischen Höhlen und auf Rang 18 in Deutschland. Die längste Höhle ist übrigens die Riesending-Schachthöhle mit knapp 23 Kilometern. Sie befindet sich in Bayern.

< links / Statt Kühe Strauße: Auf der Straußenfarm ist eine ganze Herde hinter Zäunen ^ oben / Das Mordloch: Entdeckungstour im Dunkeln

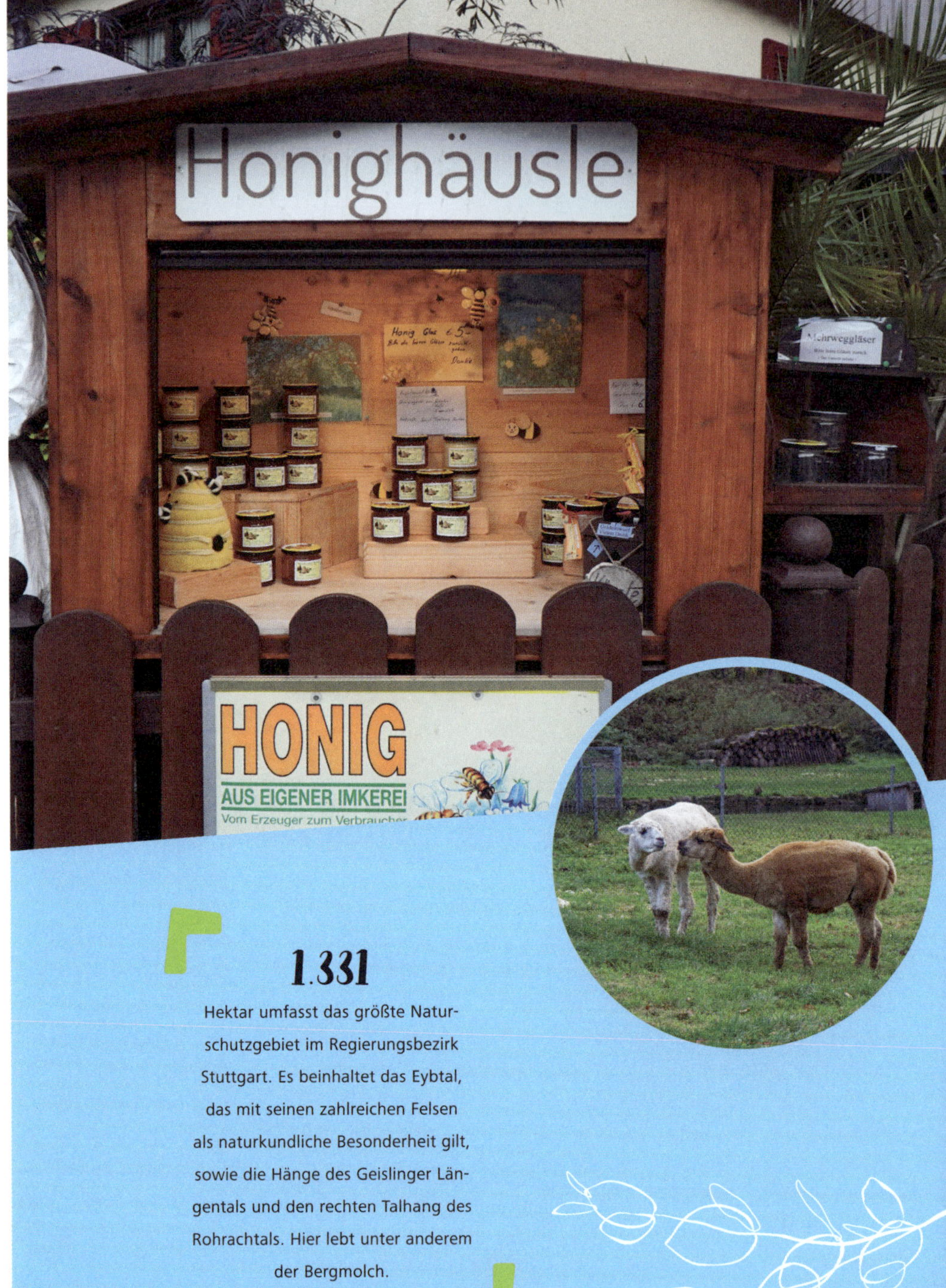

1.331

Hektar umfasst das größte Naturschutzgebiet im Regierungsbezirk Stuttgart. Es beinhaltet das Eybtal, das mit seinen zahlreichen Felsen als naturkundliche Besonderheit gilt, sowie die Hänge des Geislinger Längentals und den rechten Talhang des Rohrachtals. Hier lebt unter anderem der Bergmolch.

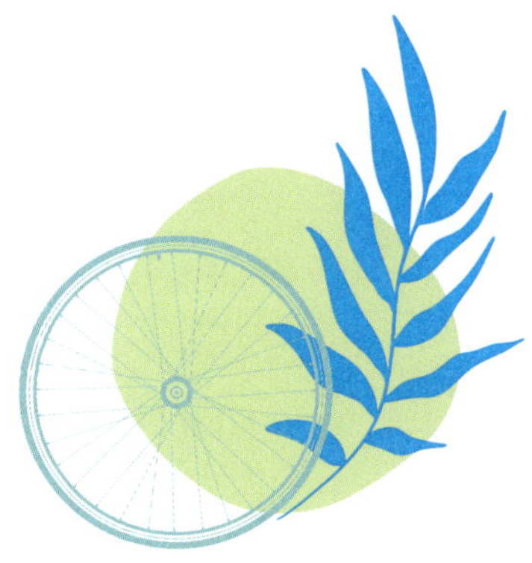

Auf berühmter Erde

Zurück auf dem Sattel wartet schon das nächste Highlight auf dich. Nur so viel sei an dieser Stelle verraten: Die Herzen aller Krimi-Fans werden höherschlagen. Sechseinhalb Kilometer dauert es noch, die du fast immer bergab fährst – zuerst zwischen Feldern hindurch, dann in den Wald hinein. Und dort liegt es: das 10 / Mordloch (89558 Böhmenkirch). Ein dunkles Loch, das in ein unterirdisches Höhlensystem führt. Kalte Luft strömt aus ihm heraus. Der Sage nach soll hier einst ein Wilderer den Eybacher Förster ermordet und versteckt haben. Auch im gleichnamigen Roman „Mordloch" wird an der Höhle eine Leiche gefunden und Kommissar Häberle muss ermitteln. Willst du den Spuren des Kommissars folgen, dann darf eine Taschenlampe für dieses Abenteuer nicht fehlen. Die Höhle ist gut begehbar, allerdings kommst du nicht weit, denn dann staut sich das Wasser und es geht nur mit spezieller Ausrüstung weiter. Auch hier gilt: Lass dir ruhig Zeit. In siebeneinhalb Kilometern endet deine Tour. Einen Zwischenstopp gibt es aber noch ungefähr anderthalb Kilometer später: die 11 / Obere Roggenmühle (Obere Roggenmühle 1, 73312 Geislingen an der Steige). Alpakas grasen auf der Farm, im Honighäusle wird Honig verkauft und es gibt eine eigene Fischzucht. Hier reiht sich eine Sensation an die nächste. Außerdem gleich daneben: ein Spielplatz zum Toben. Der perfekte Abschluss für die ganze Familie. Und sechs Kilometer später stehst du wieder vor dem DRK-Landesmuseum in Geislingen, dem du – sollte es zufällig der zweite Sonntag im Monat sein – nun in aller Ruhe noch einen Besuch abstatten kannst. Dort erfährst du, wie die Gründung des Roten Kreuzes mit der Schlacht von Solferino zusammenhängt. Es ist eine Reise durch über 150 Jahre Rot-Kreuz-Geschichte mit alten Tragen, Bahren und sogar alten Krankenwagen.

FISCHFÜTTERUNG

An der 11 / Oberen Roggenmühle gibt's Fischfutter zu kaufen, das Kinder an die Forellen im Teich verfüttern können. Da strahlen die Augen der Kleinen.

< links oben / Ein besonderes Mitbringsel: Honig aus der eigenen Imkerei der Oberen Roggenmühle < links Mitte / Alpakas an der Oberen Roggenmühle

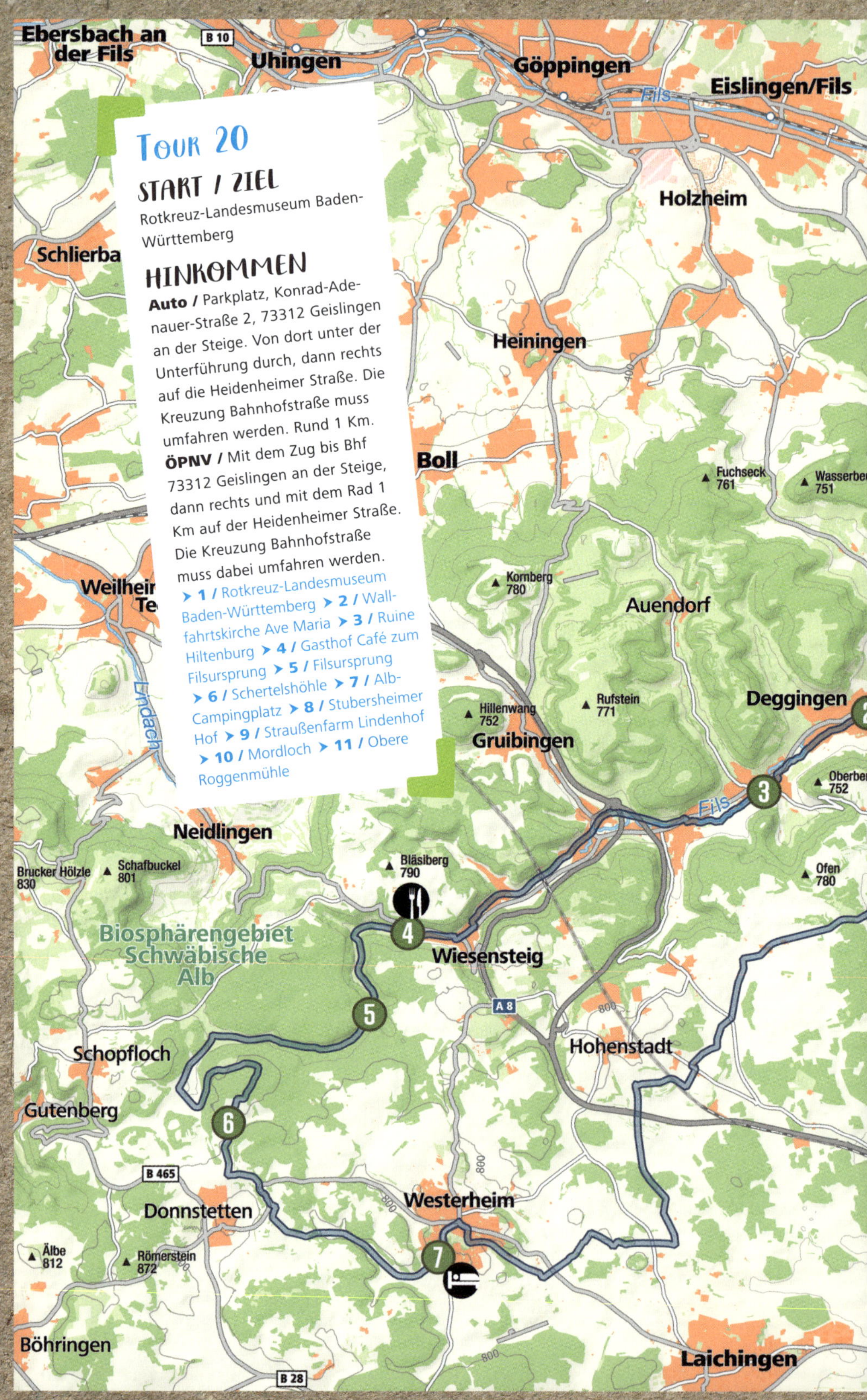

Tour 20

START / ZIEL

Rotkreuz-Landesmuseum Baden-Württemberg

HINKOMMEN

Auto / Parkplatz, Konrad-Adenauer-Straße 2, 73312 Geislingen an der Steige. Von dort unter der Unterführung durch, dann rechts auf die Heidenheimer Straße. Die Kreuzung Bahnhofstraße muss umfahren werden. Rund 1 Km.
ÖPNV / Mit dem Zug bis Bhf 73312 Geislingen an der Steige, dann rechts und mit dem Rad 1 Km auf der Heidenheimer Straße. Die Kreuzung Bahnhofstraße muss dabei umfahren werden.

➤ **1** / Rotkreuz-Landesmuseum Baden-Württemberg ➤ **2** / Wallfahrtskirche Ave Maria ➤ **3** / Ruine Hiltenburg ➤ **4** / Gasthof Café zum Filsursprung ➤ **5** / Filsursprung ➤ **6** / Schertelshöhle ➤ **7** / Alb-Campingplatz ➤ **8** / Stubersheimer Hof ➤ **9** / Straußenfarm Lindenhof ➤ **10** / Mordloch ➤ **11** / Obere Roggenmühle

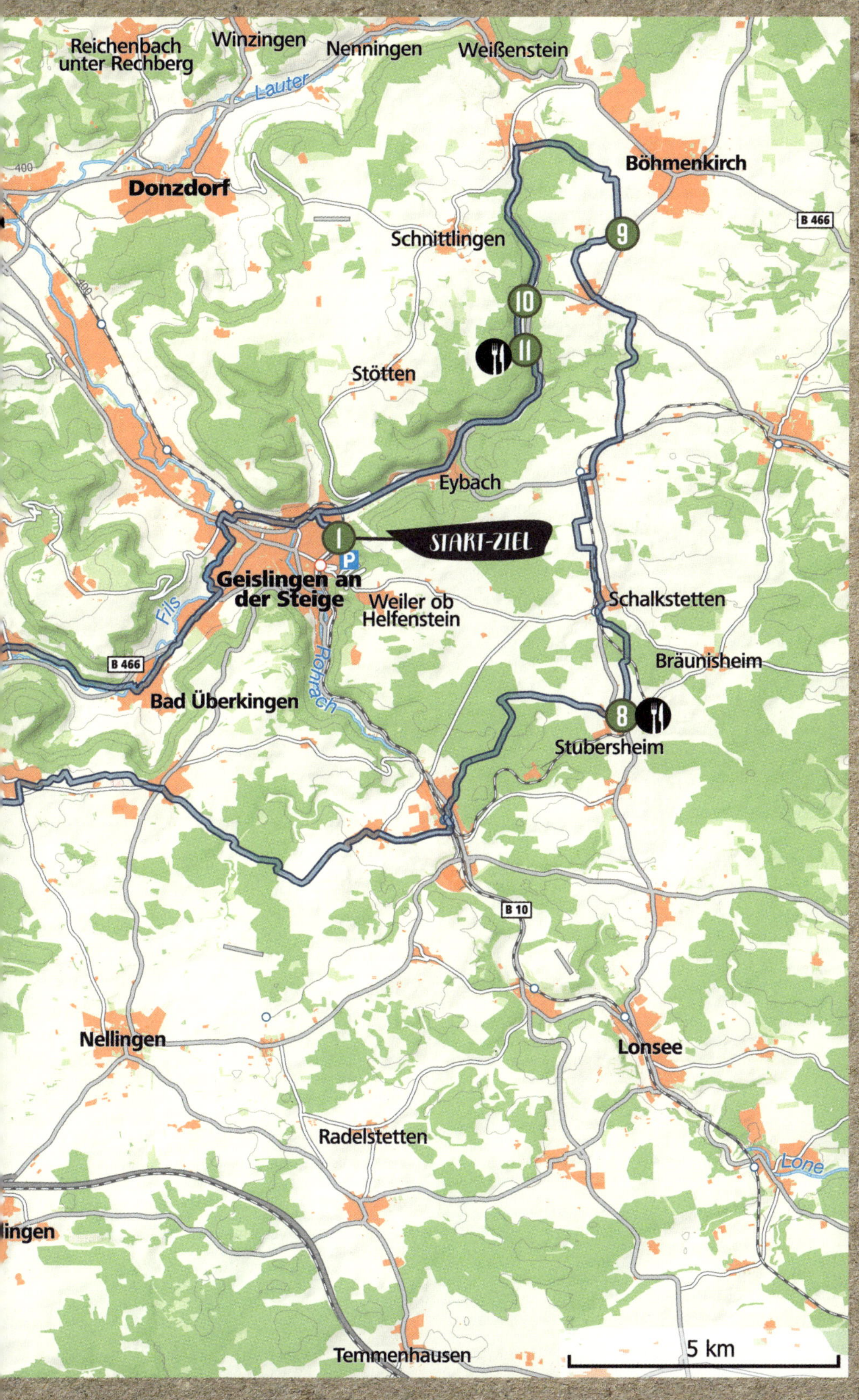

Reichenbach unter Rechberg
Winzingen
Nenningen
Weißenstein
Lauter
Böhmenkirch
Donzdorf
B 466
Schnittlingen
9
10
11
Stötten
Eybach
1
START-ZIEL
P
Geislingen an der Steige
Weiler ob Helfenstein
Fils
Schalkstetten
Bräunisheim
B 466
Rohrach
Bad Überkingen
8
Stubersheim
B 10
Nellingen
Lonsee
Radelstetten
Lone
ingen
Temmenhausen
5 km

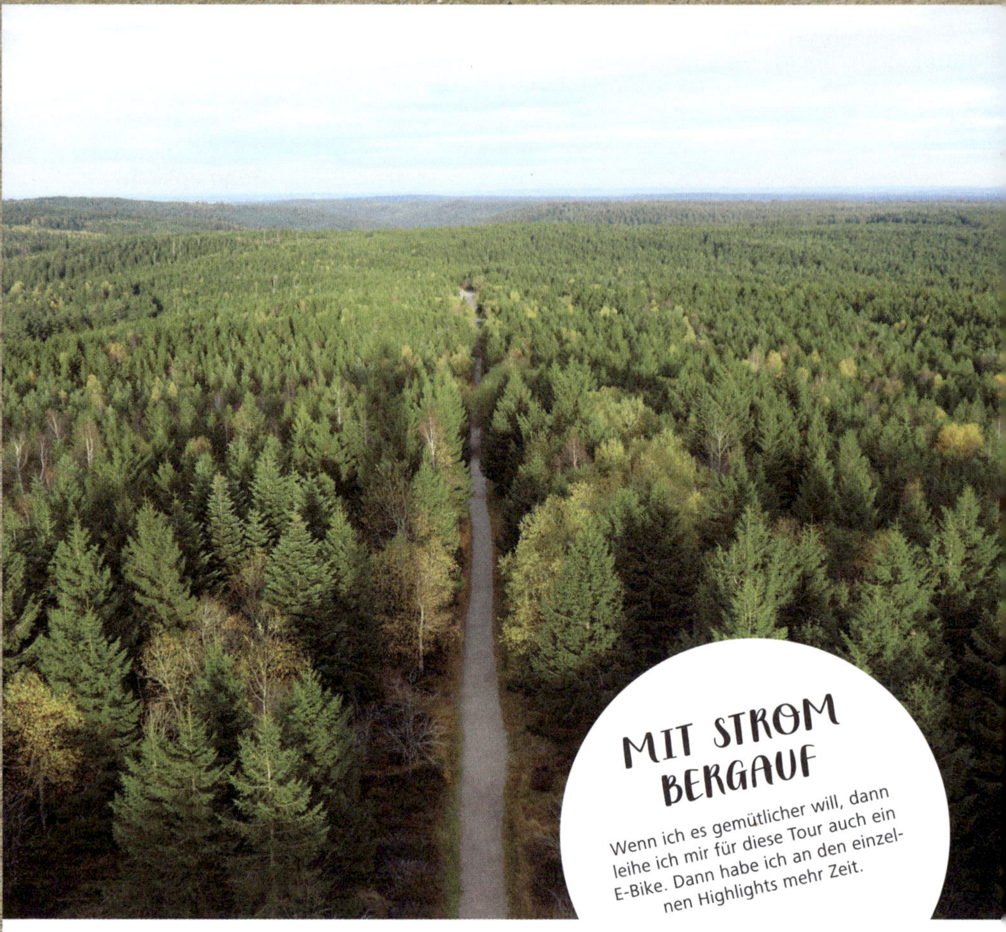

MIT STROM BERGAUF

Wenn ich es gemütlicher will, dann leihe ich mir für diese Tour auch ein E-Bike. Dann habe ich an den einzelnen Highlights mehr Zeit.

- **1 /** Am Bahnhof Pforzheim geben wir Gas
- **2 /** Beim Aussichtsturm Schwanner Warte gibt's ein Büchertauschregal
- **3 /** Ungewöhnliche Kreationen in Dobel's Stüble probieren
- **4 /** Die Treppen am Alten Wasserturm erklimmen
- **5 /** Den Blick in die Weite schweifen lassen am Hohlohturm
- **6 /** Den Sonnenuntergang an der Draberg-Hütte genießen
- **7 /** Baden und snacken an der Nagoldtalsperre
- **8 /** Die Burgruine Hohennagold erkunden
- **9 /** Am Haslacher Hof die verlorenen Kohlenhydrate wieder auffüllen
- **10 /** Endstation der Wochenendtour ist der Bahnhof Herrenberg

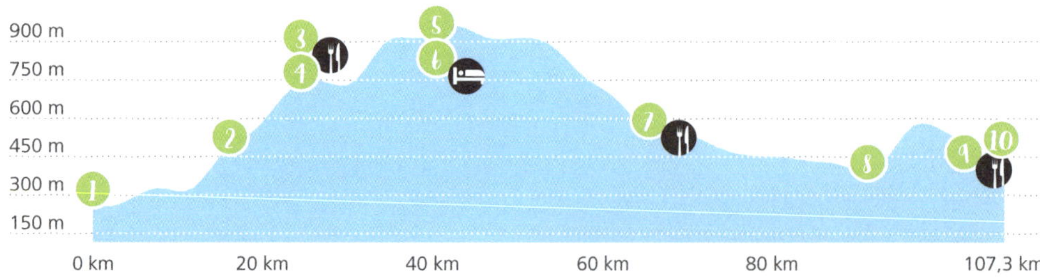

AUF ENTDECKUNGSTOUR

Von Pforzheim nach Herrenberg durch den Schwarzwald

Abenteurer kommen bei dieser Tour voll auf ihre Kosten. Im Schwarzwald erkundest du verwunschene Orte, schläfst im Freien und bist meist abseits der Zivilisation. Wer es ruhiger will, der wählt am besten das E-Bike und die alternative Übernachtung.

Tag 1 + Tag 2
42 + 65 Kilometer
1123 + 723 Höhenmeter
439 + 1262 Höhenmeter
4 + 4:30 Stunden
Streckentour

TAG 1

Auf ins Abenteuer

Sind die Satteltaschen gepackt? Vesper, Schlafsack, Isomatte, Taschenlampe? In Pforzheim, wo du dich am 1 / Bahnhof Pforzheim aufs Rad schwingst, hast du noch die Möglichkeit, ein paar Besorgungen zu machen. Denn dort, wo du hinfährst, gibt es kaum Ortschaften und auch die Übernachtung ist ein Abenteuer für sich. Wenn du startklar bist, dann fährst du vom Bahnhofsplatz die Bahnhofsstraße entlang, bis du die Enz erreichst. Hier musst du rechts in Richtung Neuenbürg. Nach be-

CHARAKTER

Sportlich ●●●●●
Abkühlung ●●●●●
Schlemmen ●●●○○
Panorama ●●●●●

TOUR, DIE DU SO NIE GEMACHT HÄTTEST

TOURENINFO / Nur für Geübte und Abenteurer oder E-Bikefahrer. Teilweise sehr steil auf schottrigen Wegen. Dafür stets gut befestigte Wege, fast ausschließlich abseits vom Verkehr. Ein kurzes Stück auf der Hauptstraße. Badesachen nicht vergessen!

< links / Wald soweit das Auge reicht – da beginnt das Abenteuer

TOUR, DIE DU SO NIE GEMACHT HÄTTEST

reits drei Kilometern lässt du Pforzheim hinter dir und tauchst in den Wald ein, in dem die Enz dein ständiger Begleiter ist. Statt Asphalt fährst du unter dem Laubdach auf Schotter, doch die Straßen sind breit, sodass du gemütlich vor dich hindümpelst. Anstrengend wird es dann, wenn du nach zwölf Kilometern Neuenbürg erreichst. Statt nun weiter an der Enz entlang, fährst du durch den Ort hindurch nach Straubenhardt. Bevor du den Ort erreichst, geht es aber für dich links in Richtung Schwanner Warte. Einen Kilometer später taucht zu deiner Linken der 2 / Aussichtsturm Schwanner Warte (Schützenstraße, 75334 Straubenhardt) auf. Bei schönem Wetter liegt dir der Odenwald zu Füßen. Du kannst sogar bis nach Frankreich sehen, von hier ist die Grenze keine vierzig Kilometer Luftlinie entfernt. Neben dem Turm findest du in einem offen gestalteten Unterstand zudem ein frei zugängliches Bücherregal. Lass doch ein Buch von dir da und nimm ein neues mit, das du später bei deiner Übernachtung in Ruhe lesen kannst.

GRENZENLOSE FREIHEIT

Am Segelflugplatz direkt neben der Schwanner Warte können Gäste mit in die Lüfte fliegen. Das hängt aber vom Wetter und den Kapazitäten ab.

Essen mal kreativ

Wieder auf dem Rad fährst du am Restaurant Zauberberg und dem Segelflugplatz vorbei in Richtung Dobel. Immer entlang der Mönchstraße geht es durch den Wald, bis nach rund vier Kilometern ein breiter Schotterweg links abzweigt. Auf diesem radelst du nun rund drei Kilometer bergauf, bis ein Wanderparkplatz auftaucht, der den Ortseingang von Dobel markiert. Für dich geht es nun auf der Hauptstraße in den Ort hinein. Direkt an der markanten Kurve liegt 3 / Dobel's Stüble (Hauptstraße 2, 75335 Dobel). Zwar ist die Auswahl an Gerichten nicht groß, dafür kreativ. Auch wenn die Kombination aus Spaghetti Bolognese und Schnitzel erst einmal seltsam

---

➤ rechts oben / Der erste Stopp und der erste Turm: die Schwanner Warte ➤ rechts Mitte / Krimis, Romane, Gruselgeschichten: Im Büchertauschregal gibt es so manche Besonderheiten

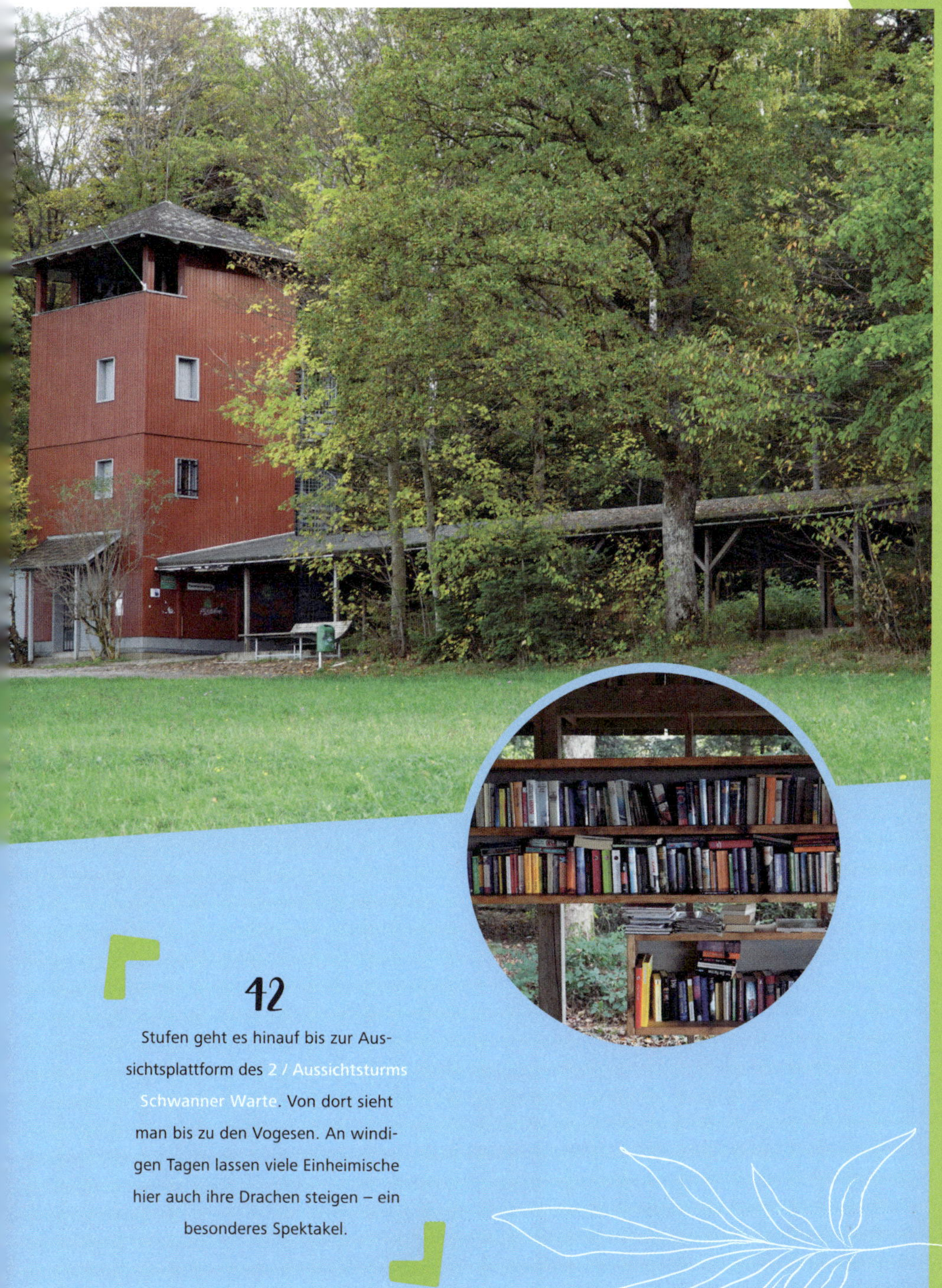

42

Stufen geht es hinauf bis zur Aussichtsplattform des 2 / Aussichtsturms Schwanner Warte. Von dort sieht man bis zu den Vogesen. An windigen Tagen lassen viele Einheimische hier auch ihre Drachen steigen – ein besonderes Spektakel.

Belohnung nach 107 Stufen

Der **4 / Alte Wasserturm** bei Dobel ist das Wahrzeichen der Stadt. Lange diente er der Wasserversorgung der Stadt.

klingt – es schmeckt. Und wer nicht so experimentierfreundig ist, für den bleibt immer noch der 1-A-Kartoffelsalat. Während du dich stärkst, kannst du übrigens dein E-Bike gegenüber an der Touristeninformation aufladen. Das macht Sinn, denn bis zur nächsten Station ist es eine Weile. Einfach in der Touristeninformation fragen. Weiter geht es dann zum 4 / Alten Wasserturm, an dem die nächste herrliche Aussicht auf dich wartet. Massiv ragt der kastenförmige Turm 27,5 Meter in den Himmel. Immer wieder finden hier Events statt – so wie im Sommer das Spectaculum, ein Mittelaltermarkt, oder das Oldtimer-Treffen. Bist du vom Turm wieder unten, fährst du vier weitere Kilometer durch den Wald, bis du vor dem Weithäusleplatz stehst. Von diesem Knotenpunkt zweigen Rad- und Wanderwege in alle Himmelsrichtungen ab. Für dich geht es hier in Richtung Zieflensberg. Nach all den Höhenmetern rollst du jetzt

Tour, die du so nie gemacht hättest

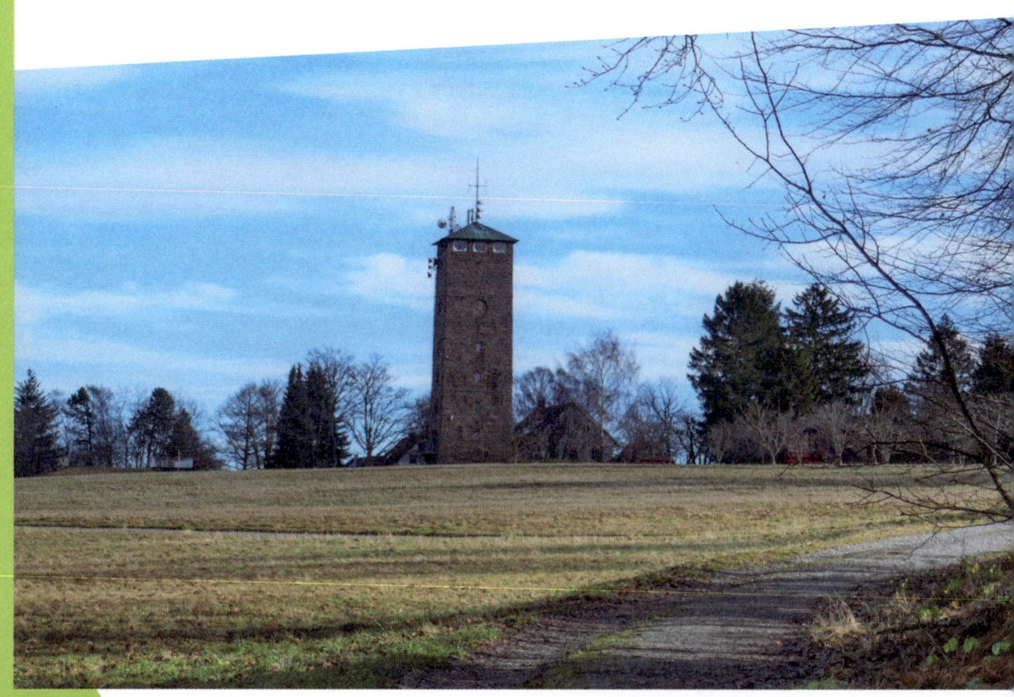

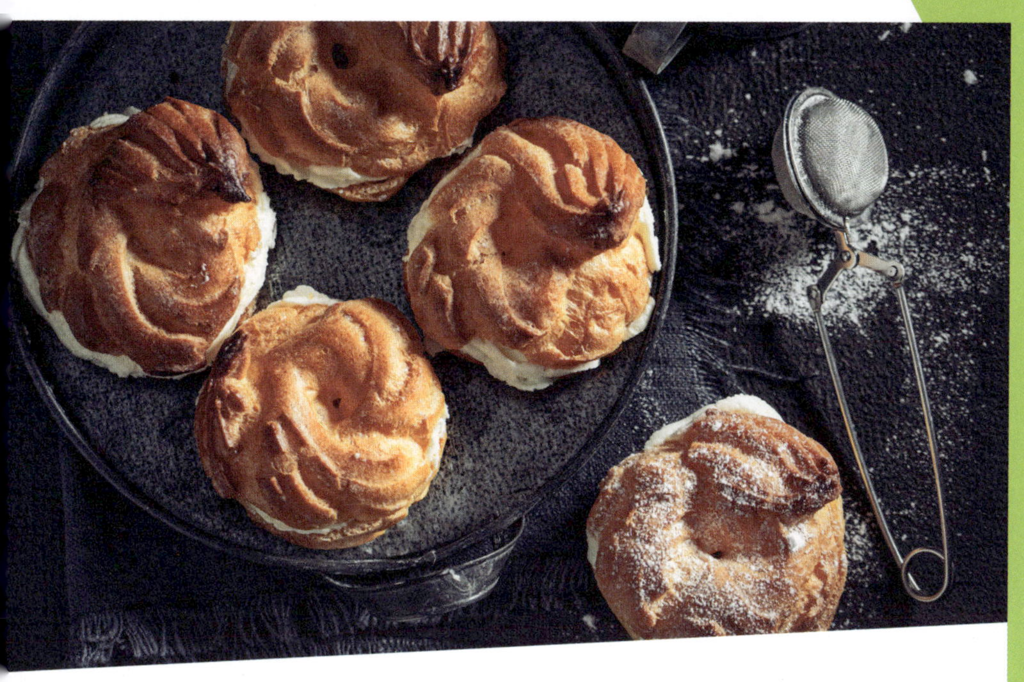

genüsslich bergab, allerdings nur zwei Kilometer, denn dann biegst du links bei der Gabelung auf den Schotterweg ab und strampelst dich langsam bis zum höchsten Punkt deiner Tour.

Immer höher

Was jetzt folgt? Viel Wald. Neun Kilometer zieht sich die Strecke zwischen den Laubbäumen hindurch. Während die Sonne also die Bäume brät, kannst du dich in ihrem Schatten über die kühle Frische freuen. Nach ungefähr einer Dreiviertelstunde hast du eines der Highlights deiner Tour, den 5 / Hohlohturm (76593 Gernsbach) fast erreicht. Du musst nur noch ein paar Hundert Meter nach links, siehst aber schon von hier, wie der Turm in die Höhe ragt. Kreisrund mit einer Krone sieht er aus, als wäre er nach Vorlage eines Märchens gebaut worden. Er ist mit seinen 28,6 Metern der höchste Turm auf deiner Reise und bietet eine noch atemberaubendere Aussicht als die anderen beiden. Ein Meer aus Grün erstreckt sich um dich herum und am Horizont wölben sich die Berge. Fantastisch. Einen Kilometer vom Hohlohturm entfernt gibt es noch einen besonderen Rastplatz. Romantisch inmitten der Moore auf dem Kaltenbronn liegt dort der Hohlohsee versteckt. Ein Schild weist dir den Weg. Allerdings solltest du dein Fahrrad am Turm stehen lassen,

158

Stufen winden sich spiralförmig hinauf bis zur Aussichtsplattform des 5 / Hohlohturms. Das war nicht immer so. Ursprünglich war es nur rund die Hälfte. Doch der Turm war so beliebt, dass er in den 60ern saniert wurde.

< links / Hoch hinaus: der Alte Wasserturm in Dobel ^ oben / Selbstgemachtes und Neues: Im Dobel's Stüble wird auch mal experimentiert

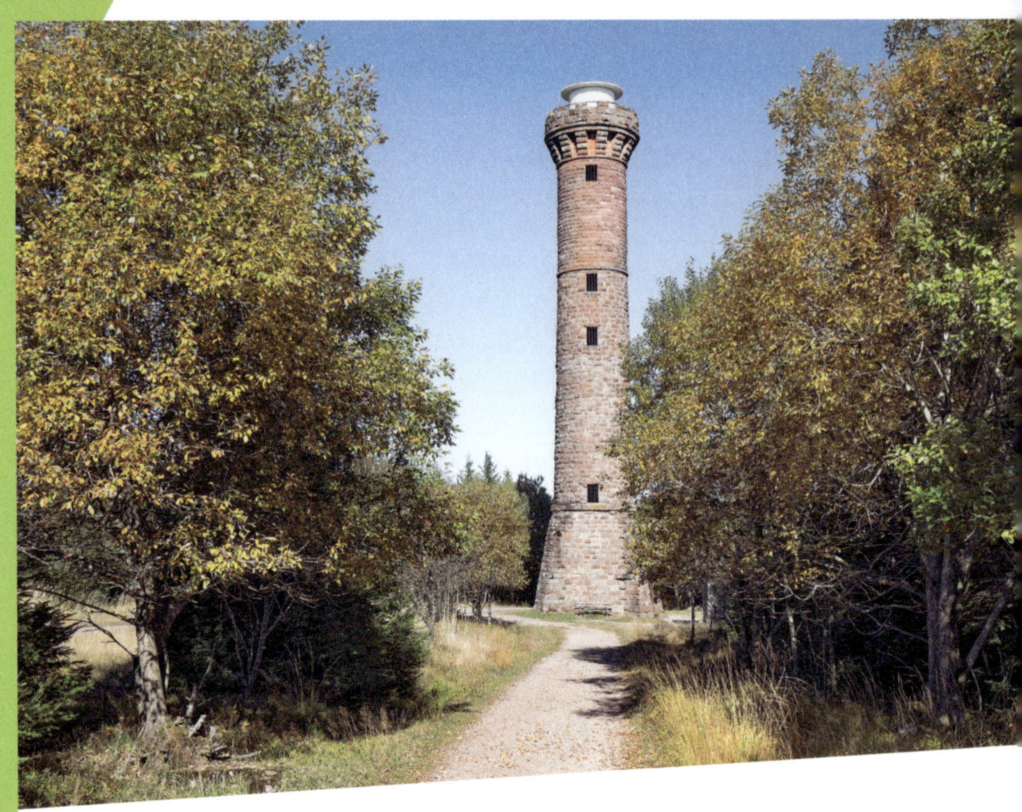

denn teilweise führt der Weg auch über schmale Holzbrücken. Lass dir beim Turm und am See ruhig Zeit. Pack vielleicht das Buch aus, das du mitgenommen hast. Deine Übernachtung ist keine drei Kilometer weiter. Immer der roten Route in Richtung Prinzenhütte nach. Hast du die Hütte erreicht, biegst du rechts ab und erreichst kurz darauf dein Ziel.

NASCHEN UND SAMMELN

Am Wegesrand wachsen zahlreiche Kräuter, um Tee zu machen. Thymian, Salbei oder Brennesseln. Und zum Naschen finden sich Heidel- oder Walderdbeeren

Schlafplatzbauen

Schlicht sieht die 6 / Draberg-Hütte (76593 Gernsbach) aus – doch für eine Nacht bietet sie den perfekten Schutz. Es gibt genügend Platz, sodass drei Personen nebeneinander auf dem Boden schlafen können und die Wände sind hoch genug, um vom Wegesrand abgeschirmt zu sein. Willst du hier schlafen, dann darfst du dich aber nicht von den Graffitis, welche die Innenwände der Hütte verzieren, stören lassen. Unter einer der Bänke findet sich ein Besen, mit dem sich Zweige und Blätter nach draußen kehren lassen. Alternativ lässt sich aber auch schnell einer

---

⮝ oben / Märchenhaft ragt der Hohlohturm in den Himmel ➤ rechts / Der Hohlohsee bietet eine einzigartige Moorlandschaft

aus Ästen bauen. Dann wird es Zeit, deinen Schlafplatz für die Nacht herzurichten. Blas deine Isomatte auf, breite deinen Schlafsack aus, schmiere dir dein Vesper – und warte auf den Sonnenuntergang. Langsam, während sich die Sonne den Bergen nähert, färbt sich zuerst der Himmel, dann der Wald orange. Und dann kannst du zuschauen, wie der Feuerball mit jeder Minute mehr und mehr am Horizont verschwindet. Bald schon ist alles um dich herum schwarz. Umso besser, dass du einfach in deinen Schlafsack kriechen und in Ruhe einschlafen kannst. Wer allerdings lieber ein warmes Bett vorzieht, der kann vom Hohlohturm ein Stück zurück nach Kaltenbronn fahren. Im Hotel Sarbacher gibt es Zimmer für die Nacht.

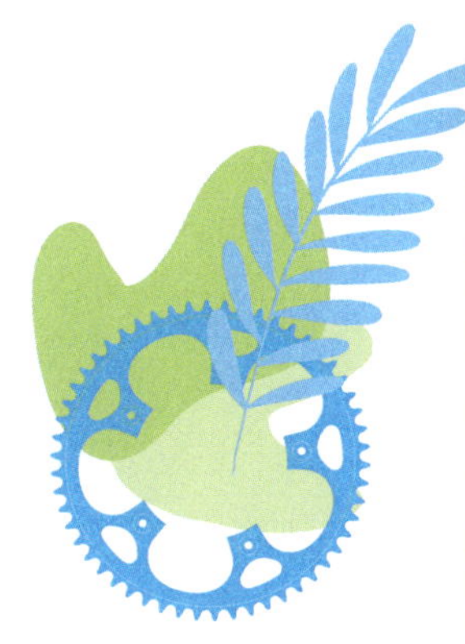

TAG 2

Früher Start zum Strand

Am nächsten Tag lohnt es sich, früh zu starten, denn vor dir liegen noch fünfundsechzig Kilometer. Die gute Nachricht: Einen Großteil davon fährst du bergab. Nun folgst du der roten Raute, die mit einem weißen Strich getrennt ist, nach Besenfeld. Vierzehn Kilometer geht es wieder durch den Wald, bis du den Ort erreichst. Seit vielen Stunden, in denen um dich herum nur Wald war, ist es das erste Dorf, auf das du triffst. Falls du noch nichts gefrühstückt

TOUR, DIE DU SO NIE GEMACHT HÄTTEST

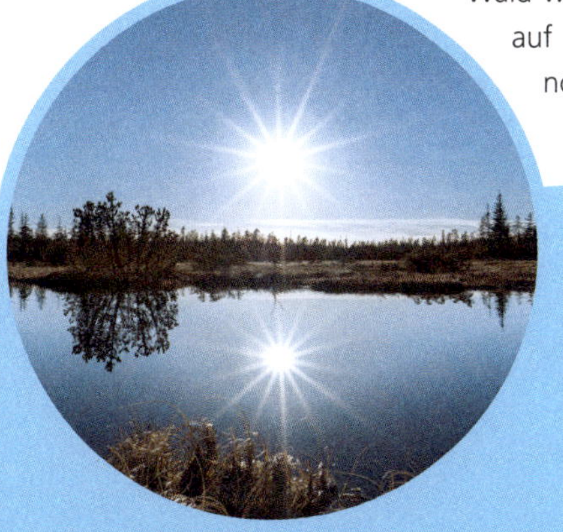

VOR 10.000

Jahren entstanden die Moore auf dem Kaltenbronn, einer davon ist der Hohlohsee. Vor rund 200 Jahren griff der Mensch ein. Torf wurde abgebaut, Wälder gerodet. Heute steht das Gebiet unter Naturschutz. Seitdem erholt sich der Wald langsam wieder.

PADDELN STATT BIKEN

Am Kiosk an der **7 / Nagoldtalsperre** lassen sich Stand-up-Paddelboards oder Ruderboote mieten – der perfekte Ausgleich nach über 1.000 Höhenmetern.

TOUR, DIE DU SO NIE GEMACHT HÄTTEST

hast, gibt es gleich links am Ortseingang und die Straße runter eine Bäckerei. Wenn schon, dann fährst du direkt auf die Grundschule zu, dort rechts und gleich wieder links. An der Schwarzwaldmühle triffst du auf den Fluss Nagold. Ihm folgst du ein gutes Stück bis zum Kiosk an der Nagoldtalsperre. Hier bekommst du ein vorgezogenes Mittagsessen und bei der netten Wirtin schmeckt das Essen gleich doppelt so gut. Nach Speis und Trank kannst du ein Stück weiter am Kiesstrand der 7 / Nagoldtalsperre (72294 Grömbach) – die unter Kennern „Enzgrube" heißt – noch ein wenig Schlaf nachholen. Du hörst die Blätter rascheln, Stimmengewirr und das Rauschen der Straße, was alles zusammen direkt einschläfernd wirkt. Zum wieder wach werden, eignet sich ein Bad – denn anders als in vielen Seen bei und um Stuttgart kannst du hier im Vorbecken schwimmen. Kleiner Tipp: Es gibt auch immer wieder grasige Stellen unter den Bäumen. Dort liegt es sich erstens bequemer und an heißen Tagen entgehst du durch den Schatten der Bäume dem Sonnenbrand.

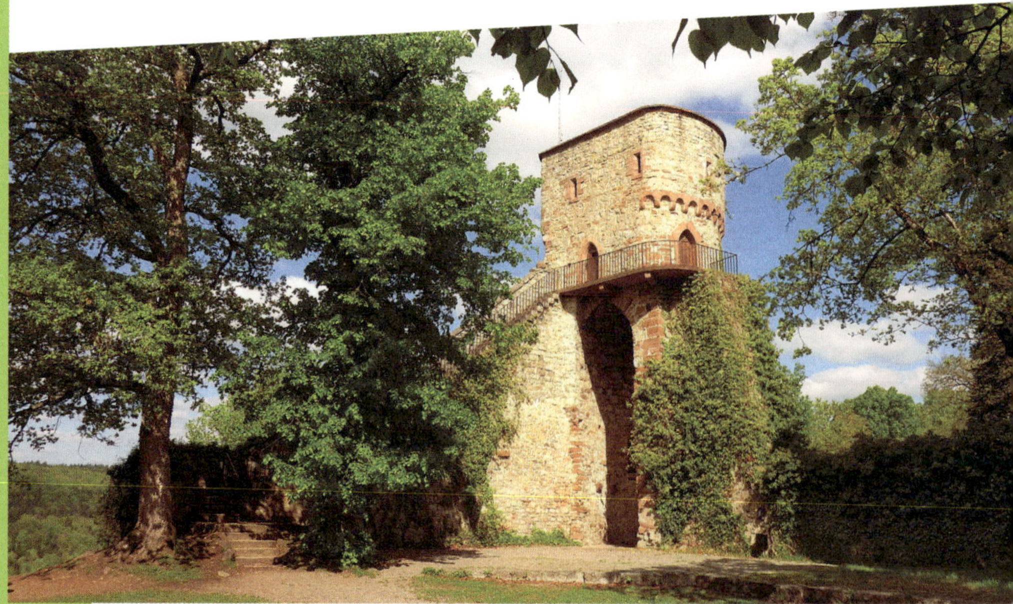

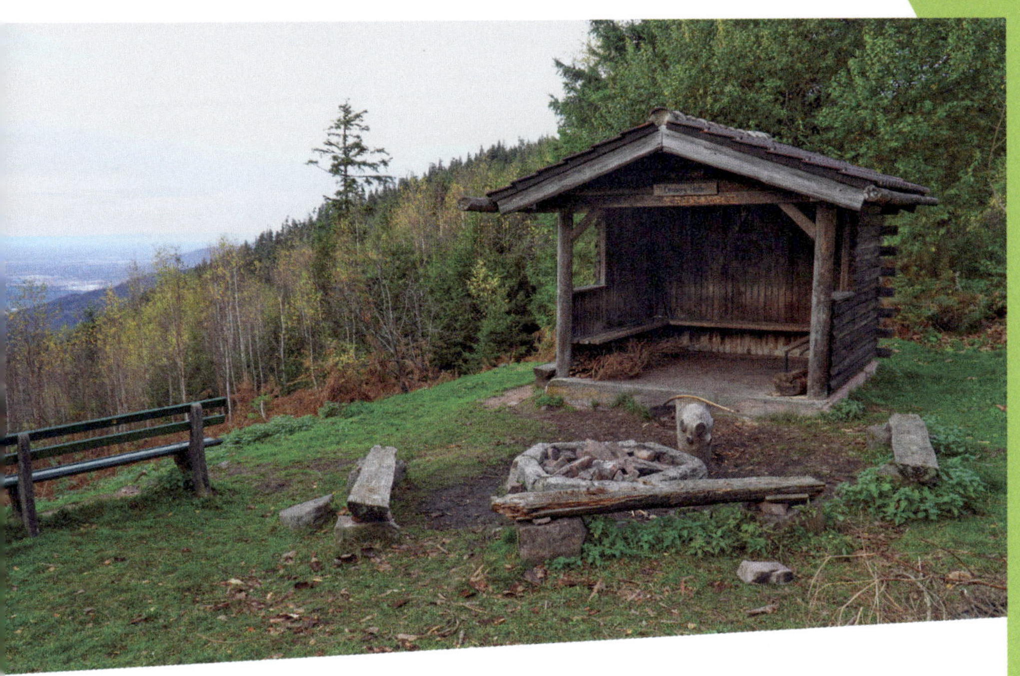

Verwunschene Burgen

Nach der Nagoldsperre liegt dein nächster Stopp in Nagold. Bis zum Ort ist es aber noch ein Stück. Siebenundzwanzig Kilometer fährst du durch den Wald, durch Altensteig hindurch. Bei niedrigem Ladestand deines E-Bikes kannst du im Wirtshaus zum Grünen Baum einkehren. Dort gibt es eine Station zum Aufladen. Einfach die Karlsstraße bis zum Ende fahren und dann links in die Poststraße. Nach dem Kino ist das Gasthaus auf der linken Seite. Mit vollem Akku geht es weiter durch Ebhausen und Rohrdorf hindurch, während das Plätschern des Nagolds dein ständiger Begleiter ist. Zum Teil musst du hier auf Schotter oder auf der Straße mit den Autos fahren. Dann erreichst du den Ort, dessen Namensgeber der Fluss ist, dem du bis jetzt gefolgt bist. Fast direkt am Ortseingang befindet sich ein Parkplatz, an dem du dein Fahrrad abstellen kannst. Deinen letzten Stopp bei dieser Tour erklimmst du lieber zu Fuß. Hoch oben auf dem Schlossberg ragen schon die Mauern der 8 / Burgruine Hohennagold (72202 Nagold) über die Bäume. Auf dem Weg dorthin begegnen dir auf dem Naturlehrpfad mächtige Baumriesen. Im Schonwald rund um den Schlossberg können sie ungestört wachsen. Oben angekommen, steuerst du am besten direkt den Turm an, denn von ihm bekommst du einen

92

Kilometer ist der Fluss Nagold lang. 35 Kilometer folgst du ihm. Sehenswürdigkeiten, an denen er vorbeifließt, sind das Alte Schloß in Altensteig, in dem sich ein Museum befindet, und die 8 / Burgruine Hohennagold.

< links / Die letzten Stufen auf dieser Tour: Die Treppe hinauf zum Turm der Burgruine Hohennagold ^ oben / Dein Schlafplatz für die Nacht: die Draberg-Hütte

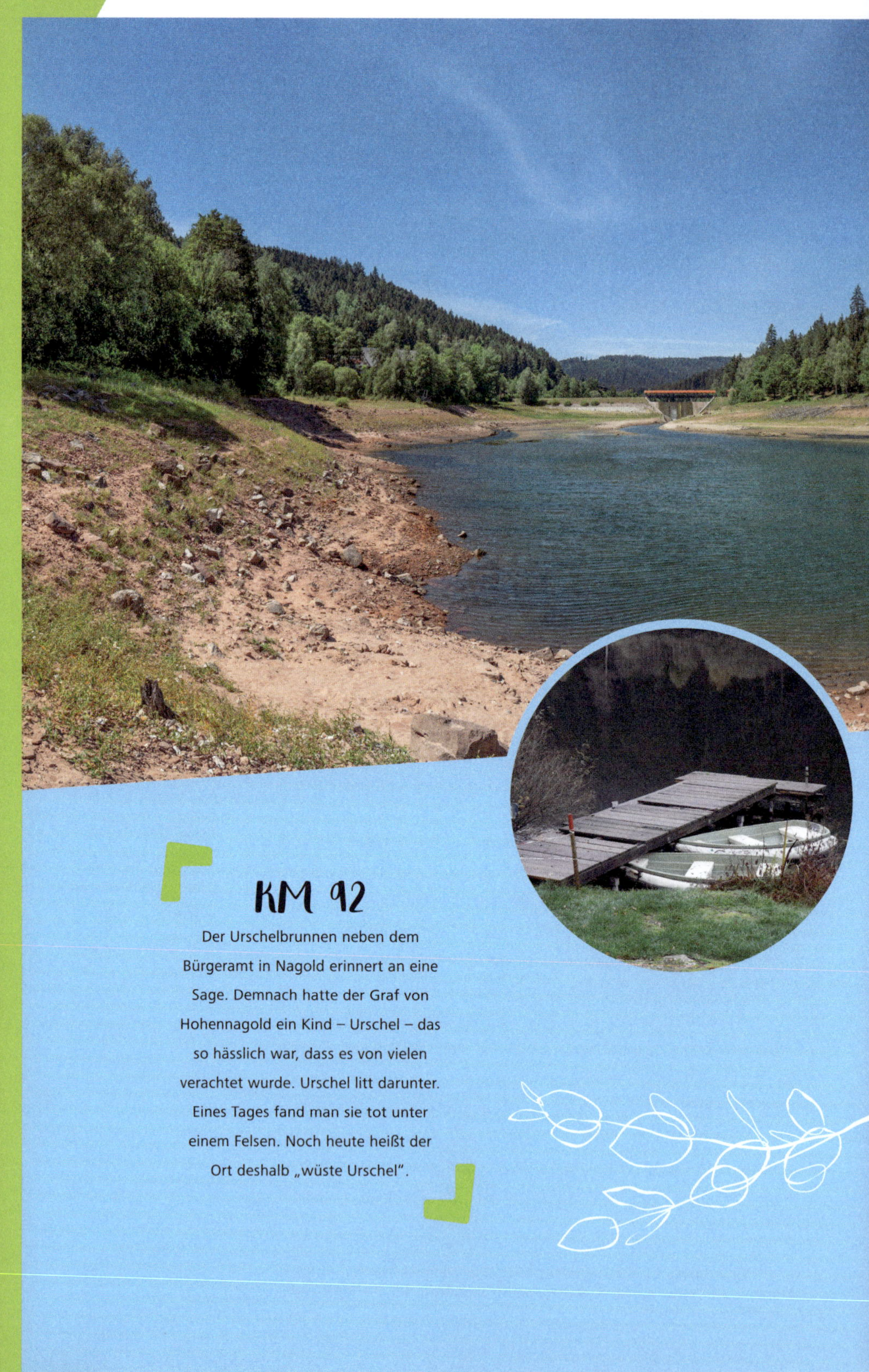

KM 92

Der Urschelbrunnen neben dem Bürgeramt in Nagold erinnert an eine Sage. Demnach hatte der Graf von Hohennagold ein Kind – Urschel – das so hässlich war, dass es von vielen verachtet wurde. Urschel litt darunter. Eines Tages fand man sie tot unter einem Felsen. Noch heute heißt der Ort deshalb „wüste Urschel".

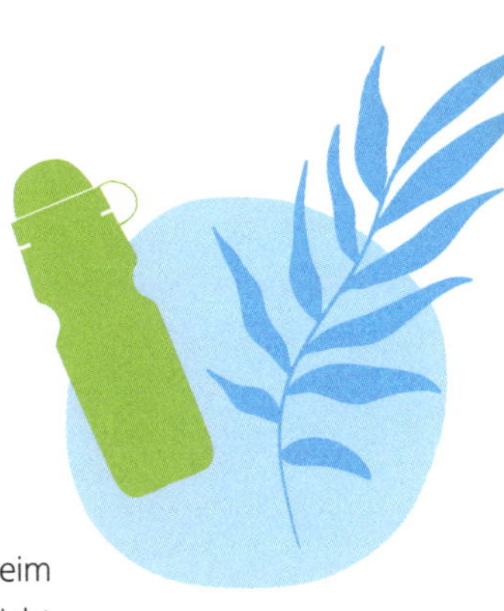

Überblick über deine Umgebung. Es sind weniger Stufen als beim Hohlohturm, aber die Aussicht, die sich dir bietet, steht der Aussicht zuvor in nichts nach. Wie ein Gemälde breitet sich die Landschaft vor dir aus, der Burgvorbau, der Schwarzwald, die Stadt. Anschließend kannst du in Ruhe die Umgebung erkunden.

Die letzten Kilometer

Wieder unten geht es weiter am Schlossberg und dem Stadtpark entlang. Nach den Abenteuerspielplätzen überquerst du die Nagold und düst dann nach rechts und in die Stadt hinein. Ab jetzt geht es für dich zuerst in Richtung Sindlingen, dann in Richtung Herrenberg, teilweise auf Asphalt, teilweise aber auf Schotter. Die Wege sind aber gut befestigt. Es ist deine letzte Etappe bei dieser Tour. Fünfzehn Kilometer und hundertfünfzig Höhenmeter. Du fährst zwischen Feldern hindurch und kommst zum 9 / Haslacher Hof (Häring 2, 71083 Herrenberg), eine Sportgaststätte am Rand von Herrenberg. Weit ist es also nicht mehr bis zum Bahnhof – und die Gulaschsuppe ist der perfekte vorgezogene Abschluss deiner Tour. Die letzten vier Kilometer deiner Tour vergehen dann wie im Flug, wenn du den grünen Pfeilen hinterher zum 10 / Bahnhof Herrenberg düst. Bald schon hörst du das Quietschen der Schienen und kannst es dir auf den Sitzen bequem machen, während du erschöpft zurück nach Hause fährst. Falls du ein verlängertes Wochenende planst, dann fährst du noch drei Kilometer weiter bis nach Kuppingen zum Hotel Krone. Dort kannst du in der Dorfkneipe den Abend bei einem Bier ausklingen lassen. Um zum Hotel zu kommen, musst du am Bahnhof Herrenberg über die Gleise in Richtung Kuppingen. Wenn du den Ort erreicht hast, dann biege an der Hauptstraße links in die Jettinger Straße. Keine 200 Meter weiter siehst du schon auf deiner linken Seite das Hotel.

HISTORISCHER RUNDGANG
Herrenberg blickt auf fast 800 Jahre Geschichte zurück. Seit 1983 steht die Altstadt deshalb unter Denkmalschutz.

TOUR, DIE DU SO NIE GEMACHT HÄTTEST

◂ links oben / Die Nagoldtalsperre im morgendlichen Nebel ◂ links Mitte / Frühsport auf dem See – Ruderbootverleih an der Nagoldtalsperre

DREHWURM

Bienen, Damwild, Rosen und ein *Turm* – von *Herrenberg* nach *Böblingen*

29 Kilometer
340 Höhenmeter
340 Höhenmeter
3 Stunden
Streckentour

Nach deinem Abenteuer-Trip im Schwarzwald geht es auf dieser Tour mit dem Entdecken und den herrlichen Aussichten gleich weiter. Ein Highlight auf dem Weg von Herrenberg nach Böblingen: der Schönbuchturm. Die Tour eignet sich übrigens auch als Tagestour mit Kindern, denn es gibt immer etwas Neues zu sehen und zu erleben.

Von Bienen und Damwild

Los geht die Tour am Vorabend am 10 / Bahnhof Herrenberg. Von dort fährst du zu deiner Übernachtung im 11 / Hotel Krone (Jettinger Straße 42, 71083 Herrenberg) in Kuppingen. Einfach rund dreieinhalb Kilometer geradeaus und in Kuppingen auf der Jettinger Straße links. Die Dorfkneipe und die nette Gastgeberin sorgen gleich dafür, dass du dich heimisch fühlst. Am nächsten Tag fährst du zurück nach Herrenberg und verlässt die Stadt in Richtung Weil im Schönbuch. Kurz nachdem die ersten Häuser hinter dir liegen, beginnt schon an der Alten Steige der Bienenlehrpfad. Vor allem im Frühjahr und im Sommer lohnt sich deshalb die Tour, denn dann kannst du die Bienen bei der Suche nach Nektar beobachten. Biegst du am Ende des Bienenlehrpfades, am Waldfriedhof rechts ab, dann fährst du auf Schotter in den Wald und am 12 / Damwildgehege (71083 Herrenberg) vorbei. Mit ein bisschen Glück siehst du hier im Sommer sogar die Frischlinge. Am ehesten hast du auf der Lichtung des Damwildgeheges Erfolg, die du rund einen Kilometer, nachdem du den Waldfriedhof hinter dir gelassen hast, erreichst.

Im Kreis hoch hinaus

Anschließend geht es für dich links weiter und an der nächsten Kreuzung noch einmal links – denn anderthalb Kilometer später wartet schon das dritte Highlight auf dich: der 13 / Schönbuchturm (71083 Herrenberg). Dafür musst du am Waldfriedhof über

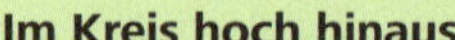

die Straße. Am besten lässt du dein Fahrrad am Naturfreundehaus stehen und läufst die fünfhundert Meter zum Schönbuchturm. An dem 35-Meter hohen Turm ist allein schon sehenswert, wie die Treppe sich in immer größeren Kreisen in die Höhe schraubt, die Aussicht aber ist atemberaubend. Du hast freie Sicht in alle Himmelsrichtungen. Wieder unten bietet das Naturfreundehaus eine willkommene Einkehr. Sehr zu empfehlen: die Bauernbratwürste mit Kartoffelsalat und Brot aus der Hausbäckerei.

Stadtidylle

Gestärkt geht es dann weiter auf dem Radweg, der gegenüber vom Parkplatz nach Böblingen führt. Jetzt liegen erst einmal fünfzehn Kilometer vor dir, in denen du die Fahrt durch die Natur, die sich immer wieder mit kleinen Ortschaften abwechselt, genießen kannst. Erst in Böblingen hältst du wieder am 14 / Schottischen Rosengarten (Steinbeisstraße 2, 71034 Böblingen) an. Vor allem im Frühsommer lässt sich hier die Farbenpracht bewundern. Direkt nebenan gibt es zudem den Stadtgarten mit Spielplatz und das Bootshaus, bei dem du dir für einen krönenden Abschluss noch ein Tret- oder Ruderboot für eine Runde auf dem See leihen kannst. Keinen Kilometer weiter liegt der 15 / Bahnhof Böblingen (71034 Böblingen) – sodass du deine Ankunft perfekt mit dem abfahrenden Zug abstimmen kannst.

TOURENINFO / Fast ausschließlich auf asphaltierten Wegen. Moderate Steigung. Gut geeignet für Familien mit Kindern.

---

^ oben / Das Highlight: der Schönbuchturm bei Herrenberg

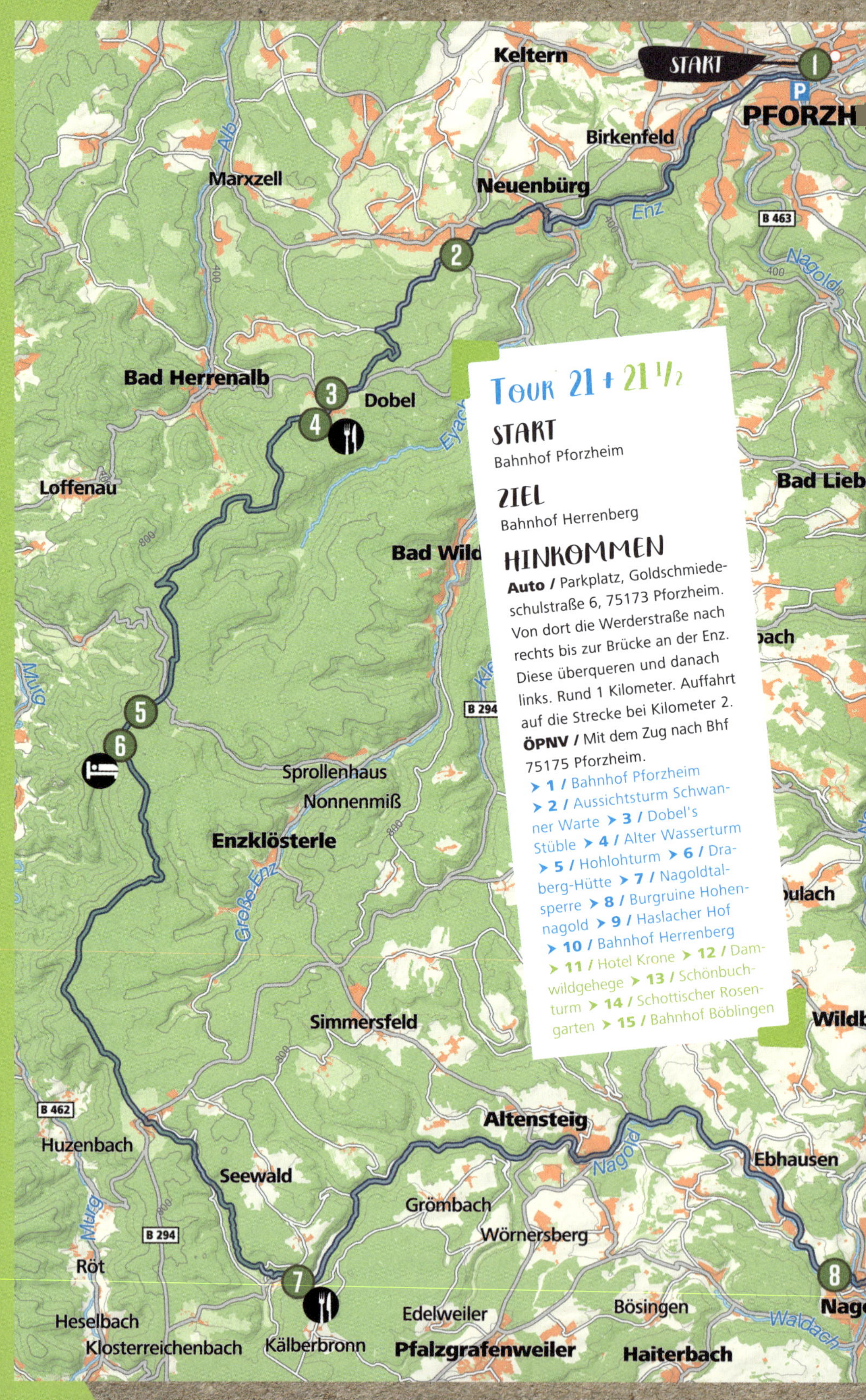
START
Keltern
PFORZH
Birkenfeld
Neuenbürg
Enz
Marxzell
Alb
B 463
Nagold
Bad Herrenalb
Dobel
Eyach
Loffenau
Bad Lieb
Bad Wild
B 294
Sprollenhaus
Nonnenmiß
Enzklösterle
Große Enz
Simmersfeld
Wildb
B 462
Huzenbach
Seewald
Altensteig
Nagold
Ebhausen
Grömbach
Wörnersberg
Murg
B 294
Röt
Heselbach
Klosterreichenbach
Kälberbronn
Edelweiler
Pfalzgrafenweiler
Bösingen
Haiterbach
Waldach
Nag
TOUR 21 + 21 1/2
START
Bahnhof Pforzheim
ZIEL
Bahnhof Herrenberg
HINKOMMEN
Auto / Parkplatz, Goldschmiedeschulstraße 6, 75173 Pforzheim. Von dort die Werderstraße nach rechts bis zur Brücke an der Enz. Diese überqueren und danach links. Rund 1 Kilometer. Auffahrt auf die Strecke bei Kilometer 2.
ÖPNV / Mit dem Zug nach Bhf 75175 Pforzheim.
1 / Bahnhof Pforzheim
2 / Aussichtsturm Schwanner Warte
3 / Dobel's Stüble
4 / Alter Wasserturm
5 / Hohlohturm
6 / Draberg-Hütte
7 / Nagoldtalsperre
8 / Burgruine Hohennagold
9 / Haslacher Hof
10 / Bahnhof Herrenberg
11 / Hotel Krone
12 / Damwildgehege
13 / Schönbuchturm
14 / Schottischer Rosengarten
15 / Bahnhof Böblingen

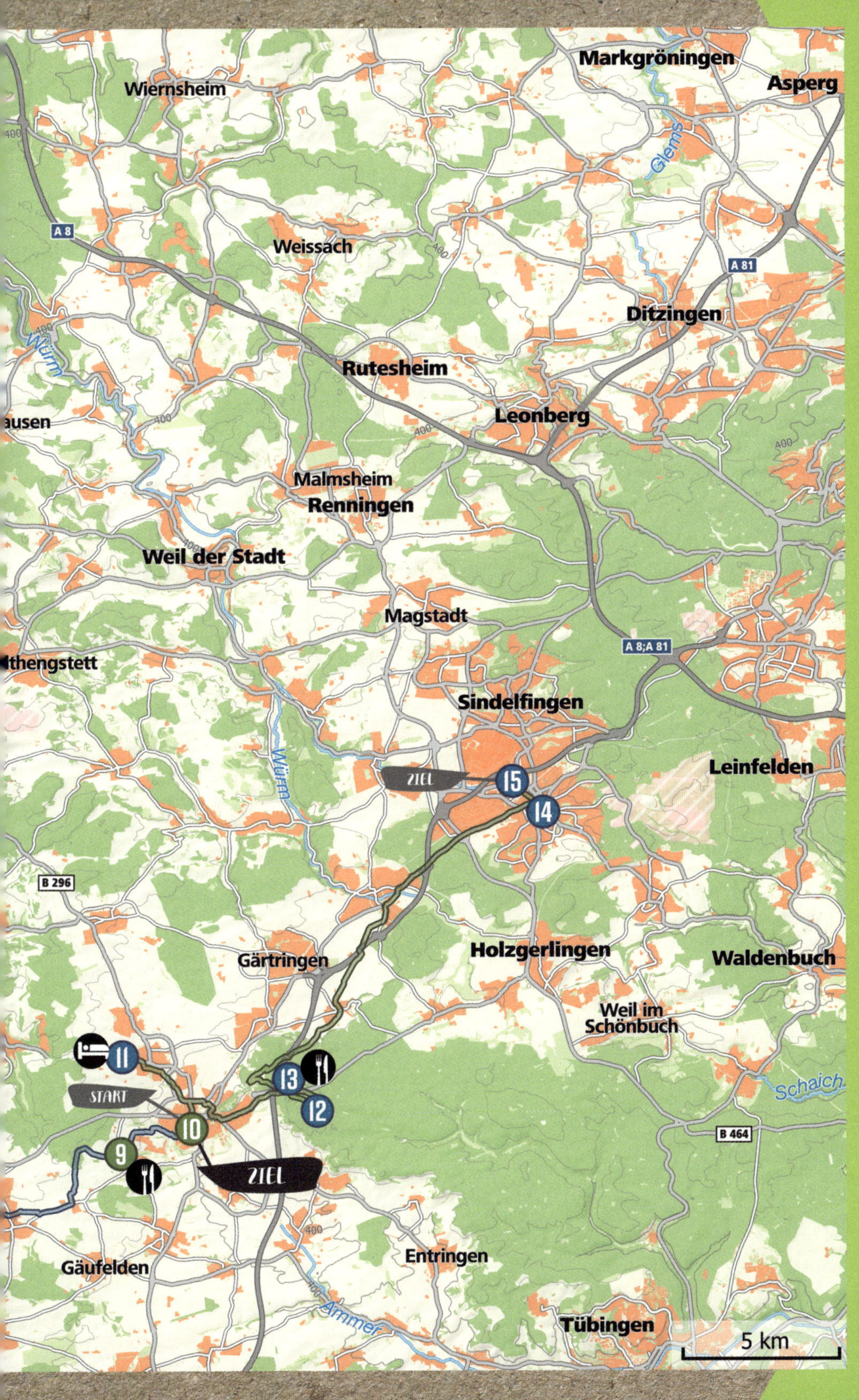
Markgröningen
Asperg
Wiernsheim
Glems
A 8
Weissach
A 81
Ditzingen
Würm
Rutesheim
Leonberg
ausen
Malmsheim
Renningen
Weil der Stadt
Magstadt
A 8;A 81
thengstett
Sindelfingen
Leinfelden
ZIEL
15
14
Würm
B 296
Holzgerlingen
Gärtringen
Waldenbuch
Weil im
Schönbuch
11
13
Schaich
START
12
10
B 464
9
ZIEL
Entringen
Gäufelden
Ammer
Tübingen
5 km

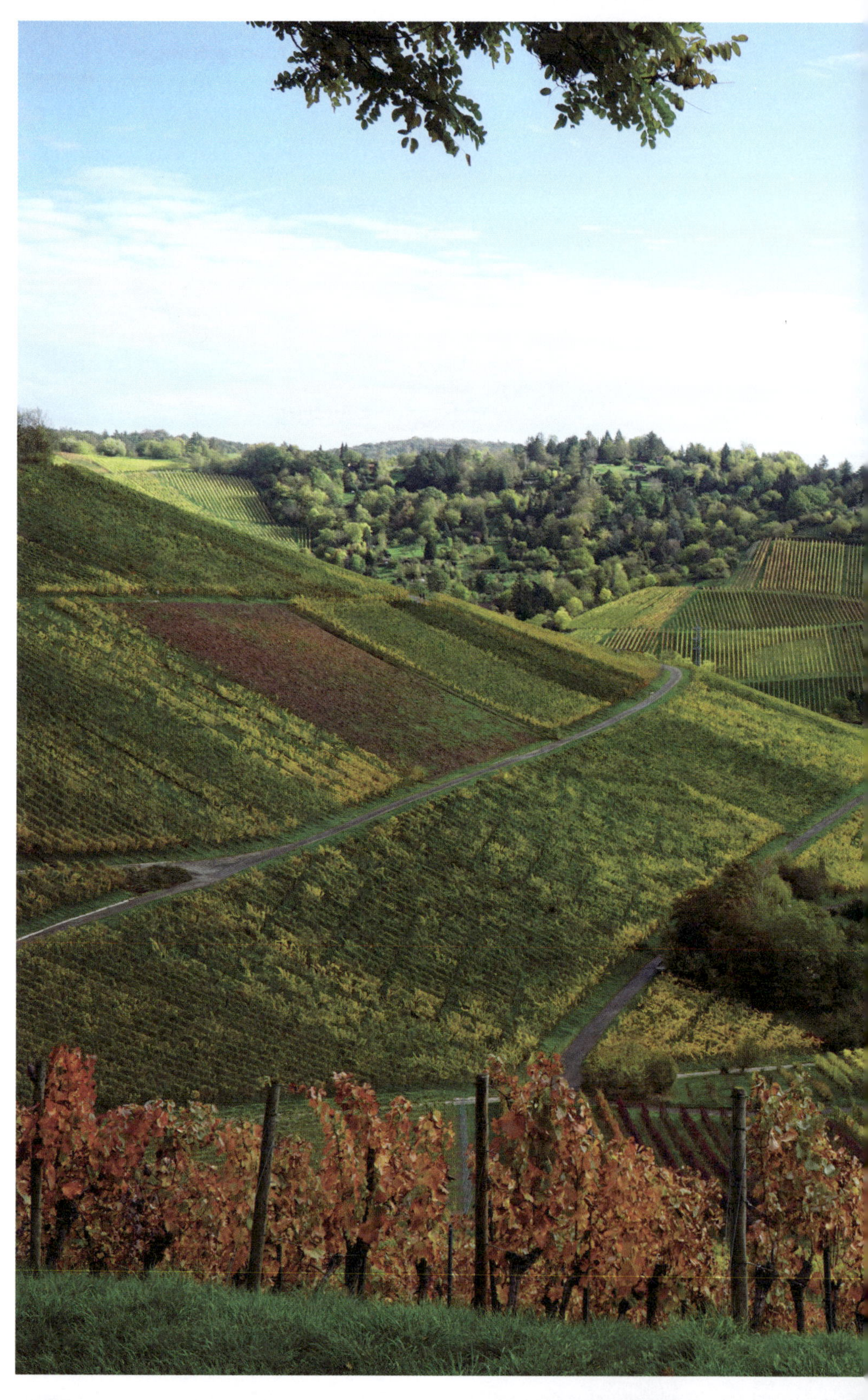

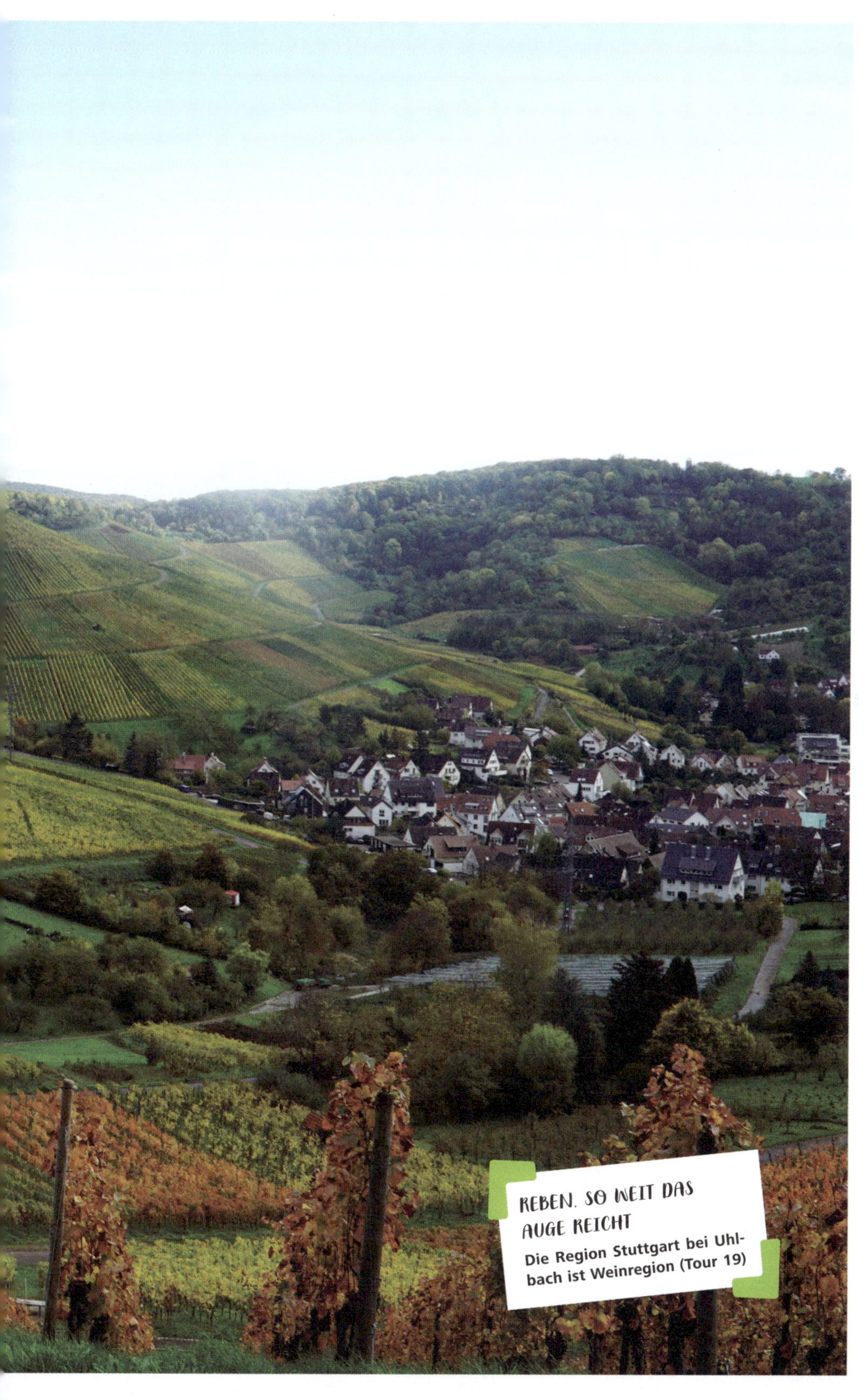

REBEN, SO WEIT DAS AUGE REICHT

Die Region Stuttgart bei Uhlbach ist Weinregion (Tour 19)

AUFGESATTELT!

DESTINATIONS- UND RADBASICS

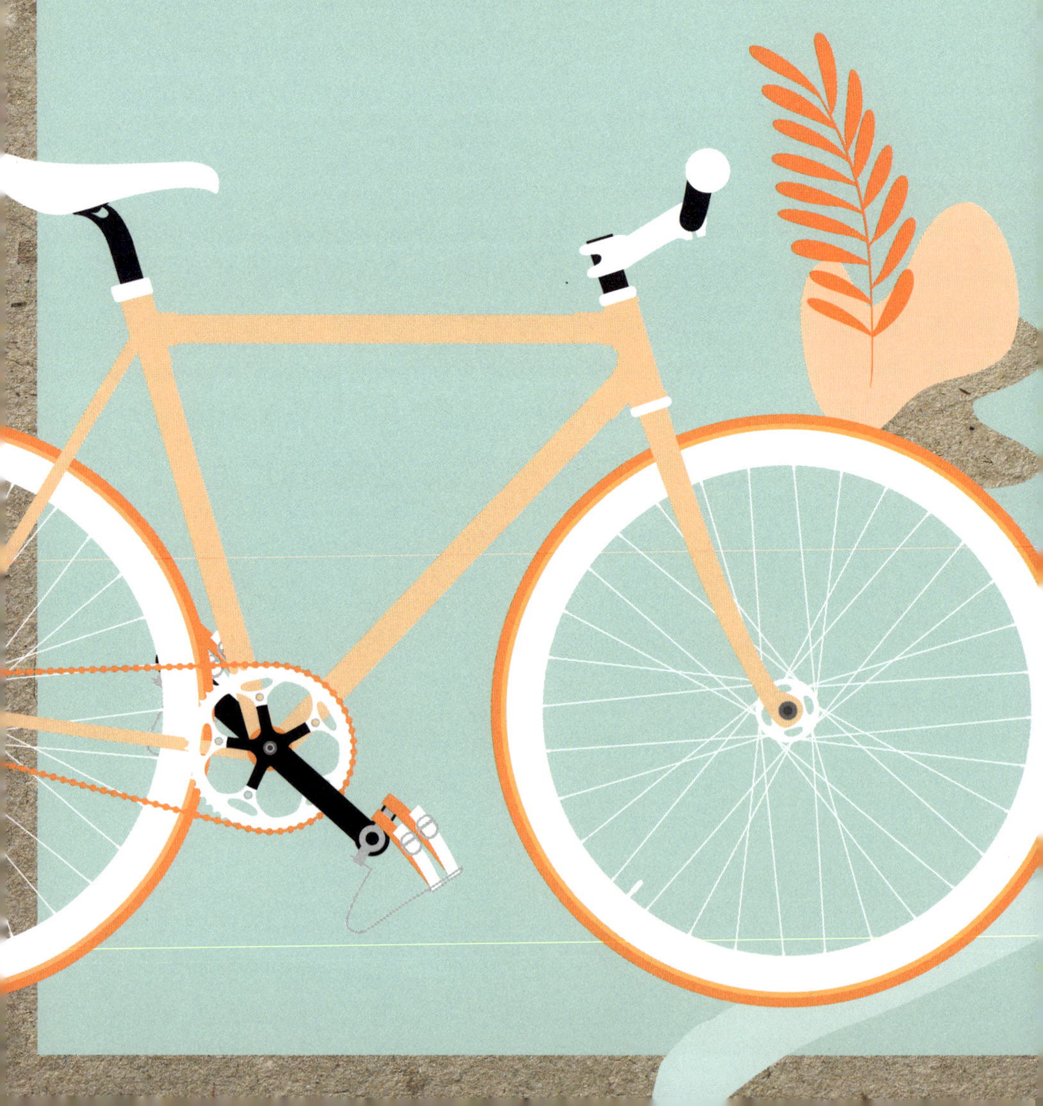

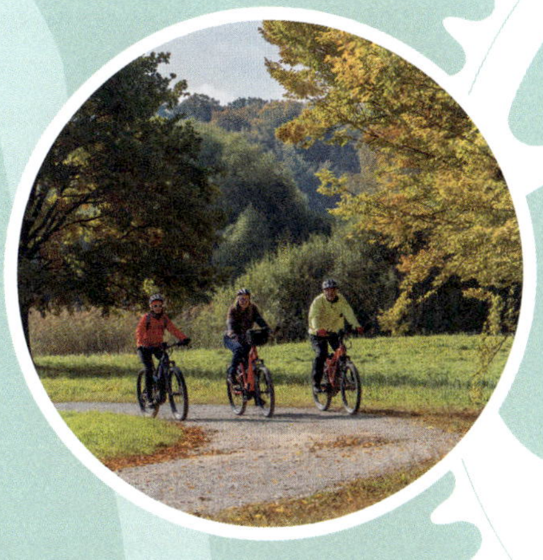

RADVERGNÜGEN

rund um
Stuttgart

Stuttgart wird zur Fahrradstadt. Fast fünf Millionen Radler wurden 2021 an den 15 Zählstellen der Stadt registriert – das sind fast eine Million mehr als im Jahr zuvor. Längst ist das Fahrrad nicht mehr nur ein alternatives Fortbewegungsmittel, sondern die erste Wahl, mit der man nicht nur zur Arbeit fährt, sondern auch die Freizeit verbringt.

VON DER AUTO- ZUR FAHRRADSTADT

Auf den ersten Blick wirkt Stuttgart nicht wie eine Fahrradstadt. Hügelig, Baustellen, Hunderttausende an angemeldeten Autos. Und noch immer gibt es Ecken, auf die dieses Bild zutrifft. Es gibt aber auch andere Ecken, an denen du Stuttgart von einer ganz neuen – fahrradfreundlichen – Seite kennenlernst. Fahrradstraßen kehren die Rangfolge von Autos und Fahrrad um. Radschnellwege ermöglichen es, schneller von A nach B zu kommen. Und ein Brückennetz für Fahrradfahrer und Fußgänger überspannt einen Teil der Stadt, sodass du hoch oben über die Autos und Baustellen hinwegfliegst. Bis 2030 will Stuttgart sein Hauptstreckennetz komplett ausgebaut haben, schon jetzt gibt es um die 200 Kilometer an ausgeschilderten Fahrradwegen. Flächendeckende Bikesharing-Stationen ermöglichen jedem den Zugang zum Zweirad. Pro Tag kostet ein normales Fahrrad maximal 9 Euro und ein Pedelec maximal 16 Euro. Mit dem Elektromotor werden auch die Hügel zum Kinderspiel. Jetzt fliegst du nicht nur, sondern düst über die Straßen von Stuttgart hinweg. Nicht mehr lange und das Image der Stadt wird sich ändern: von Autostadt zu Fahrradstadt.

ALLES RUND UMS FAHRRADFAHREN IN STUTTGART: WIE DIE FAHRRADKULTUR IST UND WAS DICH ERWARTET

DIE REGION STUTTGART IST WEINREGION

Hast du genug von Stuttgart? Dann setze dich in die nächste S-Bahn. Außerhalb der Rushhour ist das Mitnehmen von Fahrrädern in öffentlichen Verkehrsmitteln kostenlos. Die Region um Stuttgart ist geprägt von sanften Hügeln, auf denen sich dicht an dicht Reben reihen. Mit viel Liebe bauen hier Familienbetriebe Wein an. Klassiker sind Lemberger, Spätburgunder und Trollinger. Doch auch Riesling, Kerner und Weißburgunder gibt es im Sortiment. Im Herbst eröffnen außerdem die traditionellen Besenwirtschaften – dann wird frischer Most eingeschenkt. Vor allem für die hügeligen Touren lohnt sich ein E-Bike – denn auch am Rand des Schwarzwaldes und der Schwäbischen Alb summieren sich die Höhenmeter. Mit dem Trekkingrad geht es dafür gemächlich am Neckar, der Enz und der Rems entlang. Die Flüsse schlängeln sich zwischen den Hügeln hindurch und führen in eine einzigartige Pflanzenlandschaft. Was gibt es sonst noch zu wissen? Um Stuttgart geht es fast immer stellenweise über Schotterstraßen. Die sind aber meist gut befestigt und selbst für Kinder ohne Weiteres zu bewältigen. In regelmäßigen Abständen wechseln sich außerdem Spielplätze, Grillstellen und Picknickplätze ab, sodass man immer wieder verweilen und die Natur so richtig genießen kann. Wen wundert's, dass am Wochenende die Stuttgarter in Scharen nach draußen drängen. Mit den Seen, Flüssen und Hügeln zählt die Region um Stuttgart zu einer der abwechslungsreichsten Landschaften in Deutschland.

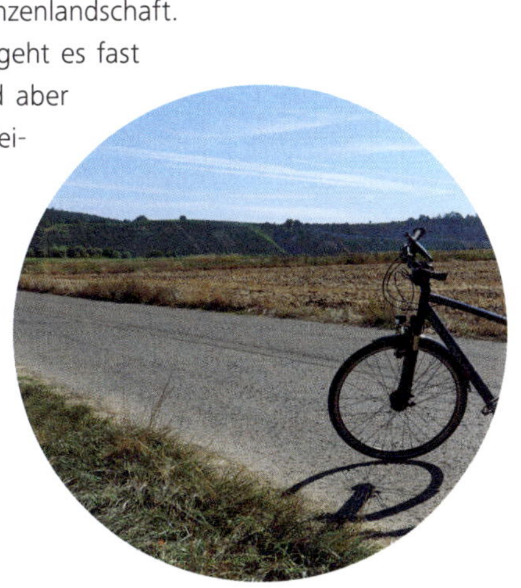

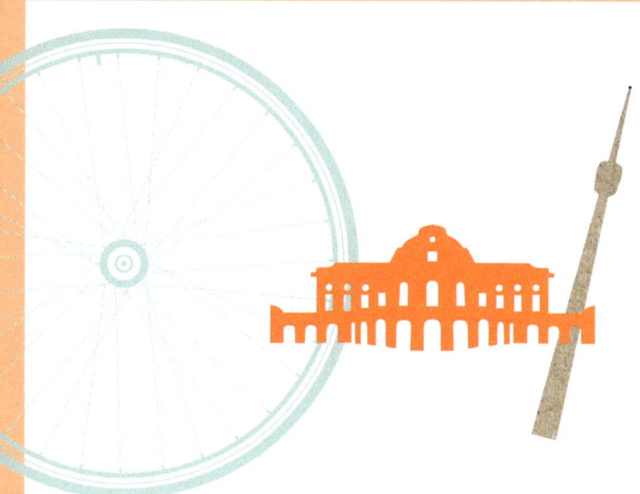

DA GEHT'S LANG

Das Radnetz in und um Stuttgart ist sehr gut ausgeschildert, nur selten steht in Zweifel, wo es weiter geht. Mit grüner Schrift auf weißem Grund zeigen uns die Wegweiser Sehenswürdigkeiten, Städte und Dörfer an. Grüne Pfeile, welche die Richtung anzeigen, findet man fast an jeder Ecke, wo es unübersichtlich wird. Bei thematischen Routen (wie der Albtraufroute) gibt es zudem Zusatzschilder, die den Weg weisen. Mit dem Radtourenplaner lassen sich außerdem Routen individuell gestalten. Einfach Start und Endpunkt eingeben, Kilometer und Höhenmeter checken und GPX-Track herunterladen (radroutenplaner.vvs.de).

TOURENDAUER

Beim Bergaufradeln sind wir langsamer, beim Bergabdüsen schneller. Pi mal Daumen gleicht sich das wieder aus. Wir rechnen bei den Touren deshalb mit einer Durchschnittsgeschwindigkeit von ungefähr 15 km/h.

SICHERHEIT GEHT VOR

Egal wie vorausschauend, egal wie langsam ich fahre: Ein Unfall kann immer passieren. Und auf dem Zweirad ziehe ich dann meist den Kürzeren. Ein Helm kann da vor Verletzungen und sogar das Leben schützen. Wir haben uns für das Motto "sicher ist sicher" entschieden. Also Helm aufsetzen, aufsatteln und starten. In die Abenteuertouren und Genussrouten in und um Stuttgart.

FACTS STUTTGART

ZWEIRAT 0711

Das Fahrradkollektiv setzt sich in Stuttgart für Projekte rund ums Fahrrad ein. Alles rund um den Zusammenschluss und seine Veranstaltungen findest du auch auf Twitter

3.654 KM²

Auf dieser Fläche erstreckt sich die Metropolregion Stuttgart. Von Herrenberg bis nach Geislingen an der Stiege über den Rems-Murr-Kreis bis an den Rand des Schwarzwaldes.

348

Höhenmeter liegen zwischen dem niedrigsten Punkt Stuttgarts und seinem höchsten. Mit E-Bike fährt es sich in der Region also definitiv entspannter.

250

So viele Bikesharing-Stationen gibt es mindestens in der Region Stuttgart

1. FAHRRADAUTOBAHN

Deutschlands soll in Stuttgart getestet werden. Einen Kilometer lang soll die schwebende Pilotstrecke werden – bis es allerdings soweit ist, wird es noch dauern.

8

Fahrradgaragen mit 160 Stellplätzen gibt es rund um den Hauptbahnhof Stuttgart. Die Plätze lassen sich für unterschiedliche Zeiträume buchen.

180 KM

ausgeschilderte Fahrradwege gibt es in der Stadt.

40 EURO

jährlich will Stuttgart pro Einwohner in den Radverkehr investieren. Das sind rund 25 Millionen Euro.

0 EURO

kostet die Fahrradmitnahme in fast allen Nahverkehrszügen in Baden-Württemberg, wenn du unter der Woche vor 6 Uhr oder nach 9 Uhr unterwegs bist sowie am Wochenende.

RAUSZEIT-HIGHLIGHTS

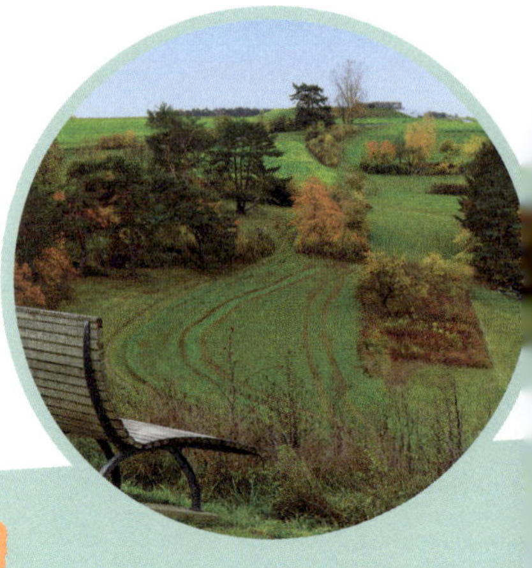

FÜR KINDER

Safari in Stuttgart

Wohin zuerst in der 5 / Wilhelma? In dem Zoo gibt es rund 11.000 Tiere aus aller Welt. Vielleicht zum Ameisenbär oder doch zur Seefledermaus?

Tour 7 // Seite 61

Kinderparadies

Riesen-Hüpfburg, Klettergerüst, Schaukel: Der Spielplatz am 6 / Katzenbacher Hof ist vermutlich der größte im Umkreis von Stuttgart..

Tour 11 // Seite 98

Wald erleben!

Die Natur ist oft besser als jeder Spielplatz. Im 5 / Haus des Waldes können die Kinder auf 1,3 Kilometern den Wald mit all ihren Sinnen erfahren.

Tour 14 // Seite 128

Entdecker unter sich

Taschenlampen dabei? Dann kann die Erkundungstour ins 10 / Mordloch losgehen. Für die Kinder ein Mordsspaß und aufregend zugleich.

Tour 20 // Seite 203

FÜR E-BIKER

Schnell wie der Wind

Nach dem Beginn des 4 / Radschnellwegs macht das E-Bike so richtig Laune. Eine breite Asphaltstraße und der Fahrtwind im Gesicht. Treten bis zum Anschlag.

Tour 2 // Seite 18

Beste Aussicht

Das Panorama genießen ohne Anstrengung? Mit dem E-Bike sehr gut möglich. Vor allem das letzte steile Stück zum 3 / Kernenturm ist dabei ein Klacks.

Tour 9 // Seite 77

E-Biker sind Genießer

Um die Rundtour über den 2 / Engelbergturm und den 4 / Birkenkopf zu genießen, ist das E-Bike perfekt. Sportlich sind die 60 Kilometer und fast 800 Höhenmeter doch sehr herausfordernd.

Tour 12 // Seite 105, 110

Auf der Überholspur

Über 1.000 Höhenmeter sind es bis zum 5 / Hohlohturm. Mit dem E-Bike macht das definitiv mehr Spaß.

Tour 21 // Seite 211

Top für jede Lust und Laune: Kleine und große Abenteuer, die besten Einkehrtipps und entspanntesten Pausenplätze

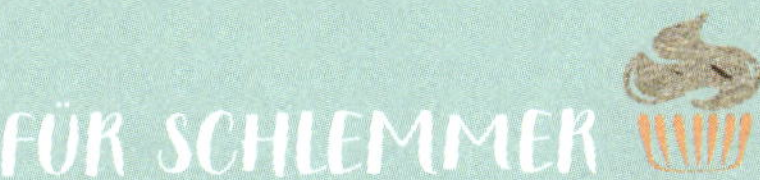

FÜR SCHLEMMER

Deutsche Spezialität
An der 1 / Eselsmühle wird das Brot frisch im Holzofen gebacken. Scheinbar so einfach und doch so lecker. Gibt's übrigens auch in der Gaststätte mit Kräuterquark.
Tour 5 // Seite 41

Schlemmen wie ein König
Mit Blick auf den Bärensee speist du im 3 / Bärenschlössle. Es gibt alles, was das Herz begehrt: Kuchen, Vesper, warme schwäbische Gerichte. Da bleibt kein Wunsch offen.
Tour 14 // Seite 126

Zum Wohl!
In den Besenwirtschaften schmeckt der Wein einfach am besten. Also auf nach Uhlbach. Dort gibt's unter anderem den Besen 5 / Zum Dreimädelhaus. Vorsicht: Öffnungszeiten checken!
Tour 19 // Seite 184

Kreative Kuchen
Ein Kuchen leckerer als der andere. Im 3 / Dobel's Stüble wird mit Liebe gebacken und mit neuen Rezepten experimentiert.
Tour 21 // Seite 208

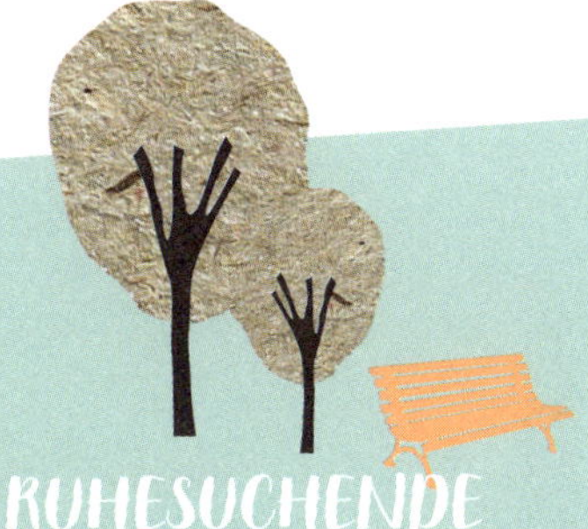

FÜR RUHESUCHENDE

Orte der Ruhe
Andächtig still ist es in der 6 / Martinskirche, während außen der Lärm der Stadt tobt. Auf der Kirchturmtrip-Runde finden sich immer wieder solche Orte der Ruhe.
Tour 1 // Seite 13

Naturpark Berg
Im 5 / Mühlbergpark (Foto) erinnert nicht mehr viel an den einstigen Steinbruch. Ein Naturparadies mit herrlicher Aussicht.
Tour 4 // Seite 38

Seetouren
Am 5 / Katzenbachsee ist es eigentlich nur eine Frage der Zeit, bis man einnickt. Vögel zwitschern, die Sonne wärmt einem den Bauch und der See liegt ruhig in einem Ring aus Bäumen.
Tour 11 // Seite 98

Ruhe in Frieden
Wunderschön und traurig zugleich. Die 9 / Grabkapelle auf dem Württemberg erinnert an die Liebe von König Wilhelm I von Württemberg und seiner Frau.
Tour 19 // Seite 185

DAS KRIEGST DU NICHT ALLE TAGE

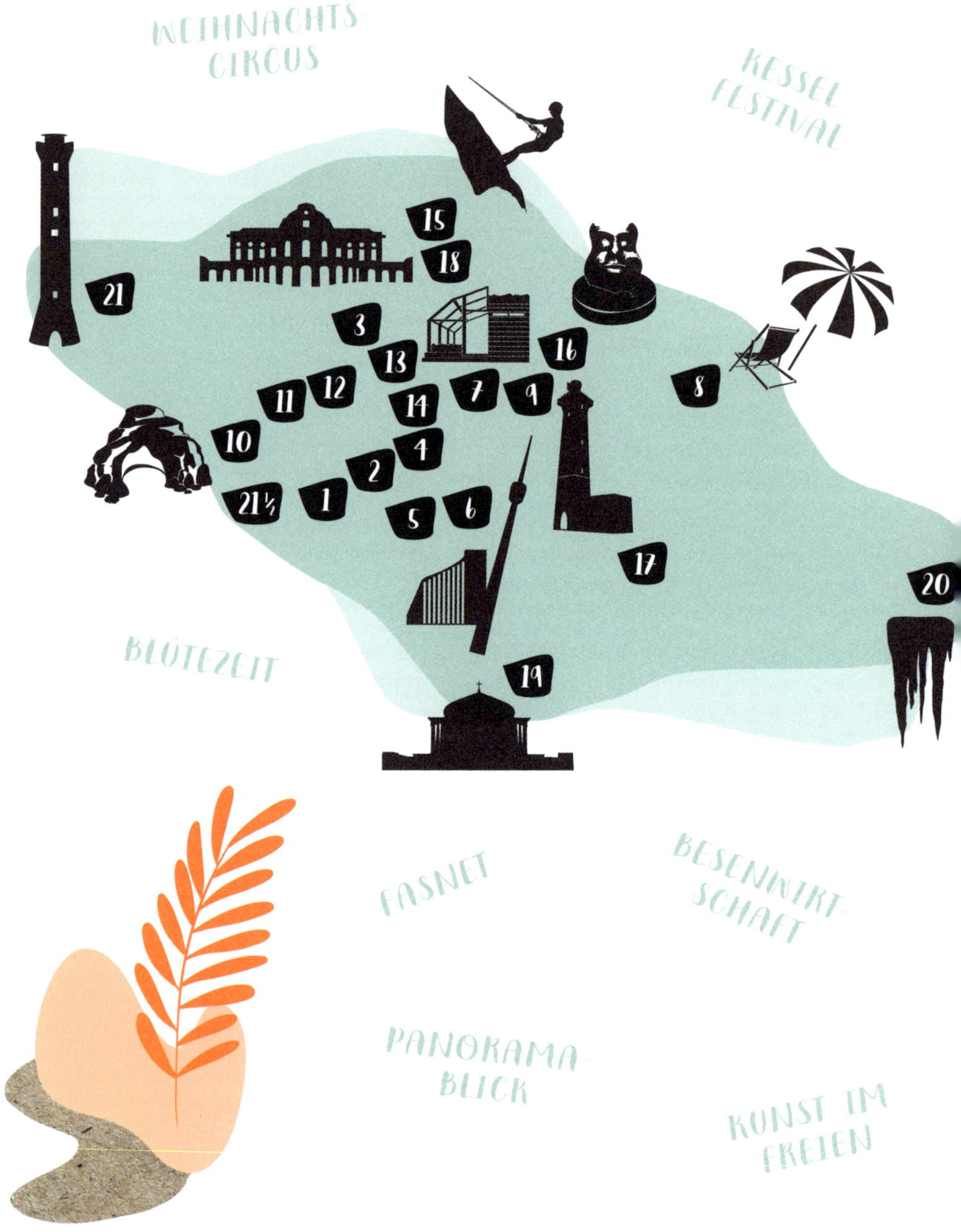

WEIHNACHTS-CIRCUS

KESSEL FESTIVAL

15 18 21 3 13 16 8 12 11 7 9 14 10 4 2 21½ 1 5 6 17 20 19

BLÜTEZEIT

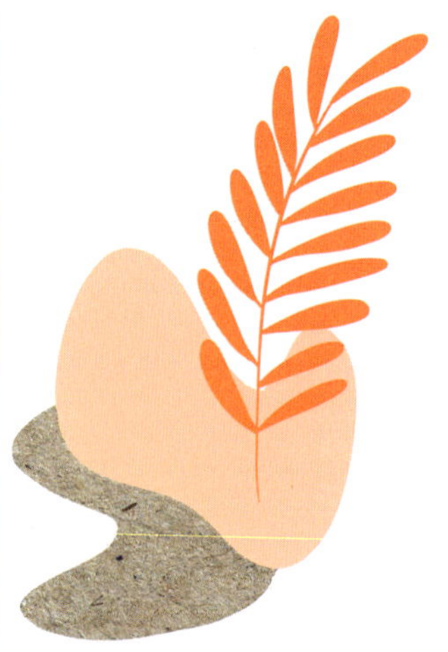

FASNET

BESENWIRT-SCHAFT

PANORAMA-BLICK

KUNST IM FREIEN

Wann am besten wohin? Die Events zu den Touren findest du hier

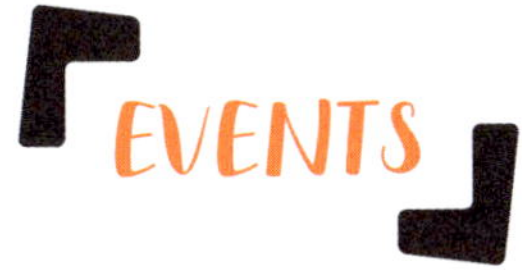

Maislabyrinth Renningen

RENNINGEN Labyrinth, Sommerferien

Tour 4

Kessel Festival

JEDERMANNS-FESTIVAL Musik, Sport, Kultur und Nachhaltigkeit, Juni

Tour 8

Cannstatter Volksfest

CANNSTATT Fahrgeschäfte, Imbissbuden und viel Wein, 17 Tage lang, Ende September bis Anfang Oktober

Tour 8

Weihnachtscircus

STUTTGART Der größte Weihnachtscircus der Welt mit internationalen Künstlern, Anfang Dezember bis Anfang Januar

Tour 8

Fasnet

WEIL DER STADT Die fünfte Jahreszeit, Auftakt am 11. November, närrisches Treiben bis zum Aschermittwoch

Tour 10

Pomeranzengarten

LEONBERG Blütezeit der japanischen Kirschblüte, pink und rosa, April

Tour 12

Rehkitze beobachten

STUTTGART Neugeborene im Rotwildgehege, Frühling bis Frühsommer

Tour 14

Korber-Kopf-Skulpturenpfad

KORB Freiluftausstellung zum Thema Köpfe, wechselnde Kunstobjekte, Mai bis April

Tour 16

Kulinarischer Weinweg

KERNEN IM REMSTAL In den Weinbergen in Stetten schenken die Winzer der Umgebung ein, Pfingsten

Tour 19

Dreimädelhaus

STUTTGART UHLBACH Besenwirtschaft, Oktober

Tour 19

Schertelshöhle

WESTERHEIM Beleuchtete Schauhöhle, Mai bis Oktober

Tour 20

Alter Wasserturm

DOBEL Panoramablick, täglich geöffnet von Mai bis Oktober

Tour 21

PACKLISTE

GRUNDAUSSTATTUNG

- Fahrradhelm
- Radkleidung
- Radhandschuhe
- Radbrille
- Trinkflasche
- Fahrradschloss
- Handy
- Karte/Navigationsgerät
- Fahrradlicht, Ersatzakku/-batterie
- Erste-Hilfe-Set

\+

TAGESTOUR

- Regenkleidung
- Wechselkleidung
- Reparaturset: Ersatzschlauch, Werkzeug
- Luftpumpe
- Packtaschen klein
- Verpflegung: Snacks, genügend Wasser
- evtl. wasserdichte Handyhülle

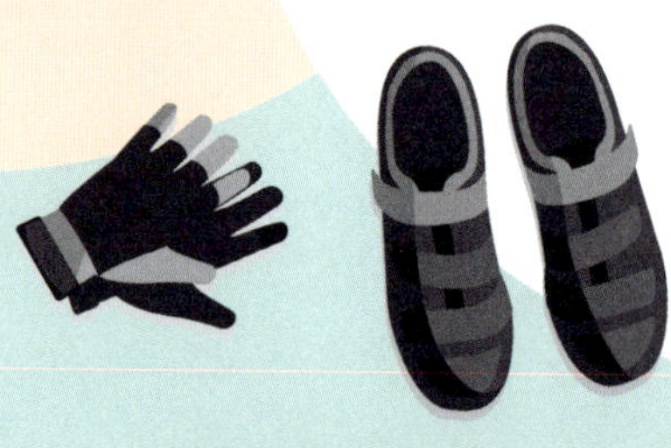

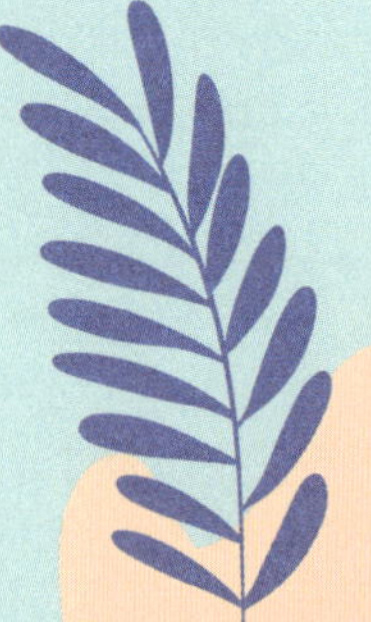

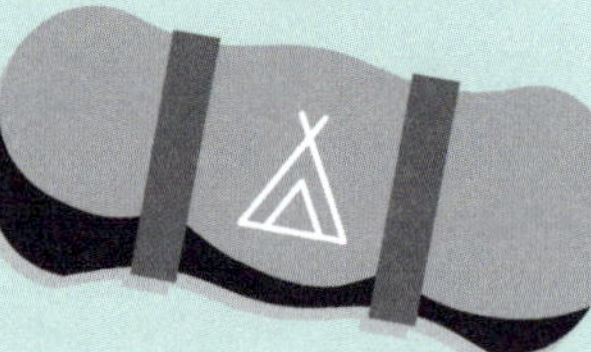

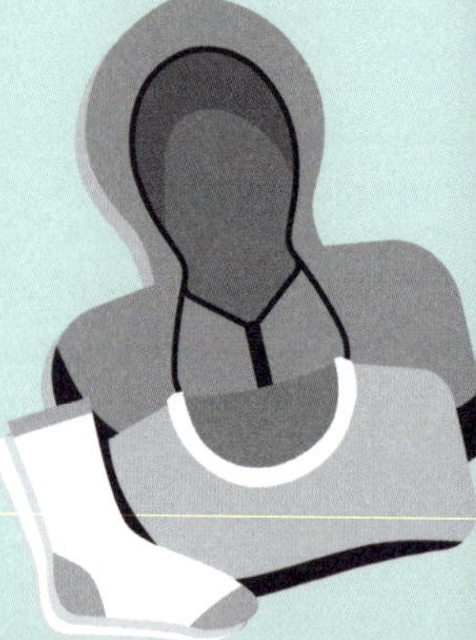

BIKEAWAYTOUR

- Zahnbürste
- Waschbeutel
- Packtaschen groß
- evtl. Zelt
- evtl. Schlafsack
- evtl. Kompass
- Handyladegerät

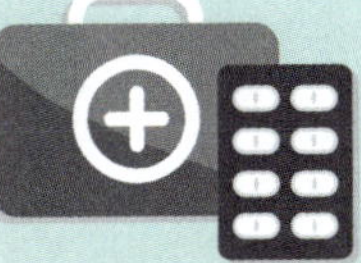

REISE-APOTHEKE

Pflaster & Blasenpflaster, Mückenschutz, Sonnenschutz, Zeckenkarte

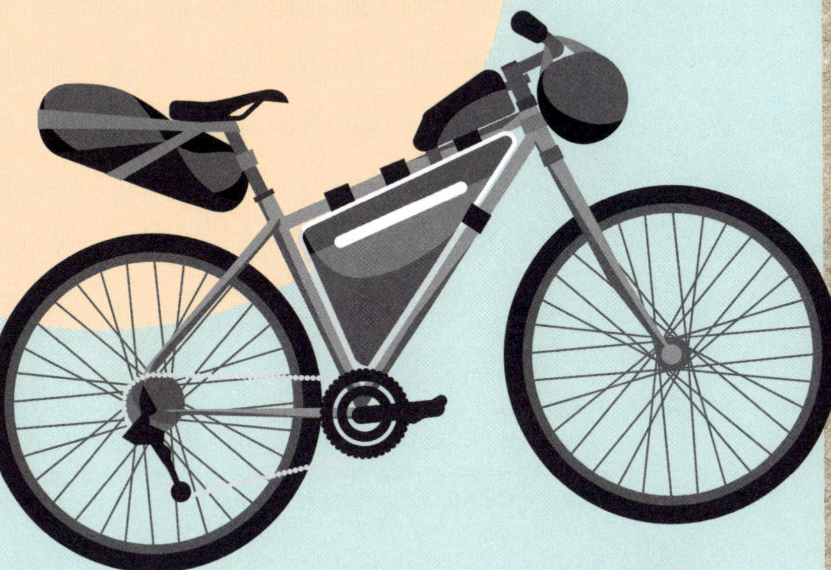

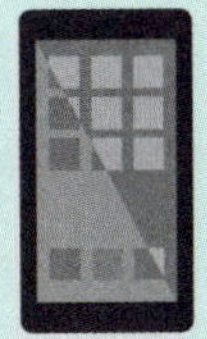

RADCHECK

findest du auf der nächsten Seite

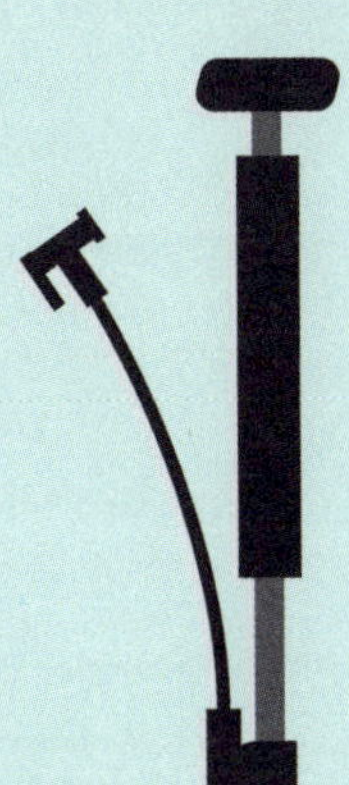

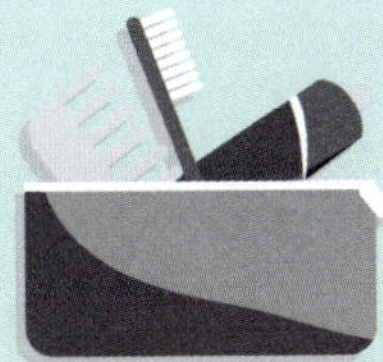

RADCHECK

AM BESTEN

nimmst du dein Fahrrad vor jeder Tour unter die Lupe, zumindest aber beim Frühjahrsputz. Darüber hinaus ist ein regelmäßiger Service bei Profis zu empfehlen.

EINFACH ERKLÄRT MIT PROFI-TIPPS

Picobello: Reinigung des Fahrrads

Ein sauberes Fahrrad lebt länger und dir fallen beim Putzen Defekte auf. Daher ran an den Schwamm und die milde Seife oder den Fahrradreiniger und losgelegt! Wenn das Fahrrad getrocknet ist, mit einem sauberen Lappen Wasserränder wegpolieren. Handarbeit ist angesagt – ein Hochdruckreiniger ist tabu, da er auch Fett und Öl entfernt und Wasser in empfindliche Teile eindringen kann.

Tipp: Für verwinkelte Teile ist eine alte Zahnbürste praktisch.

Pralle Geschichte: die Reifen

Um grob den Reifendruck zu überprüfen, mach die Daumenprobe: Lässt sich der Reifen mehr als 1 cm eindrücken, musst du pumpen. Angaben zu Mindest- und Maximaldruck findest du auf der Reifenflanke. Für wenig Rollwiderstand auf befestigten Straßen orientiere dich an der oberen Grenze, wenn du auf unbefestigten Wegen unterwegs bist, an der unteren. Je schmaler der Reifen und je höher das Gesamtgewicht, desto mehr Luftdruck ist nötig. Am einfachsten lassen sich die Reifen mit einer Standpumpe mit Druckmesser aufpumpen.

Tipp: Fahrradgeschäfte bieten machmal vor Ort gratis Pumpen zum Selbermessen und -aufpumpen an.

Nimm auch das Reifenprofil unter die Lupe: Entferne eventuelle Steinchen oder Scherben und halte nach Rissen oder Schnitten Ausschau. Wenn das Profil zu brüchig oder stark abgefahren ist, brauchst du einen neuen Mantel.

Läuft wie geschmiert: Kette reinigen und ölen

Fürs Reinigen zuerst mit einem trockenen Tuch Kette von altem Fett und Schmutz befreien, indem du am Pedal drehst und so die Kette durch das Tuch ziehst. Den feinen Zwischenräumen kannst du wieder mit der Zahnbürste zu Leibe rücken. Danach Kettenöl, am besten biologisch abbaubares, auftragen, indem du es hinten auf die Kette träufelst, während du sie mit dem Pedal durchdrehst. Kurz einwirken lassen, dann mit einem Lappen das überschüssige Öl von der Kette abziehen.

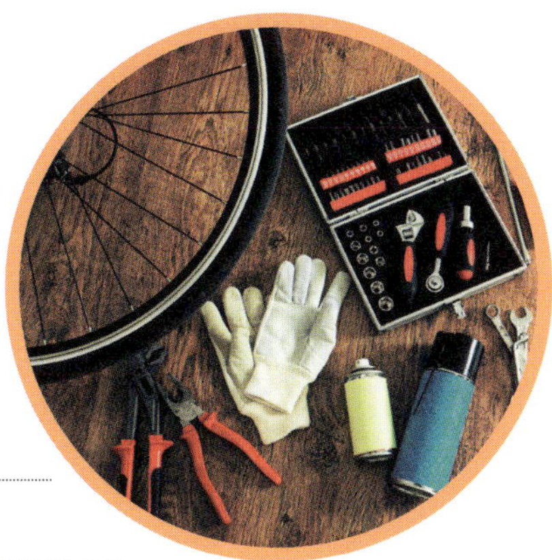

Tipp: Hast du eine Kettenschaltung, schalte einmal alle Gänge durch, damit sich das Öl auf allen Zahnrädern verteilt.

Eine gut geölte Kette und der richtige Reifendruck machen außerdem ein E-Bike leichtgängiger, was die Akku-Reichweite erhöht.

✓ Schraube locker?

Prüfe regelmäßig die Schraubverbindungen der Steuerung (Lenker, Vorbau und Steuersatz), Laufräder, Pedale, Sattelklemmen und Anbauteile wie Schutzbleche und Gepäckträger.

Tipp: Legst du selbst Hand an, ist ein Drehmomentschlüssel am besten, damit du die Schrauben entsprechend den Drehmomentangaben für dein Fahrrad nachziehen kannst.

✓ Nichts kann dich stoppen, außer: die Bremsen

Prüfe, ob vordere und hintere Bremse einen gleichmäßig starken Druckpunkt haben. Öffne und schließe die Bremsen auch im Stand. Wenn bei hydraulischen Bremsen mehrmaliges Pumpen für einen soliden Druckpunkt erforderlich ist oder sich der Hebel bis zum Lenker durchziehen lässt, muss das System entlüftet werden. Wenn bei mechanischen Felgenbremsen die Bremsarme nicht gleichmäßig arbeiten, einstellen (lassen). Sind die Verschleißindikatoren auf den Bremsbelägen, kleine Rillen im Gummi, verschwunden, müssen die Beläge getauscht werden. Den Verschleiß von Scheibenbremsen kannst du bei relativ neuen Belägen mit einer Taschenlampe von oben durch den Schlitz im Sattel prüfen. Bei älteren und dünneren Belägen müssen die Räder zur Sichtprüfung ausgebaut werden.

Tipp: Gegen Verschmutzung und Korrosion der Bremszüge bei mechanischen Bremsen hilft ein Spritzer Teflonspray in die Enden der Außenhüllen. So gleiten die Kabel besser in ihrer Hülle.

✓ Damit dir ein Licht aufgeht: die Beleuchtung

Weil's am Abend auch schon mal später werden kann und du auch am Rückweg sichtbar sein möchtest: Sind Lichter und Reflektoren vorhanden und funktionieren sie?

✓ Für alle mit extra Antriebskraft: Akku & Motor

Bei längerer Nichtnutzung, zum Beispiel in der Winterpause, achte darauf, dass sich der Akku nie tiefentlädt. Korrosionsspuren bei den Steckverbindungen kannst du mit einem speziellen Kontaktspray entfernen. Fallen dir Schäden am Motorgehäuse auf, am besten schnell in eine Fachwerkstatt.

Los geht's!

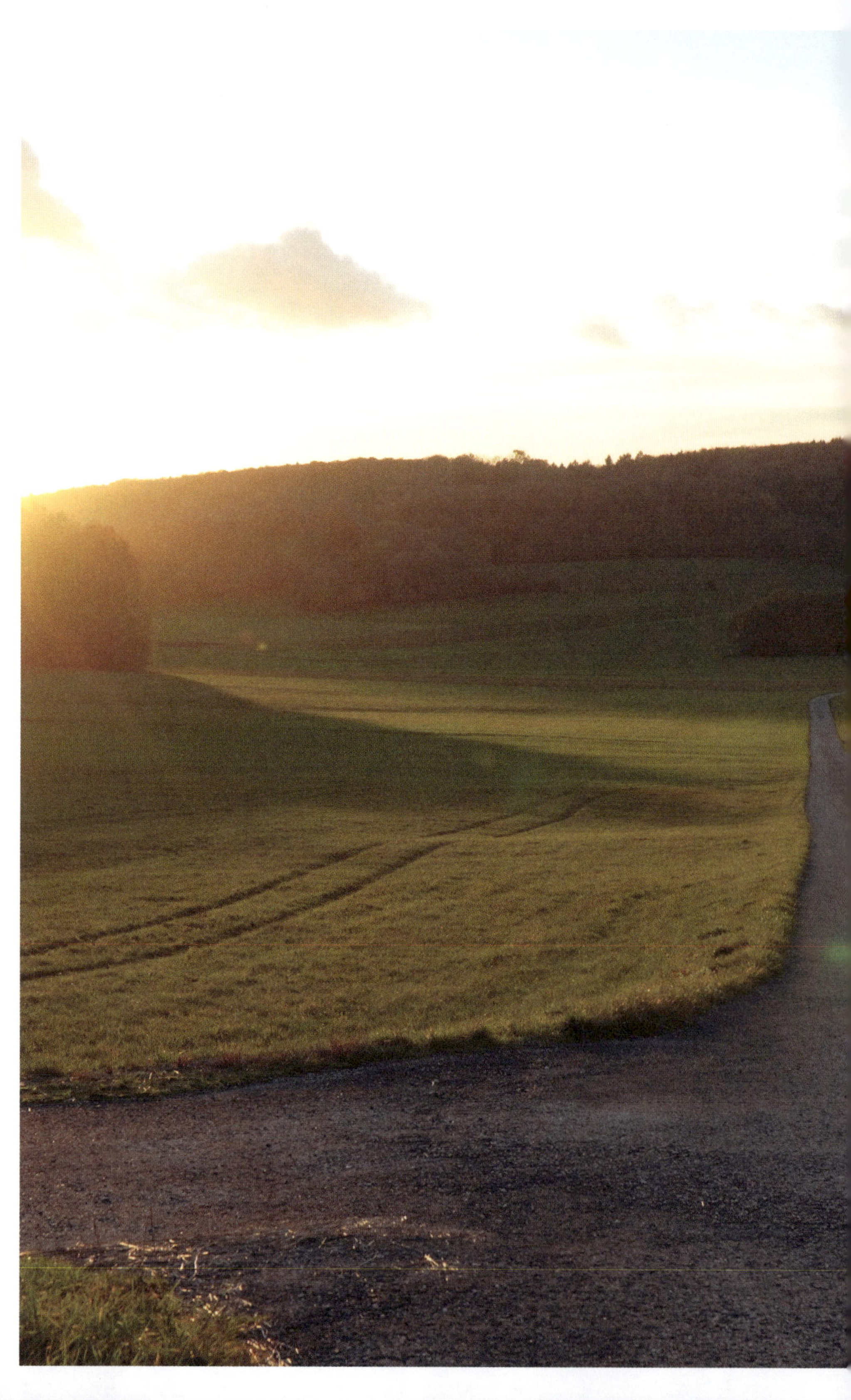

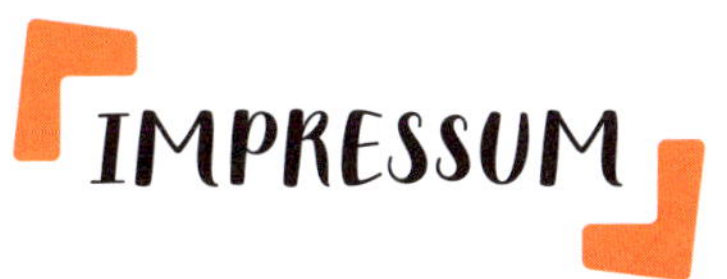

IMPRESSUM

© KOMPASS-Karten GmbH
Karl-Kapferer-Straße 5
A-6020 Innsbruck
www.kompass.de

1. Auflage 2023 (23.01)
Verlagsnummer 3813
ISBN 978-3-99121-524-0

Text und Fotos (soweit nicht anders angegeben): Sarah Bioly

Titelbild: Weinberge rund um Stuttgart (Foto: AdobeStock – stock.adobe.com: © Simon Dannhauer) (Titelillustrationen: AdobeStock – stock.adobe.com: © Instantly, © svetazi)

Fotos:
AdobeStock – stock.adobe.com: © unununius (12), © waechter-media.de (24, 37), © Robert Kneschke (35), © Alberto (80/81), © Yuriy Davats (87 Mitte), © bildernixe13 (88), © beats_ (89), © Marcel (90), © Manuel Schönfeld (91), © Fineart Panorama (94), © juliasudnitskaya (107 Mitte), © Uwe (108, 225), © thomas_pics (109), © WildMedia (110), © Sina Ettmer (118), © Markus Mainka (168), © Bohdan Petrushko (181), © Simon (182), © ebenart (183), © S.Külcü (187), © jiriviehmann (192), © mirkoni (200), © turtles2 (210), © shaiith (211), © Jürgen Humbert (212), © Lennart (213), © globetrotter1 (214), © Robert Schneider (216), © Falko Göthel (219), © Monika Wisniewska (237), © jessicahyde (Graspapier-Hintergrund div. Seiten)

Gestaltung / Illustration – Composing / Agenten und Freunde Iris Streck München

Illustrationen: AdobeStock – stock.adobe.com: © Azar, © askaja, © mtmmarek, © svetazi, © val_iva, © www; creativmarket: © amber&ink, © NassyArt
Miniaturen auf illustrierten Karten: Agenten und Freunde Iris Streck München; AdobeStock – stock.adobe.com: © 09910190, © Egor Shilov, © Instantly, © norberthos, © sabelskaya
Grafische Herstellung: KOMPASS-Karten, Agenten und Freunde München
Karten: © KOMPASS-Karten GmbH unter Verwendung OpenStreetMap Contributors (www.openstreetmap.org)

Erzähl uns von deinen Abenteuern auf Instagram und Facebook mit: #folgedeinemKOMPASS

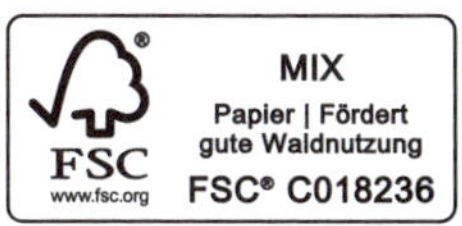

BIKE-BUCKETLIST STUTTGARTS UMGEBUNG

STRAND. SAND. STUTTGART

Die Füße im Sand vergraben, ohne in den Flieger zu steigen: Das geht am 2 / Stadtstrand in Stuttgart mit Blick auf den Neckar und einem kühlen Cocktail in der Hand.

Tour 7 // Seite 58

NATUR UND KUNST

Beim 4 / Korber-Kopf-Skulpturenpfad verbinden sich Natur und Kunst zu einem einmaligen Erlebnis. Und das jedes Jahr aufs Neue.

Tour 16 // Seite 149

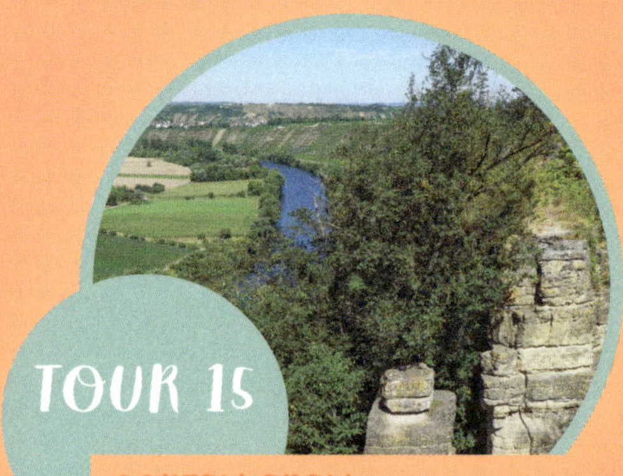

TOUR 15

GARTEN EDEN

Einzigartig sind die 3 / Felsengärten bei Stuttgart, wie sie majestätisch über den Neckar emporragen – und unter Sportkletterern weitbekannt.

Tour 15 // Seite 136

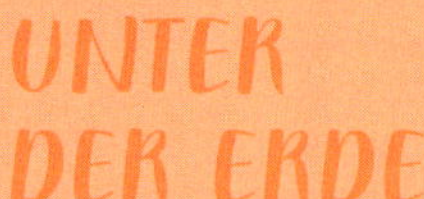

UNTER DER ERDE

Die 6 / Schertelshöhle ist eine de[r] schönsten Tropfsteinhöhlen auf de[r] schwäbischen Alb. Sie ist großräumi[g] und die Tropfsteine werden mit Lich[]tern ausgeleuchtet.

Tour 20 // Seite 198

360 GRAD

Nur vom Stuttgarter Fernsehturm hat man vielleicht einen ähnlichen fantastischen Rundumblick wie vom 3 / Kernenturm.

Tour 9 // Seite 77

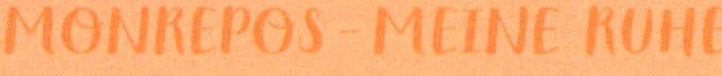

MONREPOS – MEINE RUHE

Am 1 / Seeschloss Monrepos werden Märchen wahr. Kein Wunder, dass der Ort immer wieder als romantische Kulisse für Hochzeiten gebucht wird.

Tour 18 // Seite 165

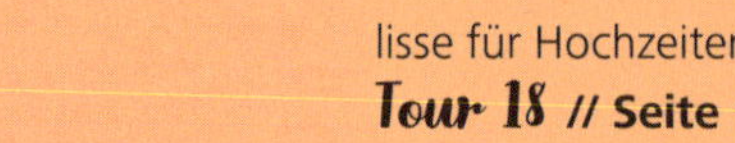